# Die Rechtsfolgen der zivilrechtlichen Organhaftung

**Europäische Hochschulschriften**

European University Studies

Publications Universitaires Européennes

Reihe II **Rechtswissenschaft**

Series II Law

Série II Droit

Band/Volume **5949**

Lutz Pospiech

# Die Rechtsfolgen der zivilrechtlichen Organhaftung

Schadensberechnung, gesamtschuldnerische Haftung und nachträgliche Haftungsbeschränkungen

PL ACADEMIC RESEARCH

**Bibliografische Information der Deutschen Nationalbibliothek**
Die Deutsche Nationalbibliothek verzeichnet diese Publikation in der Deutschen Nationalbibliografie; detaillierte bibliografische Daten sind im Internet über http://dnb.d-nb.de abrufbar.

Zugl.: Mannheim, Univ., Diss., 2017

D 180
ISSN 0531-7312
ISBN 978-3-631-73158-1 (Print)
E-ISBN 978-3-631-73155-0 (E-PDF)
E-ISBN 978-3-631-73156-7 (EPUB)
E-ISBN 978-3-631-73157-4 (MOBI)
DOI 10.3726/b11616


PL Academic Research ist ein Imprint der Peter Lang GmbH.
Peter Lang – Frankfurt am Main · Bern · Bruxelles · New York · Oxford · Warszawa · Wien



Diese Publikation wurde begutachtet.

www.peterlang.com

*Meiner Familie*

# Vorwort

Die vorliegende Arbeit wurde im Herbst-/Wintersemester 2016 von der Fakultät für Rechtswissenschaft und Volkswirtschaftslehre der Universität Mannheim als Dissertation angenommen. Für die Veröffentlichung der Arbeit wurden Rechtsprechung und Literatur bis April 2017 berücksichtigt.

Vor allen anderen möchte ich an dieser Stelle zunächst herzlich meinem Doktorvater, Herrn Prof. Dr. Andreas Engert, LL.M. (Chicago), danken. Durch seine wertvollen Anregungen und seine wohlwollende Unterstützung hat er entscheidend zum Gelingen dieser Arbeit beigetragen

Für die Erstellung des Zweitgutachtens danke ich Herrn Prof. Dr. Carsten Schäfer.

Ein besonderer Dank gebührt meiner Schwester Friederike für die umsichtige Durchsicht des Manuskripts. Von Herzen danken möchte ich auch meinen Eltern, die mich in jeder Hinsicht stets vorbehaltslos unterstützt und gefördert haben – insbesondere auch bei der Erstellung dieser Arbeit.

Mein größter Dank gilt schließlich meiner Frau Carolin und unseren Kindern Lotta, Moritz und Felix. Ohne Carolins Rückhalt und ihre große Geduld wäre der Abschluss dieser Arbeit nicht denkbar gewesen.

München, im Mai 2017 *Lutz Pospiech*

# Inhaltsübersicht

# Inhaltsverzeichnis

# Abkürzungsverzeichnis

| | |
|---|---|
| a.A. | andere(r) Ansicht |
| a.F. | alte Fassung |
| a.M. | am Main |
| Abs. | Absatz |
| AcP | Archiv für civilistische Praxis |
| AG | Aktiengesellschaft / Die Aktiengesellschaft (Zeitschrift) / Amtsgericht |
| AGG | Allgemeines Gleichbehandlungsgesetz |
| AktG | Aktiengesetz |
| allg. | allgemein(e) |
| Alt. | Alternative |
| AR | Aufsichtsrat |
| ArbHdb. | Arbeitshandbuch |
| ArbR | Arbeitsrecht |
| Art. | Artikel |
| ARUG | Gesetz zur Umsetzung der Aktionärsrechterichtlinie |
| AT | Allgemeiner Teil |
| AtomG | Atomgesetz |
| BAG | Bundesarbeitsgericht |
| BB | Betriebs-Berater (Zeitschrift) |
| Begr. | Begründung |
| BetrVG | Betriebsverfassungsgesetz |
| Bd. | Band |
| BGB | Bürgerliches Gesetzbuch |
| BGBl. | Bundesgesetzblatt |
| BGH | Bundesgerichtshof |
| BGHSt | Amtliche Sammlung der Entscheidungen des Bundesgerichtshofs in Strafsachen |
| BGHZ | Amtliche Sammlung der Entscheidungen des Bundesgerichtshofs in Zivilsachen |
| BilMoG | Gesetz zur Modernisierung des Bilanzrechts (Bilanzrechtsmodernisierungsgesetz) |
| BKR | Zeitschrift für Bank- und Kapitalmarktrecht |
| BOARD | BOARD – Zeitschrift für Aufsichtsräte in Deutschland |
| BT-Drucks. | Bundestags-Drucksache |
| BVerfG | Bundesverfassungsgericht |
| BVerfGE | Amtliche Sammlung der Entscheidungen des Bundesverfassungsgerichts |

| | |
|---|---|
| bzw. | beziehungsweise |
| CCZ | Corporate Compliance Zeitschrift – Zeitschrift für Haftungsvermeidung im Unternehmen |
| CEO | Chief Executive Officer |
| CRD IV | Capital Requirements Directive IV |
| DAX | Deutscher Aktienindex |
| DB | Der Betrieb (Zeitschrift) |
| DCGK | Deutscher Corporate Governance Kodex |
| ders. | derselbe |
| d.h. | das heißt |
| dies. | dieselbe(n) |
| DJT | Deutscher Juristentag |
| DrittelbG | Gesetz über die Drittelbeteiligung der Arbeitnehmer im Aufsichtsrats (Drittelbeteiligungsgesetz) |
| DStR | Deutsches Steuerrecht (Zeitschrift) |
| DZWIR | Deutsche Zeitschrift für Wirtschafts- und Insolvenzrecht |
| D&O | Directors' & Officers' |
| EFZG | Entgeltfortzahlungsgesetz |
| EStG | Einkommensteuergesetz |
| ESUG | Gesetz zur weiteren Erleichterung der Sanierung von Unternehmen |
| EUBestG | Gesetz zu dem Protokoll vom 27. September 1996 zum Übereinkommen über den Schutz der finanziellen Interessen der Europäischen Gemeinschaften (EU-Bestechungsgesetz) |
| EuGH | Europäischer Gerichtshof |
| f. | folgende(r) |
| F.A.S. | Frankfurter Allgemeine Sonntagszeitung |
| F.A.Z. | Frankfurter Allgemeine Zeitung |
| ff. | folgende |
| Fn. | Fußnote |
| FS | Festschrift |
| FTD | Financial Times Deutschland |
| GenG | Gesetz betreffend die Erwerbs- und Wirtschaftsgenossenschaften (Genossenschaftsgesetz) |
| GF | Geschäftsführer |
| GmbH | Gesellschaft mit beschränkter Haftung |
| GmbHG | Gesetz betreffend die Gesellschaften mit beschränkter Haftung |
| GmbHR | GmbH-Rundschau (Zeitschrift) |
| GroßkommAktG | Aktiengesetz – Großkommentar |
| GroßkommHGB | Handelsgesetzbuch – Großkommentar |
| GS | Großer Senat |
| GWB | Gesetz gegen Wettbewerbsbeschränkungen |

| | |
|---|---|
| GWR | Gesellschafts- und Wirtschaftsrecht (Zeitschrift) |
| Hdb. | Handbuch |
| Hk-BGB | Bürgerliches Gesetzbuch – Handkommentar |
| HPflG | Haftpflichtgesetz |
| Hrsg. | Herausgeber(in) |
| hrsg. | herausgegeben |
| Hs. | Halbsatz |
| IDW | Institut der Wirtschaftsprüfer in Deutschland e.V. |
| i. Erg. | im Ergebnis |
| InsO | Insolvenzordnung |
| IntBestG | Gesetz zum Übereinkommen vom 17. Dezember 1997 über die Bekämpfung der Bestechung ausländischer Amtsträger im internationalen Geschäftsverkehr (Gesetz zur Bekämpfung internationaler Bestechung) |
| IntGesR | Internationales Gesellschaftsrecht |
| InvG | Investmentgesetz |
| i.S.d. | im Sinne des |
| IStR | Internationales Steuerrecht (Zeitschrift) |
| i.S.v. | im Sinne von |
| i.V.m. | in Verbindung mit |
| IWRZ | Zeitschrift für Internationales Wirtschaftsrecht |
| J. Experimental Psychol. | Journal of Experimental Psychology |
| JURA | Juristische Ausbildung (Zeitschrift) |
| JuS | Juristische Schulung (Zeitschrift) |
| Karlsruher-KommOWiG | Karlsruher Kommentar zum Gesetz über Ordnungswidrigkeiten |
| KG | Kammergericht / Kommanditgesellschaft |
| KölnKommAktG | Kölner Kommentar zum Aktiengesetz |
| KonTraG | Gesetz zur Kontrolle und Transparenz im Unternehmensbereich |
| KWG | Gesetz über das Kreditwesen |
| LAG | Landesarbeitsgericht |
| LAGE | Entscheidungen der Landesarbeitsgerichte |
| LG | Landgericht |
| LuftVG | Luftverkehrsgesetz |
| MaRisk | Mindestanforderungen an das Risikomanagement |
| MDR | Monatsschrift für Deutsches Recht (Zeitschrift) |
| Mio. | Million |
| MitbestG | Gesetz über die Mitbestimmung der Arbeitnehmer (Mitbestimmungsgesetz) |

| | |
|---|---|
| MoMiG | Gesetz zur Modernisierung des GmbH-Rechts und zur Bekämpfung von Missbräuchen |
| Mrd. | Milliarde |
| MünchHdbAG | Münchener Handbuch des Gesellschaftsrechts, Band 4: Aktiengesellschaft |
| MünchHdbArbR | Münchener Handbuch zum Arbeitsrecht |
| MünchHdbGmbH | Münchener Handbuch des Gesellschaftsrechts, Band 3: Gesellschaft mit beschränkter Haftung |
| MünchKommAktG | Münchener Kommentar zum Aktiengesetz |
| MünchKommBGB | Münchener Kommentar zum Bürgerlichen Gesetzbuch |
| Münch-KommGmbHG | Münchener Kommentar zum Gesetz betreffend die Gesellschaften mit beschränkter Haftung |
| m.w.N. | mit weiteren Nachweisen |
| n.F. | neue Fassung |
| NJOZ | Neue Juristische Online-Zeitschrift |
| NJW | Neue Juristische Wochenschrift |
| NJW-RR | NJW-Rechtsprechungs-Report Zivilrecht |
| NZA | Neue Zeitschrift für Arbeitsrecht |
| NZA-RR | NZA-Rechtsprechungs-Report Arbeitsrecht |
| NZG | Neue Zeitschrift für Gesellschaftsrecht |
| OECD | Organisation for Economic Co-operation and Development |
| OGHBrZ | Oberster Gerichtshof für die Britische Zone |
| OGHZ | Amtliche Sammlung der Entscheidungen der Obersten Gerichtshöfe in Zivilsachen |
| OHG | Offene Handelsgesellschaft |
| OLG | Oberlandesgericht |
| OWiG | Gesetz über Ordnungswidrigkeiten |
| PK-GmbHR | Praxiskommentar zum GmbH-Recht |
| ProdHaftG | Produkthaftungsgesetz |
| PS | Prüfungsstandard |
| Psychol. Bull. | Psychological Bulletin |
| RdA | Recht der Arbeit (Zeitschrift) |
| RegE | Regierungsentwurf |
| RGRK | Das Bürgerliche Gesetzbuch mit besonderer Berücksichtigung der Rechtsprechung des Reichgerichts und des Bundesgerichtshofes – Kommentar |
| RGZ | Amtliche Sammlung der Entscheidungen des Reichsgerichts in Zivilsachen |
| Rn. | Randnummer |
| S. | Satz/Seite |
| SchiedsVZ | Zeitschrift für Schiedsverfahren |
| SchuldR | Schuldrecht |

| | |
|---|---|
| SEC | US Securities Exchange Commission (US-amerikanische Börsenaufsicht) |
| SGB X | Zehntes Buch Sozialgesetzbuch – Sozialverwaltungsverfahren und Sozialdatenschutz – |
| StraFo | Strafverteidiger-Forum (Zeitschrift) |
| StGB | Strafgesetzbuch |
| StVG | Straßenverkehrsgesetz |
| SZW | Schweizerische Zeitschrift für Wirtschaftsrecht |
| TransPuG | Transparenz- und Publizitätsgesetz |
| u. a. | und andere/unter anderem |
| UMAG | Gesetz zur Unternehmensintegrität und Modernisierung des Anfechtungsrechts |
| UWG | Gesetz gegen den unlauteren Wettbewerb |
| v. | von |
| VersR | Versicherungsrecht (Zeitschrift) |
| VertragsHdb | Vertragshandbuch |
| VG | Verwaltungsgericht |
| vgl. | vergleiche |
| Vol. | Volume |
| VorstAG | Gesetz zur Angemessenheit der Vorstandsvergütung |
| VVG | Versicherungsvertragsgesetz |
| WM | Zeitschrift für Wirtschafts- und Bankrecht (Wertpapier-Mitteilungen) |
| WPg | Die Wirtschaftsprüfung (Zeitschrift) |
| WpHG | Gesetz über den Wertpapierhandel (Wertpapierhandelsgesetz) |
| WuW | Wirtschaft und Wettbewerb (Zeitschrift) |
| z. B. | zum Beispiel |
| ZfA | Zeitschrift für Arbeitsrecht |
| ZfB | Zeitschrift für Betriebswirtschaft |
| ZGR | Zeitschrift für Unternehmens- und Gesellschaftsrecht |
| ZHR | Zeitschrift für das gesamte Handels- und Wirtschaftsrecht |
| ZIP | Zeitschrift für Wirtschaftsrecht |
| ZPO | Zivilprozessordnung |
| ZStV | Zeitschrift für Stiftungs- und Vereinswesen |
| ZWH | Zeitschrift für Wirtschaftsstrafrecht |

# Einleitung

## I. Problemaufriss

Wurde der zivilrechtlichen Haftung von Gesellschaftsorganen in den 1980er[1] und 1990er[2] Jahren noch jegliche Praxisrelevanz abgesprochen, so steht sie mittlerweile längst nicht mehr nur auf dem Papier: Die Rede ist regelmäßig von einem „allgemeinem Trend" zur Organhaftung.[3] Spätestens seit der wegweisenden Entscheidung des II. Zivilsenats des BGH in Sachen *ARAG/Garmenbeck*[4] ist die Organhaftung stärker in den Fokus der gesellschaftsrechtlichen Diskussion gerückt. Die Managerhaftung hat sich in den vergangenen Jahren zu einem der meistdiskutierten Themenkomplexe des deutschen Kapitalgesellschaftsrechts entwickelt.

Neben regelmäßig wiederkehrenden Debatten über die hohe Vergütung einzelner Manager[5] haben insbesondere Korruptionsskandale namhafter Unternehmen,[6] große Unternehmensinsolvenzen,[7] aber auch unternehmensinterne Verstöße gegen Datenschutzbestimmungen[8] sowie jüngst die $CO_2$-Manipulationen im VW-Konzern

---

1 Anschaulich *Wiedemann*, Gesellschaftsrecht, Bd. 1, 1980, S. 624 („Die Haftungsvorschriften verkörpern kein lebendes Recht, da Haftungsklagen in Großunternehmen und Publikumsgesellschaften in Deutschland nicht erhoben werden."); ähnlich *Semler*, AG 1983, 81; *v. Werder*, DB 1987, 2265.

2 *Diller*, Gesellschafter und Gesellschaftsorgane als Arbeitnehmer, 1994, S. 79 („Schadensersatzklagen gegen das Top-Management spielen bislang keine Rolle."). Noch im Jahre 2001 bezeichnete eine Regierungskommission Schadensersatzklagen gegen Organmitglieder als „ganz exzeptionelle Fälle", s. *Baums* (Hrsg.), Bericht der Regierungskommission Corporate Governance, 2001, S. 109.

3 In diesem Sinne *Balthasar/Hamelmann*, WM 2010, 589; *Böttcher* NZG 2009, 1047; *Spindler*, in: MünchKommAktG, § 93 Rn. 4; vgl. auch *Fleischer*, in: FS Hüffer, 2010, S. 187 („law in action"); *ders.*, NJW 2009, 2337 („Dauerbrenner"); *Lutter*, in: Krieger/U.H. Schneider, Hdb. Managerhaftung, § 1 Rn. 1 („stets aktuelles Thema") *Strohn/Simon*, GmbHR 2010, 1181 (1187) („bedeutende Rolle").

4 BGHZ 135, 244 ff.; ausführlich dazu etwa *Paefgen*, AG 2008, 761 ff.; *Casper*, ZHR 176 (2012), 617 ff., *Goette*, ZHR 176 (2012), 588 ff.; *Reichert*, in: FS Hommelhoff, 2012, S. 907 ff.; s. auch *Faßbender*, NZG 2015, 501 ff.; *Habersack*, NZG 2016, 321 ff.

5 Vgl. insbesondere den Fall *Mannesmann/Vodafone*, BGHSt 50, 331 ff.; ferner etwa die Diskussionen über die Vergütung des ehemaligen Vorstandsvorsitzenden von VW Martin Winterkorn oder auch die Debatte über die variablen Vergütungsbestandteile und die Abfindungszahlung an den vormaligen Vorstandsvorsitzenden von Porsche Wendelin Wiedeking.

6 Anzuführen sind in diesem Zusammenhang etwa die prominenten Fälle Siemens, MAN, DaimlerChrysler, BayernLB, Ferrostal oder auch ThyssenKrupp.

7 Exemplarisch ARCANDOR (Karstadt/Quelle), Q-Cells, SachsenLB und TelDaFax.

8 Zu denken ist etwa an Verstöße gegen Datenschutzvorschriften durch die Deutsche Bahn und die Deutsche Telekom.

dafür gesorgt, dass das Thema Managerhaftung auch in den Medien eine nachhaltige Präsenz erreicht hat.[9] Nicht zuletzt haben die im Oktober 2008 beginnende Finanz- und Wirtschaftskrise und die durch sie ausgelöste Rezession die Organhaftung noch stärker ins Blickfeld rücken lassen und eine breite gesellschaftliche Debatte ausgelöst.[10]

Der Bedeutungszuwachs in der öffentlichen Wahrnehmung geht einher mit einer zunehmenden Verschärfung der Managerhaftung durch den Gesetzgeber und die Rechtsprechung. Zahlreiche gesellschaftsrechtliche Reformgesetze haben dazu geführt, dass sich die Geschäftsführer einer GmbH, die Vorstandsmitglieder einer AG und auch die Aufsichtsratsmitglieder deutscher Kapitalgesellschaften mit einer stetig anwachsenden Zahl rechtlicher Verpflichtungen und einer daraus resultierenden signifikant erhöhten Haftungsgefahr konfrontiert sehen.[11] Allein die gesellschafts-, bilanz- und kapitalmarktrechtlichen Pflichten, die dem Kerntätigkeitsbereich der Geschäftsleiter zuzuordnen sind, erscheinen kaum noch zu überblicken; zumal die betreffenden Verhaltensanforderungen an die Organmitglieder zudem fortlaufend – mitunter erheblichen – Anpassungen unterliegen.[12] Hinzu treten eine Vielzahl öffentlich-rechtlicher Anforderungen sowie strafrechtlich sanktionierter Pflichten.[13] Das weit ausgreifende Pflichtengefüge der Geschäftsleiter führt bisweilen sogar zu

---

9 F.A.S. vom 13. Dezember 2015, S. 1 („Ex-VW-Chef droht der Ruin"); F.A.Z. vom 12. Januar 2015, S. 20 („Manager haften immer stärker"); HandelsblattJournal, März 2014, S. 8 („Unternehmensleiter, der Sündenbock für alles?!"); Manager-Magazin, Ausgabe 2/2014, S. 80 („Topmanager sind zur Zielscheibe von Politik und Justiz geworden."); F.A.Z. vom 26. Oktober 2011, S. 23 („Ex-Manager geraten künftig häufiger in Haftungsfalle."); Handelsblatt vom 21. Februar 2011, S. 32 („Immer mehr deutsche Unternehmen verklagen ihre Ex-Vorstände auf Schadensersatz.").

10 *Bachmann*, AG 2011, 181; *Balthasar/Hamelmann*, WM 2010, 589; *Krause*, BB 2009, 1370; *Lutter*, in: Krieger/ U.H. Schneider, Hdb. Managerhaftung, § 1 Rn. 1; *Weber-Rey*, AG 2012, 365; ferner *Herrmann/Olufs/Barth*, BB 2012, 1935; *Nauheim/C. Goette*, DStR 2013, 2520; *Wagner*, ZHR 178 (2014), 227 (228); zur zivil- und strafrechtlichen Aufarbeitung der Finanzkrise auch *Binder*, ZGR 2016, 229 ff.

11 Vgl. nur *Bellen/Stehl*, BB 2010, 2579; *Buchta*, DB 2009, 1939; *Decker*, GmbHR 2014, 72; *Gärtner*, BB 2012, 2973; *Graumann*, ZGR 2011, 293; *Habbe/Köster*, BB 2011, 265; *Hemeling*, ZHR 175 (2011), 368 (369 ff.); *Krieger*, ZGR 2012, 496; *Lutter*, in: Krieger/ U.H. Schneider, Hdb. Managerhaftung, § 1 Rn. 10; *Rieder/Holzmann*, AG 2011, 265 (266); *Umbeck*, SchiedsVZ 2009, 143; speziell mit Blick auf Aufsichtsratsmitglieder *Eichner/Höller*, AG 2011, 885; *Haarmann*, in: FS Hüffer, 2010, S. 243; *Rieder/Holzmann*, AG 2010, 570; die haftungsverschärfenden Tendenzen anführend schon *Frisch*, Haftungserleichterungen für GmbH-Geschäftsführer, 1998, S. 61.

12 Darauf hinweisend *Semler*, Leitung und Überwachung der AG, Rn. 60 f.; zustimmend *Fleischer*, DB 2014, 1971.

13 *U.H. Schneider*, in: Scholz, § 43 GmbHG Rn. 13 („Überlast an öffentlich-rechtlichen Pflichten"; „Kriminalisierung der Unternehmensleitungen"); ausführlich zur strafrechtlichen Verantwortung von GmbH-Geschäftsführern bereits *Schäfer*, GmbHR 1993, 717 ff.; *ders.*, GmbHR 1993, 780 ff.

kollidierenden Geschäftsleiterpflichten.[14] Auch die fortwährende, aus der Globalisierung der Märkte resultierende internationale Verflechtung von Unternehmen lässt die Haftungsrisiken für Geschäftsleiter weiter ansteigen.[15]

Die entsprechenden gesetzgeberischen Maßnahmen sind zudem in den letzten Jahren flankiert worden von einer Reihe höchstrichterlicher Judikate, die ebenfalls ein merklich gestiegenes Haftungsrisiko für Organmitglieder nach sich gezogen haben. Darüber hinaus ist mitunter die Tendenz zu einer „gewissen Anspruchsmentalität" von Unternehmenseignern – im Insolvenzfalle von Insolvenzverwaltern – erkennbar, die jeden Managementfehler mit einer schadensersatzbegründenden Pflichtverletzung gleichsetzen.[16] Bei börsennotierten Gesellschaften ist nicht auszuschließen, dass sich mitunter institutionelle Investoren (z.B. einzelne Hedge Fonds) verstärkt aktiv in die Geltendmachung von Organhaftungsansprüchen einschalten – ggf. auch nur, um die Haftungsandrohung als Druckmittel bei der Verfolgung anderer strategischer Ziele einzusetzen.[17]

Es steht außer Zweifel, dass Gesetzesverstöße von Geschäftsleitern – sei es im Rahmen der internen, sei es in Bezug auf die externe Pflichtenbindung – schadensersatzbewehrte Pflichtverletzungen darstellen. Mit Blick auf die konkreten Schadensersatzansprüche sind zuletzt insbesondere auch der Umfang der Schadensersatzpflicht und auch etwaige Verteidigungseinwände der in Haftung genommenen Geschäftsleiter vermehrt Gegenstand des rechtswissenschaftlichen Diskurses geworden; wesentliche Sachfragen bedürfen indes noch immer einer definitiven Klärung.[18]

Namhafte Stimmen im Schrifttum kritisieren eine nach geltendem Recht erschwerte (prozessuale) Durchsetzung von Haftungsansprüchen gegen Organmitglieder.[19] Andererseits ist bedingt durch die materiell-rechtlichen Haftungsverschärfungen und das gesamtwirtschaftliche Umfeld bereits jetzt klar erkennbar, dass Organhaftungsklagen die Gerichte zunehmend mehr beanspruchen.[20] Die erheblich gestiegene Praxisrelevanz der Organhaftung wird in diesem Zusammenhang noch

---

14 Anschaulich *Poelzig/Thole*, ZGR 2010, 836 ff.

15 *Thümmel*, Persönliche Haftung von Managern und Aufsichtsräten, Rn. 3; vgl. auch *Freund*, NZG 2015, 1419 (1422), der im Zusammenhang mit der starken Verdichtung der tasächlichen und rechtlichen Erwartungen an Geschäftsleiter auf die „immer größer werdende Vielschichtigkeit der Unternehmenswirklichkeit" hinweist.

16 *Janert*, BB 2013, 3016;

17 Vgl. *Redeke*, AG 2015, 253 (260 f.).

18 *Fleischer*, DStR 2009, 1204 bezeichnete diesen Fragenkreis noch vor einiger Zeit als „wissenschaftlich bisher unterbelichtet".

19 *Habersack*, ZHR 177 (2013), 782 (785 ff.); *Hopt*, WM 2013, 101 (108); *U.H. Schneider*, ZIP 2013, 1985 („Sanktionsdefizit"); vgl. auch *Lutter*, in: FS Hoffmann-Becking, 2013, 747 (753 f.); *Fehrenbach*, AG 2015, 761 (763); *Hauger/Palzer*, ZGR 2015, 33 (82 f.); *Redeke*, AG 2015. 261; s. ferner BT-Drucks. 17/3024, S. 43.

20 So ausdrücklich *Strohn*, NZG 2011, 1161, ehem. stellv. Vorsitzender des für das Gesellschaftsrecht und damit auch für Organhaftungsklagen zuständigen II. Zivilsenats des

evidenter, wenn man neben den veröffentlichten Gerichtsentscheidungen auch (i) die zunehmenden Haftungsprozesse vor Schiedsgerichten[21] und (ii) die zahlreichen außergerichtlich erledigten Haftungsfälle[22] mit in den Blick nimmt.

Vor dem Hintergrund einer zuletzt intensiver diskutierten Unausgewogenheit zwischen der prozessualen Durchsetzung und den materiell-rechtlichen Voraussetzungen der Managerhaftung waren Reformüberlegungen zur Organhaftung auch eines der zentralen Themen des 70. Deutschen Juristentags vom 16. bis zum 19. September 2014 in Hannover.[23]

Die Tatsache, dass das Thema Organhaftung erneut auf der Agenda des Deutschen Juristentags stand, hatte bereits im Vorfeld dieser Tagung den wissenschaftlichen Diskurs weiter entfacht und eine Vielzahl aktueller Publikationen zur Organhaftung hervorgerufen.[24]

Die Zunahme der Organhaftungsfälle dürfte sich – jedenfalls in naher Zukunft – auch weiter fortsetzen. In der Folge werden sich die Gerichte und/oder die Verfahrensbeteiligten, die eine außergerichtliche Streitbeilegung aushandeln, künftig verstärkt mit den zu erwartenden Einwänden der in Anspruch genommen Organmitglieder auseinander setzen müssen: So ist insbesondere zu erwarten, dass die Geschäftsleiter im Haftungsfall anführen werden, (i) ein Schaden sei gar nicht entstanden, (ii) ein etwaiger Schaden wäre auch bei pflichtgemäßem Alternativverhalten entstanden und/oder (iii) der Gesellschaft seien durch die Pflichtverletzung zugleich Vorteile zugeflossen, die nicht unberücksichtigt bleiben dürften.[25]

---

BGH; ebenso *Herresthal*, ZIP 2014, 345; *Loritz/Wagner*, DStR 2012, 2189; *v. Woedtke*, NZG 2013, 484; *Bachmann*, WM 2015, 105 („gestiegene Klagefrequenz“).

21 *Merkt*, in: FS Hommelhoff, 2012, S. 711 (729); näher zur Wirksamkeit von Schiedsabreden bei Organstreitigkeiten *Bauer/Arnold/Kramer*, AG 2014, 677 ff.; *Herresthal*, ZIP 2014, 345 ff.; *Werner*, ZWH, 2015, 129 ff.; zum Friktionspotential bei Schiedsverfahren im Rahmen der Organhaftung, da die Regelungen der ZPO und des AktG (u. a. § 93 Abs. 4 S. 3 AktG) nicht aufeinander abgestimmt seien, *Scholz/Weiß*, AG 2015, 523 (529).

22 *Hopt*, ZIP 2013, 1793 (1794) verweist insoweit auf Angaben aus der Praxis der D&O-Versicherungen, wonach 95 % der Organhaftungsfälle außergerichtlich erledigt werden und die Öffentlichkeit davon in der Regel nichts erfährt.

23 Die Abteilung Wirtschaftsrecht des 70. Deutschen Juristentags hat sich eingehend mit dem Thema „Reform der Organhaftung? – Materielles Haftungsrecht und seine Durchsetzung in privaten und öffentlichen Unternehmen“ befasst; ausführlich zum Hintergrund der Beratungen *Paefgen*, AG 2014, 554 ff.; näher zu den gefassten Beschlüssen der Abteilung Wirtschaftsrecht des 70. DJT *Jahn*, AG 2014, R300 ff.

24 Vgl. nur *Bachmann*, ZIP 2014, 579 ff.; *Bayer*, GmbHR 2014, 897 ff.; *Fleischer*, ZIP 2014, 1305 ff.; *Haarmann/Weiß*, BB 2014, 2115 ff.; *Habersack*, ZHR 177 (2013), 782 ff.; *Hemeling*, ZHR 178 (2014), 221 ff.; *Hopt*, TIP 2013, 1793 ff.; *Koch*, AG 2014, 513 ff.; *Paefgen*, AG 2014, 554 ff.; *Reichert*, ZHR 177 (2013), 756 ff.; *Spindler*, AG 2013, 889 ff.; *E. Vetter*, NZG 2014, 921 ff.; *Wagner*, ZHR 178 (2014), 227 ff.

25 Näher zu diesen Einwänden in Bezug auf Kompetenzverstöße *Fleischer*, DStR 2009, 1204 ff.; vgl. auch *Thole*, ZHR 173 (2009), 504 (525 ff.).

Nicht nur in Bezug auf die konkrete Schadensermittlung bestehen jedoch Unklarheiten auf der Rechtsfolgenseite der zivilrechtlichen Organhaftung. Das in der Regel vorzufindende arbeitsteilige Zusammenwirken der Organmitglieder ist gekennzeichnet von dem Grundsatz der Gesamtverantwortung, der im Haftungsfall in eine gesamtschuldnerische Haftung mündet. In Bezug auf die konkreten Modalitäten der Gesamtschuld erscheinen indes die spezifischen Besonderheiten des Kapitalgesellschaftsrechts noch nicht hinreichend thematisiert zu sein: Zwar wird in Bezug auf ein haftendes Organmitglied im Schrifttum ein mögliches Mitverschulden von Arbeitnehmern stets strikt verneint; regelmäßig nicht erwähnt wird in diesem Zusammenhang aber, dass das Mitverschulden eines Arbeitnehmers zu einer gestörten Gesamtschuld führen und insoweit dennoch entlastend für ein Organmitglied wirken kann. Ferner gibt es auf der Ebene des organinternen gesamtschuldnerischen Innenausgleichs in Ermangelung einschlägiger höchstrichterlicher Entscheidungen eine Reihe offener Streitfragen, wie die jeweiligen Haftungsanteile zu bestimmen sind. Neben der Frage, ob ein unmittelbar verantwortliches Organmitglied im Innenverhältnis ggf. die alleinige Haftung zu tragen hat, geht es diesbezüglich vor allem um etwaige Sonderpflichten eines Vorstandsvorsitzenden bzw. Vorsitzenden der Geschäftsführung sowie eines Aufsichtsratsvorsitzenden.

Auch im Hinblick auf die Möglichkeiten und Grenzen nachträglicher privatautonomer Modifikationen der Organhaftung – etwa durch Verzicht oder Vergleich – ist noch rechtlicher Klärungsbedarf auszumachen; insbesondere die Problematik der beschränkten Gesamtwirkung, die etwa bei Vergleichsabschlüssen mit nur einzelnen der gesamtschuldnerisch haftenden Mitglieder eines Gesellschaftsorgans eintritt, wird bisher lediglich vereinzelt thematisiert.

Vor diesem Hintergrund scheint die steigende Praxisrelevanz der Haftung von Geschäftsführern, Vorstands- und Aufsichtsratsmitgliedern – jedenfalls derzeit noch – in einem umgekehrt proportionalen Verhältnis zu der theoretischen Durchdringung der offenen Fragen auf der Rechtsfolgenseite der zivilrechtlichen Organhaftung zu stehen.

## II. Zielsetzung

Die bisherige Auseinandersetzung mit den Rechtsfolgenproblemen der Managerhaftung erschöpft sich zumeist in einer Darstellung von Einzelaspekten. Dieses Manko soll in der vorliegenden Arbeit aufgegriffen werden: Im Folgenden wird der Versuch unternommen, die Rechtsfolgen der zivilrechtlichen Organhaftung in einen größeren Zusammenhang zu stellen und in einer Gesamtschau darzulegen, um so eine tiefere theoretische Durchdringung der Thematik zu erreichen.[26]

Die tatbestandliche Haftungsverschärfung sowie die steigende Zahl gerichtlich geltend gemachter Haftungsansprüche gegen Organmitglieder lassen unweigerlich auch die Rechtsfolgen der zivilrechtlichen Organhaftung in den Fokus der

26 Vgl. *Druey*, in: FS Zöllner, 1998, S. 129 („Theorie heißt Gesamtblick").

Rechtspraxis rücken. Auch für eine interessengerechte Beendigung organhaftungsrechtlicher Gerichtsverfahren durch gerichtliche, insbesondere aber auch durch außergerichtliche Vergleiche erscheint eine gesteigerte Rechtssicherheit in Bezug auf die Rechtsfolgen der zivilrechtlichen Organhaftung erstrebenswert. Auf dem Weg dahin soll die vorliegende Arbeit mögliche Lösungsansätze aufzeigen und zugleich auch Denkanstöße für eingehende weitere Überlegungen liefern, ohne die eine umfassende rechtsdogmatische Durchdringung der verschiedenen noch offenen Rechtsfragen im Bereich der Rechtsfolgen der zivilrechtlichen Organhaftung nicht möglich scheint.

Ein wesentliches Augenmerk wird in den folgenden Ausführungen auf mögliche Haftungskorrektive gelegt, die einer fortschreitenden tatbestandlichen Haftungsverschärfung auf Ebene der Rechtsfolgen entgegengestellt werden können. Im Schrifttum finden sich zwar zunehmend Ausführungen, die mögliche Haftungsvermeidungsstrategien für Organmitglieder in den Blick nehmen;[27] die entsprechenden Untersuchungen setzten indes regelmäßig auf der Tatbestandsebene und mithin im Vorfeld etwaiger Pflichtverletzungen an. In Ergänzung dazu verstehen sich die nachfolgenden Ausführungen, die erst nach Verwirklichung eines Haftungstatbestands ansetzen. Es sollen insoweit sowohl haftungsmindernde Faktoren im Rahmen der Schadensberechnung und der Haftungsmodalitäten herausgearbeitet werden als auch mögliche Haftungsbeschränkungen durch privatautonome nachträgliche Modifikationen der Organhaftung aufgezeigt werden.

## III. Thematische Eingrenzung und Terminologie

Das umfassende Thema „Die Rechtsfolgen der zivilrechtlichen Organhaftung" bedarf nicht zuletzt im Hinblick auf seine Handhabbarkeit der Eingrenzung. Die vorliegende Arbeit beschränkt sich daher auf die bedeutsamsten Ausprägungen der Organhaftung: (i) die Innenhaftung von Geschäftsführern gegenüber einer GmbH nach § 43 Abs. 2 GmbHG, (ii) die Innenhaftung von Vorstandsmitgliedern gegenüber einer AG nach § 93 Abs. 2 AktG sowie (iii) die entsprechende Innenhaftung von Aufsichtsratsmitgliedern gegenüber einer AG gemäß § 116 Satz 1 AktG i.V.m. § 93 Abs. 2 AktG bzw. nach § 52 Abs. 1 GmbHG i.V.m. §§ 116 Satz 1, 93 Abs. 2 AktG im Recht der GmbH.

Die §§ 43 Abs. 2 GmbHG und 93 Abs. 2 AktG als zentrale Normen der Innenhaftung knüpfen an die Organstellung der Geschäftsführer sowie der Vorstands- und Aufsichtsratsmitglieder an. Die Innenhaftung wird daher ihrer Rechtsnatur nach

27 Exemplarisch *Ek*, Die Haftung des GmbH-Geschäftsführers, Kap. E, S. 79 ff.; *ders.*, Haftungsrisiken für Vorstand und Aufsichtsrats, Kap. D, S. 213 ff.; *Froesch*, DB 2009, 722 ff.; *Hoffmann/Liebs*, Der GmbH-Geschäftsführer, Rn. 7092 ff.; *Krause*, BB 2009, 1370 ff.

als Organhaftung qualifiziert.[28] Dementsprechend wird auch in den weiteren Ausführungen dieser Arbeit für die Haftung von GmbH-Geschäftsführern, Vorständen der AG und Aufsichtsräten – an sich eine Organwalterhaftung – allgemein der Begriff „Organhaftung" verwendet.[29]

In der vorliegenden Arbeit sollen ferner grundlegende Überlegungen zu den Rechtsfolgen der Organhaftung angestellt werden, denen grundsätzlich gleichermaßen Geltung für die Haftung von GmbH-Geschäftsführern, Vorstandsmitgliedern einer AG und obligatorischen Aufsichtsratsmitgliedern zukommen kann. Insofern werden nachfolgend die Begriffe „Geschäftsleiter", „Unternehmenslenker" und auch „Manager" synonym als Oberbegriffe für die Organmitglieder von GmbHs und AGs genutzt.

## IV. Gang der Untersuchung

Die vorliegende Untersuchung umfasst insgesamt zwölf Kapitel (§§ 1–12) und ist untergliedert in vier Teile.

Im ersten Teil der Arbeit wird im Folgenden das Haftungssystem für Organe von Kapitalgesellschaften näher dargestellt. Zunächst werden dabei die rechtlichen Grundlagen der Innenhaftung von Geschäftsführern, Vorstands- und Aufsichtsratsmitgliedern angeführt (§ 1). Es folgt in § 2 ein Blick auf den Wandel der Organhaftung und die in letzter Zeit auszumachenden stetigen Haftungsverschärfungen durch den Gesetzgeber und die Rechtsprechung. Der einleitende erste Teil schließt in § 3 mit einer Darstellung des besonderen Haftungsumfelds für Organmitglieder, das bei einer Auseinandersetzung mit den Rechtsfolgen der Organhaftung nicht außer Acht gelassen werden kann: In den Blick zu nehmen sind insoweit neben den Spezifika unternehmerischer Entscheidungen (i) die kognitive Verhaltensanomalie des Rückschaufehlers („*hindsight bias*"), (ii) die öffentliche Meinung mit einer teilweise erkennbaren Tendenz der opportunistischen Meinungsbildung sowie (iii) vor

---

28 *Achsnich*, Die Haftung faktischer Organe in der Aktiengesellschaft, 2010, S. 6; *Ebenroth/ Lange*, GmbHR 1992, 69 (70); *Goette*, DStR 1998, 1308; *Metz*, Die Organhaftung bei der monistisch strukturierten Europäischen Aktiengesellschaft mit Sitz in Deutschland, 2009, S. 55; *Sonnenberger*, GmbHR 1973, 25 (26 f.).

29 Die überwiegende Anzahl der Autoren versteht unter der Organhaftung die Haftung von Organmitgliedern; vgl. neben zahlreichen Kommentierungen zu § 43 GmbHG und § 93 AktG nur *Ek*, Haftungsrisiken für Vorstand und Aufsichtsrat, S. 36 f.; *Drygala/Staake/Szalai*, Kapitalgesellschaftsrecht, § 21 Rn. 96; *Lutter*, in: Krieger/U.H. Schneider, Hdb. Managerhaftung, § 1 Rn. 1 ff.; *Pauker*, Unternehmen – Risiko – Haftung, 2008, S. 23 ff.; *Thümmel*, Persönliche Haftung von Managern und Aufsichtsräten, Rn. 27 ff. Vereinzelt liegt den Ausführungen im Schrifttum ein abweichendes Begriffsverständnis zugrunde: So beinhaltet der Begriff „Organhaftung" in der Monographie von *Schohe*, Die Haftung juristischer Personen für ihre Organe im internationalen Privatrecht, 1991, passim [dort insb. S. 23 ff.], die Haftung von Kapitalgesellschaften für das schädigende Verhalten ihrer Organe.

allem auch die Gefahren einer übersteigerten Risikoaversion von Unternehmensleitern.

Nach den einleitenden Ausführungen des ersten Teils zu den tatbestandlichen und rechtstatsächlichen Grundlagen des Haftungssystems befassen sich die nachfolgenden Abschnitte dieser Arbeit sodann mit den eigentlichen Rechtsfolgen der zivilrechtlichen Organhaftung.

Im zweiten Teil der Arbeit wird die Schadensermittlung im Organhaftungsrecht in den Fokus der Betrachtungen gerückt. In diesem Kontext werden zunächst die Grundlagen der Schadensberechnung erörtert (§ 4). Neben dem Schadensbegriff, der Art und dem Umfang der Ersatzleistung werden insbesondere normative Korrekturen der Differenzhypothese diskutiert. Daran anknüpfend wird mit Blick auf das rechtmäßige Alternativverhalten (§ 5) und die Vorteilsausgleichung (§ 6) die Geltung schadensmindernder Faktoren im Organhaftungsrecht untersucht. Im Anschluss werden weitere anspruchsverkürzende Faktoren thematisiert: Sowohl der Einwand des Mitverschuldens als auch allgemeine gesetzliche Haftungsbeschränkungen wie (i) die Haftungsmilderung bei betrieblich veranlasster Tätigkeit, (ii) eine Haftungsmilderung analog § 31a BGB oder (iii) eine Haftungsbegrenzung analog § 10 ProdHaftG werden jeweils auf deren Geltung und Relevanz im Organhaftungsrecht hin untersucht (§ 7). Den Abschluss der Ausführungen zur Schadensermittlung im Organhaftungsrecht markiert § 8, der eine eingehende Auseinandersetzung mit möglichen Regressbeschränkungen beinhaltet, die eine Haftung der Geschäftsleiter gegenüber der Gesellschaft beschränken können.

Der dritte Teil der vorliegenden Arbeit setzt sich sodann mit den Modalitäten der Organhaftung auseinander: In § 9 wird die gesamtschuldnerische Haftung der Organmitglieder näher beleuchtet. In unmittelbaren Zusammenhang mit der gesamtschuldnerischen Haftung steht der Innenausgleich der Gesamtschuldner. Dieser Thematik ist § 10 gewidmet.

Der vierte Teil befasst sich schließlich mit den privatautonomen nachträglichen Modifikationsmöglichkeiten der Organhaftung, die sich den Gesellschaften und ihren Organmitgliedern zur nachträglichen Risiko- und Haftungsbegrenzung auf Ebene der Rechtsfolgen eröffnen. In § 11 werden dabei zunächst mögliche Haftungsbeschränkungen im Aktienrecht angeführt, bevor entsprechende Überlegungen im Recht der GmbH angestellt werden. § 12 befasst sich anschließend – rechtsformübergreifend – mit der Thematik der beschränkten Gesamtwirkung bei nachträglichen privatautonomen Haftungsvereinbarungen. Diese Thematik rückt regelmäßig dann in den Vordergrund, wenn lediglich mit einzelnen ausgewählten Mitgliedern eines gesamtschuldnerisch haftenden Kollektivorgans vertragliche Haftungsbeschränkungen vereinbart werden.

Die Ausführungen schließen mit den Schlussbetrachtungen bestehend aus (i) einer thesenartigen Auflistung der wesentlichen Untersuchungsergebnisse dieser Arbeit und (ii) einem Ausblick auf mögliche Entwicklungen in den Rechtsfolgen der zivilrechtlichen Organhaftung.

# 1. Teil: Das Haftungssystem für Organmitglieder von Kapitalgesellschaften

Der Versuch einer eingehenden inhaltlichen Auseinandersetzung mit den Rechtsfolgen der zivilrechtlichen Organhaftung bedingt ein Grundverständnis des gesamten Haftungssystems für GmbH-Geschäftsführer, Vorstands- und Aufsichtsratsmitglieder. Die Beurteilung von Rechts- und Streitfragen auf Ebene der Rechtsfolgen kann nicht losgelöst von der Kenntnis der Tatbestandsvoraussetzungen der Organhaftung erfolgen.

Für möglichst fundierte Stellungnahme in nachfolgenden Ausführungen zu den Rechtsfolgen der zivilrechtlichen Organhaftung sind darüber hinaus auch die aktuellen Entwicklungstendenzen der Organhaftung nachzuvollziehen; gleiches gilt für die Besonderheiten des Haftungsumfelds, mit denen Organmitglieder von Kapitalgesellschaften in Deutschland regelmäßig konfrontiert werden.

Bevor die Einzelheiten der Rechtsfolgenseite der Organhaftung näher in den Fokus der Betrachtungen gerückt werden können, gilt es dementsprechend zunächst einmal kursorisch die tatbestandlichen Grundlagen der Haftung von GmbH-Geschäftsführern, Vorstands- und Aufsichtsratsmitgliedern darzustellen (§ 1). Des Weiteren soll im deskriptiven ersten Teil dieser Arbeit verdeutlicht werden, warum der Untersuchungsansatz im Rahmen der Auseinandersetzung mit den Rechtsfolgen der Organhaftung auf mögliche Haftungskorrektive ausgerichtet ist. Neben dem Wandel der Organhaftung in jüngerer Zeit durch haftungsverschärfende Reformgesetze und Judikate (§ 2) werden daher auch rechtstatsächliche Besonderheiten herausgearbeitet, die das Haftungsumfeld für Organmitglieder in Deutschland nachhaltig prägen (§ 3).

# § 1 Rechtliche Grundlagen der Organhaftung

Im deutschen Kapitalgesellschaftsrecht bestehen sowohl für die Geschäftsführer einer GmbH als auch für die Mitglieder des Vorstands und des Aufsichtsrats einer AG ein vergleichbares Haftungsregime und im Grundsatz übereinstimmende Haftungsgrundlagen. Organmitglieder, die durch ihre Tätigkeit oder ggf. auch Untätigkeit schuldhaft einen Schaden verursacht haben, sind grundsätzlich der Gesellschaft und/oder Dritten gegenüber zur Ersatzleistung verpflichtet. Das Haftungssystem bedingt insoweit eine Zweiteilung zwischen der sog. Innenhaftung im Verhältnis der Geschäftsleiter zu der Gesellschaft, für die sie tätig sind, und der sog. Außenhaftung gegenüber außenstehenden Dritten.[30]

## I. Überblick

### 1. Innenhaftung

Die Innenhaftung des Organmitglieds gegenüber der eigenen Gesellschaft, die eigentliche Organhaftung, stellt den klassischen und gesetzlich weitgehend geregelten Bereich der Haftung eines Organmitglieds dar. Durch die Innenhaftung sollen Vermögensminderungen der Gesellschaft – sei es durch eine Verminderung der Aktiva, sei es durch eine Erhöhung der Passiva – ersetzt werden.[31]

Die zentralen Haftungsnormen sind in diesem Zusammenhang § 93 AktG sowie dessen Parallelnorm § 43 GmbHG: Für Vorstandsmitglieder einer AG ergibt sich die Innenhaftung daher grundsätzlich aus § 93 AktG und für die Aufsichtsratsmitglieder aus § 116 AktG i.V.m. § 93 AktG. Geschäftsführer einer GmbH haften der Gesellschaft gegenüber nach § 43 GmbHG im Innenverhältnis; für Aufsichtsratsmitglieder einer GmbH ergibt sich die entsprechende Innenhaftung aus § 52 Abs. 1 GmbHG i.V.m. §§ 116, 93 AktG.

Darüber hinaus sind im Konzernrecht spezielle Innenhaftungstatbestände (§§ 310, 318 AktG) normiert. Auch ein etwaiger Anspruch einer AG gegen ihre Vorstands- und/oder Aufsichtsratsmitglieder aus § 117 Abs. 2 AktG fällt in den Bereich der Innenhaftung.[32]

Weitere Haftungsnormen, die eine Innenhaftung der Organmitglieder regeln, finden sich im GmbHG. Für die Geschäftsführer einer GmbH kann sich neben der Haftung nach § 43 Abs. 2 GmbHG eine Innenhaftung gegenüber der Gesellschaft gemäß § 64 Satz 1 GmbHG sowie § 64 Satz 3 GmbHG für Zahlungen nach

30 Anschaulich *Thümmel*, Persönliche Haftung von Managern und Aufsichtsräten, Rn. 24 ff.

31 *Thümmel*, Persönliche Haftung von Managern und Aufsichtsräten, Rn. 24.

32 *Arnold*, in: Marsch-Barner/Schäfer, Hdb. börsennotierte AG, § 22 Rn. 2.

Zahlungsunfähigkeit oder Überschuldung ergeben.[33] Weitere Haftungsgrundlagen sind § 9a GmbHG für falsche Angaben bei der Anmeldung einer Gesellschaft sowie § 57 Abs. 4 GmbHG für falsche Angaben bei der Anmeldung einer Kapitalerhöhung der Gesellschaft. Die §§ 9a, 57 Abs. 4 GmbHG verdrängen § 43 GmbHG als *leges speciales*.[34]

## 2. Außenhaftung

Von dem haftungsrechtlichen Regelfall der Innenhaftung abzugrenzen ist die Außenhaftung von Organmitgliedern. Die Außenhaftung umfasst die Haftung der Geschäftsleiter gegenüber Dritten, zu denen sie in keiner Organbeziehung stehen. Für eine zum Schadensersatz verpflichtende Handlung eines Organmitglieds haftet allerdings grundsätzlich nach außen die Gesellschaft, sofern die schädigende Handlung innerhalb des Wirkungskreises des betreffenden Organmitglieds vorgenommen wurde (§ 31 BGB).[35] Die persönliche Außenhaftung von Organmitgliedern, die in den weiteren Ausführungen angesichts des anders gewählten Untersuchungsansatzes dieser Arbeit ausgeklammert bleibt,[36] stellt nach der gesetzgeberischen Konzeption

---

33 Zu den Haftungstatbeständen in § 64 Satz 1 und Satz 3 GmbHG etwa *Holzborn/Just*, in: Holzborn/v. Vietinghoff, Haftung und Insolvenz im GmbH-Recht, 2013, S. 127 ff.; *v. Woedtke*, GmbHR 2016, 280 ff.; s. auch BGH, Urteil vom 8. Dezember 2015 (Az. II ZR 68/14), GmbHR 2016, 213 ff.; speziell zur Geschäftsführerhaftung gemäß § 64 S. 1 GmbHG im Eigenverwaltungs(eröffnungs)verfahren *Klinck*, DB 2014, 938 ff.; allgemein zur Organhaftung in der Eigenverwaltung *Bachmann*, ZIP 2015, 101 ff.; ausführlich zu Haftungsrisiken im Vorfeld von Konzerninsolvenzen *Altmeppen*, ZIP 2013, 801 ff.; zur insolvenznahen Geschäftsleiterhaftung bei EU-Auslandsgesellschaften *Servatius*, DB 2015, 1087 ff.
Der BGH hat in seinem Urteil vom 28. November 2014 (Az. II ZR 231/13), GmbHR 2015, 113, entschieden, dass die Ersatzpflicht eines Organmitglieds für Zahlungen nach Insolvenzreife dann entfällt, wenn die durch die Zahlung verursachte Schmälerung der Masse in einem unmittelbaren Zusammenhang mit ihr ausgeglichen wird.

34 *Fleischer*, in: MünchKommGmbHG, § 43 Rn. 9; *Kleindiek*, in: Lutter/Hommelhoff, § 43 GmbHG Rn. 3.

35 *Ek*, Die Haftung des GmbH-Geschäftsführers, S. 3; näher zu den theoretischen Grundlagen der Zurechnung von Organhandlungen bei juristischen Personen *Koenen*, Die Zurechnung von Organverhalten bei juristischen Personen, 1991, S. 1 ff.; anschaulich zur Wissenszurechnung in Unternehmen *Reuter*, ZIP 2017, 310 ff.; *Gasteyer/Goldschmidt*, AG 2016, 116 ff.; speziell zur Zurechnung des Wissens von Mitgliedern des Aufsichtsrats etwa *Koch*, ZIP 2015, 1757 ff., der eine Zurechnung grundsätzlich nur für möglich erachtet, wenn es sich um eine Maßnahme handelt, für die der Aufsichtsrats selbst vertretungs- und/oder geschäftsführungsbefugt ist; die Wissenszurechnung aus dem Aufsichtsrat in deutlich weiterem Umfang bejahend *Schwintowski*, ZIP 2015, 617 ff.

36 Ausführlich zur Außenhaftung etwa *Drescher*, Haftung des GmbH-GF, Kap. B, S. 175 ff.; *Thümmel*, Persönliche Haftung von Managern und Aufsichtsräten, Kap. 6 bis Kap. 9; ferner *Wellhöfer*, in: Wellhöfer/Peltzer/Müller, § 3 (Vorstandsmitglieder)

lediglich den Ausnahmefall der Haftung eines Organmitglieds dar.[37] Sie kommt nur in begrenztem Umfang und aufgrund besonderer Anspruchsgrundlagen in Betracht.[38] Anspruchsberechtigte können insoweit allgemein Gläubiger sein wie beispielsweise Gesellschafter, Arbeitnehmer, Lieferanten oder Kunden, denkbar sind aber auch völlig unbeteiligte Personen.[39] Mögliche Schäden von Dritten entstehen etwa, wenn sie Forderungen gegen die Gesellschaft nicht mehr durchsetzen können, weil die Pflichtverletzung eines Organmitglieds zur Insolvenz der Gesellschaft geführt hat. Gleiches gilt für die Beeinträchtigung in absolut geschützten Rechtsgütern.[40]

Insbesondere bei den Aufsichtsratsmitgliedern spielt die Außenhaftung eine untergeordnete Rolle: Sie kommt lediglich dann zum Tragen, wenn Aufsichtsratsmitglieder faktisch Vorstandsaufgaben wahrnehmen oder wenn sie Vorstandsmaßnahmen zustimmen, mit denen absolut geschützte Rechte Dritter verletzt werden.[41]

## II. Die Innenhaftung der Organmitglieder

### 1. Grundlagen

Tragendes Prinzip der §§ 93 AktG, 43 GmbHG als zentrale Normen der Innenhaftung von Geschäftsführern, Vorstands- und Aufsichtsratsmitgliedern ist neben der Ausrichtung am Gesellschaftsinteresse eine Haftungskanalisierung.[42] Intention dieser

---

und § 10 (GmbH-Geschäftsführer); *Ihrig/Schäfer*, Rechte und Pflichten des Vorstands, § 38 Rn. 1542 ff. (Vorstandsmitglieder) sowie *Peltzer*, in: Wellhöfer/Peltzer/Müller, § 20 Rn. 160 ff. (Aufsichtsratsmitglieder); speziell zur deliktischen Außenhaftung etwa *Hellgardt*, WM 2006, 1514 ff. sowie in monographischer Form *Ciota*, Die deliktische Außenhaftung des Vorstands einer Aktiengesellschaft, 2008; ausführlich zur dogmatischen Grundlegung *Altmeppen*, in: Krieger/U.H. Schneider, Hdb. Managerhaftung, § 7; rechtsvergleichend *Fleischer*, ZGR 2004, 437 ff.

37 *Lutter*, in: Krieger/U.H. Schneider, Hdb. Managerhaftung, § 1 Rn. 29; *Schaub*, DStR 1992, 1021 (1023); näher zu den rechtsökonomischen Erwägungen des grundsätzlichen Vorrangs der Innenhaftung *Freitag/Korch*, GmbHR 2013, 1184 (1185).

38 *Fleischer*, in: MünchKommGmbHG, § 43 Rn. 340; *Gärtner*, BB 2012, 1745 (1746); vgl. auch *Freitag/Korch*, GmbHR 2013, 1184 ff., die eine Außenhaftung der Geschäftsleiter bei Verletzung gläubigerschützender Aufklärungspflichten aus *culpa in contrahendo* (§ 311 Abs. 3 Satz 1 BGB) herleiten.

39 *Thümmel*, Persönliche Haftung von Managern und Aufsichtsräten, Rn. 33.

40 *Thümmel*, Persönliche Haftung von Managern und Aufsichtsräten, Rn. 24; vgl. auch *Wagner/Spemann*, NZG 2014, 1328 ff., die sich ausführlich mit einer „neuen" Fallgruppe der Außenhaftung von Organmitgliedern befassen: der Haftung bei unterlassener Richtigstellung von unvollständigem bzw. unwahrem Prozessvortrag der „eigenen" Prozessanwälte.

41 *Patzina*, in: Patzina/Bank/Schimmer/Simon-Widmann, Kap. 7 Rn. 1; *Peltzer*, in: Wellhöfer/Peltzer/Müller, § 20 Rn. 164; *Thümmel*, AG 2004, 83 (90) näher zu Außenhaftungs- und Strafbarkeitsrisiken *Wagner/Spemann*, NZG 2015, 945 (947 f.).

42 *Habersack*, Die Mitgliedschaft, 1996, S. 207 f.

Haftungskonzentration ist es, dass die Schadensersatzleistungen von einzelnen Organmitgliedern allen Gläubigern und Gesellschaftern in gleicher Weise zukommen sollen, um einen Wettlauf zu vermeiden.[43] Die Organhaftung nach §§ 43 GmbHG, 93 AktG (i.V.m. § 116 AktG) stellt ferner eine spezielle Regelungsmaterie dar, die eine mögliche Haftung der Geschäftsführer, Vorstands- und Aufsichtsratsmitglieder aus deren schuldrechtlichen Anstellungsverträgen in sich aufnimmt.[44]

Im Gegensatz zu den Ausführungen zu den Rechtsfolgen der zivilrechtlichen Organhaftung ist die bereits vorliegende Literatur und Rechtsprechung zu den Tatbestandsvoraussetzungen der Organhaftung so umfangreich, dass nachfolgend mit Blick auf die Schwerpunktsetzung dieser Arbeit nur ein grober Überblick über die Voraussetzungen der zentralen Haftungsnormen gegeben werden soll.

## 2. Haftungsvoraussetzungen

### *a) Haftungsadressat*

Die Organhaftung nach § 43 Abs. 2 GmbHG und § 93 Abs. 2 AktG betrifft sämtliche Organmitglieder, insbesondere auch stellvertretende (vgl. §§ 44 GmbHG, 94 AktG) oder gerichtlich bestellte (§ 85 AktG).[45] Darüber hinaus gelten die organhaftungsrechtlichen Bestimmungen auch für fehlerhaft bestellte Organmitglieder, sofern diese tatsächlich für die Gesellschaft tätig geworden sind.[46] Die Geschäftsleiter unterliegen der Organhaftung mit der Annahme des Amtes bzw. dem Wirksamwerden der Bestellung, nicht erst ab der Eintragung ins Handelsregister. Entsprechend endet die Organhaftung mit Ablauf der Amtszeit oder dem wirksamen Widerruf der Bestellung.[47]

Noch weitergehend wird von Teilen des Schrifttums die Geltung der Organhaftung auch auf faktische Organmitglieder ausgedehnt.[48]

---

43 Vgl. OLG Stuttgart, GmbHR 2006, 759 (761); *Rodewald/Unger*, DB 2009, 1627.

44 BGH, NJW-RR 1989, 1255 (1256); BGH, NZG 2008, 104; *Altmeppen*, in: Roth/Altmeppen, § 43 GmbHG Rn. 2; *Kleindiek*, in: Lutter/Hommelhoff, § 43 GmbHG Rn. 3; a.A. *K. Schmidt*, in: FS Georgiades, 2006, S. 689 (698 ff.) sowie *U.H. Schneider*, in: Scholz, § 43 GmbHG Rn. 18, die von einer Anspruchskonkurrenz ausgehen.

45 *Altmeppen*, in: Roth/Altmeppen, § 43 GmbHG Rn. 100; *Koch*, in: Hüffer, § 93 AktG Rn. 37; *Kleindiek*, in: Lutter/Hommelhoff, § 43 GmbHG Rn. 2.

46 BGHZ 41, 282 (287); zuvor bereits RGZ 152, 273 (277); 144, 384 (387).

47 *Koch*, in: Hüffer, § 93 AktG Rn. 37; *Kleindiek*, in: Lutter/Hommelhoff, § 43 GmbHG Rn. 2.

48 Monographisch *Achsnich*, die Haftung faktischer Organe in der Aktiengesellschaft, 2010; vgl. auch *Bürgers/Israel*, in: Bürgers/Körber, § 93 AktG Rn. 18; *Fleischer*, in: Spindler/Stilz, § 93 AktG Rn. 182 ff.; *Grigoleit/Tomasic*, in: Grigoleit, § 93 AktG Rn. 59; *Hopt/Roth*, in: GroßkommAktG, § 93 Rn. 362 ff.; *Jula*, Der GmbH-GF, S. 256 ff.; *Kleindiek*, in: Lutter/Hommelhoff, § 43 GmbHG Rn. 2; *Koch*, in: Hüffer, § 93 AktG Rn. 38; *Spindler*, in: MünchKommAktG, § 93 Rn. 18; differenzierend *Strohn*, DB 2011, 158 ff.;

### *b) Pflichtverletzung*

Die Organhaftung nach § 43 Abs. 2 GmbHG bzw. § 93 Abs. 2 AktG setzt voraus, dass ein Organmitglied gegen die ihm obliegenden Pflichten verstoßen hat.

#### *aa) Pflichtenkreis der Geschäftsführer und Vorstandsmitglieder*

In Bezug auf den Pflichtenkreis der GmbH-Geschäftsführer und der Vorstandsmitglieder einer AG kann eine Grobgliederung in Sorgfaltspflichten (*duty of care*) auf der einen und Treuepflichten (*duty of loyalty*) auf der anderen Seite vorgenommen werden. Sorgfaltspflichten intendieren primär die Vermeidung unternehmerischer Fehlentscheidungen; der Ansatzpunkt der Treuepflichten ist in erster Linie, die missbräuchliche Aneignung von Gesellschaftsvermögen zu verhindern.[49]

##### (1) Sorgfaltspflichten

Die Sorgfaltspflichten der GmbH-Geschäftsführer sowie der Vorstandsmitglieder einer AG betreffen einerseits die Rechtmäßigkeit der Geschäftsführung. Auf der anderen Seite umfassen die Sorgfaltspflichten auch die Ordnungsmäßigkeit der Geschäftsführung unter Berücksichtigung von Wirtschaftlichkeits- und Zweckmäßigkeitsgesichtspunkten.

##### (a) Legalitätspflicht

GmbH-Geschäftsführer und Vorstandsmitglieder einer AG haben sich bei der Ausübung ihres Amtes gesetzesgetreu zu verhalten: Sie müssen einerseits alle gesetzlichen Vorschriften einhalten, die Pflichten gegenüber der Gesellschaft begründen (interne Pflichtenbindung); andererseits sind sie dafür verantwortlich, dass die Gesellschaft in ihren Außenbeziehungen rechtmäßig handelt (externe Pflichtenbindung).[50]

In der Unternehmenspraxis hat sich in den letzten Jahren in Bezug auf die Einhaltung der Gesetze und Regeln, von denen die jeweiligen Unternehmen betroffen sind, auch der Begriff *Corporate Compliance* etabliert.[51]

---

a.A. *Mertens/Cahn*, in: KölnKommAktG, § 93 Rn. 43 f.; offenlassend *Landwehr*, in: Heidel, § 93 AktG Rn. 5.

49 *Fleischer*, NJW 2009, 2337 (2338); *Kindler*, in: FS Goette, 2011, S. 231 (235 f.); *Mertens/Cahn*, in: KölnKommAktG, § 93 Rn. 64.

50 *Klöhn*, in: Bork/Schäfer, § 43 GmbHG Rn. 17; näher zu Gemeinwohlbelangen, die über die externe Pflichtenbindung Berücksichtigung finden, *Kort*, NZG 2012, 926 ff.

51 Eingehend *Hauschka* in: Hauschka, Corporate Compliance, § 1; ausführlich auch *Kort*, NZG 2012, 926 [Vorstand] und *ders.*, NZG 2013, 566 ff. [GmbH-Geschäftsführer]; eine anschauliche Einordnung in das System der gesellschaftsrechtlichen Pflichtenbindungen der Organmitglieder liefert *Paefgen*, WM 2016, 433 ff.

### (aa) Interne Pflichtenbindung

Die interne Pflichtenbindung wird insbesondere durch Vorschriften des GmbHG[52] und des AktG,[53] aber auch durch den Unternehmensgegenstand und weitere Bestimmungen des Gesellschaftsvertrags bzw. der Satzung konkretisiert.[54] Darüber hinaus kann sich die interne Pflichtenbindung auch aus Bestimmungen des jeweiligen Anstellungsvertrags ergeben.[55] Die Bindung an den Unternehmensgegenstand verpflichtet die Geschäftsleiter negativ dazu, die Grenzen des Unternehmensgegenstands einzuhalten, und zugleich positiv dazu, den Unternehmensgegenstand nach besten Anstrengungen auszufüllen.[56] Ein Organ, das vom Unternehmenszweck nicht umfasste Geschäfte vornimmt, handelt pflichtwidrig.[57] Kernelement der internen Pflichtenbindung ist es ferner, die gesetzliche Zuständigkeitsordnung zu wahren.[58] Insoweit kommt für die Mitglieder des Vorstands und des Aufsichtsrats einer AG auch den ungeschriebenen Hauptversammlungszuständigkeiten eine besondere Bedeutung zu.[59]

---

52 Vgl. zu den organschaftlichen Pflichten eines GmbH-Geschäftsführer etwa §§ 35a, 39, 40 Abs. 1, 41, 42a Abs. 1, 49 Abs. 2 und Abs. 3 GmbHG sowie § 15a InsO. Siehe ferner zu seinen Berichts- und Informationspflichten §§ 51a GmbHG; 81, 74, 90, 92, 106 BetrVG; 325 HGB. Ausführlich zum internen organschaftlichen Pflichtenprogramm des Geschäftsführers *Paefgen*, in: Ulmer/Habersack/Löbbe, § 43 GmbHG Rn. 25 ff.

53 Vgl. zu den organschaftlichen Pflichten eines Vorstandsmitglieds einer AG etwa §§ 80, 81, 83, 91, 92 Abs. 1 AktG sowie § 15a InsO. Siehe ferner zu seinen Berichts- und Informationspflichten §§ 90, 131, 161 AktG; 81, 74, 90, 92, 106 BetrVG; 325 HGB; 15, 37w WpHG. Für Einzelheiten zum internen organschaftlichen Pflichtenprogramm des Vorstandsmitglieds *Raiser/Veil*, Recht der Kapitalgesellschaften, § 14 Rn. 2 ff.

54 *Klöhn*, in: Bork/Schäfer, § 43 GmbHG Rn. 18.

55 KG, GmbHR 2005, 477 (478).

56 Näher dazu *Tieves*, Der Unternehmensgegenstand der Kapitalgesellschaft, 1998, S. 300 ff.; s. auch *Klöhn*, in: Bork/Schäfer, § 43 GmbHG Rn. 18.

57 BGH, ZIP 2013, 455 (456); BGHZ 199, 305 (332).

58 *Mertens/Cahn*, in: KölnKommAktG, § 93 Rn. 64.

59 Nachdem bereits in den 1970er Jahren namentlich von *Kropff*, in: FS Geßler, 1971, S. 111, und insbesondere von *Lutter*, in: FS Barz, 1974, S. 199 (209 ff.); *ders.*, in: FS Westermann, 1974, S. 347 (351 ff.); *ders.*, Die Rechte der Gesellschafter beim Abschluss fusionsähnlicher Unternehmensverbindungen, 1974, der Gedanke angeführt wurde, dass trotz Fehlen einer ausdrücklichen gesetzlichen Zuweisung die Entscheidungskompetenz ausnahmsweise nicht beim Vorstand, sondern bei der Hauptversammlung liegen könne, hat der BGH in seinen grundlegenden Entscheidungen BGHZ 83, 122 [*Holzmüller*]; 153, 47 [*Macrotron*]; 159, 30 [*Gelantine I*] und BGH, NZG 2004, 575 [*Gelatine II*] explizit ungeschriebene Zuständigkeiten der Hauptversammlung anerkannt; vgl. zu dieser Thematik auch *Lorenz/Pospiech*, DB 2010, 1925 ff. m.w.N.

### (bb) Externe Pflichtenbindung

Die Geschäftsführer einer GmbH und die Vorstandsmitglieder einer AG haben im Außenverhältnis sämtliche Rechtsvorschriften zu wahren, welche die Gesellschaft als Rechtssubjekt treffen.[60] Neben den zahlreichen Vorschriften des Zivil- und Wirtschaftsrecht (insbesondere im Bilanz- sowie im Wettbewerbs- und Kartellrecht) fallen darunter auch Vorschriften des Arbeits-, Sozial- und Steuerrechts; auch Normen des besonderen Verwaltungsrechts sowie Regelungen aus dem Bereich des Straf- und Ordnungswidrigkeitenrechts sind einzuhalten.[61]

Die Verpflichtung im Außenverhältnis für das rechtmäßige Handeln der Gesellschaft zu sorgen, ist nicht lediglich auf die Einhaltung des deutschen Rechts begrenzt: Von steigender Bedeutung sind zwingende Vorgaben des Gemeinschaftsrechts.[62] Soweit das Handeln der Gesellschaft ausländischem Recht unterworfen ist, müssen die Organmitglieder kraft ihrer nach deutschen Recht bestehenden Pflichtenbindung auch die ausländischen Rechtsnormen respektieren und für deren Beachtung sorgen.[63]

Bisweilen wird darüber hinaus vertreten, die externe Pflichtenbindung der GmbH-Geschäftsführer und Vorstandsmitglieder einer AG umfasse auch die Einhaltung der allgemein anerkannten Grundsätze der Geschäftsmoral.[64]

In der Verletzung der externen Pflichtenbindung liegt zugleich und automatisch ein Verstoß gegen die interne Pflichtenbindung.[65]

---

60 BGH, NJW 2011, 88 (92); *Fleischer*, in: MünchKommGmbHG, § 43 Rn. 30; *Mertens/Cahn*, in: KölnKommAktG, § 93 Rn. 71; *Nietsch*, ZGR 2015, 631 (649).

61 *Fleischer*, in: Spindler/Stilz, § 93 AktG Rn. 23; *ders.*, in: MünchKommGmbHG, § 43 Rn. 30; näher zu den strafrechtlichen Risiken der Geschäftsleiterhaftung *Perron*, ZGR 2016, 187 ff.

62 Einzelheiten etwa bei *Langenbucher*, Europarechtliche Bezüge des Privatrechts, 2013; vgl. insbesondere *Engert*, in: Langenbucher, Europarechtliche Bezüge des Privatrechts, 2013, § 5 Gesellschaftsrecht sowie *Klöhn*, in: Langenbucher, Europarechtliche Bezüge des Privatrechts, 2013, § 6 Kapitalmarktrecht; anschaulich auch *Bayer/J. Schmidt*, in: Bayer/Habersack, Aktienrecht im Wandel, Bd. I, 18. Kap. („Überlagerung des deutschen Aktienrechts durch das Europäische Unternehmensrecht").

63 LG München I, ZIP 2014, 570 (573); *Mertens/Cahn*, in: KölnKommAktG, § 93 Rn. 73; *Simon/Merkelbach*, AG 2014, 318 (319); vgl. auch *Hopt/Roth*, in: GroßkommAktG, § 93 Rn. 142; *Spindler*, in: MünchKommAktG, § 93 Rn. 94 ff.

64 So etwa *Haas/Ziemons*, in: Michalski, § 43 GmbHG, Rn. 46; *Landwehr*, in: Heidel, § 93 AktG Rn. 11; *Mertens*, in: Hachenburg, § 43 GmbHG Rn. 20; *Mertens/Cahn*, in: KölnKommAktG, § 93 Rn. 71; ähnlich *Ritter*, in: FS Geßler, 1971, S. 139 (152 f.); ablehnend hingegen *Fleischer*, in: Spindler/Stilz, § 93 AktG Rn. 25 („inhaltlich kaum fassbar"); *Hopt/Roth*, in: GroßkommAktG, § 93 Rn. 150; *Klöhn*, in: Bork/Schäfer, § 43 GmbHG Rn. 21; *Paefgen*, in: Ulmer/Habersack/Löbbe, § 43 GmbHG Rn. 23; *U.H. Schneider*, in: Scholz, § 43 GmbHG Rn. 77.

65 *Merkt*, in: FS Hommelhoff, 2012, S. 711 (713).

### (cc) Vertrauen auf fachkundigen Rat Dritter

Bei unsicherer Rechtslage besteht für Geschäftsleiter ein Handlungsspielraum, wenn sie von der Rechtmäßigkeit ihres Handelns ausgehen dürfen.[66] Sofern rechtliche Zweifelsfragen vorliegen und unternehmerische Entscheidungen unter Rechtsunsicherheit getroffen werden müssen, können sich Geschäftsleiter ggf. durch die vorherige Einholung von Auskünften, Berichten und Gutachten von fachkundigen Dritten entlasten.[67] Bloße Gefälligkeitsgutachten können insoweit allerdings keine entlastende Wirkung entfalten.[68]

In seiner grundlegenden *ISION*-Entscheidung vom 20. September 2011 (Az. II ZR 234/09)[69] und dem flankierenden Urteil vom 28. April 2015 (Az. II ZR 63/14)[70] hat der BGH die erhöhten Anforderungen für ein berechtigtes Vertrauen auf externen Rat explizit herausgestellt: So bedarf es insoweit zunächst einmal der Auswahl eines unabhängigen und fachlich qualifizierten Berufsträgers. An diesen Berufsträger ist dann eine konkret formulierte Anfrage unter umfassender Darstellung der Verhältnisse der Gesellschaft und unter Offenlegung sämtlicher erforderlicher Unterlagen zu richten. Schließlich muss das betreffende Organmitglied den eingeholten externen Rat einer eigenständigen, umfassenden Plausibilitätskontrolle unterziehen.[71]

### (dd) Nützliche Pflichtverletzungen

Eingang in den wissenschaftlichen Diskurs hat ferner die Frage gefunden, ob die Außerachtlassung gesetzlicher Regeln oder zumindest bestimmte Gesetzesverstöße

---

66 Überzeugend *Buck-Heeb*, BB 2013, 2247 (2250 ff.); *Holle*, AG 2017, 270 (278 ff.); s. auch *Hasselbach/Ebbinghaus*, AG 2014, 873 (883), die das Managementhandeln bei unklarer Rechtslage zumindest durch die Anwendung der der *Business Judgement Rule* zugrunde liegenden Rechtsgrundsätze privilegieren möchten.

67 Eingehend *Binder*, AG 2008, 274 ff.; *Fleischer*, in: FS Hüffer, 2010, S. 187 ff.; *U.H. Schneider*, DB 2011, 99 ff.; *Selter*, AG 2012, 11 ff. Umstritten ist insoweit die Rechtsfrage, ob den Informationspflichten eines Geschäftsleiters auch durch den Rückgriff auf externe Ratingagenturen Genüge getan werden kann: *Lutter*, ZIP 2009, 197 (199) und auch das OLG Düsseldorf, AG 2010, 126 (128) sehen in der Berufung allein auf externe Ratings eine Sorgfaltswidrigkeit; ähnlich *Spindler*, NZG 2010, 281 (284); a.A. *Balthasar/Hamelmann*, WM 2010, 589 (592).

68 *Bayer*, in: FS K. Schmidt, 2009, S. 85 (92); *U.H. Schneider*, DB 2011, 99 (102).

69 BGH, NZG 2011, 1271 ff. [*ISION*]; dazu anstatt vieler *Holle*, AG 2016, 270 (278); *Sander/S. Schneider*, ZGR 2013, 725 ff.; *Selter* AG 2012, 11 ff., zuvor bereits BGH, NZG 2007, 545; vgl. auch OLG Stuttgart, NZG 2010, 141, besprochen von *Fleischer*, NZG 2010, 121 ff.

70 BGH, NZG 2015, 792 ff.; dazu etwa *Fleischer*, DB 2015, 1764 ff.; *Steber*, DStR 2015, 2391 ff.; *E. Vetter*, NZG 2015, 889 ff.

71 BGH, NZG 2011, 1271 (1273); NZG 2015, 792 (795); ausführlich zur Plausibilitätskontrolle *Strohn*, CCZ 2013, 177 (180 ff.); i. Erg. zustimmend *Merkt/Mylich*, NZG 2012, 525 ff.; s. auch *Buck-Heeb*, BB 2016, 1347 (1349 ff.); *Graewe/Freiherr v. Harder*, BB 2017, 707 (709).

durch Organmitglieder dann nicht als pflichtwidrig zu erachten seien, wenn sie sich im Ergebnis vorteilhaft für die Gesellschaft auswirken.[72] In Anlehnung an eine entsprechende Lehre im US-amerikanischen Gesellschaftsrecht finden sich im Schrifttum zum deutschen Kapitalgesellschaftsrecht – allerding vereinzelt gebliebene – Auffassungen, die auf den Einzelfall bezogen eine nützliche Pflichtverletzung als haftungsausschließenden Rechtsfertigungsgrund nicht generell verneinen wollen.[73]

Eine positive Anerkennung derartiger „nützlicher Pflichtverletzungen" (*efficient breach of law*) lässt sich allerdings weder dem deutschen Aktiengesetz noch dem GmbH-Gesetz entnehmen.[74] In Übereinstimmung mit der höchstrichterlichen Rechtsprechung[75] wird die Lehre vom *efficient breach of law* für das deutsche Kapitalgesellschafsrecht weitgehend nicht anerkannt.[76] Da nützliche Pflichtverletzungen Rechtsverstöße darstellen, ist auch die Anwendung der *Business Judgement Rule* ausgeschlossen.[77]

Differenzierter als in Bezug auf Gesetzespflichten wird die Frage nach nützlichen Pflichtverstößen jedoch im Bereich der Vertragspflichten einer Gesellschaft gesehen. Nach im Schrifttum vorherrschender Auffassung trifft Vorstände und Geschäftsführer im Innenverhältnis keine Rechtspflicht, sämtlichen Vertragspflichten der Gesellschaft gegenüber Dritten nachzukommen; vielmehr soll ein Vertragsbruch dann nicht pflichtwidrig sein, wenn er nach sorgfältiger Abwägung der unternehmerischen Risiken erfolgt ist.[78]

---

72 In monographischer Form *Harzenetter*, Innenhaftung des Vorstands für nützliche Pflichtverletzungen, 2008, passim; ausführlich auch *Krause*, BB-Special 8/2007, 2 ff.

73 *Ihrig*, WM 2004, 2098 (2105): „Dabei mag sich im Einzelfall unter Berücksichtigung von Chancen und Risiken durchaus ergeben, dass eine bewusste Hinwegsetzung über eine gesetzliche Anordnung (...) im wohlverstandenen Unternehmensinteresse zu rechtfertigen war und folglich eine Haftung des Vorstands (...) ausscheidet." Einschränkend auch *M. Roth*, Unternehmerisches Ermessen und Haftung des Vorstands, 2001, S. 132, der nützliche Pflichtverletzungen nur bei vorsätzlichen Verstößen ablehnt.

74 *Thole*, ZHR 173 (2009), 504 (515).

75 BGH, NJW 2011, 88 (92); NJW 2010, 3458 (3460).

76 S. etwa *Bayer*, in: FS K. Schmidt, 2009, S. 85 (91); *Brand/Sperling*, AG 2011, 233; *Krause*, BB-Special 8/2007, 2 (6); *Fleischer*, ZIP 2005, 141 (145); *Heutz*, DB 2012, 902 (903); *Meyer*, DB 2014, 1063 (1067); *Poelzig*, WM 2008, 1009 (1011); *Reichert/Ott*, ZIP 2009, 2173; *Thole*, ZHR 173 (2009), 504 (515); *Werner*, GmbHR 2012, 1107; vgl. bereits *Schlechtriem*, in: Kreuzer, Die Haftung der Leitungsorgane von Kapitalgesellschaften, 1991, S. 21.

77 *Kort*, GmbHR 2013, 566 (573); näher zur *Business Judgement Rule* nachfolgend unter § 1 II.2.b)aa)(1)(b).

78 Vgl. *Bicker*, AG 2014, 8 (9 f.); *Fleischer*, ZIP 2005, 141 (144); *Hellgardt*, WM 2006, 1514 (1519); *Lutter*, ZIP 2007, 841 (843); *M. Roth*, Unternehmerisches Ermessen und Haftung des Vorstands, 2001, S. 132 f.; *Thole*, ZHR 173 (2009), 504 (518 f.); s. auch *Hopt*, in: Großkommentar zum AktG, 4. Aufl. 1999, § 93 Rn. 100; *Lücke/Simon*, in: Saenger/

### (b) Sorgfaltspflicht im engeren Sinne

Neben der Rechtmäßigkeit der Geschäftsführung gehört des Weiteren die Ordnungsmäßigkeit der Geschäftsführung zu den Sorgfaltsanforderungen an die Geschäftsleiter.

#### (aa) Verhaltensmaßstab

Nach dem gesetzlich in §§ 43 Abs. 1 GmbHG, 93 Abs. 1 Satz 1 AktG ähnlich definierten Sorgfaltsmaßstab für GmbH-Geschäftsführer und Vorstandsmitglieder einer AG[79] haben diese stets wie ein pflichtbewusster, selbstständig tätiger Leiter eines Unternehmens der konkreten Art zu agieren, der ähnlich wie ein Treuhänder nicht mit eigenen Mitteln wirtschaftet, sondern fremden Vermögensinteressen verpflichtet ist.[80] Schlechte Geschäfte oder Verluste allein, soweit sich dadurch ein Marktrisiko verwirklicht, sind kein Haftungsgrund.[81] Die gesetzlichen Bezugnahmen auf den „ordentlichen Geschäftsmann" bzw. den „ordentlichen Geschäftsleiter" stellen indes eine Präzisierung der allgemeinen Sorgfaltsanforderungen des § 276 Abs. 2 BGB („erforderliche Sorgfalt") dar und führen zu einem im Vergleich zu gewöhnlichen Kaufleuten noch weiter erhöhten Haftungsmaßstab.[82] Von Geschäftsleitern deutscher Kapitalgesellschaften erwartet der Rechtsverkehr eine „überragende Kompetenz".[83] Die konkreten Anforderungen an die Sorgfaltspflicht können indes nicht anhand eines allgemeingültigen, festen Maßstabs bemessen werden; maßgeblich sind im jeweiligen Einzelfall insbesondere die Art und Größe eines Unternehmens, die Mitarbeiterzahl, die Konjunktur, das geschäftliche Umfeld mit den Wettbewerbern und auch die besonderen Aufgaben des betreffenden

---

Inhester, Hk-GmbHG, § 43 Rn. 22; *Paefgen*, in: Ulmer/Habersack/Löbbe, § 43 GmbHG Rn. 34; *U.H. Schneider*, in: Scholz, § 43 GmbHG Rn. 78; *Werner*, GmbHR 2012, 1107 (1108); *Windbichler*, ZGR 1989, 434 (437).

79 § 43 Abs. 1 GmbHG lautet: „Die Geschäftsführer haben in den Angelegenheiten der Gesellschaft die Sorgfalt eines ordentlichen Geschäftsmannes anzuwenden." § 93 Abs. 1 Satz 1 AktG verlangt: „Die Vorstandsmitglieder haben bei ihrer Geschäftsführung die Sorgfalt eines ordentlichen und gewissenhaften Geschäftsleiters anzuwenden."

80 BGHZ 129, 30 (34); OLG Oldenburg, NZG 2007, 434 (435); OLG Celle, NZG 2000, 1178 (1179); OLG Düsseldorf, AG 1997, 231 (235); OLG Hamm, AG 1995, 512 (514); OLG Koblenz, GmbHR 1991, 416 (417); *Steffek*, JuS 2010, 295 (298); *Zöllner/Noack*, in: Baumbach/Hueck, § 43 GmbHG Rn. 9.

81 *Hopt/Roth*, in: GroßkommAktG, § 93 Rn. 88; *Windbichler*, Gesellschafsrecht, § 27 Rn. 33.

82 RGZ 64, 254 (257); OLG Bremen, GmbHR 1964, 8; OLG Koblenz, GmbHR 1991, 416; *Sander/S. Schneider*, ZGR 2013, 725 (732); *U.H. Schneider*, in: Scholz, § 43 GmbHG Rn. 33 f.; *Spindler*, in: MünchKommAktG, § 93 Rn. 25; *Tamm/Fangerow*, BB 2012, 1944 (1945); *v. Woedtke*, NZG 2013, 484 (485).

83 *Strohn*, ZHR 176 (2012), 137.

Organmitglieds.[84] Die Verhaltensanforderungen steigen nochmals in Krisenzeiten des Unternehmens[85] sowie bei Geschäften, die für ein Unternehmen von besonderer Bedeutung sind.

### (bb) Geschäftsleiterermessen und *Business Judgement Rule*

Die Geschäftsleiter verfügen im Rahmen ihres unternehmerischen Handelns unter gewissen Voraussetzungen über einen gerichtlich nicht überprüfbaren Ermessensspielraum, um haftungsfrei der Dynamik des Marktgeschehens Rechnung tragen zu können.[86] Nachdem entsprechende Grundsätze bereits von der Rechtsprechung[87] und der Rechtslehre[88] in Form der sog. *Business Judgement Rule* herausgearbeitet worden waren, hat der Gesetzgeber diese durch das UMAG im Jahre 2005 in § 93 Abs. 1 Satz 2 AktG gesetzlich kodifiziert: Nach § 93 Abs. 1 Satz 2 AktG, scheidet ein Schadensersatzanspruch der Gesellschaft gegen Vorstandsmitglieder bzw. Geschäftsführer im Hinblick auf unternehmerische Entscheidungen dann aus, wenn die betreffende Entscheidung ohne Sonderinteressen sowie sachfremde Einflüsse und zudem auf der Grundlage angemessener Information[89] getroffen worden ist und bei der das handelnde Organmitglied ferner vernünftigerweise annehmen durfte, zum Wohle der Gesellschaft zu handeln.[90] Der Handlungsspielraum der Geschäftsleiter

---

84 *Spindler*, in: MünchKommAktG, § 93 Rn. 25; vgl. auch *Hopt/Roth*, in: GroßkommAktG, § 93 Rn. 85.

85 OLG Stuttgart, AG 2012, 762 (764); *Bayer*, GmbHR 2014, 897 (900); *Seibt*, ZIP 2013, 1597 (1605); näher zu den Verhaltensmaßnahmen des Geschäftsleiters in der Unternehmenskrise *Bellen/Stehl*, BB 2010, 2579 ff.; *Geißler*, DZWIR 2011, 309 ff. *Kleindiek*, in: FS U.H. Schneider 2011, 617 ff.; *Strohn*, NZG 2011, 1161 ff.; zur *praeter legem* aus § 93 Abs. 1 Satz 1 AktG abgeleiteten Pflicht zur Sanierung *Ihrig/Schäfer*, Rechte und Pflichten des Vorstands, § 34 Rn. 1430 f.; *Veil*, ZGR 2006, 374 (378).

86 Eingehend *Lohse*, Unternehmerisches Ermessen, 2005, passim; vgl. anstatt vieler auch *Fleischer*, in: MünchKommGmbHG, § 43 Rn. 66; *Spindler*, in: MünchKommAktG, § 93 Rn. 36; zur Abgrenzung unternehmerischer Entscheidungen von pflichtverletzendem Handeln *C. Goette/M. Goette*, DStR 2016, 815 ff.

87 Grundlegend BGHZ 135, 244 ff. [*ARAG/Garmenbeck*].

88 In monographischer Form insbesondere *Oltmanns*, Geschäftsleiterhaftung und unternehmerisches Ermessen, 2001, passim; *Paefgen*, Unternehmerische Entscheidungen und Rechtsbindung der Organe der AG, 2002, passim; *M. Roth*, Unternehmerisches Ermessen und Haftung des Vorstands 2001, passim; ausführlich auch *Fleischer*, in: FS Wiedemann, 2002, S. 827 ff.; speziell im Zusammenhang mit Unternehmenskäufen *Nauheim/C. Goette*, DStR 2013, 2520 ff.; *C. Goette*, DStR 2014, 1776 (1778 f.).

89 Anschaulich zur Grundlage angemessener Informationen *Nietsch*, ZGR 2015, 631 (657 f.).

90 Näher zur *Business Judgement Rule* im Aktien- und GmbH-Recht etwa *Bachmann*, WM 2015, 105 ff.; *Lutter*, ZIP 2007, 841 ff.; *Schäfer*, ZIP 2005, 1253 ff.; vgl. ferner *Jungmann*, in: FS K. Schmidt, 2009, S. 831 ff.; *Paefgen*, NZG 2009, 891 ff.; speziell zu den *Best Practice* Empfehlungen des DCGK, denen über die *Business Judgement Rule* mittelbare Haftungsrelevanz zukommen kann, *Weber-Rey/Buckel*, AG 2011, 845 ff.;

umfasst mithin auch das Eingehen von Risiken unter sinnvoller kaufmännischer Interessenabwägung und damit auch die Gefahr von Fehleinschätzungen.[91] Insofern begründen sogar existenzielle Risiken nicht zwangsläufig einen Haftungsgrund in Form eines Sorgfaltspflichtverstoßes.[92]

Das GmbH-Recht enthält keine vergleichbare Regelung. Nach allgemeiner Auffassung findet § 93 Abs. 1 Satz 2 AktG jedoch im Recht der GmbH – unter Berücksichtigung der GmbH-spezifischen Besonderheiten[93] – analoge Anwendung.[94]

### (c) Überwachungspflicht

Neben der Sorgfalt in Bezug auf eigene Entscheidungen und Handlungen kommen einem Organmitglied sowohl organintern horizontale Überwachungspflichten zu als auch vertikale Überwachungspflichten für Mitarbeiter, die delegierte Aufgaben wahrnehmen.[95]

---

die Problematik der Anwendung der *Business Judgement Rule* bei Kollegialentscheidungen und dem Vorliegen von Interessenkonflikten bei einem Mitglied des Kollegialorgans thematisieren *Blasche*, AG 2010, 692 ff. und *Löbbe/Fischer*, AG 2014, 717 ff.; ausführlich zum Entscheidungsbegriff in § 93 Abs. 1 Satz 2 AktG *Graumann*, ZGR 2011, 293 ff.; zur Angemessenheit der Information *Freitag/Korch*, ZIP 2012, 2281 ff.; zur Anwendung der *Business Judgement Rule* bei unklarer Rechtslage *Hasselbach/Ebbinghaus*, AG 2014, 873 ff.; zur Haftung bei Verstößen gegen die *Business Judgement Rule* etwa *Scholz*, AG 2015, 222 ff.

91 BGH, NZG 2005, 562 (563); NZG 2002, 195 (196); *Blasche*, WM 2011, 343 (345); *Seibt*, ZIP 2013, 1597 (1602).

92 *Balthasar/Hamelmann*, WM 2010, 589 (590); *Freund*, NJW 2013, 2545 (2547); *Paefgen*, AG 2014, 554 (563); tendenziell auch *Herrmann/Olufs/Barth*, BB 2012, 1935 (1940); *Müller*, DB 2014, 1301 (1306); *Strate*, GWR 2010, 422; a.A. OLG Jena, NZG 2001, 86 (87); *Schäfer/Zeller*, BB 2009, 1706 (1708).

93 Dazu *Fleischer*, NZG 2011, 521 ff.; *ders.*, in: MünchKommGmbHG, § 43 Rn. 72 ff.; vgl. auch *Bachmann*, NZG 2013, 1121 (1122).

94 BGH, NJW 2008, 3361 (3362 f.); *Bayer/Illhardt*, GmbHR 2011, 751 (753); *Gehrlein*, NJW 1997, 1905; *Haas/Ziemons*, in: Michalski, § 43 GmbHG Rn. 68; *Paefgen*, in: Ulmer/Habersack/Löbbe, § 43 GmbHG Rn. 22; *U.H. Schneider*, in: Scholz, § 43 GmbHG Rn. 54; *Zöllner/Noack*, in: Baumbach/Hueck, § 43 GmbHG Rn. 22; a.A. aber *Jungmann*, in: FS K. Schmidt, 2009, S. 831 (850), der eine analoge Anwendung des § 93 Abs. 1 Satz 2 AktG außerhalb des Aktienrechts generell ablehnt und auch im Recht der GmbH nur im Einzelfall als angezeigt ansieht.

95 Allg. Meinung, vgl. etwa *Fleischer*, in: Spindler/Stilz, § 93 AktG Rn. 94 ff.; *ders.*, in: MünchKommGmbHG, § 43 Rn. 108 ff.; *Nietsch*, ZIP 2013, 1449; s. auch *Schmidt-Husson*, in: Hauschka, Corporate Compliance, § 7 Rn. 27, mit dem kritischen Hinweis bzgl. vertikaler Überwachungspflichten, dass je nach Größe des Unternehmens und der Komplexität der anfallenden Aufgaben ein Vorstandsmitglied in der Praxis oftmals bereits mit der bloßen Überwachung derjenigen überfordert sein wird, die statt seiner handeln.

Die horizontale Überwachungspflicht gründet auf der organschaftlichen Gesamtverantwortung für Kollegialentscheidungen; sie bedarf einer angemessenen Berücksichtigung bei der jeweiligen Binnenorganisation der Organe von Kapitalgesellschaften.[96] Auch bei einer Zuständigkeitsverteilung nach Geschäftsbereichen konzentriert sich zwar die Verantwortung der betreffenden Geschäftsleiter auf die ihnen zugewiesenen Ressorts; die Verantwortung für nicht zugewiesene Aufgaben wandelt sich indes in entsprechende Überwachungspflichten.[97] Nicht zulässig ist indes die Delegation zentraler Leitungsaufgaben auf einzelne Organmitglieder; ferner müssen die Mitglieder des Vorstands, des Aufsichtsrats bzw. der Geschäftsführung stets gemeinsam über Fragen der Unternehmenspolitik, -planung, -kontrolle und -koordination entscheiden.[98]

Die vertikale Überwachungspflicht lässt sich aus dem eigenen Pflichtenkreis eines Organmitglieds ableiten, der auch die mögliche Delegation von Aufgaben an Mitarbeiter umfasst.[99] Die betreffenden Sorgfaltspflichten eines Organmitglieds sind diesbezüglich insbesondere auf die Auswahl, Einweisung und Überwachung der Delegierten gerichtet.[100]

### (2) Treuepflicht

Die Treuepflicht der Geschäftsleiter ist das Korrelat ihrer weitreichenden Befugnisse, ihres Informationsvorsprungs und auch ihrer faktischen Einwirkungsmöglichkeiten auf die Gesellschaft.[101] GmbH-Geschäftsführer und Vorstandsmitglieder einer AG sind aufgrund ihrer Stellung als Organ und als Treuhänder fremden Vermögens gehalten, das Gesellschaftswohl dem eigenen Nutzen oder dem Vorteil Dritter

---

96 *Bürgers/Israel*, in: Bürgers/Körber, § 93 AktG Rn. 5; vgl. auch *Grigoleit/Tomasic*, in: Grigoleit, § 93 AktG Rn. 37.

97 BGHZ 133, 370 (377 f.); *Haas*, Geschäftsführerhaftung und Gläubigerschutz, 1997, S. 286; *Kiethe*, ZIP 2003, 1957 (1963); *Nietsch*, ZIP 2013, 1449 ff.; *B. Schmidt*, in: Ensthaler/Füller/Schmidt, § 37 GmbHG Rn. 14; *Wettich*, Vorstandsorganisation in der Aktiengesellschaft, 2008, S. 92; vgl. insoweit auch den Appell von *Fleischer*, DB 2014, 1971 (1974), an die Rechtsprechung, „die ressortübergreifende Überwachungspflicht in mehrköpfigen Leitungsgremien nicht zu überspannen"; ähnlich *Seibt/Cziupka*, DB 2014, 1598 (1602).

98 *Löbbe/Fischbach*, AG 2014, 717 (719); *Ihrig/Schäfer*, Rechte und Pflichten des Vorstands, § 16 Rn. 414, jeweils m.w.N.

99 *Bürgers/Israel*, in: Bürgers/Körber, § 93 AktG Rn. 5; *Urban*, GWR 2013, 106.

100 BGHZ 127, 336 (347); *Grigoleit/Tomasic*, in: Grigoleit, § 93 AktG Rn. 38.

101 *Marsch-Barner/Diekmann*, in: MünchHdbGmbH, § 45 Rn. 2; *Zöllner/Noack*, in: Baumbach/Hueck, § 35 GmbHG Rn. 39; ausführlich zu den organschaftlichen Treuepflichten der Geschäftsleiter im Aktien- und GmbH-Recht *Fleischer*, WM 2003, 1045 ff.; *ders.*, DB 2014, 1971 (1971 f.); s. auch *Pitkowitz*, Vorstands- und Aufsichtsratshaftung, § 2 Rn. 59 ff.

überzuordnen.[102] Bezugspunkt der Treupflichten sind die Vermögensinteressen der Gesellschaft; der Schutzbereich der Treuepflichten ist insofern nicht unmittelbar auf die GmbH-Gesellschafter bzw. Aktionäre zu erstrecken.[103]

### (a) Treuepflicht im engeren Sinne

Die den Organmitgliedern obliegende Treuepflicht im engeren Sinne ist von zwei grundlegenden Prinzipien geprägt: der Vermeidung von Interessenkonflikten sowie dem Verbot von Sondervorteilen.[104] Insoweit geht es in erster Linie darum, dass GmbH-Geschäftsführer und Vorstandsmitglieder ihrer Gesellschaft „loyal zu dienen" haben.[105] Sie dürfen ihre Organstellung nicht für persönliche Interessen missbrauchen; vielmehr sind sie verpflichtet, Geschäftschancen der Gesellschaft stets für diese zu nutzen. Korrespondierend mit dieser Verpflichtung ist es den Geschäftsleitern verboten, etwaige Geschäftschancen der Gesellschaft selbst auszunutzen oder nahe stehenden Dritten zu überlassen (sog. Geschäftschancenlehre).[106]

Auch die Entgegennahme nicht geschuldeter (und damit übermäßiger) Bezüge durch ein Vorstandsmitglied oder einen GmbH-Geschäftsführer stellt einen Verstoß gegen die den Organmitgliedern obliegende Treupflicht dar.[107]

### (b) Verschwiegenheitspflicht

Eine besondere Ausprägung der Treupflichten stellt ferner die Verschwiegenheitspflicht dar. Geschäftsleiter haben über vertrauliche Angaben sowie über Betriebs- und Geschäftsgeheimnisse, die ihnen durch ihre Tätigkeit als Geschäftsleiter bekannt geworden sind, Stillschweigen zu wahren. Im Aktienrecht ist diese Pflicht explizit in § 93 Abs. 1 Satz 3 AktG geregelt;[108] auch im GmbH-Recht ist die Pflicht

---

102 BGH, NJW-RR 1989, 1255 (1256 f.); GmbHR 1983, 300; GmbHR 1977, 129; *Hopt/Roth*, in: GroßkommAktG, § 93 Rn. 227; *Spindler*, in: MünchKommAktG, § 93 Rn. 108.

103 LG Wiesbaden, AG 2015, 833; *Spindler*, in: MünchKommAktG, § 93 Rn. 112.

104 *Fleischer*, in: MünchKommGmbHG, § 43 Rn. 160.

105 *Krieger/Sailer-Coceani*, in: K. Schmidt/Lutter, § 93 AktG Rn. 21; *Mertens/Cahn*, in: KölnKommAktG, § 93 Rn. 96; *U.H. Schneider*, in: Scholz, § 43 GmbHG Rn. 151; vgl. zur Abdingbarkeit der organschaftlichen Treupflicht des GmbH-Geschäftsführers für bestimmte Fallgestaltungen *Fleischer/Harzmeier*, NZG 2015, 1289 (1296 f.).

106 Näher zur Geschäftschancenlehre *Fleischer*, in: MünchKommGmbHG, § 43 Rn. 175 ff.; *Klöhn*, in: Bork/Schäfer, § 43 GmbHG Rn. 52 ff.; vgl. auch *Buck-Heeb*, in: Gehrlein/Ekkenga/Simon, § 43 GmbHG Rn. 40 f.; *Steinhoff*, Die Haftung von Vorständen und Geschäftsführern wegen Vermögensschäden bei Kapitalanlegern, 2012, S. 47 f.

107 BGHZ 20, 239 (244) [AG]; BGH, ZIP 2008, 117 [GmbH]; *Fleischer/Bauer*, ZIP 2015, 1901 (1902). Der 3. Strafsenat des BGH hat in Sachen indes entschieden, dass einem Vorstandsmitglied bei Entscheidungen, die im weitesten Sinne seine eigenen Bezüge betreffen, keine Vermögensbetreuungspflicht zugunsten der Gesellschaft obliege, BGH, ZIP 2006, 72 (81 f.) [*Mannesmann/Vodafone*].

108 Ausführlich *Ihrig/Schäfer*, Rechte und Pflichten des Vorstands, § 14 Rn. 340 ff.

zur Verschwiegenheit trotz fehlender Gesetzesregelung im GmbHG allgemein anerkannt und wird letztlich auch implizit von § 85 GmbHG vorausgesetzt.[109]

### (c) Wettbewerbsverbot

Auch das organschaftliche Wettbewerbsverbot ist eine Einzelausprägung der Treuepflicht der Geschäftsleiter. Im Aktienrecht besteht insoweit eine ausdrückliche gesetzliche Regelung in § 88 AktG. Trotz Fehlen einer vergleichbaren Regelung im GmbHG besteht jedoch wiederum Einigkeit, dass auch die Geschäftsführer einer GmbH einem umfassenden Wettbewerbsverbot während der Dauer ihres Anstellungsvertrages unterliegen.[110] Geschäftsleiter sind verpflichtet allein das Wohl der Gesellschaft zu verfolgen und dabei persönliche Interessen hinten anzustellen.[111] Daher besteht das Wettbewerbsverbot der Geschäftsleiter auch unabhängig davon, ob die Gesellschaft im Einzelfall durch die Wettbewerbstätigkeit geschädigt würde und ob die Gesellschaft die betreffenden Geschäfte überhaupt selbst betreiben könnte.[112]

### (3) Sondertatbestände nach §§ 43 Abs. 3 GmbHG, 93 Abs. 3 AktG

§ 43 Abs. 3 Satz 1 GmbHG enthält zwei Sondertatbestände, § 93 Abs. 3 AktG sogar einen Katalog von neun Sondertatbeständen, die alle dazu dienen, die Aufbringung und Erhaltung des Stamm- bzw. Grundkapitals der Gesellschaften zu sichern. Den Sondertatbeständen ist gemeinsam, dass sie besonders schwere Fälle von Pflichtverletzungen im Zusammenhang mit einer Schmälerung der Kapitalgrundlagen der Gesellschaft regeln, die zu einer Haftung der Organmitglieder führen.[113] In Rechtsprechung und Rechtslehre besteht mittlerweile nicht zuletzt angesichts der Systematik und des Wortlauts in § 43 Abs. 3 Satz 1 GmbHG („insbesondere") sowie in § 93 Abs. 3 AktG („namentlich") weitgehende Einigkeit, dass diese Rechtsnormen eigenständige Anspruchsgrundlagen beinhalten und als Sonderfälle der Schadensersatzansprüche in § 43 Abs. 2 GmbHG bzw. § 93 Abs. 2 AktG zu erachten sind.[114]

---

109 Vgl. etwa *Altmeppen*, in: Roth/Altmeppen, § 43 GmbHG Rn. 25; *Ebenroth/Lange*, GmbHR 1992, 69 (75); *Fleischer*, in: MünchKommGmbHG, § 43 Rn. 199; *Kleindiek*, in: Lutter/Hommelhoff, § 43 GmbHG Rn. 13; *U.H. Schneider*, in: Scholz, § 43 GmbHG Rn. 144.

110 *Altmeppen*, in: Roth/Altmeppen, § 6 Rn. 85; *Jaeger*, in: MünchKommGmbHG, § 35 Rn. 360; *U.H. Schneider*, in: Scholz, § 43 GmbHG Rn. 153; *Steinhoff*, Die Haftung von Vorständen und Geschäftsführern wegen Vermögensschäden bei Kapitalanlegern, 2012, S. 57; Zöllner/Noack, in: Baumbach/Hueck, § 35 GmbHG Rn. 38 ff.

111 BGH, NJW-RR 1989, 1255 (1256 f.).

112 *U.H. Schneider*, in: Scholz, § 43 GmbHG Rn. 153.

113 *Fleischer*, in: Fleischer, Hdb. Vorstandsrecht, § 11 Rn. 78, spricht insoweit von den neuen „Todsünden" des § 93 Abs. 3 AktG; näher zum bilanzorientierten Kapitalschutz im Recht der GmbH *Engert*, BB 2005, 1951 ff.

114 BGH, NZG 2008, 908 (910); *Fleischer*, in: MünchKommGmbHG, § 43 Rn. 265; *Hopt/Roth*, in: GroßkommAktG, § 93 Rn. 326; *Paefgen*, in: Ulmer/Habersack/Löbbe, § 43 GmbHG Rn. 141; *Spindler*, in: MünchKommAktG, § 93 Rn. 223.

(4) Konzernrechtliche Pflichten

Die §§ 43 GmbHG und 93 AktG gelten auch in konzernrechtlichen Sachverhalten. Im Konzern erweitert sich der Pflichtenkreis der Geschäftsleiter des herrschenden Unternehmens. So gehören insbesondere die Leitung und die Überwachung der Tochtergesellschaften (sog. Konzernleitungspflicht) zu den Organpflichten der Geschäftsleiter einer herrschenden Gesellschaft.[115] Für die Verletzung der Konzernleitungspflicht ist ein Geschäftsleiter seiner Gesellschaft, d. h. der Muttergesellschaft, gegenüber nach § 43 GmbHG bzw. § 93 AktG verantwortlich.[116] Daneben treten Sonderregelungen für die Haftung gegenüber der abhängigen Gesellschaft (§§ 309, 317, 323 Abs. 1 Satz 2 und 3 AktG).[117]

Zu der Verantwortlichkeit einer Konzernobergesellschaft i.S.d. Ordnungswidrigkeitenrechts hat das OLG München in einem Beschluss vom 23. September 2014 (Az. 3 Ws 599/14) festgestellt, dass es keine originäre Aufsichtspflicht der Konzernmutter gegenüber einer Tochtergesellschaft gebe; die Anwendbarkeit des § 130 OWiG auf Konzernsachverhalte hänge stets von den konkreten Umständen des Einzelfalls ab, d. h. von den tatsächlichen Verhältnissen im Konzern und der tatsächlichen Einflussnahme der Konzernmutter auf die jeweilige Tochtergesellschaft.[118]

Auch für die Haftung der Geschäftsleiter der abhängigen Gesellschaft gegenüber der herrschenden Gesellschaft enthält das Konzernrecht Sondervorschriften bereit (§§ 310, 318, 323 Abs. 1 Satz 2 und 3 AktG). Bei der Haftung nach § 43 GmbH bzw. § 93 AktG verbleibt es für die Organmitglieder der abhängigen Gesellschaft, wenn sie Schäden verursacht haben, die nicht von der herrschenden Gesellschaft veranlasst worden sind, sowie für Fälle, in denen nachteilige Veranlassungen der herrschenden Gesellschaft befolgt worden sind, ohne dass der erforderliche Nachteilsausgleich sichergestellt worden ist.[119] In Bezug auf Sorgfaltsanforderungen

---

115 OLG Düsseldorf, AG 1997, 231 (235); *Hopt/Roth*, in: GroßkommAktG, § 93 Rn. 204 f.; *Kleindiek*, in: Lutter/Hommelhoff, § 43 Rn. 11; *Krieger/Sailer-Coceani*, in: K. Schmidt/ Lutter, § 93 AktG Rn. 9; *Lutter*, DZWIR 2011, 265 (266); *U.H. Schneider*, in: Scholz, § 43 GmbHG Rn. 47 ff.; näher zur Rechtspflicht zur Einrichtung eines konzernweiten Compliance-Systems *Bunting*, ZIP 2012, 1542 ff., der die konzernweiten Pflichten von Organmitgliedern der herrschenden Gesellschaft über die Schadenabwendungspflicht hinaus ausdehnen will; restriktiver und gegen eine umfassende Konzernleitungspflicht *Kort*, BOARD 2015, 239 (242).

116 Ausführlich *Fischbach*, Die Haftung des Vorstands im Aktienkonzern, 2009, S. 27 ff.; *Kleindiek*, in: Lutter/Hommelhoff, § 43 Rn. 11.

117 Näher *Fischbach*, Die Haftung des Vorstands im Aktienkonzern, 2009, S. 108 ff.; zur Haftung bei Compliance-Verstößen in Konzernen mit Matrix-Strukturen *Schockenhoff*, ZHR 180 (2016), 197 ff.

118 OLG München, StraFo 2015, 82 ff., näher dazu *Pelz*, DB 2015, 2739 ff.; vgl. auch *Behr*, BB 2015, 2004.

119 *Krieger/Sailer-Coceani*, in: K. Schmidt/Lutter, § 93 AktG Rn. 4; ausführlich zu existenzgefährdenden Weisungen im Vertragskonzern und den Haftungsgefahren für Vorstandsmitglieder der abhängigen Gesellschaft *Seibt/Cziupka*, AG 2015, 721 ff.

bleibt der Pflichtenkreis der Geschäftsleiter des abhängigen Unternehmens indes auf das eigene Unternehmen beschränkt; insbesondere konzernweite Sorgfaltspflichten auf der Ebene der beherrschten Gesellschaft sind abzulehnen.[120]

Doppelten Haftungsrisiken sind Organmitglieder ausgesetzt, die im Konzern Vorstandsdoppelmandate bei der Obergesellschaft und einer Untergesellschaft innehaben.[121] Zusätzlich zu den Pflichten als Organmitglied der Untergesellschaft ist ein betreffender Doppelmandatsträger auch gegenüber der Obergesellschaft dafür verantwortlich, dass sämtliche konzernleitende Maßnahmen zulässig sind und zugleich auch korrekt umgesetzt werden.[122]

### *bb) Pflichtenkreis der Aufsichtsratsmitglieder*

Jede Aktiengesellschaft muss einen Aufsichtsrat haben. Im Recht der GmbH ist der Aufsichtsrat hingegen im Grundsatz nicht als zwingendes, sondern als fakultatives Organ vorgesehen. Lediglich Gesellschaften in der Rechtsform einer GmbH, die der Montan-Mitbestimmung unterliegen, Kapitalanlagegesellschaften (§ 6 Abs. 2 InvG) sowie GmbHs mit mehr als 500 Arbeitnehmern (§ 1 Abs. 1 Nr. 3 DrittelbG) bzw. mehr als 2000 Arbeitnehmern (§ 1 MitbestG) bedürfen zwingend eines Aufsichtsrats.

Der Aufsichtsrat ist ein Kollegialorgan, dessen Mitglieder ihre Aufgaben oftmals arbeitsteilig wahrnehmen.[123] Die Bestimmung des konkreten Pflichtenkreises der Aufsichtsratsmitglieder hängt maßgeblich davon ab, ob es sich um einen obligatorischen oder einen fakultativen Aufsichtsrat handelt.

#### (1) Aufsichtsrat einer AG

Angesichts der Verweisung in § 116 Satz 1 AktG auf die Regelungen des § 93 AktG lassen sich auch die Pflichten eines Aufsichtsrats in Sorgfaltspflichten und Treuepflichten aufteilen. Eine Bestimmung des Pflichtenkreises der Aufsichtsratsmitglieder ist durch die bloße Verweisung auf die Regelungen der Vorstandsverantwortlichkeit indes noch nicht erbracht. Es bedarf einer Abgrenzung zu der dem Vorstand gemäß § 76 Abs. 1 AktG obliegenden Leitung der Gesellschaft.[124]

---

120 *Krieger/Sailer-Coceani*, in: K. Schmidt/Lutter, § 93 AktG Rn. 12; *S.H. Schneider*, in: Krieger/U.H. Schneider, Hdb. Managerhaftung, § 8 Rn. 89 f.; vgl. auch *U.H. Schneider/ S.H. Schneider*, AG 2005, 57 (65).

121 Anschaulich *Noack*, in: FS Hoffmann-Becking, 2013, S. 847 ff., der in diesem Zusammenhang auf *Martin Winterkorn* als prominentes Beispiel verweist, der damals sowohl Vorstandsmitglied der Volkswagen AG als auch der Porsche SE war.

122 *Noack*, in: FS Hoffmann-Becking, 2013, S. 847 (859).

123 Ausführlich zur Koordinierung und arbeitsteiligen Aufgabenwahrnehmung im Aufsichtsrats *Plagemann*, NZG 2014, 1404 ff.

124 *Kling*, DZWIR 2005, 45 (46); ausführlich zu den Grundlagen und Grenzen der aktienrechtlichen Leitungsautonomie des Vorstands *Kuntz*, AG 2016, 101 ff.

### (a) Sorgfaltspflichten

Der Aufsichtsrat hat in erster Linie den Vorstand in Bezug auf die Legalität der Geschäftsführung zu überwachen (§ 111 Abs. 1 AktG).[125] Die Kontrolle, die hinsichtlich Rechtmäßigkeit, Ordnungswidrigkeit, Wirtschaftlichkeit und auch Zweckmäßigkeit der Leitung zu erfolgen hat,[126] bezieht sich nicht lediglich auf abgeschlossene Sachverhalte, sondern erstreckt sich auf grundsätzliche Fragen der künftigen Geschäftspolitik.[127] Neben der nachgelagerten Kontrolle des Vorstandshandelns umfasst der Pflichtenkreis der Aufsichtsratsmitglieder die zukunftsorientierte Beratung des Vorstands durch den Aufsichtsrat als mitunternehmerisches Organ; auch übergeordnete Fragen der Unternehmenspolitik sind insoweit dem Pflichtenkreis zuzuordnen; insbesondere von den Pflichten umfasst ist auch – als intensivste Form der Beratung – die Fortentwicklung einer langfristigen Unternehmensstrategie.[128]

In Krisenzeiten und im Zusammenhang mit Geschäften, die für das betreffende Unternehmen von besonderer Bedeutung sind, erhöht sich der Pflichtenmaßstab der Aufsichtsratsmitglieder.[129]

In Konzernsachverhalten bezieht sich die Überwachung des Vorstands im Übrigen nicht (mehr) lediglich auf die Leitung der Gesellschaft, sondern vielmehr auf die Leitung des Konzerns.[130]

Über die Kontrolle und Beratung hinaus ist der Aufsichtsrat für die Bestellung und Abberufung der Vorstandsmitglieder zuständig; eine der wesentlichen Kompetenzen und spiegelbildlich auch Pflichten des Aufsichtsrats ist in diesem Zusammenhang auch die Aushandlung der Dienstverträge mit den Vorstandsmitgliedern unter Festsetzung einer angemessenen Vergütung (vgl. § 116 Satz 3 AktG).[131]

---

125 *Koch*, in: Hüffer, § 111 AktG Rn. 2 ff.; *Lutter*, in: FS Hüffer, 2010, S. 617 m.w.N.

126 BGH, NJW 1991, 1830 (1831); vgl. auch *Lutter*, in: FS H.P. Westermann, 2008, S. 1171 (1172).

127 *Henze*, NJW 1998, 3309; *Koch*, in: Hüffer, § 111 AktG Rn. 13; *Lorenz/Pospiech*, NZG 2011, 81 (83); *M. Roth*, ZGR 2012, 343 (348); s. auch *Link*, BOARD 2015, 249.

128 KG, AG 1997, 42 (43); *Drygala*, in: K. Schmidt/Lutter, § 111 AktG Rn. 4; *Henze*, NJW 1998, 3309 (3310); *Lorenz/Pospiech*, NZG 2011, 81 (83); *M. Roth*, ZGR 2012, 343 (348); *Witte/Indenhuck*, BB 2014, 2563; vgl. bereits *Schilling*, in: FS Geßler, 1971, S. 159 (163); für Beispiele operativen Tätigkeiten des Aufsichtsrats *Grundewald*, ZIP 2016, 2009 ff.

129 *Koch*, in: Hüffer, § 111 AktG Rn. 15; *Selter*, NZG 2012, 660 (661); vgl. auch *Hoffmann*, AG 2012, 478 (479); *Plagemann*, WM 2014, 2345 (2347); *Theisen*, DB 2016, 1 (7).

130 *Lutter*, in: FS Hüffer, 2010, S. 617 (618).

131 *Spindler*, AG 2011, 725; ausführlich zu den Haftungsrisiken des Aufsichtsrats bei Unangemessenheit der Vorstandsvergütung *Hüffer*, in: FS Hoffmann-Becking, 2013, 589 ff.; speziell zur nachträglichen Herabsetzung der Vorstandsvergütung zur Haftungsvermeidung *Waldenberger/Kaufmann*, BB 2010, 2257 ff.; zur Herabsetzung der Vorstandsbezüge s. auch BGH, Urteil vom 27. Oktober 2015 (Az. II ZR 296/14), NZG 2016, 264 ff.; besprochen von *Kort*, AG 2016, 209 ff.; zur Abberufung eines Vorstandsmitglieds wegen Vertrauensentzug vgl. BGH, Urteil vom 15. November 2016 (Az. II ZR 217/15), BB 2017, 267.

Schließlich sieht § 111 Abs. 4 Satz 2 AktG vor, dass die Satzung oder der Aufsichtsrat bestimmen müssen, dass der Vorstand bestimmte Geschäfte nur mit Zustimmung des Aufsichtsrats vornehmen darf.[132] Durch derartige Zustimmungsvorbehalte wird dem Aufsichtsrat die Möglichkeit eröffnet – und die Pflicht auferlegt –, die unternehmerische Tätigkeit des Vorstands begleitend mitzugestalten.[133]

### (b) Treuepflichten

Auch Aufsichtsratsmitglieder unterliegen kraft ihrer organschaftlichen Stellung Treuepflichten gegenüber der Gesellschaft. Bei der Ausübung der Organtätigkeit hat ein Aufsichtsratsmitglied daher dem Unternehmensinteresse den Vorrang vor kollidierenden Eigen- und/oder Fremdinteressen einzuräumen.[134] In Bezug auf die Konkretisierung dieser Treueplichten ist stets zu berücksichtigen, dass die Aufsichtsratstätigkeit typischerweise eine Nebentätigkeit darstellt (vgl. §§ 100 Abs. 2, 110 Abs. 3 AktG).[135]

Als besondere Ausprägung der organschaftlichen Treuepflicht enthält § 116 Satz 2 AktG auch für Aufsichtsratsmitglieder die Pflicht zur Verschwiegenheit.[136]

Ein Wettbewerbsverbot, wie es in § 88 AktG für Vorstandsmitglieder explizit normiert ist, gibt es für Aufsichtsratsmitglieder hingegen nicht.[137]

### (2) Obligatorischer Aufsichtsrat einer GmbH

Der Aufsichtsrat ist grundsätzlich kein Pflichtorgan einer GmbH. Lediglich in den Ausnahmefällen, in denen die GmbH einem Mitbestimmungsstatut unterliegt und/oder eine Kapitalanlagegesellschaft[138] ist, muss ein Aufsichtsrat bestellt werden. Die Einrichtung eines solchen obligatorischen Aufsichtsrats beseitigt indes nicht die dominierende Stellung der Gesellschafterversammlung.[139] Auch einem solchen obligatorischen Aufsichtsrat einer GmbH obliegen in erster Linie die Kontrolle der Geschäftsleitung und deren Beratung. Daneben haben die Mitglieder eines obligatorischen Aufsichtsrats, der nach dem MitbestG (oder dem MontanMitBestG) bzw.

---

132 Näher zum Zustimmungsvorbehalt des Aufsichtsrats und seinen Grenzen *Altmeppen*, in: FS K. Schmidt, 2009, S. 23 ff.; *Habersack*, in: FS Hüffer, 2010, S. 259 ff.; *ders.*, ZHR 178 (2014), 131 ff.; ausführlich auch *Grooterhorst*, NZG 2011, 921 ff.

133 BGHZ 135, 244 (254 f.) [*ARAG/Garmenbeck*]; BGH, ZIP 2007, 224 (225); *Habersack*, ZHR 178 (2014), 131 (132).

134 BGH, NJW 2006, 522 (523) [*Mannesmann/Vodafone*]; *Habersack*, in: MünchKommAktG, § 116 Rn. 46.

135 *Habersack*, in: MünchKommAktG, § 116 Rn. 2.

136 *Zieglmeier*, ZGR 2007, 144 (157 ff.); näher zur Verschwiegenheitspflicht von Aufsichtsratsmitgliedern, die in den Aufsichtsräten von mehreren Gesellschaften tätig sind, *Koch*, ZIP 2015, 1757 (1763 ff.); s. auch *Schwintowski*, ZIP 2015, 617 (617 f.).

137 *Spindler*, in: MünchKommAktG, § 88 Rn. 9.

138 Vgl. § 6 Abs. 2 Satz 1 InvG.

139 *Keiluweit*, BB 2011, 1795; *U.H. Schneider*, in: Scholz, § 52 GmbHG Rn. 87.

dem InvG zu bilden ist, die Geschäftsführer zu bestellen und abzuberufen sowie die entsprechenden Dienstverträge der Geschäftsführer auszuhandeln.[140] Auch obliegt dem obligatorischen Aufsichtsrat im Recht der GmbH der Zustimmungsvorbehalt gemäß § 111 Abs. 4 AktG bei einzelnen, wichtigen Geschäftsführungsmaßnahmen.[141]

Ausgenommen aus dem Pflichtenkreis sind gegenüber dem Aufsichtsrat einer AG jedoch die Beschlussvorschläge im Sinne von § 124 Abs. 3 AktG in Bezug auf sämtliche Tagesordnungspunkte der Gesellschafterversammlung. Ferner ist der Aufsichtsrat einer GmbH – im Gegensatz zum Aufsichtsrat einer AG (vgl. § 172 AktG) – grundsätzlich von der Feststellung des Jahresabschlusses ausgeschlossen.[142]

### (3) Fakultativer Aufsichtsrat einer GmbH

Im Recht der GmbH ist der Gesellschafterversammlung eine starke Stellung eingeräumt. Anders als die AG ist die GmbH hierarchisch strukturiert mit der Gesellschafterversammlung als oberstem Organ. Die Hierarchisierung strahlt auch auf den Aufsichtsrat und dessen Pflichtenkreis aus:[143]

Das Gesetz sieht in § 52 GmbHG für mitbestimmungsfreie Gesellschaften in Rechtsform der GmbH die Möglichkeit zur freiwilligen Einrichtung eines Aufsichtsrats vor. In Bezug auf einen solchen fakultativen Aufsichtsrat können die Rechte, insbesondere aber auch die Pflichten im Gesellschaftsvertrag nahezu beliebig ausgestaltet werden.[144] Vor diesem Hintergrund findet sich in der Unternehmenspraxis eine große Bandbreite von verschiedenen Erscheinungsformen eines fakultativen Aufsichtsrats einer GmbH.[145]

Lediglich wenn in der Satzung keine oder nur begrenzte Regelungen getroffen werden, greift insoweit die gesetzliche Verweisung in § 52 GmbHG auf bestimmte Regelungen des AktG. Dann gelten in Bezug auf den Pflichtenkreis weitgehend die gleichen Grundsätze wie für den obligatorischen Aufsichtsrat.[146] Allerdings ist einem fakultativen Aufsichtsrat gemäß § 52 Abs. 1 GmbHG keine Personalkompetenz in Bezug auf die Bestellung der Geschäftsführer zugewiesen; insoweit verbleibt es daher nach § 46 Nr. 5 GmbHG bei der Zuständigkeit der Gesellschafterversammlung, die angesichts des Sachzusammenhangs zwischen Bestellung und Anstellung auch

---

140 Dies gilt nicht für Aufsichtsratsgremien nach dem DrittelbG sowie dem InvG, da lediglich § 31 MitbestG und § 12 MontanMitbestG auf § 84 AktG verweisen; näher *Keiluweit*, BB 2011, 1795 (1798).

141 *Lutter/Krieger/Verse*, Rechte und Pflichten des Aufsichtsrats, § 15 Rn. 1116.

142 *Lutter/Krieger/Verse*, Rechte und Pflichten des Aufsichtsrats, § 15 Rn. 1117.

143 *Vetter*, GmbHR 2012, 181.

144 *Lutter/Krieger/Verse*, Rechte und Pflichten des Aufsichtsrats, § 16 Rn. 1182; *Thümmel*, AG 2004, 83 (84); *Vetter*, GmbHR 2012, 181 (182); ausführlich zu den Unterschieden zwischen obligatorischen und fakultativen Aufsichtsgremien im Recht der GmbH *Keiluweit*, BB 2011, 1795 ff. und *Kiefner/Langen*, NJW 2011, 192 ff.

145 *Vetter*, GmbHR 2012, 181; vgl. auch *Meier*, DStR 2011, 1430.

146 *Keiluweit*, BB 2011, 1795; *Lutter/Krieger/Verse*, Rechte und Pflichten des Aufsichtsrats, § 16 Rn. 1182.

für den Abschluss und die Kündigung der Anstellungsverträge der Geschäftsführer zuständig ist.[147]

### *cc) Haftung für Gremienentscheidungen*

Sofern Organmitglieder im Rahmen der organinternen Beschlussfassung überstimmt werden, entfällt deren Verantwortlichkeit in Bezug auf die beschlossenen Maßnahmen grundsätzlich nicht. Die Pflicht zur kollegialen organinternen Zusammenarbeit als Ausprägung der Gesamtverantwortung verlangt von den Organmitgliedern insbesondere, sich den einmal getroffenen Mehrheitsentscheidungen zu beugen und diese loyal mitzutragen.[148]

Dementsprechend kann auch eine etwaige Enthaltung der Organmitglieder angesichts der Verpflichtung zu klarer Stellungnahme und zum Handeln im Gesellschaftsinteresse nicht von einer möglichen Haftung befreien.[149] Ferner obliegt auch den Organmitgliedern, die an der Beschlussfassung nicht mitwirken konnten, die Pflicht, den gefassten Beschluss eigenständig zu prüfen und ggf. eine erneute Beschlussfassung zu verlangen.[150]

Auch bei gesetzwidrigen oder gegen den Gesellschaftsvertrag bzw. die Satzung verstoßenden Beschlüssen ist ein überstimmtes Organmitglied nicht ohne weiteres von einer Haftung befreit. Es bestehen insoweit erhöhte Anforderungen: So wird allgemein verlangt, dass das überstimmte Organmitglied alle zumutbaren Mittel ergreift, um den Beschluss zu beseitigen bzw. seine Ausführung zu verhindern.[151] Maßgebend sind in diesem Zusammenhang die Bedeutung der Angelegenheit sowie die Stärke der Bedenken. Regelmäßig verlangen können wird man eindringliche Warnungen und Remonstrationen sowie gegebenenfalls die Anrufung des Aufsichtsorgans. Bei Vorliegen außergewöhnlicher Umstände kann es sogar geboten sein, den Beschluss gerichtlich überprüfen zu lassen.[152]

---

147 *Keiluweit*, BB 2011, 1795 (1798); *Kiefner/Langen*, NJW 2011, 192 (194); *Vetter*, GmbHR 2012, 181 (182).

148 OLG Hamm, AG 1995, 512 (514); *Fleischer*, in: Spindler/Stilz, § 77 AktG Rn. 29; *ders.*, in: MünchKommGmbHG, § 43 Rn. 249; *Kort*, in: GroßkommAktG, § 77 Rn. 22; *Paefgen*, in: Ulmer/Habersack/Löbbe, § 35 GmbHG Rn. 112; *Raiser/Veil*, Recht der Kapitalgesellschaften, § 14 Rn. 83.

149 BGH, NZG 2015, 792 (794); *E. Vetter*, NZG 2015, 889 (892).

150 *Habersack*, in: MünchKommAktG, § 116 Rn. 38; *Spindler*, in: MünchKommAktG, § 93 Rn. 166/170; vgl. auch *Mertens/Cahn*, in: KölnKommAktG, § 116 Rn. 64; *Terlau/Hürten*, in: MünchAnwaltsHdb. GmbH-Recht, § 10 Rn. 47.

151 BGH, NZG 2015, 792 (794); OLG Saarbrücken, NZG 2014, 343 (344); s. auch *Fleischer/Schmolke*, WM 2012, 1013 (1014 f.); *Ihrig/Schäfer*, Rechte und Pflichten des Vorstands, § 37 Rn. 1504; *Oltmanns*, Geschäftsleiterhaftung und unternehmerisches Ermessen, 2001, S. 335 f.; *Spindler*, in: MünchKommAktG, § 93 Rn. 166; ferner bereits *Sonnenberger*, GmbHR 1973, 25 (29).

152 *Habersack*, in: MünchKommAktG, § 116 Rn. 38; *Lutter/Krieger/Verse*, Rechte und Pflichten des Aufsichtsrats, § 12 Rn. 837; *Spindler*, in: MünchKommAktG, § 93

*dd) Ausschluss der Pflichtwidrigkeit*

Neben der bereits angesprochenen Einholung externen Rats bei unternehmerischen Entscheidungen unter Rechtsunsicherheit und den soeben dargelegten Anforderungen eines überstimmten Gremienmitglieds stellen im Recht der GmbH bindende Weisungen der Gesellschafterversammlung und im Aktienrecht gesetzmäßige Beschlüsse der Hauptversammlung rechtliche Aspekte dar, die eine Pflichtwidrigkeit des Handelns der GmbH-Geschäftsführer bzw. Vorstandsmitglieder einer AG entfallen lassen können.

(1) Bindende Weisung der Gesellschafterversammlung

Befolgt ein GmbH-Geschäftsführer eine verbindliche Weisung der Gesellschafterversammlung oder eines anderen weisungsbefugten Organs, dann ist ein pflichtwidriges Handeln des GmbH-Geschäftsführers grundsätzlich zu verneinen.[153] Anders liegt es gemäß § 43 Abs. 3 Satz 3 GmbHG lediglich dann, wenn der Schadensersatzanspruch in Folge von Verstößen gegen § 30 GmbHG oder § 33 GmbHG zur Befriedigung der Gläubiger erforderlich ist. Für die bindende Weisung genügt regelmäßig auch die Weisung des Alleingesellschafters ohne förmlichen Beschluss.

Die Weisung eines Mehrheitsgesellschafters genügt hingegen nicht, da nur durch eine Gesellschafterversammlung die Beteiligungsrechte der Minderheitsgesellschafter hinreichend gewahrt werden können.[154] Die Weisung durch einzelne Gesellschafter genügt, wenn die anderen Gesellschafter informiert und einverstanden waren.[155]

Ein nichtiger Weisungsbeschluss entlastet den Geschäftsführer nicht; es kommt insoweit auch nicht darauf an, ob die Nichtigkeit auf einem Inhalts- oder Verfahrensfehler beruht.[156] Ein anfechtbarer Weisungsbeschluss schließt die Pflichtwidrigkeit

---

Rn. 166; vgl. auch *Schwab*, Das Prozeßrecht gesellschaftsinterner Streitigkeiten, 2005, S. 605 ff. („Kampf der Aufsichtsratsminderheit gegen die Aufsichtsratsmehrheit und den Vorstand").

153 BGHZ 142, 92 (95); 122, 333 (336); 31, 258 (278); *Strohn/Simon*, GmbHR 2010, 1181 (1185); näher zu den verschiedenen dogmatischen Begründungsansätzen im Schrifttum *Pauker*, Unternehmen – Risiko – Haftung, 2008, S. 247 ff.

154 BGH, NJW 1993, 193 (194); NJW 1991, 1681 (1682); *Bayer*, GmbHR 2014, 897 (905); *Wicke*, § 43 GmbHG Rn. 15.

155 *Drygala/Staake/Szalei*, Kapitalgesellschaftsrecht, § 11 Rn. 71; *Kleindiek*, in: Lutter/Hommelhoff, § 43 GmbHG Rn. 32; restriktiver *Zöllner/Noack*, in: Baumbach/Hueck, § 43 GmbHG Rn. 33.

156 OLG Frankfurt, Urteil vom 2. Oktober 2012–11 U 110/10, juris Rn. 44; *Paefgen*, in: Ulmer/Habersack/Löbbe, § 43 GmbHG Rn. 115; *Terlau/Hürten*, in: MünchAnwaltsHdb. GmbH-Recht, § 10 Rn. 58; *Zöllner/Noack*, in: Baumbach/Hueck, § 43 GmbHG Rn. 35.

dann aus, wenn nicht mit der Anfechtbarkeit zu rechnen ist bzw. sie nicht erkennbar ist oder wenn die Unanfechtbarkeit eintritt.[157]

#### (2) Gesetzmäßiger Hauptversammlungsbeschluss (§ 93 Abs. 4 Satz 1 AktG)

Sofern ein Vorstandsmitglied einer AG der Gesellschaft durch eine – an sich – pflichtwidrige Handlung schuldhaft einen Schaden zufügt, tritt eine Ersatzpflicht gegenüber der Gesellschaft dann gemäß § 93 Abs. 4 Satz 1 AktG nicht ein, wenn die Handlung auf einem gesetzmäßigen Beschluss der Hauptversammlung beruht. Dieser Hauptversammlungsbeschluss muss der Handlung des Vorstandsmitglieds vorausgegangen sein.[158] Gesetzmäßig ist der Beschluss, wenn er weder nichtig noch anfechtbar ist.

Auf gesetzeswidrige Beschlüsse kann ein Vorstandsmitglied sich nicht berufen.[159] Ebenso ist die entlastende Wirkung eines Hauptversammlungsbeschlusses zu verneinen, wenn das Vorstandsmitglied den Beschluss schuldhaft unter Missachtung der Sorgfalt eines ordentlichen und gewissenhaften Geschäftsleiters (§ 93 Abs. 1 Satz 1 AktG) selbst herbeigeführt hat, etwa durch falsche oder unzureichende Information der Aktionäre.[160]

Eine etwaige Billigung durch den Aufsichtsrat schließt eine Ersatzpflicht der Vorstandsmitglieder nach § 93 Abs. 4 Satz 2 AktG nicht aus.

### *c) Verschulden*

Die Innenhaftung von Geschäftsführern, Vorstands- und Aufsichtsratsmitgliedern setzt stets ein Verschulden der haftenden Organmitglieder voraus (Grundsatz der individuellen Verantwortung). Dies gilt unabhängig von dem konkreten Haftungstatbestand; eine verschuldensunabhängige Gefährdungshaftung ist weder im GmbHG noch im AktG vorgesehen. Eine Haftung erst bei Verschulden dient dazu, die Handlungsfreiheit zu erhalten.[161] Der Verschuldensmaßstab im Organhaftungsrecht ist ein normativer. Er ergibt sich aus den Regelungen der §§ 43 Abs. 1 GmbHG, 93 Abs. 2 AktG: Danach hat ein Geschäftsleiter eine Pflichtwidrigkeit dann zu vertreten, wenn

157 *Hoffmann/Liebs*, Der GmbH-Geschäftsführer, Rn. 7037; *Klöhn*, in: Bork/Schäfer, § 43 GmbHG Rn. 62; *Terlau/Hürten*, in: MünchAnwaltsHdb. GmbH-Recht, § 10 Rn. 58; *Zöllner/Noack*, in: Baumbach/Hueck, § 43 GmbHG Rn. 35.

158 *Koch*, in: Hüffer, § 93 AktG Rn. 73; *Spindler*, in: MünchKommAktG, § 93 Rn. 242. Der Möglichkeit der nachträglichen Billigung eines Vorstandshandelns als privatautonome Modifikation der Organhaftung ist ein eigenständiger Abschnitt dieser Arbeit gewidmet, vgl. § 11.

159 *Hölters*, in: Hölters, § 93 AktG Rn. 300; *Spindler*, in: MünchKommAktG, § 93 Rn. 237.

160 *Hölters*, in: Hölters, § 93 AktG Rn. 303; *Koch*, in: Hüffer, § 93 AktG Rn. 74; *Spindler*, in: MünchKommAktG, § 93 Rn. 244.

161 *Deutsch*, in: FS Medicus, 1999, S. 77.

er die Sorgfalt eines ordentlichen und gewissenhaften Geschäftsleiters nicht eingehalten hat und ihm insoweit zumindest Fahrlässigkeit zur Last gelegt werden kann. Auf die individuellen Fähigkeiten und Kenntnisse eines betroffenen Geschäftsführers oder Vorstandsmitglieds kommt es in diesem Zusammenhang nicht entscheidend an; abzustellen ist vielmehr auf die Aufgabe als treuhänderischer Verwalter der Vermögensinteressen der Gesellschaft.[162] Ein Geschäftsleiter kann sich insoweit nicht mit dem Hinweis auf persönliche Unfähigkeit seiner Haftung entziehen.[163]

Differenzierter stellt sich die Lage lediglich bei Aufsichtsratsmitgliedern dar: Diese müssen sich zwar die erforderlichen Kenntnisse und Fähigkeiten für einen „Mindeststandard" aneignen;[164] oberhalb dieses Mindeststandards sind jedoch Differenzierungen möglich, um die unterschiedliche berufliche Herkunft und Vorbildung zu berücksichtigen.[165]

Organmitglieder haften stets nur für eigenes Verschulden.[166] Eine Verschuldenszurechnung von anderen Organmitgliedern oder von sonstigen Mitarbeitern der Gesellschaft findet weder über § 278 BGB noch über § 831 BGB statt.[167] Sofern ein anderes Organmitglied pflichtwidrig handelt, kann in der unzureichenden Erfüllung von Kontroll- und Überwachungspflichten dennoch eine eigene Sorgfaltspflichtverletzung liegen.

### *d) Schaden*

Die Innenhaftung von Geschäftsführern, Vorstands- und Aufsichtsratsmitgliedern erfordert zudem, dass der Gesellschaft durch das pflichtwidrige, schuldhafte Verhalten des betreffenden Organmitglieds ein Schaden entstanden ist. Als Schaden kommen sämtliche Beeinträchtigungen des Gesellschaftsvermögens in Betracht. Neben einer Verminderung der Aktiva der Gesellschaft kann die Vermögensminderung auch in einer Erhöhung der Passiva liegen.[168]

---

162 BGHZ 129, 30 (34); *Tamm/Fangerow*, BB 2012, 1944 (1945); *Thümmel*, Persönliche Haftung von Managern und Aufsichtsräten, Rn. 220.

163 *Strohn*, CCZ 2013, 177 (179).

164 Grundlegend BGHZ 85, 293 (295 f.) [*Hertie*].

165 BGH, NZG 2011, 1271 (1274); *Kling*, DZWIR 2005, 45 (48); *Thümmel*, Persönliche Haftung von Managern und Aufsichtsräten, Rn. 294.

166 Vgl. aber *Szalai/Marz*, DStR 2010, 809 ff., die sich entgegen der ganz h.M. im Rahmen der Aufsichtsratshaftung für eine primäre Haftung des Kollegialorgans aussprechen.

167 *Buck-Heeb*, in: Gehrlein/Ekkenga/Simon, § 43 GmbHG Rn. 70; *Koch*, in: Hüffer, § 93 AktG Rn. 46; *Kiethe*, ZIP 2003, 1957 (1963); *Wellhöfer*, in: Wellhöfer/Peltzer/Müller, § 2 Rn. 32; vgl. aber *Szalai/Marz*, DStR 2010, 809 ff.

168 Da Schadensersatz nach Maßgabe der §§ 249 ff. BGB die allgemein anerkannte Rechtsfolge der Organhaftung ist, stellen schadensrechtliche Überlegungen einen Schwerpunkt dieser auf die Rechtsfolgen der zivilrechtlichen Organhaftung fokussierten Arbeit dar. Dementsprechend wird der Schaden als Haftungsvoraussetzungen an dieser Stelle lediglich kurz skizziert; detaillierte Ausführungen zu der

### e) Darlegungs- und Beweislast

In Abweichung von den allgemeinen zivilprozessualen Grundsätzen muss eine Kapitalgesellschaft, die Schadensersatz von einem ihrer Organmitglieder beansprucht, nicht sämtliche Haftungsvoraussetzungen darlegen und beweisen. § 93 Abs. 2 Satz 2 AktG normiert eine Beweislastumkehr hinsichtlich des Verschuldens und der objektiven Pflichtwidrigkeit.[169] Diese Beweislastumkehr gilt nicht nur im Rahmen der Vorstandshaftung; über die Verweisung in § 116 Satz 1 AktG gilt sie ebenso für Aufsichtsratsmitglieder und wird nach herrschender Auffassung auch im GmbH-Recht analog angewendet.[170] Die Gesellschaft muss nach der Konzeption des § 93 Abs. 2 Satz 2 AktG mithin – lediglich – (i) den Eintritt und die Höhe des Schadens, (ii) eine „möglicherweise" pflichtwidrige Handlung des beklagten Organmitglieds[171] sowie (iii) die adäquate Kausalität zwischen Handlung und Schaden darlegen und beweisen. Gelingt der Gesellschaft dies, dann muss das beklagte Organmitglied seinerseits darlegen und beweisen, dass sein Verhalten nicht pflichtwidrig oder nicht schuldhaft gewesen ist.[172] Für Organmitglieder, denen ein pflichtwidriges Unterlassen vorgeworfen wird, und für bereits ausgeschiedene

---

Schadensberechnung im Organhaftungsrecht und zu einzelnen Schadensposten erfolgen im zweiten Teil dieser Arbeit, vgl. §§ 4 bis 8.

169 BGHZ 152, 280 (284); OLG München, GmbHR 2015, 1273 (1275); *Goette*, ZGR 1995, 648 (649); *Heermann*, ZIP 1998, 761 (768); *Koch*, in: Hüffer, § 93 AktG Rn. 53; a.A. *Fleck*, GmbHR 1997, 237 (239), der eine Umkehr der Beweislast nur für das Verschulden sieht; kritisch *Hopt/Roth*, in: GroßkommAktG, § 93 Rn. 426 ff., die die Beweislastumkehr für verfehlt halten; vgl. auch *Meckbach*, NZG 2015, 580 (585), die Organmitgliedern aufgrund der gesetzlichen Beweislastverteilung empfiehlt, bereits in ihren Dienstvertrag Regelungen zum Zugriff auf Beweismaterial im Falle von geltend gemachten Organhaftungsansprüchen aufzunehmen.

170 BGH, NJW 1986, 54 (55); *Altmeppen*, in: Roth/Altmeppen, § 43 GmbHG Rn. 111; *Kleindiek*, in: Lutter/Hommelhoff, § 43 GmbHG Rn. 43; *Paefgen*, in: Ulmer/Habersack/Löbbe, § 43 GmbHG Rn. 107; *U.H. Schneider*, in: Scholz, § 43 GmbHG Rn. 234 ff.; für eine Anwendung des § 93 Abs. 2 Satz 2 AktG auch im Direktprozess gegen eine D&O-Versicherung plädieren *Baur/Holle*, AG 2017, 141 ff.

171 Das OLG Nürnberg, BB 2015, 83, hat in seinem Beschluss vom 28. Oktober 2014 (Az. 12 U 567/13) indes klargestellt, dass die Gesellschaft bei einer wertneutralen Handlung eines Organmitglieds, die als solche keinen ausreichenden Anhaltspunkt für ein „möglicherweise" pflichtwidriges Handeln liefert, weitere Umstände und Indiztatsachen darzulegen und gegebenenfalls zu beweisen hat, die jedenfalls den Anschein begründen, das betreffende Verhalten eines Organmitglieds könnte pflichtwidrig gewesen sein; krit. *Fleischer/Bauer*, ZIP 2015, 1901 (1907), da das OLG Nürnberg die gesetzliche Verteilung der Darlegungs- und Beweislast in Organhaftungsfällen verkenne.

172 *Koch*, in: Hüffer, § 93 AktG Rn. 53; näher zur Darlegungs- und Beweislast bei Prognoseentscheidungen im Rahmen der *Business Judgement Rule* s. etwa *Fest*, NZG 2011, 540 ff.

Organmitglieder rückt die Haftung aufgrund der Beweislastumkehr in § 93 Abs. 2 Satz 2 AktG in die Nähe einer Garantiehaftung.[173]

Die Beweislastumkehr zu Lasten der Organmitglieder wird zusätzlich flankiert durch Erleichterungen der Substantiierungslast für die Gesellschaft: So muss die Gesellschaft lediglich Tatsachen darlegen und beweisen, die für eine Schadensschätzung gemäß § 287 ZPO hinreichende Anhaltspunkte bieten.[174] Vergleichbare Erleichterungen bestehen ferner für den erforderlichen Kausalzusammenhang zwischen dem pflichtwidrigen Verhalten der Organmitglieder und dem entstandenen Schaden. Muss doch der betreffende Geschäftsleiter beweisen, dass sein Verhalten nicht kausal war oder dass der Schaden auch dann eingetreten wäre, wenn er mit der Sorgfalt des ordentlichen und gewissenhaften Geschäftsleiters agiert hätte.[175] Über den Wortlaut des § 93 Abs. 2 Satz 2 AktG hinaus kann einen Geschäftsleiter dann eine Kausalitätsvermutung treffen, wenn die Art des Schadens einen deutlichen Hinweis enthält, dass der Schaden seine Wurzeln in einem Handel bzw. Unterlassen des betreffenden Geschäftsleiters hat.[176]

In Rahmen der Sondertatbestände der §§ 43 Abs. 3 GmbHG, 93 Abs. 3 AktG trifft die Organmitglieder sogar die Beweislast dafür, dass kein Schaden entstanden ist.[177]

Damit auch ausgeschiedene Organmitglieder – oftmals handelt es sich bei den Haftungsadressaten in der Praxis um ehemalige Organmitglieder – den erhöhten Darlegungs- und Beweisanforderungen gerecht werden können, ist ihnen auch nach ihrem Ausscheiden Zugang zu den Gesellschaftsunterlagen zu gewähren.[178]

---

173 *Bachmann*, ZIP 2014, 579 (582); *Thümmel*, Persönliche Haftung von Managern und Aufsichtsräten, Rn. 228; vgl. auch OLG Nürnberg, BB 2015, 83, mit dem Hinweis, dass eine überstreng verstandene Beweislastumkehr auf eine die Tragweite der Beweislastregelung des § 93 Abs. 2 AktG überschreitende – widerlegbare – Erfolgshaftung des Vorstandsmitglieds hinausliefe.

174 Kritisch insoweit *Hopt/Roth*, in: GroßkommAktG, § 93 Rn. 429, die auf die Gefahr einer mangelnden Kongruenz zwischen der Beweislastregelung in § 93 Abs. 2 Satz 2 AktG und der Beweisführungsregelung in § 287 ZPO hinweisen: Einerseits gründe § 93 Abs. 2 Satz 2 AktG darauf, dass der Gesellschaft ein Schaden entstanden ist; nur mit dessen Indizwirkung lasse sich die Beweislastumkehr hinsichtlich der Pflichtwidrigkeit erklären. Andererseits zöge § 287 ZPO seine Rechtfertigung als Ausnahmevorschrift zu § 286 ZPO gerade daraus, dass der Haftungsgrund – insbesondere die Pflichtwidrigkeit – feststehe (also nach § 286 ZPO bewiesen sei). *Hopt/Roth*, a.a.O., fürchten einen möglichen Vermutungszirkelschluss, durch den der Gesellschaft sämtliche Beweisführungslasten abgenommen werden. Sie plädieren daher dafür, für die Anwendung der einen Vorschrift zu verlangen, dass im Hinblick auf das jeweils andere Merkmal der volle Beweis geführt ist.

175 Vgl. BGHZ 152, 280 (284); *Fleischer*, in: Fleischer, Hdb. Vorstandsrecht, § 11 Rn. 70; *ders.*, in: MünchKommGmbHG, § 43 Rn. 271 f.

176 OLG München, GmbHR 2015, 1273 (1275).

177 *Wellhöfer*, in: Wellhöfer/Peltzer/Müller, § 2 Rn. 58.

178 Näher dazu *Deilmann/Otte*, BB 2011, 1291 ff.; *Grooterhorst*, AG 2011, 389 ff.; ausführlich auch *Krieger*, in: FS U.H. Schneider, 2011, S. 717 ff.; *Meckbach*, NZG 2015,

## f) Geltendmachung der Innenhaftungsansprüche

### aa) Aktienrecht

Innenhaftungsansprüche der AG gegenüber gegenwärtigen oder ehemaligen Vorstandsmitgliedern sind grundsätzlich vom Aufsichtsrat im Namen der Gesellschaft geltend zu machen (vgl. § 112 AktG). Diese Ansprüche kann der Aufsichtsrat von sich aus verfolgen; eines entsprechenden Beschlusses der Hauptversammlung bedarf es im Aktienrecht nicht.

Nach der Grundsatzentscheidung des BGH in seinem Urteil vom 21. April 1997 (Az. II ZR 175/95) ist der Aufsichtsrat grundsätzlich verpflichtet, Haftungsansprüche gegen Vorstandsmitglieder geltend zu machen, wenn diese nach verantwortlicher Prüfung bestehen und durchsetzbar erscheinen.[179] Von einer Anspruchsverfolgung kann der Aufsichtsrat nur ausnahmsweise absehen, wenn dies im Interesse der Gesellschaft liegt; diesbezüglich soll dem Aufsichtsrat nach bisher vorherrschendem Verständnis allerdings nur ein eng begrenzter Ermessensspielraum zukommen.[180]

Der Gesetzgeber hat dennoch die Gefahr gesehen, dass aus „fragwürdiger Kollegialität" zwischen Aufsichtsrats- und Vorstandsmitgliedern eine Geltendmachung der Schadensersatzansprüche gegebenenfalls unterlassen wird.[181] In der Praxis sind Interessenkonflikte insbesondere dann nicht auszuschließen, wenn ehemalige Vorstandsmitglieder nach ihrem Wechsel in den Aufsichtsrat über die Geltendmachung von Haftungsansprüchen entscheiden müssen, die auf einem Fehlverhalten beruhen, das in den Zeitraum ihrer eigenen operativen Geschäftsleitungsverantwortung fällt.[182] Ferner birgt ein in Gang gesetzter Haftungsprozess

---

580 (582 f.); speziell zu den Auskunftspflichten der Gesellschaft im Verhältnis zum Organmitglied und dessen D&O-Versicherung *Ruchatz*, AG 2015, 1 ff.

179 BGHZ 135, 244, (255) [*ARAG/Garmenbeck*]; zu den Anforderungen an eine „verantwortliche Prüfung" des Aufsichtsrats *Eichner/Höller*, AG 2011 885 ff.; eingehend zu den Pflichten bei der Durchsetzung von Organhaftungsansprüchen im Aktienkonzern *Fischbach/Lüneborg*, NZG 2015, 1142 ff.; *Habersack*, NZG 2016, 321 ff.

180 BGHZ 135, 244, (256); *Hölters*, in: Hölters, § 93 AktG Rn. 292; *Faefgen*, Unternehmerische Entscheidungen und Rechtsbindung der Organe der AG, 2002, S. 145 ff.; *Spindler*, in: Spindler/Stilz, § 116 AktG Rn. 59. Gegen diese *ARAG-Garmenbeck*-Doktrin werden im jüngeren Schrifttum indes Bedenken geäußert; kritisch etwa *M. Roth*, ZHR 175 (2011), 605 (634), der den Aufsichtsratsmitgliedern in Bezug auf die Geltendmachung von Ersatzansprüchen gegen Vorstandsmitglieder einen größeren Entscheidungsfreiraum zubilligen will; ähnlich *Goette*, in: Liber Amicorum M. Winter, 2011, S. 153 ff.; *Reichert*, ZHR 177 (2013), 756 (762 ff.); *ders.*, in: FS Hommelhoff, 2012, S. 907 ff. Näher zur vorgeschlagenen Begrenzung der Vorstandshaftung durch eine Einschränkung der Verfolgungspflicht des Aufsichtsrats unter § 8 II.1.

181 *Lutter*, in: FS U.H. Schneider, 2011, S. 763; *Peltzer*, in: FS U.H. Schneider, 2011, S. 953 (961); *Tröger*, ZHR 179 (2015), 453 (461) („Bisshemmung des Aufsichtsrats"); s. auch *Schäfer*, Gesellschaftsrecht, § 41 Rn. 20.

182 *Schnorbus/Ganzer*, WM 2015, 1832 (1843).

für Aufsichtsratsmitglieder das Risiko, selbst wegen unzureichender Überwachung in Anspruch genommen zu werden.[183] Vor diesem Hintergrund kann die Hauptversammlung dem Aufsichtsrat die originäre Zuständigkeit entziehen und einen (oder mehrere) besondere Vertreter der Gesellschaft gemäß § 147 Abs. 2 Satz 1 AktG zur Geltendmachung der Ansprüche bestellen.[184] Schließlich gibt es die Möglichkeit der Aktionärsklage: Nach §§ 148, 149 AktG kann eine Aktionärsminderheit von 1 % des Grundkapitals – oder anteilig EUR 100.000 – nach gerichtlicher Zulassung im eigenen Namen, jedoch zugunsten der Gesellschaft die Haftungsansprüche geltend machen (*actio pro societate*).[185]

Ansprüche der AG gegenüber gegenwärtigen oder ehemaligen Aufsichtsratsmitgliedern sind grundsätzlich vom Vorstand im Namen der Gesellschaft geltend zu machen (vgl. § 78 Abs. 1 AktG).[186] Insbesondere bei bestehenden Interessenkonflikten ist wiederum die Wahrnehmung des Gesellschaftsinteresses durch den Vorstand nicht garantiert. Daher kann die Hauptversammlung auch dem Vorstand die originäre Zuständigkeit entziehen und einen (oder mehrere) besondere Vertreter der Gesellschaft gemäß § 147 Abs. 2 Satz 1 AktG zur Geltendmachung der Ansprüche bestellen. Ebenso gibt es hinsichtlich der Innenhaftung von Aufsichtsratsmitgliedern die Möglichkeit der Aktionärsklage gemäß §§ 148, 149 AktG.[187]

#### *bb) GmbH-Recht*

Bei den Innenhaftungsansprüchen gegen aktuelle oder ehemalige Geschäftsführer wird eine GmbH durch den Aufsichtsrat vertreten, sofern es einen solchen gibt (vgl. §§ 52 Abs. 1 GmbHG, 112 AktG). In Betracht kommt auch die satzungsgemäße Zuständigkeit eines Beirats. Ferner hat die Gesellschafterversammlung die Möglichkeit, bei Fehlen eines Aufsichtsorgans oder anstelle von Aufsichtsrat bzw. Beirat einen besonderen Vertreter im Sinne von § 46 Nr. 8 GmbHG zu bestellen. Sofern es weder ein Aufsichtsorgan noch einen bestellten besonderen Vertreter geben sollte, wird eine GmbH bei Ansprüchen gegen ehemalige Geschäftsführer – in Abweichung von den aktienrechtlichen Bestimmungen – von den aktuellen

---

183 *Bieder*, NZG 2015, 1178 (1179); *Habersack*, ZHR 177 (2013), 782 (785 f.); zu diesem „Domino"-Effekt auch *Kort*, BOARD 2015, 239 (241).

184 Eingehend zum besonderen Vertreter im Aktienrecht *G. Wirth*, in: FS Hüffer, 2010, 1129 ff.; vgl. auch *Binder*, ZHR 176 (2012), 380 ff.; *A. Wirth/Pospiech*, DB 2008, 2471 ff.; monographisch *Böbel*, Die Rechtsstellung der besonderen Vertreter gem. § 147 AktG, 1999.

185 Ausführlich zur Aktionärsklage *Tröger*, ZHR 179 (2015), 453 (463 ff.); *Ihrig/Schäfer*, Rechte und Pflichten des Vorstands, § 40 Rn. 1599 ff.; vgl. auch *Wellhöfer*, in: Wellhöfer/Peltzer/Müller, § 2 Rn. 78 ff.; *Bungert*, in: MünchHdbAG, § 43 Rn. 44 ff.; für weitergehende Reformvorschläge zur Aktionärsklage *Brommer*, AG 2013, 121 ff.

186 *Drygala*, in: K. Schmidt/Lutter, § 116 AktG Rn. 55; *Leyendecker-Langner*, NZG 2012, 721 (722); *Mertens/Cahn*, in: KölnKommAktG, § 116 Rn. 72.

187 Näher *Zieglmeier*, ZGR 2007, 144 (148 ff.).

Geschäftsführern vertreten.[188] Einen Anspruch gegen einen aktuellen Geschäftsführer kann ein etwaiger anderer Mit-Geschäftsführer geltend machen; ist allerdings kein weiterer Geschäftsführer vorhanden, dann verbleibt es bei der originären Vertretungszuständigkeit der Gesellschafter.[189]

Ansprüche einer GmbH gegenüber gegenwärtigen oder ehemaligen Aufsichtsratsmitgliedern sind grundsätzlich vom Geschäftsführer im Namen der Gesellschaft geltend zu machen (vgl. § 35 Abs 1 GmbHG). Materielle Voraussetzung der Inanspruchnahme von Aufsichtsratsmitgliedern ist allerdings – wie bei der Geschäftsführerhaftung – stets ein entsprechender Beschluss der Gesellschafterversammlung nach § 46 Nr. 8 GmbHG. Sofern sich die Haftungsansprüche auch gegen einen aktuellen Geschäftsführer richten, hat die Gesellschafterversammlung einen besonderen Vertreter im Sinne von § 46 Nr. 8 GmbHG zu bestellen.[190]

#### *cc) Insolvenzfall*

Sofern über das Vermögen einer GmbH oder AG ein Insolvenzverfahren eröffnet worden ist, können Innenhaftungsansprüche gegen Geschäftsführer, Vorstands- oder Aufsichtsratsmitglieder gemäß § 80 Abs. 1 InsO allein von dem Insolvenzverwalter geltend gemacht werden.[191]

### *g) Verjährung*

Durch die Zunahme der Haftungsklagen gegen Organmitglieder gewinnen unweigerlich auch Verjährungsfragen zunehmend an Bedeutung.[192] Die Ansprüche einer GmbH gegen ihre aktuellen und ehemaligen Geschäftsführer verjähren nach § 43 Abs. 4 GmbHG innerhalb von fünf Jahren. Organhaftungsansprüche einer AG gegen Vorstandsmitglieder oder Aufsichtsratsmitglieder verjähren nach der Neufassung des § 93 Abs. 6 AktG durch das Restrukturierungsgesetz[193] nunmehr erst in zehn Jahren, sofern es sich um eine börsennotierte Gesellschaft im Sinne

188 *Thümmel*, Persönliche Haftung von Managern und Aufsichtsräten, Rn. 325.

189 *Masuch*, in: Bork/Schäfer, § 46 GmbHG Rn. 34. Nach a.A. ist die Gesellschaft in diesem Falle zunächst handlungs- und prozessunfähig, möglich sei aber die Bestellung eines Notgeschäftsführers gemäß § 29 BGB; vgl. *Römermann*, in: Michalski, § 46 GmbHG Rn. 523 f.

190 *Thümmel*, Persönliche Haftung von Managern und Aufsichtsräten, Rn. 326.

191 Näher zur Pflichtenstellung des Insolvenzverwalters bei der Geltendmachung von Organhaftungsansprüchen *Schnorbus/Ganzer*, WM 2015, 1832 (1844).

192 Ausführlich *Fleischer*, AG 2014, 457 ff.

193 „Gesetz zur Restrukturierung und geordneten Abwicklung von Kreditinstituten, zur Errichtung eines Restrukturierungsfonds für Kreditinstitute und zur Verlängerung der Verjährungsfrist der aktienrechtlichen Organhaftung (Restrukturierungsgesetz)" vom 9. Dezember 2010, BGBl. 2010 I, S. 1900. Näher zu diesem Reformgesetz etwa *Riethmüller*, WM 2010, 2295 ff.; speziell zur geänderten Verjährungsregelung *Harbarth/Jaspers*, NZG 2011, 368 ff.

von § 3 Abs. 2 AktG handelt.[194] Bei nicht-börsennotierten Gesellschaften verbleibt es auch im Aktienrecht bei einer fünfjährigen Verjährungsfrist.

Die Verjährungsfristen beginnen jeweils – unabhängig von der Kenntniserlangung – mit der Entstehung des Anspruchs (§ 200 BGB).[195] Maßgeblich ist daher der Zeitpunkt, ab dem die Gesellschaft zumindest eine Feststellungsklage erheben könnte.[196] Für den Beginn der Verjährung von Ansprüchen einer GmbH gegen ihren Geschäftsführer ist auf Seiten der Gesellschaft nicht auf die Kenntnis des betreffenden Geschäftsführers abzustellen, sondern auf die Kenntnis eines Mit-Geschäftsführers oder der Gesellschafter.[197] Bei fortdauernder Pflichtverletzung beginnt die Verjährungsfrist nicht vor Abschluss des pflichtwidrigen Verhaltens.[198] Organmitglieder sind nicht zur Einleitung verjährungshemmender Maßnahmen gegen sich selbst verpflichtet.[199]

Bei einem vorwerfbaren Unterlassen beginnt die Verjährungsfrist erst zu laufen, wenn die Nachholbarkeit der gebotenen Handlung endet.[200]

---

194 Eine Verjährungsfrist von zehn Jahren wie bei börsennotierten Gesellschaften sieht der neue § 52a KWG auch für Kreditinstitute im Sinne von § 1 Abs. 1 KWG vor.

195 BGH, GmbHR 2005, 544 [GmbH]; anschaulich *Schmitt-Rolfes/Bergwitz*, NZG 2006, 535 f.; ferner *Krieger/Sailer-Coceani*, in: K. Schmidt/Lutter, § 93 AktG Rn. 77; *Spindler*, in: MünchKommAktG, § 93 Rn. 291; *Thümmel*, Persönliche Haftung von Managern und Aufsichtsräten, 2. Kap. Rn. 231.

196 BGHZ 100, 228 (231 f.); *Fleischer*, AG 2014, 457 (460); *U.H. Schneider*, in: Scholz, § 43 GmbHG Rn. 281.

197 BGH, GmbHR 2011, 534 (535); ausführlich zur Verjährung von Ansprüchen einer GmbH gegen ihren Gesellschafter-Geschäftsführer *Klose*, GmbHR 2012, 1288 ff.

198 BGHZ 198, 64 (76 f.); OLG Düsseldorf, GmbHR 2000, 666 (670); *Klöhn*, in: Bork/Schäfer, § 43 GmbHG Rn. 86.

199 OLG Köln, NZG 2000, 1137; *Thümmel*, Persönliche Haftung von Managern und Aufsichtsräten, 2. Kap. Rn. 233. Ausführlich zur höchstrichterlich noch nicht geklärten und im Schrifttum umstrittenen Rechtsfrage der Zulässigkeit privatautonom vereinbarter Verjährungsverzichte *Schnorbus/Klormann*, NZG 2015, 938 ff.

200 LG München I, ZIP 2014, 570 (578) [*Siemens/Neubürger*]; LG Essen, NZG 2012, 1307 (1308); *Hopt/Roth*, in: GroßkommAktG, § 93 Rn. 591 f.; *Mertens/Cahn*, in: KölnKommAktG, § 93 Rn. 203.

# § 2 Organhaftung im Wandel der Zeit

Nachdem der zivilrechtlichen Haftung von Gesellschaftsorganen in den 1980er und der 1990er Jahren noch jegliche Praxisrelevanz abgesprochen und sie als harmloser Papiertiger abgetan wurde,[201] hat spätestens die grundlegende BGH-Entscheidung in Sachen *ARAG/Garmenbeck*[202] eine Zeitenwende eingeläutet. Längst stellt die Organhaftung einen der meistdiskutierten Themenkomplexe des deutschen Kapitalgesellschaftsrechts dar. Meldungen über Verfehlungen von Unternehmenslenkern und deren mögliche haftungsrechtliche Inanspruchnahme lösen regelmäßig ein breites mediales Echo aus. Der Wandel der Organhaftung ist indes nicht lediglich auf den Bedeutungszuwachs in der öffentlichen Wahrnehmung und den verstärkten wissenschaftlichen Diskurs beschränkt; das gestiegene öffentliche Interesse und die kaum noch zu überblickende Vielzahl an Erörterungen der Rechtslehre gehen einher mit einer zunehmenden Verschärfung der Managerhaftung durch den Gesetzgeber und die Rechtsprechung.

Als ein plakatives Beispiel lassen sich diesbezüglich etwa die Rechtspflichten bei Auslandssachverhalten anführen: Noch im Jahre 1985 urteilte der BGH in einer Leitentscheidung, dass Schmiergeldzahlungen im Ausland zwar ggf. sittenwidrig seien, soweit sie gegen die Rechtsordnung des betreffenden Staates verstießen; allerdings könne ein Unternehmen seinen Angestellten oder Handelsvertretern, die in ortsüblicher Weise Schmiergelder gewährten, nicht der Vorwurf einer Verletzung ihrer Dienst- oder Vertragspflichten gemacht werden.[203] Die entsprechenden Schmiergeldzahlungen konnten darüber hinaus sogar bis weit in die 1990er Jahre hinein als Betriebsausgaben steuerlich geltend gemacht werden. Verschiedene Gesetzesänderungen in den Jahren 1997 bis 2002 haben jedoch dazu geführt, dass die Auslandsbestechung – auch die von Privatleuten – strafbar wurde.[204] Zugleich

---

201 Ausführlich bereits oben Fn. 1 und Fn. 2.

202 BGHZ 135, 244 ff.

203 BGHZ 94, 268 (278). Die Entscheidung traf im Schrifttum auf breite Zustimmung, vgl. *Hopt*, in: GroßkommAktG 4. Aufl. 1999 (Voraufl.), § 93 Rn. 105; *Kessler*, AG 1995, 120 (129) m.w.N.; eingehend zu den zivilrechtlichen Rechtsfolgen der Korruption *Sethe*, WM 1998, 2309 ff.

204 Ausgangspunkt war insoweit das OECD-Übereinkommen über die Bekämpfung der Bestechung ausländischer Amtsträger im internationalen Geschäftsverkehr vom 17. Dezember 1997, welches durch Art. 2 § 1 EUBestG und Art. 2 § 2 IntBestG in deutsches Recht überführt wurde. Seither ist auch in Deutschland die Bestechung von Amtsträgern eines ausländisches Staates strafbar (§ 334 StGB i.V.m. Art. 2 § 1 IntBestG); die Strafbarkeit für Schmiergeldzahlungen an ausländische Privatpersonen folgt aus § 299 Abs. 3 StGB. Vgl. zu den geänderten Rechtspflichten bei Auslandsgeschäften auch *Fleischer*, ZIP 2005, 141 (145); *Lohse*, in: FS Hüffer, 2010, S. 581 (600).

wurde die steuerliche Abzugszugfähigkeit von Bestechungs- und Schmiergeldern durch die Regelung in § 4 Abs. 5 Nr. 10 EStG aufgehoben.[205]

Die verschärften Rechtspflichten bei Auslandsgeschäften stellen indes kein pathologisches Einzelbeispiel des sich wandelnden Pflichtengefüges der Organmitglieder dar. Das Organhaftungsrecht hat allgemein in den letzten Jahren merklich an Schlagkraft gewonnen. Dies ist nicht zuletzt auf eine Reihe von Reformgesetzen zurückzuführen, durch welche die Verhaltensanforderungen an Organmitglieder von Kapitalgesellschaften deutlich angehoben wurden. Die betreffenden gesetzgeberischen Aktivitäten sind zugleich flankiert worden durch eine Reihe haftungsverschärfender Gerichtsentscheidungen.

Das immer weiter ausgreifende Pflichtengefüge für Organmitglieder von Kapitalgesellschaften ist nicht auf die geschäftsführenden Vorstandsmitglieder einer AG und die Geschäftsführer einer GmbH beschränkt; deutlich gestiegene Verhaltensanforderungen und damit Haftungsrisiken – insbesondere bei der Vorstandsüberwachung – werden in Zeiten der fortschreitenden Professionalisierung des Aufsichtsrats längst auch an den Aufsichtsrat gestellt.[206]

# I. Gesetzgeberische Verschärfung der Organhaftung

## 1. Reformgesetze in Deutschland

Die konkreten Haftungsnormen für Organmitglieder von Kapitalgesellschaften (§§ 93, 116 AktG, § 43 GmbHG) hat der deutsche Gesetzgeber zwar nicht (wesentlich) geändert; er hat den Organmitgliedern indes eine Vielzahl weiterer Pflichten auferlegt, sodass sich letztlich über die zentralen Haftungstatbestände der Innenhaftung in § 93 Abs. 2 AktG sowie § 43 Abs. 2 GmbHG eine erhöhte Verantwortlichkeit ergibt, die spiegelbildlich die Haftungsgefahren der Organmitglieder ansteigen lässt.

### *a) KonTraG*

Den Ausgangspunkt der Reformgesetze, die einen nachhaltigen Wandel verbunden mit einer stetigen Verschärfung der Organhaftung bewirkt haben, markiert das KonTraG[207].

---

205 Näher dazu *Gotzens*, DStR 2005, 673 ff.

206 *Bachmann*, AG 2012, 565 (572); *ders.*, Gutachten zum 70. DJT, S. E 68; *Hoffmann*, AG 2012, 478 (485); *Leyendecker-Langner*, NZG 2012, 721; *Wagner/Spemann*, NZG 2015, 945 (945 f.); *Witte/Indenhuck*, BB 2014, 2563; vgl. bereits *Schwab*, Das Prozeßrecht gesellschaftsinterner Streitigkeiten, 2005, S. 614; auf die steigende Zahl von Haftungsklagen gegen Aufsichtsratsmitglieder hinweisend auch *v. Schenck*, NZG 2015, 494.

207 „Gesetz zur Kontrolle und Transparenz im Unternehmensbereich (KonTraG)“ vom 27. April 1998, BGBl. 1998 I, S. 786; für Einzelheiten zu diesem Reformgesetz s. *Zimmer*, NJW 1998, 3521 ff.

Durch das KonTraG wurde etwa festgelegt, dass der Vorstand jährlich eine Unternehmensplanung aufstellen und dem Aufsichtsrats vorlegen muss (§ 90 Abs. 1 Satz 1 Nr. 1 AktG). Ferner wurde die Pflicht zum Risikomanagement im Unternehmen ausdrücklich normiert (§ 91 Abs. 2 AktG).[208] Zudem wurde neben der Festlegung einer Mindestzahl an Aufsichtsratssitzungen (§ 110 Abs. 3 AktG) und der Doppelzählung der Vorsitzmandate im Aufsichtsrat in Bezug auf die zehn insgesamt zulässigen Mandate (§ 100 Abs. 2 Satz 3 AktG) insbesondere geregelt, dass der Aufsichtsrat zur Sicherung einer vom Vorstand unabhängigen Abschlussprüfung den Auftrag an den von der Hauptversammlung gewählten Abschlussprüfer erteilen muss (§ 111 Abs. 2 Satz 3 AktG).

### *b) TransPuG*

Die bereits vom KonTraG intendierte Verbesserung der Unternehmenskontrolle sollte in der Folge weiter verstärkt werden durch das TransPuG[209]. Neben der Präzisierung der Pflichten von Vorstand und Aufsichtsrat – insbesondere in Bezug auf die Rechnungslegung, die Abschlussprüfung und die Informationsversorgung des Aufsichtsrats – wurde durch das TransPuG auch die Pflicht von Vorstand und Aufsichtsrat börsennotierter Gesellschaften im Sinne des § 3 Abs. 2 AktG zur Abgabe einer Entsprechenserklärung gemäß § 161 AktG geregelt.[210]

### *c) UMAG*

Durch das UMAG[211] kam es sodann zu einer Neuordnung der gesellschaftsinternen Durchsetzungen von Organhaftungsansprüchen. In diesem Zusammenhang wurden insbesondere die Voraussetzungen für die Erhebung von Haftungsklagen gegen die Organmitglieder einer Kapitalgesellschaft erleichtert. So wurde neben dem Klageerzwingungsverfahren nach § 147 Abs. 1 AktG ein Klagezulassungsverfahren in § 148 Abs. 1 AktG etabliert: Minderheitsaktionäre haben danach das Recht, Organhaftungsansprüche als gesetzliche Prozessstandschafter im eigenen Namen einzuklagen, sofern ihre Anteile an der Gesellschaft im Zeitpunkt der

208 Diese Pflicht gilt analog § 91 Abs. AktG auch im GmbH-Recht, sofern (i) Größe, (ii) Komplexität der Gesellschaftsstruktur und/oder (iii) die Geschäftstätigkeit der betreffenden GmbH dies erfordern, vgl. *Terlau/Hürten*, in: MünchAnwaltsHdb. GmbH-Recht, § 10 Rn. 66.

209 „Transparenz- und Publizitätsgesetz (TransPuG)" vom 19. Juli 2002, BGBl. 2002 I. S. 2681; näher dazu *Seibert*, NZG 2002, 608 ff.

210 Eingehend zu diesbezüglichen Haftungsrisiken *Vogel*, Die Haftung von Gesellschaften, Vorständen und Aufsichtsräten im Zusammenhang mit der Entsprechenserklärung zum Deutschen Corporate Governance Kodex gemäß § 161 AktG, 2011, 135 ff.

211 „Gesetz zur Unternehmensintegrität und Modernisierung des Anfechtungsrechts (UMAG)" vom 22. September 2005, BGBl. 2005 I, S. 2805 ff.; allgemein zum UMAG anstatt vieler *Koch*, ZGR 2006, 769 ff.

Antragstellung zusammen 1 % des Grundkapitals oder einen anteiligen Betrag von EUR 100.000,00 erreichen.[212] Ebenso hat der Gesetzgeber im Rahmen des UMAG in Bezug auf Sonderprüfungen im Sinne von § 142 AktG die Zugangsbarrieren für Minderheitenverlangen – in Übereinstimmung mit § 148 Abs. 1 Satz 1 AktG – auf die Schwellenwerte von 1 % des Grundkapitals oder einem anteiligen Betrag von EUR 100.000,00 herabgesetzt.

### *d) MoMiG*

Auch das MoMiG[213] lässt die Tendenz des Gesetzgebers zu einer Verschärfung des Organhaftungsrechts nicht verkennen. Nicht zuletzt durch die im Rahmen des MoMiG kodifizierten Lockerungen im Recht (i) der Kapitalaufbringung, (ii) der Kapitalerhaltung und (iii) der Gesellschafterdarlehen wurde eine nicht unerhebliche Risikoverlagerungen zum Nachteil der Geschäftsleiter vollzogen.[214] Neu eingeführt wurde insbesondere der Haftungstatbestand des § 64 Satz 3 GmbHG, wonach ein Geschäftsführer zum Ersatz von Zahlungen an die Gesellschaft verpflichtet ist, die er an die Gesellschafter geleistet hat, wenn diese Zahlungen zur Zahlungsunfähigkeit der Gesellschaft führen mussten.[215]

### *e) BilMoG*

Des Weiteren hat auch das BilMoG[216] neben bedeutenden Reformierungen des Bilanzrechts zu Änderungen des Gesellschaftsrechts geführt; vor allem mit Blick auf die Mitglieder der Aufsichtsräte hat das BilMoG eine weitere Verschärfung der Haftung nach sich gezogen.[217] Durch das BilMoG ist der Aufgabenbereich des Aufsichtsrats umfassender geregelt worden: Gesetzlich kodifiziert wurden insbesondere

---

212 Ausführlich zur Geschäftsleiterhaftung nach dem UMAG *Schäfer*, ZIP 2005, 1253 ff.; vgl. auch *Redeke*, ZIP 2008, 1549 ff. Von einer merklichen Haftungsverschärfung durch die Neufassung des § 148 AktG ausgehend auch *Koch*, AG 2012, 429 (431); a.A. *Brommer*, AG 2013, 121 (123).

213 „Gesetz zur Modernisierung des GmbH-Rechts und zur Bekämpfung von Missbräuchen (MoMiG)“ vom 23. Oktober 2008, BGBl. 2008 I, S. 2026 ff.; für einen Überblick über die Regelungen zum MoMiG anstatt vieler *Wedemann*, WM 2008, 1381 ff.

214 Anschaulich *K. Schmidt*, GmbHR 2008, 449 (455); eingehend zur Geschäftsleiterhaftung nach dem MoMiG auch *Kleindiek*, in: FS K. Schmidt, 2009, 893 ff.

215 Näher zu § 64 Satz 3 GmbHG etwa *Haas*, NZG 2013, 41 ff. zuvor bereits *ders.*, GmbHR 2010, 1 ff.; speziell zu aufsteigenden Kreditsicherheiten *Brand*, ZIP 2012, 1010 ff.; vgl. auch *Altmeppen*, in: FS Hüffer, 2010, S. 1 (9 ff.); *Desch*, BB 2010, 2586 ff.

216 „Gesetz zur Modernisierung des Bilanzrechts (Bilanzrechtsmodernisierungsgesetz – BilMoG)“ vom 25. Mai 2009, BGBl. 2009 I, S. 1102 ff.; näher zum BilMoG etwa *Ernst/Seidler*, BB 2009, 766 ff.

217 Ausführlich zur Haftungsverschärfung für Aufsichtsratsmitglieder durch die Neuregelungen des BilMoG *Braun/Louven*, GmbHR 2009, 965 ff.

die Pflicht zur Überwachung (i) des Abschlussprüfers und der Unabhängigkeit des Abschlussprüfers, (ii) des Rechnungslegungsprozesses, (iii) des Risikomanagements sowie (iv) des internen Kontrollsystems und der internen Revision. Ferner ist normiert worden, dass dem Aufsichtsrat einer kapitalmarktorientierten Gesellschaft im Sinne von § 264d HGB mindestens ein Mitglied angehören muss, dass über Sachverstand auf dem Gebiet der Rechnungslegung oder Abschlussprüfung verfügt.

### *f) ARUG*

Auch durch die Stärkung der Aktionärsrechte durch das ARUG[218] – etwa durch die Erleichterung der Bevollmächtigung, der Möglichkeit der Briefwahl und der Online-Teilnahme an der Hauptversammlung, aber auch durch die erleichterte Zugänglichkeit von Dokumenten – hat sich der Pflichtenkreis der Vorstands- und Aufsichtsratsmitglieder weiter erhöht. Eine verbesserte Präsenz in der Hauptversammlung lässt sich ferner – jedenfalls mittelbar – als weitere Erleichterung der Voraussetzungen für die Erhebung von Haftungsklagen gegen die Organmitglieder interpretieren.

### *g) VorstAG*

Darüber hinaus lassen sich sowohl die gesetzliche Normierung eines zwingenden Selbstbehalts im Rahmen einer D&O-Versicherung für Vorstandsmitglieder in § 93 Abs. 2 Satz 3 AktG als auch die Kodifizierung der leistungsabhängigen Herabsetzung der Vorstandsbezüge (§ 87 Abs. 2 Satz 1 AktG) durch das VorstAG[219] als Haftungsverschärfungen seitens des Gesetzgebers interpretieren.[220]

### *h) Restrukturierungsgesetz*

Die Haftungsverschärfung *qua* aktienrechtlicher Reformgesetze hat ihre Fortsetzung in einer Verlängerung der Verjährungsfrist durch das Restrukturierungsgesetz[221]

---

218 „Gesetz zur Umsetzung der Aktionärsrechterichtlinie (ARUG)" vom 30. Juli 2009, BGBl. 2009 I, S. 2479; ausführlich zum ARUG *Florsted*, AG 2009, 465 ff.; *Drinhausen/Keinath*, BB 2009, 64 ff., vgl. auch *Lorenz/Pospiech*, BB 2010, 2515 ff.

219 „Gesetz zur Angemessenheit der Vorstandsvergütung (VorstAG)" vom 31.07.2009, BGBl. 2009 I, S. 2509; näher zum VorstAG etwa *Hohenstatt*, ZIP 2009, 1349 ff.; *Seibt*, DB 2009, 1167 (1168 f.).

220 Ausführlich zur Haftung von Aufsichtsrat und Vorstand nach dem VorstAG *Reichert/Ullrich*, in: FS U.H. Schneider, 2011, S. 1017 ff.; zu den Auswirkungen im GmbH-Recht *Gaul/Janz*, GmbHR 2009, 959 ff.; näher zum aktienrechtlichen Selbstbehalt in § 93 Abs. 2 Satz 3 AktG *Kerst*, WM 2010, 594 ff.; *Olbrich/Kassing*, BB 2009, 1659 ff.; eingehend zur Herabsetzung der Vorstandsvergütung *Klöhn*, ZGR 2012, 1 ff.

221 „Gesetz zur Restrukturierung und geordneten Abwicklung von Kreditinstituten, zur Errichtung eines Restrukturierungsfonds für Kreditinstitute und zur

gefunden: Organhaftungsansprüche einer AG gegen Vorstandsmitglieder oder Aufsichtsratsmitglieder verjähren nach der Neufassung des § 93 Abs. 6 AktG durch das Restrukturierungsgesetz nunmehr erst in zehn Jahren, sofern es sich um eine börsennotierte Gesellschaft im Sinne von § 3 Abs. 2 AktG handelt.[222]

### *i) ESUG*

Mit Blick auf das ESUG[223] scheint ein Ende der gesetzgeberischen Aktivitäten mit haftungsverschärfenden Folgen für die Organmitglieder von Kapitalgesellschaften nicht absehbar. So sieht § 26 Abs. 4 InsO nunmehr eine nochmalige Verschärfung der Geschäftsleiterhaftung bei nicht rechtzeitig gestelltem Antrag auf Eröffnung eines Insolvenzverfahrens vor. Ein risikoscheuer Geschäftsleiter könnte folglich verleitet sein, vorzeitig einen Insolvenzeröffnungsantrag wegen drohender Zahlungsunfähigkeit zu stellen, obwohl die Gesellschaft zu dem Zeitpunkt noch gar nicht insolvenzreif ist. Haftungsrechtlich ergibt sich indes dann die Gefahr, dass ein so agierender Geschäftsleiter zwar von der Haftung nach § 26 Abs. 4 InsO verschont bliebe, zugleich aber eine Haftung wegen Vernachlässigung der Gesellschaftsinteressen zugunsten von Eigeninteressen gemäß § 93 Abs. 2 AktG bzw. § 43 Abs. 2 GmbHG droht: Auch in der Krise der Gesellschaft hat ein Geschäftsleiter seine gesamte Geschäftsführungstätigkeit allein am Gesellschaftsinteresse auszurichten, welches grundsätzlich auf Bestandserhaltung gerichtet ist.[224]

Darüber hinaus wurde § 13 InsO durch das ESUG neu gefasst und im Hinblick auf den notwendigen Inhalt eines Eröffnungsantrags erweitert. Auch insoweit liegt eine Haftungsverschärfung vor.[225] Ein nicht den Anforderungen des § 13 InsO entsprechender Eröffnungsantrag ist als „nicht richtig" gestellt im Sinne von § 15a Abs. 4 InsO zu qualifizieren und kann folglich eine Haftung der Geschäftsleiter wegen nicht ordnungsgemäßer Antragstellung auslösen.[226]

---

Verlängerung der Verjährungsfrist der aktienrechtlichen Organhaftung (Restrukturierungsgesetz)" vom 9. Dezember 2010, BGBl. 2010 I, S. 1900. Allg. zu diesem Reformgesetz etwa *Riethmüller*, WM 2010, 2295 ff.; speziell zur geänderten Verjährungsregelung *Harbarth/Jaspers*, NZG 2011, 368 ff.

222 Eine Verjährungsfrist von zehn Jahren wie bei börsennotierten Gesellschaften sieht der neue § 52a KWG auch für Kreditinstitute im Sinne von § 1 Abs. 1 KWG vor.

223 „Gesetz zur weiteren Erleichterung der Sanierung von Unternehmen (ESUG)" vom 7. Dezember 2011, BGBl. 2011 I, S. 2582; für einen Überblick über die Regelung des ESUG vgl. *Fuhst*, DStR 2012, 418 ff.; s. auch *Prusko*, Die Gesellschafterstellung in der Insolvenz, 2013, S. 187 ff.

224 *Leinekugel/Skauradszun*, GmbHR 2011, 1121.

225 *Blöse*, GmbHR 2012, 471 (478); *Cymutta*, BB 2012, 3151 (3152); *Nowak*, GmbHR 2012, 1294 (1298).

226 Näher dazu *Blöse*, GmbHR 2012, 471 (472 ff.).

## j) *CRD IV-Umsetzungsgesetz*

Im Rahmen der Aufarbeitung der weltweiten Finanzkrise sind speziell auch die Geschäftsleiter und Mitglieder des Verwaltungs- oder Aufsichtsorgans von Kreditinstituten in den Vordergrund von nationalen und europäischen Gesetzgebungsaktivitäten gerückt.[227] Durch die Umsetzung der Neufassung der Eigenkapitalrichtlinie, der sog. *Capital Requirements Directive IV* (CRD IV),[228] in nationales Recht wurden die organisatorischen Pflichten der Kreditinstitute und Anforderungen an Geschäftsleiter und Mitglieder des Verwaltungs- oder Aufsichtsorgans nachhaltig erhöht. Durch das am 3. September 2013 verkündetet CRD IV-Umsetzungsgesetz[229] wurden etwa für die Geschäftsleiter in § 25a KWG erhöhte Anforderungen an das Risikomanagement implementiert.[230] Ferner sind insbesondere Änderungen bezüglich (i) der Anforderungen an Aufsichtsratsmitglieder von Kreditinstituten in Sachen Qualifikation, Sorgfalt und Kenntnis aktueller bankenregulatorischer Rechtsentwicklungen, (ii) der internen Organisation des Aufsichtsrats von Kreditinstituten und (iii) der Pflichten der Aufsichtsratsmitglieder bei der Festlegung der Vergütung der Geschäftsleiter der jeweiligen Kreditinstitute normiert.[231] Durch das CRD IV-Umsetzungsgesetz wurde in § 25d Abs. 6 KWG nunmehr ausdrücklich geregelt, dass das Verwaltungs- oder Aufsichtsorgan verpflichtet ist, die Geschäftsleiter des jeweiligen Kreditinstituts auch in Bezug auf die Einhaltung der einschlägigen bankenaufsichtsrechtlichen Regelungen zu überwachen.[232]

227 *Brandi/Gieseler*, NZG 2012, 1321.

228 Richtlinie 2013/36/EU des Europäischen Parlaments und des Rates vom 26.6.2013 über den Zugang zur Tätigkeit von Kreditinstituten und die Beaufsichtigung von Kreditinstituten und Wertpapierfirmen, zur Änderung der Richtlinie 2002/87/EG und zur Aufhebung der Richtlinien 2006/48/EG und 2006/49/EG, ABl. EU 2013 Nr. L 176, 338.

229 „Gesetz zur Umsetzung der Richtlinie 2013/36/EU über den Zugang zur Tätigkeit von Kreditinstituten und die Beaufsichtigung von Kreditinstituten und Wertpapierfirmen und zur Anpassung des Aufsichtsrechts an die Verordnung (EU) Nr. 575/2013 über Aufsichtsanforderungen an Kreditinstitute und Wertpapierfirmen (CRD IV-Umsetzungsgesetz)" vom 28. August 2013, BGBl. I 2013, 3395 ff.

230 *Hopt*, ZIP 2013, 1793 (1797).

231 Ausführlich dazu *Apfelbacher/Metzner*, AG 2013, 773 (774 ff.); vgl. bereits *Brandi/Gieseler*, NZG 2012, 1321 (1326 f.) zum RegE des CRD IV-Umsetzungsgesetzes; speziell zu den gestiegenen Anforderungen an die zeitliche Verfügbarkeit der Organmitgliedern von Banken und Finanzdienstleitungsunternehmen *Plagemann*, WM 2014, 2345 ff.

232 Auch *Apfelbacher/Metzner*, AG 2013, 773 (783), gehen insoweit von deutlich gestiegenen Anforderungen an die Mitglieder des Aufsichtsorgans eines Kreditinstituts aus.

## 2. Ausländische Gesetzgebungsaktivitäten

In Zeiten der Globalisierung und der Internationalisierung der Märkte sind neben nationale Gesetze und Regelwerke längst auch ausländische Gesetzgebungsakte getreten, durch die sowohl die Anforderungen an Organmitglieder als auch deren Pflichtenkreis nachhaltig beeinflusst werden. Von herausgehobener Bedeutung für Gesellschaften, die (i) an einer US-amerikanischen Börse notiert sind, oder (ii) verpflichtet sind, Berichte bei der US Securities Exchange Commission (SEC) – der US-amerikanischen Börsenaufsicht – einzureichen, ist etwa der US Foreign Corrupt Practice Act (FCPA)[233] aus dem Jahre 1977. Der FCPA verpflichtet die Geschäftsleiter insbesondere zu einer ordnungsgemäßen Buchführung und zur Schaffung eines internen Kontrollsystems.[234]

Vor dem Hintergrund der möglichen Bedeutung ausländischer Gesetze für die Organmitglieder deutscher Gesellschaften erscheint die Darstellung der Verschärfung der Organhaftung durch den Gesetzgeber unvollständig, wenn nicht zumindest kursorisch auch die aus Sicht der deutschen Unternehmenslenker bedeutenden ausländischen Reformgesetze aus jüngerer Zeit in den Blick genommen werden.

### *a) Sarbanes-Oxley Act*

Eine nachhaltige Haftungsverschärfung für Organmitglieder – teilweise auch für die Geschäftsleiter deutscher Gesellschaften – hat im Jahre 2002 der Sarbanes-Oxley Act[235] bewirkt, der als Reaktion des US-amerikanischen Gesetzgebers auf verschiedene Bilanzskandale in den USA (insbesondere in Bezug auf die Unternehmen Enron und WorldCom) erlassen wurde. Neben Corporate Governance-Regelungen kodifizierte der Sarbanes-Oxley Act Pflichten im Zusammenhang mit der Finanzberichterstattung, dem unternehmensinternen Berichtswesen und Meldepflichten.[236]

Der Sarbanes-Oxley Act differenziert nicht nach inländischen und ausländischen Gesellschaften; er erfasst vielmehr alle Gesellschaften, die an den US-amerikanischen Börsen notiert sind, sowie die Gesellschaften, die verpflichtet sind, bei der

---

233 "Foreign Corrupt Practice Act of 1977" (15 U.S.D., §§ 78a, 78dd-1 et seq., 78m(b)), current through Public Law 105–366, November 10, 1998, abrufbar unter http://www.justice.gov/criminal/fraud/fcpa/ (zuletzt abgerufen am 30. April 2017).

234 Vgl. *Grau/Meshulam/Blechschmidt*, BB 2010, 652 (653); ausführlich zum FCPA und seiner (haftungsrechtlichen) Relevanz für deutsche Unternehmen in monographischer Form *Wimmer*, Haftungsrisiken und Compliance Maßnahmen nach dem ››Foreign Corrupt Practices Act‹‹ der USA, 2011, passim.

235 "Sarbanes-Oxley Act of 2002", vgl. H.R. 3763, 107th Congress, Public Law 107–204, July 30, 2002, 116 Stat. 745, abrufbar unter http://www.sec.gov/about/laws/soa2002.pdf (zuletzt abgerufen am 30. April 2017); näher dazu *Merkt/Göthel*, US-amerikanisches Gesellschaftsrecht, 1. Teil, Rn. 39 ff.

236 Vgl. für einen Überblick über die Regelungen des Sarbanes-Oxley Act auch *Gruson/Kubicek*, AG 2003, 337 ff. und *dies.*, AG 2003, 393 ff.; *Regelin/Fisher*, IStR 2003, 276 ff.; *Strauch*, NZG 2003, 952 ff.

SEC Berichte einzureichen.[237] Wenn dieser Anwendungsbereich gegeben ist, treffen die Verpflichtungen des Sarbanes-Oxley Act daher auch Organmitglieder deutscher Gesellschaften; insbesondere haben sowohl der Vorstandsvorsitzende als auch der Finanzvorstand einer deutschen Aktiengesellschaft Bestätigungserklärungen über die Richtigkeit und Vollständigkeit der Rechnungslegung und der Berichtserstattung über die Rechnungslegung abzugeben.[238]

### b) Dodd-Frank Act

Gestiegene Haftungsrisiken für die Organmitglieder von Gesellschaften, die an den US-amerikanischen Börsen notiert bzw. bei der SEC registriert sind, resultieren ferner aus Gesetzgebungsinitiativen zur Erreichung eines möglichst meldefreundlichen Rechtsumfelds. Der US-amerikanische Gesetzgeber hat im Jahre 2010 durch den Erlass des Dodd-Frank Act[239] insbesondere das Belohnungsprogramm für die Anzeige von Kapitalmarktdelikten deutlich ausgeweitet. Unternehmensangehörige, die Kenntnis von derartigen Delikten haben, sollen dies möglichst rasch melden (sog. "*Whistleblowing*"). Im Gegenzug erhalten die *Whistleblower* eine Prämie zwischen 10 % und 30 %, sofern eine von ihnen gelieferte "*original information*" dazu führt, dass die SEC gegen rechtswidrig handelnde Marktteilnehmer eine Geldbuße in Höhe von mindestens 1 Mio. US-Dollar verhängt.[240]

Nach dem Vorbild des Dodd-Frank Act hat auch die Europäische Kommission einen Vorschlag für eine neue Marktmissbrauchsverordnung erarbeitet, die u. a. eine Ermächtigung der Mitgliedsstaaten vorsieht, finanzielle Anreize für *Whistleblower* in den nationalen Rechtsordnungen zu kodifizieren.[241]

### c) UK Bribery Act

Neben dem US-amerikanischen Gesetzgeber hat auch der britische Gesetzgeber die Haftungsrisiken für Organmitglieder deutscher Kapitalgesellschaften erhöht. Zum 1. Juli 2011 ist der UK Bribery Act[242] als eines der im internationalen Vergleich

---

237 Eingehend in Bezug auf deutsche Kapitalgesellschaften *Nicklisch*, Die Auswirkungen des Sarbanes-Oxley Act auf die deutsche Corporate Governance, 2007, passim; vgl. auch *Fleischer/Schmolke*, WM 2012, 1013 (1016).

238 *Nicklisch*, Die Auswirkungen des Sarbanes-Oxley Act auf die deutsche Corporate Governance, 2007, S. 184; *Strauch*, NZG 2003, 952 (953).

239 "Dodd-Frank Wallstreet Reform and Consumer Protection Act", vgl. 111th Congress, Public Law 111–203, July 21, 2010, 124 Stat. 1376, im Internet abrufbar unter http://www.gpo.gov/fdsys/pkg/PLAW-111publ203/pdf/PLAW-111publ203.pdf (zuletzt abgerufen am 30. April 2017). Näher zum Dodd-Frank-Act *Schürrle/Fleck*, CCZ 2011, 218 ff.; *Fleischer*, ZGR 2011, 155 (174 ff.); vgl. auch *Schmidt-Bendun/Prusko*, NZG 2010, 1128 ff.

240 *Fleischer*, ZGR 2011, 155 (175).

241 Ausführlich dazu *Fleischer/Schmolke*, NZG 2012, 361 ff.

242 "UK Bribery Act 2010"; der Gesetzestext sowie die Gesetzgebungsmaterialien sind abrufbar unter https://www.justice.gov.uk/legislation/bribery (zuletzt abgerufen

strengsten Antikorruptionsgesetze in Kraft getreten. Angesichts seines weiten, exterritorialen Anwendungsbereichs gilt das Gesetz nicht nur für englische Unternehmen und deren Mitarbeiter, sondern vielmehr auch für alle ausländischen Unternehmen, die zumindest eine geschäftliche Beziehung zu Großbritannien haben.[243]

Der UK Bribery Act enthält neben Regelungen zur Haftung von natürlichen Personen einen gesonderten Haftungstatbestand für Unternehmen: Einem Unternehmen kann danach eine Geldbuße in unbegrenzter Höhe auferlegt werden, wenn es eine aktive Bestechung einer sog. *"associated person"* nicht verhindert hat; der Begriff der *associated person* ist in diesem Zusammenhang weit auszulegen und nicht auf die Mitarbeiter eines Unternehmens beschränkt.

## II. Haftungsverschärfende Judikate

Die dargestellten Reformgesetze des nationalen Gesetzgebers sowie die auf Deutschland ausstrahlenden legislatorischen Maßnahmen in den USA und Großbritannien sind in jüngerer Zeit flankiert worden von einer Reihe höchstrichterlicher Leitentscheidungen, die ebenfalls eine Verschärfung der Geschäftsleiterhaftung in Deutschland nach sich gezogen haben.

### 1. Strafrechtliche Entscheidungen

Angesichts der Legalitätspflicht, denen die Organmitglieder der Kapitalgesellschaften unterworfen sind, indiziert ein strafrechtlich relevantes Verhalten eines Unternehmensleiters im Rahmen der Ausführung seiner Organtätigkeit zugleich eine Pflichtverletzung gegenüber der Gesellschaft. Vor diesem Hintergrund kommt auch strafrechtlichen Gerichtsentscheidungen eine gesteigerte Bedeutung im Hinblick auf die zivilrechtliche Organhaftung zu. Nicht selten haben in letzten Jahren Judikate der Strafsenate des BGH zu einer Ausfüllung und Konkretisierung des Pflichtengefüges von Organmitgliedern geführt.

Anzuführen ist etwa das Urteil des BGH in Sachen *Mannesmann/Vodafone*, das insbesondere eine Klarstellung dahingehend beinhaltet, dass die zur Erfüllung des Tatbestands der Untreue erforderliche Verletzung einer Vermögensbetreuungspflicht auch bei unternehmerischen Entscheidungen eines Gesellschaftsorgans nicht zusätzlich „gravierend" sein muss.[244]

In Bezug auf den Straftatbestand der Untreue hat der BGH ferner in einem Urteil im Fall *Siemens* entschieden, dass schon das Entziehen und Vorenthalten erheblicher Vermögenswerte unter Einrichtung von verdeckten Kassen durch leitende

---

am 30. April 2017). Für Einzelheiten zu den Regelungen des UK Bribery Act vgl. *Deister/Geier*, CCZ 2010, 12 ff.; *Hugger/Röhrich*, BB 2010, 2643 ff.; *Pörnbacher/Mark*, NZG 2010, 1372 ff. Eingehend zu den beachtlichen Haftungsgefahren für Geschäftsleiter deutscher Unternehmen *Timmerbeil/Spachmüller*, DB 2013, 2133 ff.

243 *Hugger/Röhrich*, BB 2010, 2643 (2646 f.); *Pörnbacher/Mark*, NZG 2010, 1372.

244 BGH, NJW 2006, 522 [*Mannesmann/Vodafone*].

Angestellte eines Wirtschaftsunternehmens zu einem endgültigen Nachteil im Sinne von § 266 Abs. 1 StGB führt; die Absicht, das Geld im wirtschaftlichen Interesse des Unternehmens zu verwenden, sei insoweit irrelevant.[245]

Das BVerfG hat in der Folge bestätigt, dass trotz der konzeptionell weiten und unscharfen Fassung des § 266 StGB eine konkretisierende und präzisierende Auslegung – wie vom BGH in den angeführten Entscheidungen zum Untreue-Tatbestand vorgenommen – nicht nur möglich, sondern sogar erforderlich sei.[246]

In den Kontext der Haftungsverschärfung durch gesteigerte Verhaltensanforderungen lässt sich des Weiteren das sog. Compliance-Urteil des BGH einordnen, wonach der Aufgabenbereich eines Leiters der Innenrevision eines Unternehmens (*Compliance Officer*) eine Überwachungspflicht bzgl. der Gefahren begründe, die aus dem Unternehmen für Rechtsgüter Dritter entstehen. Nach Auffassung des BGH lässt die tatsächliche Übernahme des Pflichtenkreises eines *Compliance Officers* für diese Funktion eine Sonderverantwortlichkeit und damit verbunden eine strafrechtliche Garantenpflicht (§ 13 StGB) entstehen.[247]

Auch das Urteil des BGH im Strafverfahren gegen einen ehemaligen Vorstand der WestLB, in dem eine Strafbarkeit wegen Untreue durch pflichtwidrige Kreditvergabe bejaht worden ist,[248] sowie die Entscheidung des Düsseldorfer Landgerichts, die zur Verurteilung des ehemaligen Vorstandsvorsitzenden der Mittelstandsbank IKB wegen vorsätzlicher Marktmanipulation geführt hat,[249] verdeutlichen die Schärfe der drohenden Sanktionen.

## 2. Zivilrechtliche Entscheidungen

Neben den angeführten strafrechtlichen Judikaten, die mittelbar zu einer Verschärfung der Organhaftung geführt haben, weisen auch eine Reihe von Entscheidungen des für das Gesellschaftsrecht zuständigen II. Senats des BGH Elemente auf, die den Pflichtenmaßstab der Organmitglieder weiter erhöht und damit zu einem gesteigerten Haftungsrisiko geführt haben.[250]

Der BGH hat zwar in seiner *DOBERLUG*-Entscheidung den Mitgliedern fakultativer Kontrollgremien einer GmbH gewisse Haftungserleichterungen im Bereich der Überwachungspflichten zugesprochen[251] und ferner auch in einer Entscheidung aus dem

245 BGH, NJW 2009, 89 [*Siemens*].
246 BVerfG, NJW 2010, 3209 (3212).
247 BGH, NJW 2009, 3173. Der BGH hat allerdings in seinem Urteil vom 10. Juli 2012 (Az. VI ZR 341/10), ZIP 2012, 1552 ff., klargestellt, dass sich allein aus der Stellung als Geschäftsführer einer GmbH bzw. als Mitglied des Vorstands einer AG keine Garantenpflicht gegenüber außenstehenden Dritten ergibt, eine Schädigung ihres Vermögens zu verhindern.
248 BGH, WM 2009, 1930.
249 LG Düsseldorf, AG 2011, 722.
250 Vgl. dazu *Gärtner*, BB 2012, 1745 ff.
251 BGH, NJW 2011, 211 [*DOBERLUG*].

Februar 2011 zur Darlegungs- und Beweislast im Rahmen der *Business Judgement Rule* des § 93 Abs. 1 Satz 2 AktG angeführt, dass die Anforderungen an den Vortrag des betreffenden Organmitglieds nicht „überspannt" werden dürfe[252]; eine Gesamtschau der jüngeren Judikate des BGH zur Haftung und den Pflichtenkreisen der Organmitglieder lässt indes eher auf eine Verschärfung der Organhaftung als Leitmotiv schließen.

## *a) Organschaftlich geschuldete Pflichten*

In zwei grundlegenden Entscheidungen zur Zulässigkeit von Beratungsverträgen mit Aufsichtsratsmitgliedern i.S.v. § 114 AktG hat der BGH die erhöhten Anforderungen an solche Verträge verdeutlicht und zugleich den Bereich zustimmungsfähiger Tätigkeit, die nicht ohnehin schon in den Zuständigkeitsbereich des Aufsichtsrats fallen, merklich beschränkt.[253] So hat der BGH die organschaftlich geschuldeten Pflichten eines Aufsichtsratsmitglieds explizit auch auf die Beratung des Vorstands in Fragen der Zweckmäßigkeit und Wirtschaftlichkeit der Geschäftsführung einschließlich betriebswirtschaftlicher Fragen der Unternehmensführung erstreckt.[254] Ebenso sieht der BGH die Beratung der Gesellschaft (i) „bei dem Abschluss von Beteiligungs- und Unternehmensverträgen und bei der Eingehung strategischer Allianzen (Joint Ventures)", (ii) „zu Finanzierungsmodellen zur Ausstattung mit liquiden Mitteln (Kapitalerhöhungen, Inhaber- und Wandelschuldverschreibungen, Kreditverträge)", (iii) „bei sonstigen Kapitalmaßnahmen, z.B. Aktiensplits" sowie (iv) „bei internen Strukturierungen" bereits als organschaftlich geschuldete Tätigkeiten an.[255] Ferner hat der BGH klargestellt, dass bereits die Organfunktion den Einsatz individueller Sachkenntnisse sowie eine im Bedarfsfall über das übliche Maß hinausgehende Beanspruchung erfordert.[256]

## *b) Einholung von Expertenrat; Sorgfaltsmaßstab bzgl. subjektiver Spezialkenntnisse*

Eine nachhaltige Verschärfung der Organhaftung hat unter gleich zwei verschiedenen Gesichtspunkten auch die *ISION*-Entscheidung des BGH aus dem September 2011 bewirkt.[257] Zum einen hat der BGH die strengen Anforderungen an eine

---

252 BGH, NZG 2011, 549 (551).

253 BGHZ 170, 60 ff.; 168, 188 ff.; näher dazu *Lorenz/Pospiech*, NZG 2011, 81 ff. m.w.N.; vgl. zu den Anforderungen an Beratungsverträge i.S.v. § 114 AktG auch BGH, NJW 2012, 3235 [*Fresenius SE*] sowie die Vorinstanz OLG Frankfurt, NZG 2011, 350 ff.; ferner OLG Köln, NZG 2013, 548 ff. [SolarWorld]; ausführlich *Fuhrmann*, NZG 2017, 291 ff.; *Königshausen*, GWR 2015, 111 ff.

254 BGHZ 168, 188 (198).

255 BGHZ 170, 60 (66).

256 BGHZ 168, 188 (198); vgl. auch bereits BGH, NJW 1991, 1830 (1831).

257 BGH, NZG 2011, 1271 ff.; erläutert von *Strohn*, ZHR 176 (2012), 137 (138 ff.); ausführlich dazu auch *Kiefner/Krämer*, AG 2012, 498 ff.; *Krieger*, ZGR 2012, 496 ff.;

haftungsentlastende Einholung von Auskünften bei fachlich qualifizierten Ratgebern herausgestellt:

> „Um den strengen Anforderungen an die dem Vorstand obliegende Prüfung der Rechtslage und die Beachtung von Gesetz und Rechtsprechung zu genügen, reicht eine schlichte Anfrage bei einer von dem organschaftlichen Vertreter für fachkundig gehaltenen Person durch die Gesellschaft nicht aus. Erforderlich ist vielmehr, dass sich das Vertretungsorgan, das selbst nicht über die erforderliche Sachkunde verfügt, unter umfassender Darstellung der Verhältnisse der Gesellschaft und Offenlegung der erforderlichen Unterlagen von einem unabhängigen, für die zu klärende Frage fachlich qualifizierten Berufsträger beraten lässt und die erteilte Rechtsauskunft einer sorgfältigen Plausibilitätskontrolle unterzieht."[258]

Wurde in älteren Entscheidungen zu einer Haftungsentlastung von Organmitgliedern bei der Einholung von Expertenrat auf die Fachkompetenz des Ratgebers abgestellt,[259] verlangt der BGH nunmehr zusätzlich, dass die fachlich qualifizierte Person unabhängig ist. Was in diesem Zusammenhang unter Unabhängigkeit zu verstehen ist, geht aus der *ISION*-Entscheidung des BGH nicht explizit hervor und ist im Schrifttum umstritten.[260] Uneinheitlich beurteilt wird insbesondere die Rechtsfrage, ob die Einholung von Rechtsrat aus der eigenen Rechtsabteilung zu einer Haftungsentlastung eines Organmitglieds führen kann.[261] Strittig ist auch,

---

*Merkt/Mylich*, NZG 2012, 525 ff.; aus Sicht der Unternehmensjuristen *Junker/Biederbick*, AG 2012, 898 ff.; *Wagner*, BB 2012, 651 ff.

258 BGH, NZG 2011, 1271 (1273).

259 BGH, NJW 1994, 2220 (2224); vgl. auch OLG Düsseldorf, NZG 1999, 944 (946).

260 *Binder*, AG 2012, 885 (892); *Strohn*, DB 2012, 1193 (1195); *Fleischer*, DB 2015, 1764 (1766).

261 *E. Vetter*, EWiR 2012 793 (794) sah nach der *ISION*-Entscheidung des BGH zumindest bei komplexen und komplizierten Vorgängen die Einholung von Rechtsrat allein bei der eigenen Rechtsabteilung nicht mehr als ausreichend an; ähnlich *Hölters*, in: Hölters, § 93 AktG Rn. 249; *Selter*, AG 2012, 11 (15); a.A. *Goette*, ZHR 176 (2012), 588 (602); *Junker/Biederbick*, AG 2012, 898 (901 f.); *Merkt/Mylich*, NZG 2012, 525 (528); *Müller*, DB 2014, 1301 (1303); *Wagner*, BB 2012, 651 (654 ff.); für eine konkrete Einzelfallbetrachtung bzgl. der erforderlichen objektiven Information *Binder*, ZGR 2012, 757 (771); *Strohn*, ZHR 176 (2012), 137 (140 f.); in diesem Sinne auch *Buck-Heeb*, BKR 2011, 441 (447); *Klöhn*, DB 2013, 1535, (1540).
In seinem Urteil vom 28. April 2015 (Az. II ZR 63/14) hat der BGH in einem *obiter dictum* klargestellt, dass mit der erforderlichen Unabhängigkeit des Rechtsberaters nicht dessen persönliche Unabhängigkeit gemeint sei, sondern dass der Berater seine Rechtsauskunft sachlich unabhängig, d. h. unbeeinflusst von unmittelbaren oder mittelbaren Vorgaben hinsichtlich des Ergebnisses, erteilt erhabe, s. BGH, BZG 2015, 792 (795). Daraus folgern u. a. *Fleischer*, DB 2015, 1764 (1768); *Graewe/Freiherr v. Harder*, BB 2017, 707 (708); *Steber*, DStR 2015, 2391 (2394) und nunmehr auch *E. Vetter* NZG 2015, 889 (894), zutreffend, dass grundsätzlich auch bei weisungsunterworfenen und damit persönlich abhängigen Mitarbeitern der

ob die Vorbefassung mit dem zu beurteilenden Sachverhalt (z.B. durch Erstellung der Dokumentation für eine Transaktion oder durch Vornahme von Abschlussprüfungen)[262] zu einer fehlenden Unabhängigkeit eines betreffenden Rechtsanwalts bzw. Wirtschaftsprüfers führt.[263]

Neben den für Geschäftsleiter pflichtenverschärfenden Ausführungen zur Einholung von Expertenrat hat der BGH in seiner *ISION*-Entscheidung darüber hinaus geurteilt, dass ein Organmitglied mit beruflich erworbenen Spezialkenntnissen in Bezug auf sein Spezialgebiet einem erhöhten Sorgfaltsmaßstab unterliegt:

> „(...) Dass er in der Organfunktion als Aufsichtsrat, nicht in seinem Beruf als Rechtsanwalt tätig war, führt nicht dazu, dass nur ein durchschnittlicher, für alle Aufsichtsratsmitglieder geltender Haftungsmaßstab auf ihn anzulegen ist. Das Aufsichtsratsmitglied, das über beruflich erworbene Spezialkenntnisse verfügt, unterliegt, soweit sein Spezialgebiet betroffen ist, insoweit einem erhöhten Sorgfaltsmaßstab (...). Das Aufsichtsratsmitglied, das über besondere Fachkenntnisse verfügt, ist gegenüber der Gesellschaft verpflichtet, diese einzusetzen."[264]

Die Pflichten eines nach objektivem Maßstab heranzuziehenden durchschnittlichen Geschäftsleiters bilden mithin lediglich die Untergrenze der einzuhaltenden Sorgfaltspflichten.[265] Verfügt ein Organmitglied über überdurchschnittliche Kenntnisse und/oder Fähigkeiten, so ist in Bezug auf den Sorgfaltsmaßstab des betreffenden Organmitglieds auch auf diese Kenntnisse und/oder Fähigkeiten abzustellen.

Nachdem die *ISION*-Entscheidung des BGH innerhalb kurzer Zeit bereits eine Vielzahl ausführlicher Stellungnahmen in der Literatur hervorgerufen hat,[266] konnte der BGH seine Rechtsgrundsätze zur Exkulpation von Organmitgliedern durch die Einholung von Expertenrat in seinem Urteil vom 28. April 2015 (Az. II ZR 63/14)[267] fortentwickeln und präzisieren.[268]

---

unternehmensinternen Rechtsabteilung haftungsentlastender Expertenrat eingeholt werden kann.

262 *Binder*, AG 2012, 885 (892).

263 *Strohn*, ZHR 176 (2012), 137 (140), zweifelt in diesem Zusammenhang ausdrücklich an, dass dieselbe Rechtsanwaltskanzlei, die mit der Erstellung einer Vertragsdokumentation befasst war, mit einer gesonderten Prüfung beauftragt werden könne. Diese restriktive Auffassung *Strohns* ist im Schrifttum auf Kritik gestoßen, vgl. insbesondere *Binder*, AG 2012, 885 (892); *Kiefner/Krämer*, AG 2012, 498 (499 f.); *Krieger*, ZGR 2012, 496 (500); *Merkt/Mylich*, NZG 2012, 525 (529).

264 BGH, NZG 2011, 1271 (1274); zustimmend *E. Vetter*, EWiR 2011, 793 (794); vgl. auch *Reuter*, ZIP 2016, 597 (600).

265 *Jula*, Der GmbH-GF, S. 302.

266 S. bereits Fn. 257 und Fn. 261.

267 BGH, NZG 2015, 792 ff.

268 *Fleischer*, DB 2015, 1764; *Steber*, DStR 2015, 2391; *E. Vetter*, NZG 2015, 889 (895).

Im Einklang mit den Grundsätzen der *ISION*-Entscheidung stellt der BGH auch in seiner Folgeentscheidung klar, dass mangelnde Fähigkeiten und Kenntnisse eines Organmitglieds, die dem verlangten Standard nicht genügen, keinen Entschuldigungsgrund darstellen; das gelte erst recht für einen Rechtsirrtum, da ein Organmitglied grundsätzlich das Risiko trage, die Rechtslage zu verkennen.[269]

Der BGH hat in seinem Urteil vom 28. April 2015 indes auch entschieden, dass von einem selbst rechtsunkundigen Organmitglied bei der Einholung externen Expertenrats nicht verlangt werden kann, in seinem Auftrag an den Rechtsberater bestimmte Rechtsfragen vorzuformulieren:

> „(…) Eine Entlastung auf Grund eines Rechtsirrtums verlangt nicht, dass ein Prüfauftrag ausdrücklich für eine bestimmte Rechtsfrage erteilt wird, sondern nur, dass die Prüfung aus der Sicht des nicht fachkundigen Organs die zweifelhafte Frage umfasst. Selbst wenn sich der dem sachkundigen Dritten erteilte Auftrag auf eine anderweitige Aufgabenstellung richtet, kann es das Organ entlasten, wenn es sich nach den Umständen der Auftragserteilung darauf verlassen durfte, die Fachperson habe im Rahmen der anderweitigen Aufgabenstellung auch die zweifelhafte Frage geprüft (…) Unabhängig vom Inhalt des Prüfauftrags kann es das Organ auch entlasten, wenn die fachkundige Person nach dem Inhalt der Auskunft die Rechtsfrage tatsächlich geprüft und beantwortet hat. Dass der Prüfauftrag nicht auf die ausdrückliche Klärung einer bestimmten rechtlichen Frage (…) zielt, hindert eine Entlastung ebenfalls nicht. Von einem nicht selbst rechtskundigen Auftraggeber kann grundsätzlich nicht erwartet werden, dass er bestimmte Rechtsfragen formuliert"[270]

Der BGH hat insoweit verdeutlicht, dass ein Organmitglied einen erteilten Rechtsrat zwar stets einer Plausibilitätskontrolle zu unterziehen hat, jedoch nicht – obwohl juristischer Laie – eine zweite eigenständige rechtliche Prüfung durchzuführen hat.[271] Für die Kongruenz von Rechtsrat und Organhandeln ist mithin grundsätzlich auf den Verständnishorizont des nicht rechtskundigen Organmitglieds abzustellen.[272] Ob dies in der Form auch für (wirtschafts-) rechtlich vorgebildete Organmitglieder gilt, lässt sich den Entscheidungsgründen des BGH nicht entnehmen und wird in der Literatur daher bezweifelt.[273]

---

269 BGH, NZG 2015, 792 (794).

270 BGH, NZG 2015, 792 (795); zustimmend *Fleischer*, DB 2015, 1764 (1766 ff.); *Leuering/Rubner*, NJW-Spezial 2015, 400 (401); *E. Vetter*, NZG 2015, 889 (891 ff.); das OLG Saarbrücken, NZG 2014, 243, hatte als Berufungsgericht der Organhaftungsklage stattgeben und eine Exkulpation eines Vorstandsmitglieds verneint, weil der einem externen Rechtsrat zu Grunde liegende Prüfungsauftrag nicht ausdrücklich die Formulierung einer bestimmten Rechtsfrage enthielt.

271 *Leuering/Rubner*, NJW-Spezial 2015, 400 (401).

272 *Fleischer*, DB 2015, 1764 (1769).

273 *Fleischer*, DB 2015, 1764 (1768).

### c) *Fachkundiger Rat bzgl. Insolvenzreife*

In einer Entscheidung aus dem März 2012 hat der BGH geurteilt, dass ein GmbH-Geschäftsführer (i) sich stets über die wirtschaftliche Lage der Gesellschaft zu informieren hat und (ii) in Krisenzeiten bei fehlender persönlicher insolvenzrechtlicher Expertise rechtzeitig fachkundigen Rat einholen muss, um die Insolvenzreife der Gesellschaft beurteilen zu können.[274] Der BGH hat in diesem Zusammenhang weiter angeführt, dass der Geschäftsführer neben der unverzüglichen Auftragserteilung an qualifizierte, fachkundige Personen ferner auf die unverzügliche Vorlage des Prüfungsergebnisses hinzuwirken hat:

> „Der Geschäftsführer kann entschuldigt sein, wenn er bei Anzeichen einer Krise unverzüglich eine fachlich qualifizierte Person mit der Prüfung beauftragt, ob die Gesellschaft insolvenzreif ist und ein Insolvenzantrag gestellt werden muss, und er sich dann nach der gebotenen Plausibilitätskontrolle dem fachkundigen Rat entsprechend verhält (...). Aus dem Sinn und Zweck des Zahlungsverbots nach § 64 GmbHG und der Insolvenzantragspflicht nach § 15a InsO („ohne schuldhaftes Zögern") folgt aber, dass eine solche Prüfung durch einen sachkundigen Dritten unverzüglich vorzunehmen ist und dass sich der Geschäftsführer nicht mit einer unverzüglichen Auftragserteilung begnügen darf, sondern auch auf eine unverzügliche Vorlage des Prüfergebnisses hinwirken muss."[275]

### d) *Prognoseentscheidungen*

Der BGH hat in einem Urteil aus dem Februar 2011 entschieden, dass ein Gericht im Rahmen eines Organhaftungsprozesses bei der Beurteilung von Prognoseentscheidungen des Organmitglieds grundsätzlich auf sachverständige Hilfe zurückgreifen müsse, wenn das Gericht zu entscheiden habe, was „branchenübliche [Prognose-] Techniken" sind.[276] Auch diese Entscheidung des BGH impliziert insoweit eine Haftungsgefahr für Organmitglieder, sofern diese nachweislich nicht auf der Grundlage branchenüblicher Prognosetechniken agiert haben.[277]

### e) *Umgehende Berichtigungspflicht bei Abweichen von Entsprechenserklärung gemäß § 161 AktG*

Den Pflichtenkanon für Vorstands- und Aufsichtsratsmitglieder börsennotierter AGs i.S.v. § 3 Abs. 2 AktG hat der BGH ferner in seinem Urteil vom 16. Februar

---

274 BGH, NZG 2012, 672 (673 f.); dazu *Decker*, GmbHR 2014, 72 (77); *Gärtner*, BB 2013, 2242 (2246); *Krause/Albien*, BB 2013, 2883 (2886).

275 BGH, NZG 2012, 672 (673).

276 BGH, NZG 2011, 549 (551); besprochen von *Fest*, NZG 2011, 540 ff.; näher dazu auch *Gärtner*, BB 2012, 1745 (1747).

277 *Gärtner*, BB 2012, 1745 (1747).

2009 (Az. II ZR 185/07) in Sachen *Kirch/Deutsche Bank* im Zusammenhang mit der Entsprechenserklärung gemäß § 161 AktG verschärft.[278] Vorstand und Aufsichtsrat einer börsennotierten Gesellschaft haben gemäß § 161 AktG jährlich zu erklären, dass den Empfehlungen des Deutschen Corporate Governance Kodex entsprochen wurde und wird oder welche Empfehlungen nicht angewendet wurden oder werden. Diesbezüglich hat der BGH folgende Konkretisierungen vorgenommen:

> „Die Erklärung ist gem. § 161 S. 2 AktG den Aktionären dauerhaft zugänglich zu machen und hat einerseits einen Vergangenheits-, andererseits einen Gegenwarts- und Zukunftsbezug (...), bzw. den Charakter einer „Dauererklärung", die jeweils binnen Jahresfrist zu erneuern und im Fall vorheriger Abweichung von den DCGK-Empfehlungen umgehend zu berichtigen ist (...)"[279]

Es reicht mithin nicht aus, die Grundlagen der Entsprechenserklärung einmal jährlich zu erheben; erforderlich ist vielmehr ein permanentes Überwachungs- und Berichtssystem, um gegebenenfalls der umgehenden Berichtigungspflicht genügen zu können.[280]

### *f) Eigenständige Risikoanalyse*

Die gestiegenen Anforderungen an Organmitglieder unterstreicht ferner eine Entscheidung des OLG Stuttgart in Sachen *„Porsche/Piëch"* zur erforderlichen eigenständigen Risikoanalyse der Aufsichtsratsmitglieder.[281] In seinem rechtskräftigen[282] Urteil hat das OLG Stuttgart angeführt, dass jedes Aufsichtsratsmitglied bei Geschäften, die wegen (i) ihres Umfangs, (ii) der mit ihnen verbundenen Risiken und/oder (iii) ihrer strategischen Funktion für die Gesellschaft bedeutsam sind, den relevanten Sachverhalt zu erfassen und sich ein eigenes Urteil zu bilden haben. Dies umfasse regelmäßig auch eine eigene Risikoanalyse:

> „Jedenfalls bei besonders bedeutsamen Geschäften, die zu einer Intensivierung der Überwachungspflicht führen, kann sich der Aufsichtsrat nicht auf die Entgegennahme der Informationen des Vorstands beschränken. Stattdessen hat er selbständig den relevanten Sachverhalt vollständig sowie richtig zu erfassen (...). Im Fall der Derivatgeschäfte der Beklagten auf V-Aktien war der Aufsichtsrat demnach u. a. verpflichtet,

---

278 BGH, NJW 2009, 2207 ff. [*Kirch/Deutsche Bank*].

279 BGH, NJW 2009, 2207 (2209).

280 So auch *Ehmann*, GWR 2009, 7; vgl. ferner *Drescher*, WM 2013, Heft 28 – Sonderbeilage 2, 1 (4).

281 OLG Stuttgart, AG 2012, 298 (300 f.) [*Porsche/Piëch*]; näher dazu *Gärtner*, BB 2013, 2242; *Knapp*, DStR 2013, 865 (870 f.); *Lorenz*, GWR 2012, 156.

282 S. BGH, NZG 2013, 339, der eine Nichtzulassungsbeschwerde gegen das Urteil des OLG Stuttgart zurückgewiesen hat.

nicht nur die Risikobeurteilung des Vorstands zur Kenntnis zu nehmen, sondern im Rahmen einer eigenständigen Risikoanalyse die Risiken dieser Geschäfte zu erfassen und zu beurteilen. Ohne eine solche selbständige Risikoabschätzung war eine ordnungsgemäße Überwachung der für die Gesellschaft besonders bedeutsamen und jedenfalls im Vergleich zum allgemeinen operativen Geschäft der Beklagten mit einem besonderen Risiko verbundenen Geschäfte nicht möglich."[283]

## *g) Compliance-Organisation*

Im juristischen Schrifttum sind in den vergangenen Jahren bereits zahlreiche Einzelpflichten und Anforderungen an eine ordnungsgemäße Compliance-Organisation herausgearbeitet worden.[284] Ferner hat das Institut der Wirtschaftsprüfer in Deutschland e.V. (IDW) einen eigenen Prüfungsstandard für Compliance-Management-Systeme veröffentlicht.[285]

Wegweisend im Hinblick auf die konkreten Anforderungen an die Organisationspflichten von Organmitgliedern und deren Compliance-Verantwortlichkeit ist indes das Urteil des Landgerichts München I vom 10. Dezember 2013 (Az. 5 HK 0 1387/10) in Sachen *Siemens/Neubürger.*[286] In seinem – im Schrifttum bereits vielbeachteten[287] – Urteil hat das Landgericht München I ausgeführt, dass ein Vorstandsmitglied nicht lediglich selbst dazu verpflichtet ist, gesetzliche Vorschriften sowie unternehmensinterne Regelungen und Richtlinien einzuhalten; vielmehr habe ein Vorstandsmitglied ebenso dafür zu sorgen, dass organisatorische Maßnahmen und Vorkehrungen getroffen werden, die Rechtsverstöße von

---

283 OLG Stuttgart, AG 2012, 298 (301).

284 Vgl. etwa *Bunting*, ZIP 2012, 1542 ff.; *Fuhrmann*, NZG 2016, 881 ff.; *Kort*, GmbHR 2013, 566 ff.; *ders.*, NZG 2008, 81 ff.; ausführlich auch *Nietsch*, ZHR 180 (2016), 733 ff.; *ders.*, ZGR 2015, 631 (658 ff.); speziell zur Kapitalmarkt-Compliance *Seibt/Cziupka*, AG 2015, 93 ff.

285 IDW PS 980 vom 11. März 2011, Grundsätze ordnungsgemäßer Prüfung von Compliance Management Systemen, WPg Supplement 2/2011, S. 78 ff.

286 LG München I, ZIP 2014, 570 [*Siemens/Neubürger*]. Gegen das betreffende Urteil hatte das frühere Vorstandsmitglied Heinz-Joachim Neubürger zunächst Revision vor dem OLG München eingelegt (Az. 7 U 113/14). In der Folge haben die Siemens AG und Heinz-Joachim Neubürger dann allerdings einen Vergleich ausgehandelt, dem die Hauptversammlung der Siemens AG am 27. Januar 2015 mit der erforderlichen Mehrheit zugestimmt hat; näher zu dem *Siemens/Neubürger*-Vergleich *Bayer/Scholz*, ZIP 2015, 149 ff.

287 Vgl. etwa die Urteilsbesprechungen von *Bachmann*, ZIP 2014, 579 (580) („Paukenschlag") und *Fleischer*, NZG 2014, 321 (328) („wichtiger Referenzpunkt"); s. zu dem bereits intensiv diskutierten Urteil auch *Meyer*, DB 2014, 1063 ff.; *Oppenheim*, DStR 2014, 1063 ff.; *Seibt/Cziupka*, DB 2014, 1598 ff.; *Simon/Merkelbach*, AG 2014, 318 ff.

Mitarbeitern nachgeordneter Unternehmensebenen möglichst verhindern sollen (Compliance-Verantwortung):

> „Im Rahmen seiner Legalitätspflicht hat ein Vorstandsmitglied dafür Sorge zu tragen, dass das Unternehmen so organisiert und beaufsichtigt wird, dass keine Gesetzesverstöße wie Schmiergeldzahlungen an Amtsträger eines ausländischen Staates oder an ausländische Privatpersonen erfolgen. Seiner Organisationspflicht genügt ein Vorstandsmitglied bei entsprechender Gefährdungslage nur dann, wenn es eine auf Schadensprävention und Risikokontrolle angelegte Compliance-Organisation einrichtet. Entscheidend für den Umfang im Einzelnen sind dabei Art, Größe und Organisation des Unternehmens, die zu beachtenden Vorschriften, die geografische Präsenz wie auch Verdachtsfälle aus der Vergangenheit."[288]

Darüber hinaus hat das LG München I in seinem Urteil klargestellt, dass die Einrichtung eines Compliance-Systems und auch die fortlaufende Überwachung der Wirksamkeit dieses Systems jeweils als Leitungsaufgabe gemäß § 76 Abs. 1 AktG zu erachten und mithin zwingend dem Gesamtvorstand zugewiesen ist:

> „Die Einhaltung des Legalitätsprinzips und demgemäß die Einrichtung eines funktionierenden Compliance-Systems gehört zur Gesamtverantwortung des Vorstands."[289]

Eine haftungsbefreiende Pflichtendelegation ist demnach im Zusammenhang mit der Compliance-Verantwortung nicht möglich. Auch wenn die primäre Compliance-Aufgabe zwecks organinterner Arbeitsteilung einem bestimmten Organmitglied zugewiesen ist, werden die übrigen Organmitglieder diesbezüglich nicht von jeder Verantwortung befreit; vielmehr müssen die übrigen Organmitglieder das primär mit der Compliance-Verantwortung betraute Organmitglied über die Ressortgrenzen hinaus fortlaufend überwachen.[290]

### *h) Grenzen für die zulässige Übernahme von Geldauflagen*

Auch das Urteil des BGH vom 8. Juli 2014 (Az. II ZR 174/13) lässt sich in die Reihe der Gerichtsentscheidungen einordnen, die jedenfalls *de facto* zu einer nachhaltigen Haftungsverschärfung für Organmitglieder führen. In der betreffenden Entscheidung hat der BGH ausgeführt, dass eine Gesellschaft nicht in jedem Fall allein auf der Grundlage eines Aufsichtsratsbeschlusses eine gegen ein Vorstandsmitglied verhängte Geldstrafe, Geldbuße oder Geldauflage übernehmen darf; sofern das Vorstandsmitglied durch seine Handlung, die Gegenstand eines Ermittlungs- oder Strafverfahrens ist, gleichzeitig seine Pflichten gegenüber der Gesellschaft verletzt

288 LG München I, ZIP 2014, 570 (Leitsatz 1 des Gerichts).
289 LG München I, ZIP 2014, 570 (Leitsatz 2 des Gerichts); zustimmend *Fleischer*, NZG 2014, 321, (323); *Meyer*, DB 2014, 1063 (1065).
290 *Bunting*, ZIP 2012, 1542 (1543); *Fleischer*, NZG 2014, 321 (323).

hat, muss vielmehr die Hauptversammlung der Übernahme der Geldsanktion ausdrücklich zustimmen:[291]

> „Der Aufsichtsrat kann, wenn eine Pflichtwidrigkeit gegenüber der Gesellschaft vorliegt, die Übernahme einer Strafsanktion auf die Gesellschaft nicht wirksam beschließen. Das ist entsprechend § 93 IV 3 AktG vielmehr Sache der Hauptversammlung. Bei der Beurteilung, ob eine Pflichtwidrigkeit vorliegt, steht dem Aufsichtsrat kein Handlungsermessen zu; maßgebend ist vielmehr die objektive Rechtslage.
>
> (...) Die Entscheidung über die Übernahme einer Geldstrafe, Geldauflage oder Geldbuße ist entsprechend der Regelung zum Verzicht in § 93 IV AktG der Hauptversammlung vorbehalten. Auf die Erstattung einer Strafsanktion durch die Gesellschaft sind die Grundsätze von § 93 AktG anzuwenden. § 93 AktG soll ausschließen, dass der Vorstand durch eine pflichtwidrige Handlung der Gesellschaft dauerhaft einen Nachteil zufügt. Wenn die Gesellschaft dem Vorstand eine strafrechtliche Sanktion ersetzt, die für eine Handlung verhängt wird, die gleichzeitig gegenüber der Gesellschaft pflichtwidrig ist, fügt sie sich einen Nachteil zu, den nach § 93 AktG eigentlich der Vorstand zu tragen hätte (...)“[292]

Zukünftig können also laufende strafrechtliche Ermittlungsverfahren nicht mehr durch die Übernahme von Geldauflagen für ein Organmitglied schnell und möglichst geräuschlos beendet werden, auch wenn dies insbesondere zur Vermeidung von Imageschäden oftmals im Interesse einer Gesellschaft läge.[293]

### *i) Außenhaftung*

Die Schärfe der haftungsrechtlichen Konsequenzen der Organaußenhaftung hat der sechste Zivilsenat des BGH bereits im Dezember 1989 in seinem „Baustoff“-Urteil verdeutlicht: Ein Geschäftsleiter haftet danach persönlich für etwaige Eigentumsverletzungen, die aus dem Unternehmen heraus begangen worden sind, sofern der Geschäftsleiter die betreffende Tat durch eine ordentliche Unternehmensorganisation hätte verhindern können.[294]

In jüngerer Zeit hat nicht zuletzt die auf eine schadensersatzpflichtige Verletzung des Bankgeheimnis erkennende Entscheidung des BGH im Fall *Kirch* gegen die *Deutsche Bank* und *Breuer* hat die Tendenz der höchstrichterlichen Rechtsprechung

---

291 BGH, NZG 2014, 1058 ff.; näher dazu *Schmidt-Bendun*, DB 2014, 2756 ff.; vgl. auch *Mense/Klie*, GWR 2014, 389; *Leuering/Rubner*, NJW-Spezial 2014, 559; aus strafrechtlicher Perspektive *Talaska*, AG 2015, 118 ff.

292 BGH, NZG 2014, 1058 (1059).

293 *Schmidt-Bendun*, DB 2014, 2756 (2758).

294 BGHZ 109, 297 [*Baustoff*]; inzident bestätigt durch BGH, NJW 1996, 1535 (1537) [Lamborghini]; kritisch *Bachmann*, Gutachten zum 70. DJT, S. E 118 („Schreckgespenst der Organaußenhaftung“; „Fanal exzessiver Organhaftung“) m.w.N.

zu gestiegenen Verhaltensanforderungen an Manager erkennen lassen.[295] Der elfte Zivilsenat des BGH hat geurteilt, dass der ehemalige Vorstandssprecher der Deutschen Bank AG für den Schaden aufgrund seines kreditgefährdenden Interviews zugleich persönlich aus § 823 Abs. 1 BGB hafte, da er in den eingerichteten und ausgeübten Gewerbebetrieb der Kirch-Gruppe eingegriffen habe.[296]

Trotz der Fokussierung der vorliegenden Arbeit auf den Bereich der Innenhaftung von Organmitgliedern werden zur Verdeutlichung der zunehmenden Verschärfung der Organhaftung nachfolgend ergänzend noch zwei weitere haftungsrelevante Aspekte der Außenhaftung kurz skizziert.

### *aa) Fehlerhafte Kapitalmarktinformation*

Im Bereich der Außenhaftung sind in Bezug auf Organmitglieder börsennotierter Gesellschaften eine Reihe höchstrichterlicher Entscheidungen ergangen, die nicht zuletzt in Zeiten einer veränderten Unternehmensfinanzierung und der Fortentwicklung des Kapitalmarktrechts erhöhte Haftungsgefahren für fehlerhafte Kapitalmarktinformationen statuiert haben: So hat der BGH insbesondere in seinen wegweisenden Judikaten in Sachen *Haffa/EM-TV*,[297] *Infomatec*[298] und auch *ComROAD*[299] eine auf § 826 BGB gestützte Außenhaftung wegen unterlassener oder fehlerhafter Ad-hoc-Mitteilungen im Sinne von § 15 WpHG a.F.[300] anerkannt.[301]

### *bb) Existenzvernichtungshaftung*

Der BGH hat nicht lediglich mit Blick auf fehlerhafte Kapitalmarktinformationen eine deliktische Haftung auf der Grundlage des § 826 BGB anerkannt. In seiner Leitentscheidung *Trihotel* hat der BGH vielmehr auch die Existenzvernichtungshaftung

295 BGHZ 166, 84 [Kirch / Deutsche Bank und Breuer].

296 BGHZ 166, 84; ablehnend *Bachmann*, Gutachten zum 70. DJT, S. E 117; *Hellgardt*, WM 2006, 1514 (1522); *Paefgen*, in: Ulmer/Habersack/Löbbe, § 43 GmbHG Rn. 166.

297 BGH, NJW 2005, 2450 [*EM.TV*], vgl. aus strafrechtlicher Sicht auch BGHSt 49, 381 [*Haffa/EM.TV*].

298 BGHZ 160, 134 [*Infomatec I*]; BGHZ 160, 149 [*Infomatec I*].

299 Vgl. etwa BGH, NZG 2008, 382 [*ComROAD VI*]; BGH, NZG 2007, 269 [*ComROAD III*].

300 Seit Wirksamwerden der Bestimmungen der EU-Marktmissbrauchsverordnung (VO Nr. 596/2014 des Europäischen Parlaments und des Rates vom 16. April 2014) am 3. Juli 2016 ist die Pflicht zur Veröffentlichung von Ad-hoc-Mitteilungen in Art. 17 der EU-Marktmissbrauchsverordnung geregelt; näher dazu etwa *Rubner/Pospiech*, GWR 2016, 228.

301 Allg. zur Haftung für fehlerhafte Kapitalmarktinformationen anstatt vieler *Hopt*, WM 2013, 101 ff.; speziell zur neueren Rechtssprechung *Buck-Heeb*, NZG 2016, 1125 ff.; s. ferner die Grundsatzentscheidung des BGH, NZG 2012, 263 ff. [*IKB*]; näher dazu *v. Bernuth/Wagner/Kremer*, WM 2012, 831 ff. Vgl. in diesem Zusammenhang auch das grundlegende Urteil des EuGH, ZIP 2012, 1282 ff. [*Geltl/Daimler*], besprochen von *Klöhn*, ZIP 2012, 1885 ff.

der Gesellschafter auf die deliktsrechtliche Generalklausel des § 826 BGB gestützt.[302] Unmittelbar betrifft der Haftungstatbestand der Existenzvernichtung zwar nur die Gesellschafter; den Geschäftsleitern droht insoweit indes eine haftungsrechtliche Inanspruchnahme als Teilnehmer einer vorsätzlich sittenwidrigen Schädigung der Gesellschafter im Sinne von § 830 BGB.[303]

Somit hat die *Trihotel*-Entscheidung des BGH – jedenfalls mittelbar – auch gestiegene Haftungsgefahren für die Organmitglieder von Kapitalgesellschaften nach sich gezogen.[304]

---

302 BGHZ 173, 246.

303 Ausführlich *S.H. Schneider*, in: FS U.H. Schneider, 2011, S. 1177 ff.; vgl. auch *Fleischer*, NJW 2009, 2337 (2341).

304 Allerdings hat der BGH in seiner Entscheidung vom 11. September 2012 (Az.: VI ZR 92/11) klargestellt, dass eine deliktische Außenhaftung eines Organmitglieds als Mittäter oder Gehilfe die positive Kenntnis von der Haupttat voraussetzt, vgl. BGH, NZG 2012, 1303 ff.; näher dazu *Gärtner*, BB 2012, 2973; *Leuering/Rubner*, NJW-Spezial 2013, 47.

# § 3 Besonderheiten des Haftungsumfelds für Organmitglieder

Neben der fortwährenden Haftungsverschärfung durch den Gesetzgeber und die höchstrichterliche Rechtsprechung ist eine Reihe von tatsächlichen Faktoren und Gegebenheiten erkennbar, die einen nachhaltigen Einfluss auf die Haftungsgefahren der Organmitglieder ausüben und die im Hinblick auf eine fundierte Auseinandersetzung mit den Rechtsfolgen der Organhaftung und den in diesem Zusammenhang zu treffenden Wertentscheidungen nicht gänzlich unberücksichtigt bleiben können.

Es gilt daher nachfolgend neben den besonderen Charakteristika unternehmerischer Entscheidungen und der Schadenshöhe in Organhaftungsfällen insbesondere das Phänomen des kognitiven Rückschaufehlers in den Blick zu nehmen. Nicht unerwähnt bleiben soll in diesem Zusammenhang ferner der Stellenwert der öffentlichen Meinung mit der bisweilen erkennbaren Tendenz der opportunistischen Meinungsbildung. Anzuführen sind schließlich die Gefahren einer übersteigerten Risikoaversion der Geschäftsleiter.

## I. Charakteristika unternehmerischer Entscheidungen

Die unternehmerischen Entscheidungen der Geschäftsleiter stellen oftmals Risikoentscheidungen dar, die unter erhöhter Eilbedürftigkeit zu treffen sind.[305] In Rahmen der operativen Entscheidungen sehen sich Geschäftsleiter nicht selten mit der Lösung von Problemen während des laufenden Tagesgeschäfts konfrontiert, die weder vorhersehbar waren noch aufgrund ihres Konfliktgehalts an Funktionsträger auf nachgelagerten Führungsebenen delegiert werden können.[306] Trotz Einholung von Informationen und einer entsprechenden Vorbereitung der konkreten Entscheidungsfindung kann unternehmerischen Entscheidungen ihr immanenter Prognosecharakter grundsätzlich nicht genommen werden. Informationsdefizite, aber auch die kognitiven Grenzen der Erkenntnismöglichkeiten führen dazu, dass sich nicht alle Entscheidungsfaktoren parallel erfassen lassen.[307] Es verbleibt in der Regel ein Entscheidungsfeld, das mehrere Handlungsalternativen mit jeweils verschiedenen Ertragspotentialen, Risiken und Wahrscheinlichkeiten beinhaltet.[308]

---

305 Treffend *Easterbrook/Fischel*, The Economic Structure of Corporate Law, 1991, S. 99 ("Often managers must act now and learn later; delay for more study may be the worst decision."); das Risikoelement und den Zeitdruck unternehmerischer Entscheidungen betonen u. a. auch *Fleischer*, ZGR 2001, 1 (24); *Krause*, BB 2009, 1370; *Loritz/Wagner*, DStR 2012, 2189 (2192); *Poelzig*, WM 2008, 1009 (1014).

306 *Lohse*, Unternehmerisches Ermessen, 2005, S. 92.

307 *Knappke*, Effizienz der Vorstandshaftung, 2008, S. 15 f.

308 *Fleischer*, in: FS Wiedemann, 2002, S. 827 (831).

## II. Schadenshöhe

Die Unternehmenspraxis der Geschäftsleiter ist darüber hinaus oftmals dadurch gekennzeichnet, dass diese im täglichen Umgang mit hohen Vermögenswerten befasst sind und sich dementsprechend schnell substanzielle Haftungsvolumina bilden können.[309] Werden Schadensersatzansprüche gegen Organmitglieder geltend gemacht, stehen daher regelmäßig Haftungssummen im Raum, welche die Einkünfte und das Privatvermögen der in Anspruch genommenen Unternehmensleiter um ein Vielfaches übersteigen.[310] Eine Verurteilung zur Schadensersatzleistung kann für den betroffenen Manager dessen finanziellen Ruin bedeuten;[311] zumal angesichts der drohenden Schadenshöhe und der grundlegenden Haftungsverschärfung in der Versicherungsbranche bereits erste Stimmen zu vernehmen sind, die mit Blick auf die Organhaftung inzwischen sogar von einem nicht (mehr) versicherbaren Risiko ausgehen.[312]

Mittlerweile werden zwar in den allermeisten börsennotierten Gesellschaften und auch in vielen nicht-börsennotierten Kapitalgesellschaften sog. D&O-Versicherungen für die Organmitglieder abgeschlossen, ein erhebliches Haftungsrisiko verbleibt dennoch für die betreffenden Organmitglieder: Angesichts der im Grundsatz summenmäßig unbegrenzten Organhaftung können hohe Schadenssummen die Deckungssumme der D&O-Versicherung eines Organmitglieds durchaus übersteigen.[313] Zudem werden bestimmte Haftungsfälle von der D&O-Versicherung nicht

---

309 *Hemeling*, ZHR 175 (2011), 368 (383); vgl. auch *Haarmann/Weiß*, BB 2014, 2115; *Hoffmann*, NJW 2012, 1393; *Kiefner/Langen*, NJW 2011, 192 (195); *Merkt*, ZGR 2016, 201 (214).

310 *Lutter*, ZIP 2009, 197; *ders.*, ZIP 2007, 841; *Raiser/Veil*, Recht der Kapitalgesellschaften, § 14 Rn. 101 („astronomische Summen“); exemplarisch etwa der Fall *Kirch/Deutsche Bank und Breuer*, in dem die Kirch-Erben das Bankinstitut auf EUR 3,5 Mrd. in Anspruch genommen hatten und nach einem im Februar 2014 abgeschlossenen Vergleich EUR 927 Mio. (inkl. Zinsen) erhalten werden. In diesem Zusammenhang anführen lassen sich ferner die Schadenssumme in Höhe EUR 2,5 Mrd. in der Korruptionsaffäre bei Siemens oder auch die Schäden von jeweils mehr als EUR 10 Mrd. aufgrund riskanter Finanzgeschäfte bei der IKB sowie der HypoRealEstate; der BayernLB ist aus dem Verkauf der Bank Hypo Alpe Adria ein Schaden von EUR 3,7 Mrd. entstanden; MAN verlangt in seiner Korruptionsaffäre EUR 237 Mio. von den früheren Vorständen; die BayernLB und die SachsenLB fordern EUR 200 Mio. bzw. EUR 60 Mio. von ihren vormaligen Geschäftsleitern.

311 *Fleischer*, ZIP 2014, 1305; *Grunewald*, AG 2013, 813; *Koch*, NZG 2014, 934 (941); *Seibt/Cziupka*, DB 2014, 1598 (1600).

312 *Fromm*, in: Süddeutsche Zeitung vom 20. Mai 2009, S. 29; plakativ insoweit *Bayer*, in: FS K. Schmidt, 2009, S. 87, der die Gefahr einer „wirtschaftliche Todesstrafe“ sieht.

313 *Bayer/Scholz*, NZG 2014, 926 (927); *Faßbender*, NZG 2015, 501 (507); *Fleischer*, ZIP 2014, 1305; *Haarmann/Weiß*, BB 2014, 2115; *Koch*, AG 2014, 513 (520).

abgedeckt.[314] Darüber hinaus ist eine Tendenz erkennbar, dass der Versicherungsschutz es bedingt bzw. einen Anreiz dafür schafft, die Organmitglieder in Anspruch zu nehmen – im Schrifttum plakativ mit dem Schlagwort „Deckung erzeugt Haftung" beschrieben.[315]

Durch die technische Entwicklung, die Werterhöhung der sachlichen Betriebsmittel und nicht zuletzt die Globalisierung steigt auch das Haftungsrisiko der Organmitglieder mit ggf. ruinösen Haftungsfolgen stetig an. Dem Unternehmenskontext, in dem die Organmitglieder agieren, kommt regelmäßig eine „schadensmultiplizierende Wirkung" zu.[316]

## III. Phänomen der *„hindsight bias"*

Ob Organmitglieder pflichtwidrig gehandelt haben, ist stets aus der *ex ante*-Perspektive zu beurteilen. Daran lassen im Grundsatz weder die Rechtsprechung[317] noch die Rechtslehre[318] Zweifel aufkommen. Empirische Studien der psychologischen Verhaltensforschung belegen jedoch, dass die Kenntnis des späteren Geschehensablaufs den *ex post*-Betrachter dazu verleitet, die Wahrscheinlichkeit eines eingetretenen Schadens höher einzuschätzen als sie sich aus der allein maßgeblichen *ex ante*-Perspektive tatsächlich dargestellt hat.[319] Im Bereich der Organhaftung besteht mithin die latente Gefahr, dass sich die zuständigen Richter in Bezug auf die in Frage stehende Geschäftsleiterentscheidung maßgeblich von einer erst *ex post* gewonnenen Erkenntnis – namentlich dem konkreten Schadenseintritt in bedeutender

314 Ausführlich dazu *Wagner*, ZHR 178 (2014), 227, (235 f.); s. auch *Ihrig/Schäfer*, Rechte und Pflichten des Vorstands, § 18 Rn. 1535; *Schnorbus/Ganzer*, WM 2015, 1832 (1837).

315 *Bachmann*, Gutachten zum 70. DJT, S. E 19 f.; ebenso *Ruchatz*, AG 2015, 1; *Freund*, GmbHR 2015, 1419; *Fehrenbach*, AG 2015, 761 (764); *Reuter*, ZIP 2016, 597 (598); näher zum Handlungsbedarf bei der D&O-Versicherung auch *v. Schenck*, NZG 2015, 494 ff.

316 *Koch*, AG 2012, 429 (431).

317 BGH, NZG 2008, 389 (390); BGHZ 126, 181 (193); 75, 96 (113).

318 *Koch*, in: Hüffer, § 93 AktG Rn. 21; *Krieger/Sailer-Coceani*, in: K. Schmidt/Lutter, § 93 AktG Rn. 6; *Paefgen*, Unternehmerische Entscheidungen und Rechtsbindung der Organe in der AG, 2002, S. 139 f. m.w.N.

319 Instruktiv *Fischhoff*, 1 J. Experimental Psychol.: Human Perception & Performance (1975), 288 ff.; grundlegend ferner *Hawkins/Hastie*, 107 Psychol. Bull. (1990), 311 ff.; vgl. auch *Fleischer*, in: FS Wiedemann, 2002, S. 827 (830 ff.); *Fleischer/Schmolke/Zimmer*, in: Fleischer/Zimmer, Beitrag der Verhaltensökonomie (Behavioral Economics) zum Handels- und Wirtschaftsrecht, 2011, S. 9 (58); *Schäfer/Ott*, Lehrbuch der ökonomischen Analyse des Zivilrechts, 2005, S. 67 f.; ausführlich zum Phänomen der *„hindsight bias"* bei der Vorstandshaftung jüngst *Ott/Klein*, AG 2017, 209 ff.

Höhe – beeinflussen lassen.[320] Die Gefahren derartiger Rückschaufehler, im angloamerikanischen Rechtskreis auch als *hindsight bias* bezeichnet, resultieren im Bereich der Organhaftung nicht zuletzt auch aus der Tatsache, dass die Vielzahl der komplexen Handlungsalternativen eines Geschäftsleiters von einem nicht unternehmerisch tätigen Richter bisweilen nur schwer rekonstruiert werden können.[321] Vor diesem Hintergrund besteht die nicht zu unterschätzende Gefahr, dass sich die verschuldensabhängige Organhaftung immer mehr zu einer (faktischen) Erfolgshaftung entwickelt.[322]

## IV. Öffentliche Meinung

Neben dem kognitiven Rückschaufehler stellt die mögliche Beeinflussung durch die öffentliche Meinung eine nicht zu unterschätzende Gefahr der unabhängigen Entscheidungsfindung in Organhaftungsprozessen dar. Im modernen Kommunikationszeitalter führen nicht zuletzt das Internet und auch die „sozialen Medien" dazu, dass wahre und auch vermeintliche Skandale schnell in den Blickpunkt der Öffentlichkeit rücken.[323] In Zeiten, die nachhaltig von der Finanz- und Wirtschaftskrise 2008/2009 geprägt sind, wird der Ruf der Öffentlichkeit nach einer verschärften persönlichen Haftung von Managern lauter.[324]

Ohne den Unterschied zwischen dem Überbringer einer schlechten Nachricht und der Nachricht selbst zu verkennen, ist zu konstatieren, dass Teile der Medien unreflektiert an der öffentlichen Verurteilung von Managern teilnehmen und die

---

320 *Engert*, Die Haftung für drittschädigende Kreditgefährdung, 2005, S. 132; *Fleischer*, NZG 2008, 371 (372); *Ihrig*, WM 2004, 2098 (2099); *Koch*, ZGR 2006, 769 (782); *Poelzig*, WM 2008, 1009 (1013); *Schäfer*, ZIP 2005, 1253 (1256); *Schäfer/Ott*, Lehrbuch der ökonomischen Analyse des Zivilrechts, 2005, S. 67 f.; in jüngerer Zeit auch *Blasche*, WM 2011, 343 (345); *Eidenmüller*, JZ 2011, 814 (816); v. Falkenhausen, NZG 2012, 644 (649); *Freitag/Korch*, ZIP 2012, 2281 (2284); *Freund*, GmbHR 2011, 238 (242); *Herrmann/Olufs/Barth*, BB 2012, 1935 (1936); *Rieder/Holzmann*, AG 2011, 265 (266); *Ott/Klein*, AG 2017, 209 (213).

321 Zutreffend *Koch*, ZGR 2006, 769 (782); plastisch auch *Grass*, ZSW 2000, 1 (2) („Richter sind keine Manager") und *Engert*, Die Haftung für drittschädigende Kreditgefährdung, 2005, S. 132 („Gefahr nachträglicher Besserwisserei durch die Rechtsprechung"). *Scholz*, AG 2015, 222 (224), weist ferner zu Recht darauf hin, dass es in der *ex ante*-Betrachtung die eine „richtige" unternehmerische Entscheidung regelmäßig gar nicht gibt.

322 *Fleischer/Schmolke/Zimmer*, in: Fleischer/Zimmer, Beitrag der Verhaltensökonomie (Behavioral Economics) zum Handels- und Wirtschaftsrecht, 2011, S. 9 (58); vgl. auch *Hemeling*, ZHR 178 (2014), 221 (223); *Seibt*, NZG 2015, 1097; *ders./Cziupka*, DB 2014, 1598.

323 *Bachmann*, Gutachten zum 70. DJT, S. E 19; vgl. auch *Hauger/Palzer*, ZGR 2015, 33 (35 f.).

324 *Froesch*, DB 2009, 722; *Goette*, DStR 2009, 51 (56); *Bachmann*, Gutachten zum 70. DJT, S. E 19.

öffentliche Meinung durch eine pauschale, mitunter präjudizierende Berichterstattung und Managerschelte flankieren. Auch versuchen bisweilen spezialisierte Anlegeranwälte durch eine Vielzahl von Presseerklärungen eine Drohkulisse aufzubauen, indem sie eine Stimmung der Empörung und Entrüstung erzeugen; treffend weist *Jahn* insoweit darauf hin, dass „Zuspitzung, Dramatisierung und Übertreibung, Versimpelung, Personalisierung sowie Skandalisierung bis hin zur Schürung von Hysterie" in diesem Zusammenhang leider gang und gäbe sind.[325]

Nicht nur die öffentliche Meinung im Allgemeinen, sondern auch die rechtliche Meinungsbildung im Besonderen lassen bei der Risikobewertung und bei Haftungsfragen eine gewisse opportunistische Anfälligkeit erkennen.[326] Prominente *bad cases* erweisen sich insofern als fruchtbarer Nährboden für die Tendenz zu einer opportunistischen Meinungsbildung.[327] Auch wenn die sachliche und persönliche Unabhängigkeit der Richter in Deutschland verfassungsmäßig durch Art. 97 Abs. 1 GG garantiert ist, erscheint es zu optimistisch, davon auszugehen, dass die Urteilsfinder von den „Einflüsterungen ihres Umfeldes" und speziell der Medien gänzlich unbeeinflusst bleiben.[328] Realistischer dürfte die sprachliche Modifizierung der Aussage des Art. 97 Abs. 1 GG durch *Rüthers* sein, wonach die „Richter unabhängig, nur dem Gesetz und dem Zeitgeist unterworfen [sind]."[329]

Die bereits angeführten prominenten *bad cases* und deren Wahrnehmung in der öffentlichen Meinung bilden darüber hinaus oftmals Anlass und Grundlage für politische Agenden und gesetzgeberische Aktivitäten zum Thema Organhaftung. Die insoweit unter dem Einfluss bestimmter Einzelfälle angestellten Überlegungen, Änderungen an den Stellschrauben des haftungsrechtlichen Regelungsregimes vorzunehmen, hätten indes nicht lediglich Konsequenzen für die konkret in den Blick genommenen Manager; vielmehr ergäben sich trotz der rechtstatsächlichen Vielgestaltigkeit der Kapitalgesellschaften in Deutschland und der daraus resultierenden mannigfaltigen Erscheinungsformen der Leitungsorgane[330] (i) unmittelbare Auswirkungen für sämtliche Organmitglieder von derzeit rund 1.158.600 im

325 *Jahn*, in: Krieger/U.H. Schneider, Hdb. Managerhaftung, § 38 Rn. 4.

326 *Hemeling*, ZHR 175 (2011), 368 (382).

327 *Hemeling*, ZHR 175 (2011), 368 (382); vgl. auch *Bachmann*, Gutachten zum 70. DJT, S. E 12 mit dem treffenden Hinweis, dass für die rechtspolitische Würdigung viel weniger der Skandalfall, sondern mehr der haftungsrechtliche „Normalfall" von Bedeutung sei.

328 *Jahn*, in: Krieger/U.H. Schneider, Hdb. Managerhaftung, § 38 Rn. 9.

329 *Rüthers*, Die Wende-Experten, 1995, S. 188.

330 Organmitglied sind gleichermaßen der Einmann-Gesellschafter-Geschäftsführer einer GmbH, der weisungsabhängige Fremdgeschäftsführer einer kleinen GmbH, der Vorstandsvorsitzende einer großen Publikums-AG, aber auch das Vorstandsmitglied einer der Leitungsmacht eines herrschenden Unternehmens unterworfenen Tochtergesellschaft. Dies herausstellend bereits *G. Hueck*, in: FS Hilger/Stumpf, 1983, S. 365 (379); s. auch *Fleck*, in: FS Hilger/Stumpf, 1983, S. 197 (208 f.); *Wank*, in: FS Wiedemann, 2002, S. 587 (589 f.).

Handelsregister eingetragener GmbHs und von rund 15.600 AGs in Deutschland[331] sowie (ii) tiefgreifende Eingriffe in die über Jahrzehnte gewachsenen Strukturen des deutschen Kapitalgesellschaftsrechts.[332] Zumal viele Geschäftsführer kleiner und mittlerer GmbHs im Gegensatz zu den Vorstandsmitgliedern einer AG oftmals nicht auf die kostenintensive sachverständige Beratung und Unterstützung zugreifen können, die an sich für die Abwendung haftungsrechtlicher Sorgfaltspflichtverstöße nach Maßgabe der verschärften Gesetzgebung und (höchstrichterlichen) Rechtsprechung erforderlich wären.[333]

In diesem Zusammenhang weist *Krieger* unter dem Schlagwort „*bad cases make bad law*“ zutreffend auf die latente Gefahr hin, dass allgemeine Rechtsgrundsätze, die an Hand eines konkreten Einzelfalles entwickelt werden, als generelle Regelungen oftmals über das Ziel hinausschießen.[334]

## V. Gefahren einer übersteigerten Risikoaversion der Geschäftsleiter

Ein Geschäftsleiter, der keine Inanspruchnahme fürchten muss, lebt gefahrloser und wirtschaftet daher unter Umständen nachlässiger als ein Unternehmenslenker, der sich einer drohenden Haftung ausgesetzt sieht.[335] Den Organhaftungsregelungen kommt dementsprechend ein gesteigertes Maß an präventiver Wirkung zu.[336] Dieser Steuerungsfunktion bedarf es umso mehr, da die Geschäftsleiter von Kapitalgesellschaften aufgrund der Möglichkeit der Fremdorganschaft regelmäßig wie Treuhänder nicht mit eigenen Mitteln wirtschaften, sondern über fremde Vermögenswerte bestimmen. Organmitglieder, die nicht oder zumindest nicht bestimmend an der

331 Näher zu den aktuellen Zahlen (und den Schwierigkeiten der exakten Ermittlung) *Kornblum*, GmbHR 2016, 691 ff.; kritisch gegenüber legislatorischen Maßnahmen zur Verschärfung der Organhaftung auch *Kindler*, NJW 2010, 2465 (2466).

332 Vgl. *Goette*, DStR 2009, 51 (56); s. auch *Koch*, in: Liber Amicorum M. Winter, 2011, S. 327 (341), der sich angesichts der rechtstatsächlichen Vielgestaltigkeit der Kapitalgesellschaften in Deutschland explizit dagegen ausspricht, „sämtliche ihrer Erscheinungsformen über einen Kamm zu scheren“; zu diesem Gedanken auch *M. Roth*, NZG 2012, 881 (884) in Bezug auf Regelungen des DCGK („One size fits all?“).

333 *Bayer*, GmbHR 2014, 897.

334 *Krieger*, ZGR 2012, 496 (503).

335 Vgl. zu diesem Gedanken *Eidenmüller*, Unternehmenssanierung zwischen Markt und Gesetz, 1999, S. 29; *Schäfer/Ott*, Lehrbuch der Ökonomischen Analyse des Zivilrechts, 2005, S. 378.

336 *Fleischer*, in: Fleischer, Hdb. Vorstandsrecht, § 11 Rn. 4; *Hopt/Roth*, in: Großkomm-AktG, § 93 Rn. 28; *Läser*, Mehrheit von Ersatzpflichtigen in der aktienrechtlichen Verantwortlichkeit, 2010, S. 8; *U.H. Schneider*, in: Scholz, § 43 GmbHG Rn. 15.

Gesellschaft beteiligt sind, befinden sich insoweit in einem sog. *Principal-Agent-*Konflikt, da sie mit *„other people's money"* wirtschaften.[337]

Allerdings stellt die Haftung keinen Selbstzweck dar; sie bewegt sich vielmehr in einem fortwährenden Spannungsverhältnis:[338] Trotz der bedeutsamen Steuerungsfunktion der Organhaftung darf der unerlässliche unternehmerische Gestaltungsspielraum und die wirtschaftliche Bewegungsfreiheit durch die Handhabung der Haftungsvorschriften nicht über Gebühr beschränkt werden.[339] Sofern Geschäftsleiter die drohende Haftung als unkalkulierbar und ggf. existenzbedrohend empfinden, neigen sie entweder zu mangelnder Risikobereitschaft bis hin zu ‚unternehmerischer Mutlosigkeit" oder aber zu übertriebener Absicherung.[340] Ohne die Übernahme unternehmerischen Risikos kann es indes langfristig gesehen keinen Unternehmenserfolg geben;[341] unternehmerische Chancen und Risiken stehen in einem unabdingbaren Abhängigkeitsverhältnis.[342] Sofern die Geschäftsleiter insbesondere in einem kompetitiven Geschäftsumfeld keine Risiken eingehen lassen sich langfristig weder Gewinne erwirtschaften noch Marktanteile sichern.[343]

Auch aus volkswirtschaftlicher Sicht wäre es kontraproduktiv, wenn es der geschädigten Gesellschaft möglich wäre, ihre Belange nach Belieben auf Kosten des Organmitglieds als Schädiger durchzusetzen.[344] Erhöhte Haftungsgefahren für die

---

337 *Koch*, AG 2012, 429 (434); *Spindler*, AG 2013, 889 (903); anschaulich zu dieser Konfliktsituation *Armour/Hansmann/Kraakman*, in: Kraakman/Armour/Davies/Enriques/u. a., The Anatomy of Corporate Law, 2009, S. 35 ff.

338 *Lutter*, in: Krieger/U.H. Schneider, Hdb. Managerhaftung, § 1 Rn. 1.

339 *Goette*, in: FS 50 Jahre BGH, 2000, S. 123 (124); *Röhricht*, in: FS 50 Jahre BGH, 2000, S. 83 (116); treffend auch *Druey*, in: FS Zöllner, 1998, S. 129 (141), der die Grundfrage, ob Leitung überhaupt zu verantworten sei, unter der Bedingung bejaht, dass die Amtsträger unter der Bedingung „atmen können"; ähnlich *Rieder/Holzmann*, AG 2011, 265 (266); *Freitag/Korch*, GmbHR 2013, 1184 (1185).

340 *Koch*, AG 2014, 513 (522); *J. Vetter*, in: FS Hoffmann-Becking, 2013, S. 1317 (1326); s. auch *Bayer/Scholz*, NZG 2014, 926 (927); *Brommer*, AG 2013, 121 (123); *Ciota*, Die deliktische Außenhaftung des Vorstands einer Aktiengesellschafts, 2008, S. 44; *Schäfer/Ott*, Lehrbuch der Ökonomischen Analyse des Zivilrechts, 2005, S. 661.

341 *Witt*, in: Hommelhoff/Hopt/v. Werder, Hdb. Corporate Governance, S. 303 (317); ähnlich *Freund*, GmbHR 2011, 238 (242); *Helmrich*, NZG 2011, 1252; *Reichert*, in: FS Hoffmann-Becking, 2013, S. 943 (956); *Spindler*, AG 2013, 889 (890).

342 Anschaulich *Drukarczyk*, Finanzierung, 2008, S. 157 ff.; vgl. auch *Faßbender*, NZG 2015, 501 (504); *Steffek*, JuS 2010, 295 (296); *Twele*, Die Haftung des Vorstands für Kartellverstöße, 2013, S. 182.

343 *Harbarth*, in: FS Hommelhoff, 2012, S. 323 (324) m.w.N.; zustimmend *Reichert*, in: FS Hoffmann-Becking, 2013, S. 943 (956).

344 *Easterbrook/Fischel*, The Economic Structure of Corporate Law, 1991 S. 100 ("Damages hurt risk-averse managers more than they help risk-neutral investors."); ähnlich *Kötz/Wagner*, Deliktsrecht, Rn. 658; *Poelzig*, WM 2008, 1009 (1013); vgl. auch *v. Falkenhausen*, NZG 2012, 644 (646) unter Hinweis auf Beispiele aus der Ökonomie des Rechts, die zeigen, dass das statistisch zu erwartende Gesamtergebnis

Manager können ferner dazu führen, dass die Innovations- und die Investitionsfreudigkeit eines Unternehmens nachhaltig gebremst werden und der Dynamik des Marktgeschehens mithin nicht Rechnung getragen werden kann.[345]

Schließlich droht durch eine übersteigerte Abschreckungswirkung ggf. auch eine negative Auslese der Personen, die sich für Geschäftsleiterpositionen zur Verfügung stellen.[346]

---

bei Abwägung von Größe und Wahrscheinlichkeit der Chancen und Risiken erheblich besser werden kann, wenn die Geschäftsleiter größere Risiken eingehen.

345 *Easterbrook/Fischel*, 52 U. Chi. L. Rev. (1985) 611, (642); *Hirte*, Kapitalgesellschaftsrecht, Rn. 1.33; *Wagner*, ZHR 178 (2014), 227 (256 ff.); vgl. auch *Spindler*, AG 2013, 889 (890).

346 Vgl. zu diesem Gedanken *Engert*, ZHR 170 (2006), 296 (331); *Ihrig*, WM 2004, 2098 (2099); *Peltzer*, in: FS Hadding, 2004, S. 593 (598); in jüngerer Zeit auch *Casper*, ZHR 176 (2012), 617 (627).

# 2. Teil: Die Schadensermittlung im Organhaftungsrecht

GmbH-Geschäftsführer sowie Vorstands- und/oder Aufsichtsratsmitglieder einer AG, die einen organhaftungsrechtlichen Tatbestand erfüllt haben, sind der betreffenden Gesellschaft gegenüber zur Leistung von Schadensersatz nach Maßgabe der §§ 249 ff. BGB verpflichtet. Vor diesem Hintergrund kommt auch in den Rechtsfolgenüberlegungen zum Organhaftungsrecht der Ermittlung des konkreten Schadens und der Bezifferung der Schadenshöhe eine entscheidende Bedeutung zu. Dies gilt nicht zuletzt angesichts der zu erwartenden Verteidigungsansätze eines in Anspruch genommenen Organmitglieds, dass (i) ein Schaden gar nicht entstanden sei, (ii) ein etwaiger Schaden auch bei pflichtgemäßem Alternativverhalten entstanden wäre und/oder (iii) der Gesellschaft durch die Pflichtverletzung zugleich Vorteile zugeflossen seien, die nicht unberücksichtigt bleiben dürften.[347] Nach einer Darstellung der Grundlagen der Schadensberechnung (§ 4), werden daher im Folgenden auch ein rechtmäßiges Alternativverhalten der Organmitglieder (§ 5) sowie eine etwaige Vorteilsausgleichung (§ 6) als schadensmindernde Faktoren diskutiert. Abgerundet werden die Ausführungen zur Schadensermittlung im Organhaftungsrecht durch eine inhaltliche Auseinandersetzung mit möglichen – aus Sicht der Gesellschaft – anspruchsverkürzenden Faktoren: Neben einem potenziellen Mitverschulden und gesetzlichen Haftungsbeschränkungen (§ 7) wird insoweit auf Regressbeschränkungen einzugehen sein, denen eine Gesellschaft bei der Geltendmachung von Organhaftungsansprüchen unterliegen kann (§ 8).

---

347 Ausführlich zu diesen Einwänden *Fleischer*, DStR 2009, 1204 ff.; vgl. auch *Thole*, ZHR 173 (2009), 504 (525 ff.).

# § 4 Grundlagen der Schadensberechnung

Den Ausgangspunkt der nachfolgenden rechtlichen Überlegungen zur Schadensermittlung bildet zunächst einmal eine Bestimmung des Schadensbegriffs im Organhaftungsrecht (I.). Es folgen sodann Konkretisierungen in Bezug auf die Art und den Umfang des Schadensersatzanspruches (II.), bevor schließlich etwaigen normativen Korrekturen der Differenzhypothese das Augenmerk geschenkt wird (III.).

## I. Schadensbegriff im Organhaftungsrecht

Eine vorangestellte Begriffsbestimmung erscheint nicht zuletzt auf Grund der Tatsache angezeigt, dass insoweit im Schrifttum bisweilen ein von den allgemeinen Grundsätzen der §§ 249 ff. BGB abweichender Schadensbegriff postuliert wird.

### 1. Gesellschaftsrechtlicher Schadensbegriff

#### *a) Schadensbegriff nach* Mertens

Nach einer auf *Mertens* zurückgehenden Begriffsbestimmung soll im Rahmen der Organhaftung ein eingeschränkter gesellschaftsrechtlicher Schadensbegriff Geltung entfalten.[348] So soll ein Schaden i.S.v. § 93 AktG bzw. § 43 GmbHG (lediglich) jede dem Unternehmenszweck widersprechende und nicht auf rechtmäßige unternehmerische Zweckverfolgung zurückführbare Beeinträchtigung des Vermögens, der Tätigkeit oder der Organisation der Gesellschaft und des von ihr betriebenen Unternehmens sein, die in Geld messbar ist.[349] *Mertens* begründet seine Auffassung, die auch in Teilen der Rechtsprechung[350] und des Schrifttums[351] Zuspruch erfahren hat,

---

348 Grundlegend bereits *Mertens*, Der Begriff des Vermögensschadens im Bürgerlichen Recht, 1967, S. 128 ff., 165 ff.

349 Vgl. *Mertens*, in: KölnKommAktG, 2. Aufl. 1996 (Voraufl.), § 93 Rn. 23 [AG]; *ders.*, in: Hachenburg, § 43 GmbHG Rn. 57 [GmbH]; nunmehr aber differenzierend zwischen prüfungsauslösender zweckwidriger Vermögensminderung und der zu ersetzenden, nach allgemeinen Regeln berechneten Vermögensminderung *Mertens/Cahn*, in: KölnKommAktG, § 93 Rn. 59.

350 Vgl. OLG Naumburg, NZG 1999, 353 (355); OLG Naumburg, GmbHR 1998, 1180 (1182); ähnlich auch BGH, NJW 1986, 54, der für einen Schaden ausdrücklich auf eine „zweckwidrige“ Verwendung der Geldbeträge abstellt.

351 *Hübner*, Managerhaftung, 1992, S. 13; *Marsch-Barner/Diekmann*, in: MünchHdbGmbH, § 46 Rn. 15; *Oltmanns*, Geschäftsleiterhaftung und unternehmerisches Ermessen, 2001, S. 328 f.; *Reese*, DStR 1995, 532 (534); *Wellkamp*, Haftung und Haftungsbeschränkung im Gesellschaftsrecht, 1998, S. 213; *Wendler* Justiziabilität ökonomischer Unternehmensentscheidungen, 2007, S. 210 f.; tendenziell auch *Loritz/Wagner*, DStR 2012, 2189 (2190); s. ferner *Hefermehl*, in: Geßler/Hefermehl/Eckardt/

zunächst einmal damit, dass eine von der Frage der Zweckverfehlung unabhängige Betrachtungsweise der Eigenart unternehmerischer Entscheidungen nicht gerecht werden könne.[352] Die Beschränkung des Schadens auf gesellschaftszweckwidrige Vermögensminderungen hält er des Weiteren für notwendig, da es nicht angehen könne, dass die Gesellschaft jede Entwicklung, die sich aus irgendeiner Perspektive als negativ einstufen lässt, zum Anlass nehme, den Geschäftsleiter in einen Prozess zu verwickeln und zur Rechtfertigung zu veranlassen. Exemplarisch führt *Mertens* in diesem Zusammenhang neben dem Rückgang der Gewinne insbesondere die Vergabe höherer Spenden sowie die Erhöhung von Löhnen und Gehältern an.[353]

### *b) Schadensbegriff nach* Hommelhoff

Eine Einschränkung des Schadensbegriffs im Organhaftungsrecht und damit eine ebenfalls gesellschaftsrechtsspezifische Definition propagiert auch *Hommelhoff*. Ausgehend von der Intention der Organhaftung, der Gesellschaft einen Ausgleich für Nachteile zu verschaffen, die sie durch ein unternehmerisch nicht mehr vertretbares Verhalten der Geschäftsleiter erleidet, stellt er bei seiner Begriffsbestimmung allerdings nicht auf die unternehmerische Zweckverfolgung als entscheidendes Kriterium ab; vielmehr sei im Rahmen der Organhaftung eine Minderung des Gesellschaftsvermögens – in *Hommelhoffs* Terminologie: ein „Nachteil" – nur dann als Schaden im Rechtssinne zu qualifizieren, wenn sie pflichtwidrig herbeigeführt worden ist.[354]

## 2. Schadensbegriff der §§ 249 ff. BGB

Die weit überwiegende Auffassung im Schrifttum lehnt einen eingeschränkten, gesellschaftsrechtlichen Schadensbegriff allerdings ab.[355] Die Beschränkung auf

---

Kropff, § 93 AktG Rn. 28; *Zöllner*, in: Baumbach/Hueck, 17. Aufl. 2000 (Voraufl.), § 43 GmbHG Rn. 14.

352 *Mertens*, in: Hachenburg, § 43 GmbHG Rn. 57.

353 *Mertens*, in: Hachenburg, § 43 GmbHG Rn. 57.

354 *Hommelhoff*, Die Konzernleitungspflicht, 1983, S. 204 [dort insb. Fn. 36].

355 Vgl. *Buck-Heeb*, in: Gehrlein/Ekkenga/Simon, § 43 GmbHG Rn. 64; *Dauner-Lieb*, in: Henssler/Strohn, § 93 AktG Rn. 34; *Fleischer*, in: Spindler/Stilz, § 93 AktG Rn. 212; *Flohr/Pohl*, in: Bross/Flohr, VertragsHdb GF – Vorstand – AR, Teil 1, Kap. B Rn. 57; *Goette*, in: Hommelhoff/Hopt/v. Werder, Hdb. Corporate Governance, S. 713 (736); *Haas*, Geschäftsführerhaftung und Gläubigerschutz, 1997, S. 299 ff.; *Haas/Ziemons*, in: Michalski, § 43 GmbHG Rn. 202; *Hopt/Roth*, in: GroßkommAktG, § 93 Rn. 408; *Ihrig/Schäfer*, Rechte und Pflichten des Vorstands, § 38 Rn. 1529; *Koppensteiner/Gruber*, in: Rowedder/Schmidt-Leithoff, § 43 GmbHG Rn. 22; *Landwehr*, in: Heidel, § 93 AktG Rn. 100; *Oetker*, in: Henssler/Strohn, § 43 GmbHG Rn. 36; *Paefgen*, in: Ulmer/Habersack/Löbbe, § 43 GmbHG Rn. 93; *Schnabel/Lücke*, in: Beck'sches MandatsHdb. Vorstand der AG, § 6 Rn. 21; *U.H. Schneider*, in: Scholz, § 43 GmbHG Rn. 224 ff.; *Spindler*, in: MünchKommAktG, § 93 Rn. 171 ff.; s. ferner *Achsnich*, Die

zweckwidrige Vermögensminderungen führe angesichts unterschiedlicher unternehmerischer Zielsetzungen zu Abgrenzungsschwierigkeiten;[356] zumal mit Blick auf den Begriff „Gesellschaftszweck" allenfalls insoweit Klarheit herrsche, dass er nicht identisch mit dem in § 3 Abs. 1 Nr. 2 GmbHG sowie § 23 Abs. 3 Nr. 2 AktG genannten Unternehmensgegenstand sei.[357] Die Betonung zweckwidriger (bzw. pflichtwidrig herbeigeführter) Vermögensminderungen zöge ferner eine wenig förderliche, jedenfalls aber überflüssige Einbindung von Tatbestandselementen in den Schadensbegriff nach sich, die bereits bei der Prüfung sorgfaltswidrigen Verhaltens zu berücksichtigen seien.[358] Insbesondere der berechtigten Intention, Sozialaufwendungen nicht dem Tatbestand der Organhaftung zu unterstellen, könne bereits auf der Ebene der Pflichtwidrigkeit Rechnung getragen werden.[359] Der eingeschränkte gesellschaftsrechtliche Schadensbegriff habe im Übrigen zur Konsequenz, dass jede Maßnahme der Geschäftsleiter zweifach daraufhin geprüft werden müsste, ob sie den Interessen der Gesellschaft gerecht wird – einerseits bei der Ermittlung, ob die Sorgfalt eines ordentlichen Kaufmanns eingehalten worden ist, und andererseits bei der Klärung der Frage, ob ein Schaden vorliegt. Dagegen spreche indes, abgesehen von der misslichen doppelten Prüfung, auch die jeweils unterschiedlich geregelte Darlegungs- und Beweislast.[360]

In der Gesamtschau der Argumente überzeugt die herrschende Auffassung, den Schadensbegriff ohne Rücksicht auf spezielle Zwecke der Gesellschaft zu begreifen; zumal sich der BGH in einer Grundsatzentscheidung der im Schrifttum insbesondere von *Goette* vertretenen Ansicht angeschlossen hat, wonach die Gesellschaft im Organhaftungsprozess nicht nur die Beweislast für den Eintritt des Schadens trägt, sondern zugleich auch für dessen Verursachung durch ein Verhalten des Geschäftsleiters, das sich als möglicherweise pflichtwidrig darstellt.[361] Dementsprechend greift – jedenfalls nunmehr – auch die Befürchtung von *Mertens*, die Gesellschaft könne einem Geschäftsleiter bereits aufgrund einer beliebigen Minderung des Gesellschaftsvermögens einen Rechtfertigungszwang im Organhaftungsrecht aussetzen, ins Leere.

---

Haftung faktischer Organe in der Aktiengesellschaft, 2010, S. 11; *v. Gerkan*, ZHR 154 (1990), 39 (43 f.); *Habetha*, DZWiR, 1995, 272 (274 f.); *Heermann*, ZIP 1998, 761 (766); *Kiethe*, WM 2003, 861 (866); *Schmidt-Leithoff*, Die Verantwortung der Unternehmensleitung, 1989, S. 391 ff.; *Wiesner*, in: MünchHdbAG, § 26 Rn. 18.

356 *Spindler*, in: MünchKommAktG, § 93 Rn. 173.

357 *Haas/Ziemons*, in: Michalski, § 43 GmbHG Rn. 202; a.A. *Flume*, Die juristische Person, 1983, S. 323 ff., für den im Regelfall neben der Bestimmung des Unternehmensgegenstandes gar kein Raum für einen besonderen Zweck bestünde.

358 *Koppensteiner/Gruber*, in: Rowedder/Schmidt-Leithoff/, § 43 GmbHG Rn. 22; *Oetker*, in: Henssler/Strohn, § 43 GmbHG Rn. 36.

359 Zutreffend *Fleischer*, in: Spindler/Stilz, § 93 AktG Rn. 212; *Koch*, in: Hüffer, § 93 AktG Rn. 47; *Spindler*, in: MünchKommAktG, § 93 Rn. 173.

360 Näher *U.H. Schneider*, in: Scholz, § 43 GmbHG Rn. 224.

361 BGHZ 152, 280 (284) im Anschluss an *Goette*, ZGR 1995, 648 (671 ff.); vgl. auch *Westermann/Paefgen*, JZ 2003, 138 (141).

Im Einklang mit der weit überwiegenden Auffassung im Schrifttum lässt sich mithin festhalten, dass sich auch im Organhaftungsrecht der allgemeine Schadensbegriff nach Maßgabe der §§ 249 ff. BGB mit den Grundsätzen der Naturalrestitution und der Totalkompensation als maßgebend erweist.

## II. Art und Umfang des Schadensersatzanspruchs

### 1. Differenzhypothese als Ausgangspunkt

Die Geltung der §§ 249 ff. BGB führt dazu, dass auch im Organhaftungsrecht die sog. Differenzhypothese den Ausgangspunkt der Schadensberechnung bildet.[362] Nach § 249 Abs. 1 BGB ist demzufolge primär der Zustand herzustellen, der bestünde, wenn der zum Ersatz verpflichtende Umstand nicht eingetreten wäre. Ausgleichsfähig sind im Organhaftungsrecht aber lediglich in Geld bewertbare Vermögenseinbußen; allerdings wird neben eingetretenen Vermögensverlusten auch der entgangene Gewinn erfasst, der nach den regelmäßigen Umständen zu erwarten gewesen wäre (§ 252 BGB).[363] Es genügt dabei die Wahrscheinlichkeit der Gewinnerwartung, da § 252 Satz 2 BGB eine entsprechende Beweiserleichterung normiert.[364] Die bloße Gefährdung des Vermögens reicht jedoch nicht aus.[365] Weiterer Schaden kann im Übrigen auch bei einer bereits überschuldeten Gesellschaft noch eintreten.[366] Zu ersetzen ist stets der unmittelbar durch die Pflichtverletzung eingetretene Schaden, aber auch der mittelbare Schaden.[367] Für die Ermittlung der Schadenshöhe greift grundsätzlich die Beweiserleichterung des § 287 Abs. 1 ZPO.[368]

362 Die Differenzhypothese bei der Schadensberechnung geht zurück auf *Mommsen*, Beiträge zum Obligationenrecht, Zweite Abteilung: Zur Lehre von dem Interesse, 1855, passim. Ausführlich zur Differenzhypothese *Lange/Schiemann*, Schadensersatzrecht, § 6 I. (S. 248 ff.); *Schlechtriem/Schmidt-Kessel*, Rn. 255 ff.; anschaulich auch *Ebert*, in: Erman, Vorb. §§ 249–253 Rn. 24 ff.

363 *Eckert*, in: Wachter, § 93 AktG Rn. 29; *Haas/Ziemons*, in: Michalski, § 43 GmbHG Rn. 203; *Hopt/Roth*, in: GroßkommAktG, § 93 Rn. 409; *Paefgen*, in: Ulmer/Habersack/Löbbe, § 43 GmbHG Rn. 94; vgl. allgemein zum Schadensrecht etwa *Brüggemeier*, Haftungsrecht, S. 568. Unerlaubte Vorteile stellen hingegen grundsätzlich keinen ersatzfähigen Schaden dar; vgl. dazu *Bydlinski*, in: FS Deutsch, 1999, S. 63 ff.

364 Näher zu § 252 Satz 2 BGB *Lange/Schiemann*, Schadensersatz, § 6 X. (S. 340 ff.).

365 *Fleischer*, in: Spindler/Stilz, § 93 AktG Rn. 213, allerdings mit dem zutreffenden Hinweis, dass eine Vermögensgefährdung ggf. unter dem Gesichtspunkt der Organuntreue (§ 266 StGB) von Bedeutung sein kann; vgl. dazu insbesondere BGHSt 49, 147 ff. [*Bremer Vulkan*].

366 BGHZ 100, 190 (198) [GmbH & Co.KG]; *Hopt/Roth*, in: GroßkommAktG, § 93 Rn. 409.

367 *Hölters*, in: Hölters, § 93 AktG Rn. 252.

368 *Hopt/Roth*, in: GroßkommAktG, § 93 Rn. 409; *Hölters*, in: Hölters, § 93 AktG Rn. 252; *Klöhn*, in: Bork/Schäfer, § 43 GmbHG Rn. 67; *Strohn*, DB 2012, 1193 (1194).

## 2. Bezugs- und Zeitpunkt der Schadensermittlung

Bezugspunkt für die Schadensermittlung ist allein das Gesellschaftsvermögen. Ob die Aktionäre oder GmbH-Gesellschafter durch die betreffende Wertminderung des Gesellschaftsvermögens ihrerseits Vermögensminderungen erleiden, ob sie unberührt bleiben oder gar davon profitieren, ist insoweit ohne Relevanz.[369] Da zwischen einer Kapitalgesellschaft als Trägerin eines „selbständigen Vermögens- und Haftungsbereichs"[370] und dem Gesellschafter keine Personenidentität besteht, gilt dies auch für Einmanngesellschaften.[371]

Maßgebender Zeitpunkt für die Schadensberechnung ist der Zeitpunkt der Schadensfeststellung, im Prozess also der Zeitpunkt der letzten mündlichen Verhandlung.[372] Eine mögliche Anrechnung der Gegenleistung kommt nur dann in Betracht, wenn sich der Vermögenswert der Gegenleistung zum Zeitpunkt der letzten mündlichen Verhandlung bereits beziffern lässt; künftige Vermögensvorteile sind von der Gesellschaft erst dann auszugleichen, wenn sie ihr auch tatsächlich zugeflossen sind.[373]

## 3. Exemplarische Auflistung möglicher Schadensposten

Ein möglicher Schadensposten ist etwa die Belastung einer Gesellschaft mit einer Forderung ohne adäquate Gegenleistung.[374] Gleiches gilt für Steuerbelastungen im Falle verbotener Gewinnausschüttungen.[375] Ebenfalls als Schaden der Gesellschaft zu qualifizieren sind entgangene Zinsvorteile, die bei einer vorzeitigen Schuldentilgung angefallen wären.[376] Einen Schaden der Gesellschaft ziehen ferner insbesondere jene Leistungen der Gesellschaft nach sich, auf die Dritte keinen Anspruch haben und für die zugleich keine gleichwertige Gegenleistung zu erwarten ist.[377] Zu denken ist diesbezüglich nicht zuletzt an Spenden, Sponsoring und ähnliche sozialnützliche Maßnahmen, die von Geschäftsleitern unter Missachtung der Sorgfalt eines ordentlichen Geschäftsmannes vorgenommen worden sind.[378] Auch Bußgelder, die

---

369 *Eckert*, in: Wachter, § 93 AktG Rn. 29; *Engelmann*, Aktionärsschädigende Pflichtverletzungen, 2007, S. 295; *Mertens/Cahn*, in: KölnKommAktG, § 93 Rn. 60; *Moeder/Theiselmann*, in: Heybrock, PK-GmbHR, § 43 GmbHG Rn. 33.

370 BGH, NJW 1977, 1283.

371 *Mertens/Cahn*, in: KölnKommAktG, § 93 Rn. 60.

372 *Haas/Ziemons*, in: Michalski, § 43 GmbHG Rn. 203a; *Paefgen*, in: Ulmer/Habersack/Löbbe, § 43 GmbHG Rn. 94.

373 *Fleischer*, DStR 2009, 1204 (1206); vgl. auch RGZ 109, 56 (60 f.) [DHG].

374 OLG Naumburg, NZG 1999, 353 (355); *Klöhn*, in: Bork/Schäfer, § 43 GmbHG Rn. 67.

375 BGH, DStR 2002, 227; *Klöhn*, in: Bork/Schäfer, § 43 GmbHG Rn. 67.

376 OLG Koblenz, GmbHR 1999, 1201; *Klöhn*, in: Bork/Schäfer, § 43 GmbHG Rn. 67.

377 BGH, NZG 2007, 185 (186 f.).

378 *Paefgen*, in: Ulmer/Habersack/Löbbe, § 43 GmbHG Rn. 98; *U.H. Schneider*, in: Scholz, § 43 GmbHG Rn. 226.

der Gesellschaft auferlegt werden, sind im Grundsatz als ersatzfähiger Schadensposten zu erachten.[379]

Unzulässige Provisionszahlungen sowie die Annahme von Schmiergeldern können hingegen nicht ohne weiteres als Schaden der Gesellschaft deklariert werden. Derartige Zahlungen gehen lediglich dann zu Lasten der Gesellschaft, wenn ohne die Zahlungen ein Vertrag mit einem anderen Inhalt in Form einer aus Sicht der Gesellschaft günstigeren Gegenleistung zustande gekommen wäre.[380] Schmiergeldzahlungen seitens der Gesellschaft stellen indes stets einen Schaden der Gesellschaft dar.[381]

## III. Normative Korrekturen der Differenzhypothese

Deutlich schwieriger als die Bestimmung von möglichen Schadensposten und dem maßgeblichen Bezugs- und Zeitpunkt der Schadensermittlung erweist sich die Lösung der Frage, ob bzw. inwieweit Besonderheiten des Kapitalgesellschaftsrechts im Rahmen der Anwendung der allgemeinen schadensrechtlichen Regelungen der §§ 249 ff. BGB zu berücksichtigen sind.

In Rechtsprechung und Rechtslehre ist in diesem Zusammenhang eine Kontroverse auszumachen, ob im Organhaftungsrecht bei Kompetenzüberschreitungen und Verfahrensverstößen seitens der Geschäftsleiter die Differenzhypothese dahingehend zu korrigieren ist, dass eine erhaltene Gegenleistung bzw. ein darauf gerichteter Anspruch unberücksichtigt bleiben müssen. Mit anderen Worten geht es in diesem Zusammenhang also entscheidend darum, ob auch bei pflichtwidrigen Geschäften von Geschäftsführern, Vorstands- oder Aufsichtsratsmitgliedern im Rahmen der Organhaftung eine Gesamtvermögensbetrachtung erfolgt. Da im Falle der Berücksichtigung der erhaltenen Gegenleistung der Schaden von vornherein nicht oder zumindest nur in bestimmter Höhe entsteht, ist diese Problematik der Schadensberechnung im engeren Sinne zuzuordnen.[382]

---

379 *Hölters*, in: Hölters, § 93 AktG Rn. 255 m.w.N.; ausführlich dazu § 8.

380 OLG Düsseldorf, GmbHR 2000, 666 (670); *Haas/Ziemons*, in: Michalski, § 43 GmbHG Rn. 203; *Klöhn*, in: Bork/Schäfer, § 43 GmbHG Rn. 67; *Paefgen*, in: Ulmer/Habersack/Löbbe, § 43 GmbHG Rn. 98; vgl. auch BGH, WM 1962, 578 [VVaG].

381 *Haas/Ziemons*, in: Michalski, § 43 GmbHG Rn. 203; *U.H. Schneider*, in: Scholz, § 43 GmbHG Rn. 226.

382 Vgl. *Lange/Schiemann*, Schadensersatz, § 9 I.3. (S. 487); ebenso *Fleischer*, DStR 2009, 1204 (1209 f.). Von bloßen Berechnungsfaktoren abzugrenzen sind diejenigen Vorteile, deren mögliche Berücksichtigung im Rahmen der Schadensermittlung nur mittels wertender Entscheidungen entschieden werden kann. Die insoweit aufgeworfene Frage der Vorteilsausgleichung ist also nicht der Schadensberechnung im engeren Sinne zuzuordnen; im weiteren Verlauf dieser Arbeit ist der Vorteilsausgleichung daher ein eigenständiger Abschnitt gewidmet, vgl. § 6.

## 1. Eigenständiger Schadensbegriff in § 43 Abs. 3 GmbHG und § 93 Abs. 3 AktG

Einigkeit besteht zunächst einmal darin, dass im Falle von Verstößen gegen die Sondertatbestände der §§ 43 Abs. 3 GmbHG, 93 Abs. 3 AktG keine Gesamtvermögensbetrachtung durchgeführt werden darf und insoweit die Differenzhypothese normativ zu korrigieren ist. Der Schaden der Gesellschaft ist bei Verstößen gegen die betreffenden Sondertatbestände bereits in dem Liquiditätsabfluss zu sehen ohne Rücksicht auf etwaige zugleich entstehende Erstattungsansprüche.[383] Der Schadensersatzanspruch der Gesellschaft wird lediglich dann verringert, wenn auf den Erstattungsanspruch tatsächlich Leistungen in das Vermögen der Gesellschaft erbracht worden sind.[384] Die Regelungen der §§ 43 Abs. 3 GmbHG; 93 Abs. 3 AktG sind somit zwar als besondere Ausprägungen der Ansprüche aus § 43 Abs. 2 GmbHG bzw. § 93 Abs. 2 AktG zu erachten,[385] ihnen liegt jedoch ein eigenständiger, normativer Schadensbegriff zu Grunde.[386] Dieser normative Schadensbegriff verbietet es von vornherein, den Wert etwaiger Gegenleistungen in die Differenzhypothese im Rahmen der Schadensberechnung einzustellen.

## 2. Anrechnungsverbot bzgl. empfangener Gegenleistung?

Unklar ist hingegen, ob auch außerhalb der Sondertatbestände der §§ 43 Abs. 3 GmbHG, 93 Abs. 3 AktG für pflichtwidrige Geschäfte ein Anrechnungsverbot in Bezug auf etwaige Gegenleistungen besteht, deren Vermögenswert sich bereits beziffern lässt.[387] Angesichts der eingangs bereits erwähnten Kontroverse in Rechtsprechung und Rechtslehre zu dieser Thematik sind nachfolgend – in Anlehnung an einen Beitrag *Fleischers*[388] – zunächst die einschlägigen Judikate und der Meinungsstand im Schrifttum näher zu beleuchten, bevor eine eigene Stellungnahme erarbeitet wird.

---

383 Grundlegend BGHZ 157, 72 (77 f.) [*Novemberurteil*]; vgl. ferner BGH, NJW 2009, 68 (70), zuvor bereits RGZ 159, 211 (230); zustimmend *Fleischer*, DStR 2009, 1204 (1206); *Haas/Ziemons*, in: Michalski, § 43 GmbHG Rn. 219; *Koch*, in: Hüffer, § 93 AktG Rn. 68; *Kleindiek*, in: Lutter/Hommelhoff, § 43 GmbHG Rn. 49; *Spindler*, in: MünchKommAktG, § 93 Rn. 222.

384 BGH, NZG 2008, 908 (910).

385 Stellvertretend BGHZ 122, 333 (340); BGH, NZG 2008, 908 (910).

386 *Haas/Ziemons*, in: Michalski, § 43 GmbHG Rn. 216a und Rn. 219; *Kleindiek*, in: Lutter/Hommelhoff, § 43 GmbHG Rn. 49.

387 Vgl. *Klöhn*, in: Bork/Schäfer, § 43 GmbHG Rn. 68, der die Frage nach einer entsprechenden Korrektur der Differenzhypothese als offen bezeichnet.

388 *Fleischer*, DStR 2009, 1204.

### a) Rechtsprechung

Im Hinblick auf einschlägige Gerichtsentscheidungen ist zu differenzieren zwischen der höchstrichterlichen Spruchpraxis des BGH und den betreffenden Entscheidungen diverser Instanzgerichte.

#### aa) BGH

In einer grundlegenden, allerdings den geschäftsführenden Gesellschafter einer OHG betreffenden Entscheidung vom 11. Januar 1988 (Az. II ZR 192/87) hat sich der BGH restriktiv zur möglichen Anrechenbarkeit einer empfangenen Gegenleistung geäußert.[389] In dem konkreten Fall hatte ein geschäftsführender OHG-Gesellschafter trotz Widerspruch seines Mit-Geschäftsführers (§ 115 Abs. 1 Hs. 2 HGB) einen Rechtsanwalt eingestellt. Der BGH hat in diesem Zusammenhang entschieden, dass die Gesellschaft bereits mit dem Nachweis des Erfüllungsaufwandes für den Anstellungsvertrag den ihr zugefügten Schaden schlüssig dargelegt habe.[390] Für den Nachweis des pflichtwidrig handelnden Geschäftsführers, dass der Gesellschaft ein schadensmindernder Vermögensvorteil zugeflossen sei, genüge es hingegen nicht, dass zwischen den wechselseitig geschuldeten Leistungen ein ausgewogenes Wertverhältnis bestehe.[391]

In der Zusammenschau späterer Judikate ist indes eine aufgeschlossenere Sicht des BGH auszumachen, der nunmehr bei einem ausgewogenen Verhältnis von Leistung und Gegenleistung einen Schaden der Gesellschaft tendenziell verneint. So hat der BGH bereits in einem Urteil vom 21. März 1994 (Az. II ZR 260/92) klargestellt, dass die pflichtwidrige Verwendung von Gesellschaftsvermögen allein ohne einen dadurch verursachten Schaden der Gesellschaft keinen Ersatzanspruch nach § 43 Abs. 2 GmbHG begründen könne.[392] In dem betreffenden Fall wurde Baugeld nicht zur Bezahlung der beteiligten Bauhandwerker, sondern für baufremde Aufgaben eingesetzt. Diesbezüglich hat der BGH ausdrücklich angeführt, dass dadurch zwar gegebenenfalls den Bauhandwerkern, nicht aber auch ohne Weiteres der Gesellschaft ein Schaden entstehe; insbesondere fehle es dann an einem Schaden, sofern mit dem Geld andere Gesellschaftsschulden beglichen oder gleichwertige Vermögensgegenstände für die Gesellschaft angeschafft werden.[393]

In diese Richtung gehend hat der BGH in seinem Urteil vom 11. Dezember 2006 (Az. II ZR 166/05) hinsichtlich einer kompetenzwidrigen „Selbstbedienung“ eines Geschäftsführers bei der Ausgestaltung seiner Bezüge die Sache an das KG als Berufungsgericht zurückverwiesen und dem KG insbesondere zur weiteren Prüfung

---

389 BGH, NJW-RR 1988, 995 [OHG].
390 BGH, NJW-RR 1988, 995 (996).
391 BGH, NJW-RR 1988, 995 (996).
392 BGH, NJW-RR 1994, 806.
393 BGH, NJW-RR 1994, 806.

aufgegeben, ob dem eigenmächtig ausgezahlten Geschäftsführergehalt im konkreten Fall eine „gleichwertige Gegenleitung“ gegenüberstand.[394]

Schließlich hat der BGH in einem Beschluss vom 2. Juni 2008 (Az. II ZR 67/07) – bezogen auf eine GmbH & Co.KG – nunmehr entschieden, dass auch ein geschäftsführender Gesellschafter trotz schuldhaften Unterlassens der Herbeiführung eines Gesellschafterbeschlusses über Grundstückveräußerungen die Möglichkeit habe, darzulegen und zu beweisen, dass das Unterlassen keinen Schaden der Gesellschaft nach sich gezogen habe.[395] Ein Schaden sei insbesondere dann zu verneinen, wenn der Verkaufspreis der Grundstücke dem Verkehrswert entsprach.[396]

### *bb) Instanzgerichte*

Das OLG Hamm hat sich in einem Urteil vom 20. Mai 1999 (Az. 27 U 213/98) im Ergebnis gegen eine normative Korrektur der Differenzhypothese im Organhaftungsrecht ausgesprochen.[397] In dem konkret zu entscheidenden Fall hat das OLG Hamm geurteilt, dass ein GmbH-Geschäftsführer der Gesellschaft nicht ohne Weiteres Schadensersatz in Höhe eines Betrages leisten müsse, den er zuvor aus staatlich bewilligten Fördermitteln nicht abgerufen hat; der Schadensersatzanspruch der Gesellschaft erfordere hingegen die Darlegung, dass die Nichtabrufung der Fördermittel auch zu einem Vermögensnachteil geführt habe.[398]

In Abweichung von dem angeführten Urteil des OLG Hamm haben das OLG München und das KG in jüngeren Entscheidungen explizit eine normative Korrektur der Differenzhypothese im Organhaftungsrecht dahingehend eingefordert, dass der Wert der von der Gesellschaft empfangenen Gegenleistungen nicht in die Differenzbetrachtung eingestellt werden dürfe.[399] Das OLG München hat in einem Urteil vom 17. September 1999 (Az. 23 U 1514/99) entschieden, dass ein Geschäftsleiter bei Kompetenzüberschreitungen die von der Gesellschaft zur Erfüllung des Vertrages aufgebrachten Mittel in vollem Umfang ersetzen müsse, da er der Gesellschaft anderenfalls ein nicht gebilligtes Geschäft aufdrängte; insofern könne eine erworbene stille Beteiligung keine Anrechnung finden.[400] Zumal es gerade Sinn und Zweck eines Zustimmungsvorbehalts sei, Investitionen der Gesellschaft von der Billigung des intern zuständigen Gremiums abhängig zu machen.[401]

Auf ebendiesen Begründungsansatz hat auch das KG in einem Urteil vom 17. Dezember 2004 (Az. 14 U 226/03) hinsichtlich einer erworbenen Software abgestellt, die

394 BGH, NZG 2007, 185 (187).
395 BGH, NZG 2008, 622.
396 BGH, NZG 2008, 622.
397 OLG Hamm, NJW-RR 1999, 1715.
398 OLG Hamm, NJW-RR 1999, 1715 (1715 f.).
399 OLG München, NZG 2000, 741 (743); KG, GmbHR 2005, 477 (479).
400 OLG München, NZG 2000, 741 (743).
401 OLG München, NZG 2000, 741 (743).

nicht in die Differenzberechnung eingestellt werden könne.[402] Das OLG München und tendenziell auch das KG gehen indes davon aus, dass der in Haftung genommene Geschäftsleiter gemäß § 255 BGB von der Gesellschaft die Herausgabe der empfangenen Gegenleistung bzw. die Abtretung des darauf gerichteten Anspruchs verlangen kann.[403]

### *b) Meinungsstand im Schrifttum*

Angesichts der fehlenden einheitlichen Linie der Rechtsprechung überrascht es nicht, dass sich auch in der Literatur zur Frage der Gesamtvermögensbetrachtung bei pflichtwidrigen Geschäften ein breites Meinungsspektrum herausgebildet hat.

#### *aa) Versagung der Gesamtvermögensbetrachtung*

Namentlich *Paefgen* postuliert etwa, dass sich die Gesellschaft eine aus dem pflichtwidrigen Geschäft von dem Vertragspartner erhaltene Gegenleistung bzw. einen darauf gerichteten Anspruch nicht anrechnen lassen muss. Insoweit sei die Differenzhypothese unter dem wertenden Gesichtspunkt zu korrigieren, dass es dem Zweck der Organhaftung widerstrebe, der Gesellschaft ein vom Geschäftsleiter pflichtwidrig eingegangenes Geschäft aufzudrängen.[404] Allerdings könne der Geschäftsleiter nach § 255 BGB von der Gesellschaft Herausgabe der erhaltenen Gegenleistung bzw. Abtretung des Anspruchs darauf verlangen.[405]

#### *bb) Dispositionsschutz*

Einen von der strikten Versagung der Anrechenbarkeit der Gegenleistung abweichenden Ansatz vertritt *Fleischer*, der sich im Grundsatz für eine Gesamtvermögensbetrachtung auch im Rahmen der Organhaftung ausspricht.[406] Allerdings könne trotz gebotener Gesamtbetrachtung selbst dann ein Schaden der Gesellschaft vorliegen, wenn Leistung und Gegenleistung des pflichtwidrig abgeschlossenen Geschäfts eigentlich ausgeglichen sind. Dies sei insbesondere dann der Fall, wenn einer Gesellschaft liquide Mittel entzogen werden, die zur Aufrechterhaltung des

---

402 KG, GmbHR 2005, 477 (479).

403 Ausdrücklich OLG München, NZG 2000, 741 (743 f.); tendenziell KG, GmbHR 2005, 477 (479), jedoch ermangelt es in der betreffenden Entscheidung einem entsprechenden Sachvortrag.

404 *Paefgen*, in: Ulmer/Habersack/Löbbe, § 43 GmbHG Rn. 94; so nunmehr auch *Haas/Ziemons*, in: Michalski, § 43 GmbHG Rn. 203, nachdem *Haas* in der Vorauflage noch die Gesamtvermögensbetrachtung nur begrenzt auf Kompetenzverstöße ausgeschlossen hatte; ähnlich *Koppensteiner/Gruber*, in: Rowedder/Schmidt-Leithoff, § 43 GmbHG Rn. 22 und 24.

405 *Paefgen*, in: Ulmer/Habersack/Löbbe, § 43 GmbHG Rn. 94.

406 *Fleischer*, DStR 2009, 1204 (1206 f.); vgl. auch *Freund*, GmbHR 2009, 1185 (1187).

Geschäftsbetriebs erforderlich sind.[407] Ebenso liege ein Schaden vor, wenn die Gesellschaft mit den entzogenen Vermögensmitteln andere Geschäfte mit höherer Renditeerwartung hätte tätigen können.[408] *Vice versa* könne ein Schaden indes sogar dann vorliegen, wenn ein Geschäftsleiter Vermögensgegenstände der Gesellschaft zwar zum Verkehrswert veräußerte, diese jedoch für den weiteren Geschäftsbetrieb zwingend benötigt werden.[409] Schließlich sei auch bei einer objektiv gleichwertigen Gegenleistung dann von einem Schaden der Gesellschaft auszugehen, wenn diese die ihr aufgedrängte Gegenleistung nicht sinnvoll einsetzen könne; der von den §§ 249 ff. BGB intendierte Vermögensschutz bedürfe insoweit der Anreicherung um Elemente des Dispositionsschutzes.[410]

##### *cc) Anrechenbarkeit der Gegenleistung*

Ohne etwaige dem Dispositionsschutz geschuldete Einschränkungen fordern andere Vertreter im Schrifttum sogar noch weitergehend die umfängliche Anrechenbarkeit der empfangenen Gegenleistung. Sie stellen diesbezüglich entscheidend darauf ab, dass auch ein Ersatzanspruch gegen ein Organmitglied stets einen Schaden voraussetze; ein lediglich pflichtwidriges, jedoch nicht schadensstiftendes Fehlverhalten könne hingegen keine Haftung begründen.[411]

#### *c) Stellungnahme*

Pflichtwidrige Geschäfte der Geschäftsleiter von Kapitalgesellschaften sind regelmäßig dadurch charakterisiert, dass die Mitwirkungsbefugnisse anderer Gesellschaftsorgane übergangen werden. Die betreffenden Mitentscheidungs-, Teilhabe- oder

---

407 *Fleischer*, DStR 2009, 1204 (1206); ebenso für das Recht der OHG (respektive der KG) *Rawert*, in: MünchKommHGB, § 115 Rn. 32 mit dem Hinweis auf RGZ 109, 56 (60 f.).

408 *Fleischer*, DStR 2009, 1204 (1206); ebenso für das Recht der OHG (respektive der KG) *Rawert*, in: MünchKommHGB, § 115 Rn. 32 mit dem Hinweis auf RGZ 109, 56 (60 f.); s. auch *Martens*, in: Schlegelberger, § 115 HGB Rn. 19; *Schäfer*, in: GroßkommHGB, § 115 Rn. 20.

409 *Fleischer*, DStR 2009, 1204 (1206).

410 *Fleischer*, DStR 2009, 1204 (1206) unter Bezugnahme auf BGHZ 93, 212 (218) sowie BGH, NJW 1994, 2357 (2359): „(...) Im Hinblick darauf kann eine auf den Ausgleich von Vermögensschäden ausgerichtete Differenzrechnung nicht außer Acht lassen, dass Wesen und Bedeutung des Vermögens sich nicht in dessen Bestand erschöpfen, sondern dass sie auch die im Vermögen verkörperten Möglichkeiten für den Vermögensträger umfassen, mit ihm im Sinne der im Vermögensgegenstand angelegten Funktionsbestimmung zu verfahren und darüber zu verfügen."

411 *Gehrlein/Witt*, GmbH-Recht in der Praxis, Kap. 5 Rn. 93; *Kleindiek*, in: Lutter/Hommelhoff, § 43 GmbHG Rn. 37; *Wicke*, § 43 GmbHG Rn. 8; *Zöllner/Noack*, in: Baumbach/Hueck, § 43 GmbHG Rn. 15; vgl. auch *M. Roth*, Unternehmerisches Ermessen und Haftung des Vorstands, 2001, S. 136.

auch Widerspruchsrechte der anderen Gesellschaftsorgane fallen zweifelsohne dem Schutzbereich der Organhaftungstatbestände der §§ 43 Abs. 2 GmbHG, 93 Abs. 2 AktG zu. Allerdings geht es dabei nicht um einen Schutz dieser Mitwirkungsbefugnisse „um ihrer selbst willen"; vielmehr entfalten die §§ 43 Abs. 2 GmbHG, 93 Abs. 2 AktG ihren Schutz lediglich dann (mit anderen Worten: liegen die Tatbestandsvoraussetzungen nur vor), wenn ein Vermögensschaden der Gesellschaft auszumachen ist.[412] Dies verkennen die Anhänger einer vollständigen Versagung der Anrechenbarkeit von Gegenleistungen im Rahmen der Organhaftung, indem sie den Mitwirkungsbefugnissen dogmatisch einen schadensersatzrechtlichen Eigenwert zumessen. Gegen eine generelle Anrechenbarkeit der empfangenen Gegenleistungen in den Haftungsfällen nach §§ 43 Abs. 2 GmbHG; 93 Abs. 2 AktG lässt sich des Weiteren systematisch argumentieren, dass nur bei Vorliegen der Sondertatbestände der §§ 43 Abs. 3 GmbHG; 93 Abs. 3 AktG eine Gesamtvermögensbetrachtung prinzipiell ausgeschlossen sein soll.[413]

Demgegenüber erweist sich auch der Ansatz der Befürworter einer generellen Anrechenbarkeit der Gegenleistung als zu weitgehend. Insbesondere lassen die Vertreter dieser Auffassung außer Acht, dass Geld im Vergleich zu anderen Ressourcen im Wirtschaftskreislauf eine erhöhte Plastizität, d.h. einen höheren Grad an unterschiedlichen Verwendungsmöglichkeiten, aufweist und ein umfassender Schutz vor aufgedrängten Geschäften mithin nur durch dispositionsschützende Elemente gewährleistet werden kann.[414] Darüber hinaus gilt auch im Organhaftungsrecht der allgemeine Schadensbegriff nach Maßgabe der §§ 249 ff. BGB;[415] im allgemeinen Schadensrecht ist aber gemeinhin anerkannt, dass derjenige, der durch eine zum Schadensersatz verpflichtende Handlung veranlasst wird, an sich frei verfügbares Geld für einen ungewollten bzw. nicht vernünftig zu verwertenden Gegenstand zu zahlen, einen Schaden erleidet.[416] Auch ein vergleichender Blick auf die bereicherungsrechtliche Lösung der Problematik der aufgedrängten Bereicherung[417] zeigt, dass sich eine Wertermittlung nach subjektiven Maßstäben keineswegs als systemfremd im bürgerlichen Recht erweist.

---

412 Ebenso plakativ wie treffend *Fleischer*, DStR 2009, 1204 (1207).

413 Überzeugend *Fleischer*, DStR 2009, 1204 (1207).

414 Dies zu Recht betonend *Fleischer*, DStR 2009, 1204 (1206). Näher zur ökonomischen Konzeption der Plastizität einer Ressource s. etwa *Richter/Furubotn*, Neue Institutionenökonomik, S. 596.

415 Ausführlich dazu bereits § 4 I.

416 Anschaulich *Lange/Schiemann*, Schadensersatz, § 10 III.2. (S. 41); Belege für einen subjektbezogenen Schadensbegriff enthalten auch die höchstrichterlichen Judikate in BGHZ 115, 213 (221 f.) und BGH, NJW 1998, 898 (899).

417 Ausführlich zum Schutz vor aufgedrängter Bereicherung *W. Lorenz*, in: FS Medicus, 1999, S. 367 (379 ff.); näher zur subjektiven Wertermittlung im Bereicherungsrecht auch *Wendehorst*, in: Bamberger/Roth, § 818 BGB Rn. 141 ff.; *Schwab*, in: MünchKommBGB, § 818 Rn. 194 ff.

Insofern scheint allein der vermittelnde Ansatz überzeugend, der auch bei pflichtwidrigen Geschäften eine Anrechenbarkeit der Gegenleistung postuliert, zugleich aber subjektive Elemente des Dispositionsschutzes in die Schadensberechnung einfließen lässt. Der Vermögensschutz der Gesellschaft und auch ihre freien Dispositionsmöglichkeiten können durch diese flexible Handhabung der Differenzhypothese – mit normativen Modifikationen lediglich in bestimmten Einzelfällen – ausreichend gewährleistet werden. Auch kann die grundsätzliche vorzunehmende Gesamtvermögensbetrachtung als notwendiges Korrektiv in Zeiten der zunehmenden tatbestandlichen Verschärfung der Organhaftung wirken, um einer übersteigerten Risikoaversion der Geschäftsleiter wirksam begegnen zu können.

Demnach erweist sich im Rahmen der Organhaftung nach den §§ 43 Abs. 2 GmbHG, 93 Abs. 2 AktG eine Gesamtvermögensbetrachtung grundsätzlich als angezeigt, sodass auch bei pflichtwidrigen Geschäften etwaige Gegenleistungen grundsätzlich in die Differenzhypothese einzustellen sind. Lediglich bei objektiv nicht gleichwertigen sowie bei subjektiv nicht sinnvoll einsetzbaren Gegenleistungen bedarf die Differenzhypothese einer normativen Korrektur.

## IV. Fazit

Auch im Organhaftungsrecht erweist sich der allgemeine Schadensbegriff nach Maßgabe der §§ 249 ff. BGB als maßgebend; ein gesellschaftsrechtlicher Schadensbegriff unter Beschränkung auf zweckwidrige Vermögensminderungen ist als wenig zielführend abzulehnen. Allerdings dürfen gesellschaftsrechtliche Besonderheiten bei der Anwendung der allgemeinen Regeln des Schadensrechts nicht unberücksichtigt bleiben. So liegt den Haftungstatbeständen der §§ 43 Abs. 3 GmbHG und 93 Abs. 3 AktG ein eigenständiger, normativer Schadensbegriff zu Grunde, der es ausschließt, den Wert etwaiger Gegenleistungen von vornherein in die Differenzhypothese im Rahmen der Schadensberechnung einzustellen. Im Hinblick auf die allgemeinen Organhaftungstatbestände der §§ 43 Abs. 2 GmbHG und 93 Abs. 2 AktG ist hingegen grundsätzlich eine Gesamtvermögensbetrachtung angezeigt. Lediglich bei objektiv nicht gleichwertigen sowie bei subjektiv nicht sinnvoll einsetzbaren Gegenleistungen ist die Differenzhypothese normativ zu korrigieren.

# § 5 Rechtmäßiges Alternativverhalten

Nachdem die Grundlagen der Schadensberechnung im Organhaftungsrecht erörtert worden sind, ist im nächsten Schritt der konkreten Schadensermittlung auf schadensausschließende bzw. schadensmindernde Faktoren einzugehen, die zu einer Begrenzung der Haftung von Geschäftsführern, Vorständen und Aufsichtsräten führen können. So ist es insbesondere denkbar, dass in Anspruch genommene Geschäftsleiter den Einwand erheben, andere, intern zur Mitwirkung berufene Gesellschaftsorgane, wie etwa Mit-Geschäftsführer oder auch der Aufsichtsrat, hätten der haftungsbegründenden Maßnahme ihre Zustimmung erteilt. Vor diesem Hintergrund soll im Folgenden die Berücksichtigungsfähigkeit eines rechtmäßigen Alternativverhaltens im Organhaftungsrecht im Allgemeinen und in Bezug auf Kompetenzüberschreitungen der Geschäftsleiter im Besonderen einer näheren Würdigung unterzogen werden.

## I. Allgemeine schadensersatzrechtliche Grundlagen

Eine fundierte Stellungnahme zu der Reichweite und den Grenzen eines rechtmäßigen Alternativverhaltens im Organhaftungsrecht erfordert indes zunächst einmal eine Betrachtung der allgemeinen schadensersatzrechtlichen Grundlagen dieser Lehre und der bisherigen Kasuistik der Rechtsprechung.

### 1. Typologie

Das Problem des rechtmäßigen Alternativverhaltens ist bei der Schadensermittlung stets dann aufgeworfen, wenn der Schädiger zwar rechtswidrig gehandelt hat, der gleiche Schaden jedoch auch bei einem rechtmäßigen Handeln entstanden wäre. Insoweit stellt das rechtmäßige Alternativverhalten eine besondere, der hypothetischen Kausalität ähnliche Fallgruppe dar.[418] Anders als bei der Berufung auf eine Reserveursache, bei der ein hypothetischer zweiter Kausalverlauf angeführt wird, impliziert der Einwand des rechtmäßigen Alternativverhaltens aber, die Rechtswidrigkeit sei so geringfügig, dass es auf sie nicht ankomme.[419] Rechtsdogmatisch kann die Frage nach der entlastenden Wirkung eines möglichen rechtmäßigen

418 Vgl. *Ebert*, in: Erman, Vor §§ 249–253 BGB Rn. 77; *Fikentscher/Heinemann*, § 57 Rn. 702; *Grüneberg*, in: Palandt, Vorb. v. § 249 BGB Rn. 64; *Lange/Schiemann*, Schadensersatz, § 4 XII.5. (S. 205); *Schiemann*, in: Staudinger, § 249 BGB Rn. 102; a.A. *Oetker*, in: MünchKommBGB, § 249 Rn. 211; ebenso *Looschelders*, SchuldR AT, § 46 Rn. 915, die jeweils von einem Anwendungsfall der hypothetischen Kausalität ausgehen.

419 Anschaulich *Deutsch/Ahrens*, Deliktsrecht, § 6 Rn. 74; näher zum Fehlen der haftungsrechtlichen Relevanz auch *Larenz*, SchuldR I, § 30 I. (S. 528).

Alternativverhaltens daher auch unter dem Gesichtspunkt des Rechtswidrigkeitszusammenhangs diskutiert werden.[420]

Auf der Suche nach einer rechtlichen Grundlage für den Verteidigungsansatz des rechtmäßigen Alternativverhaltens sind lediglich vereinzelte Anknüpfungspunkte im Gesetz auszumachen, die sich mit der Berücksichtigungsfähigkeit eines rechtmäßigen Alternativverhaltens befassen. So sehen die §§ 831 Abs. 1 Satz 2 letzter Hs., 832 Abs. 1 Satz 2, 833 Abs. 2 sowie § 834 Satz 2 BGB jeweils vor, dass ein solcher Einwand beachtlich ist. Gleiches gilt für § 287 Satz 2 BGB. Allerdings erscheinen diese rechtlichen Sondervorschriften als zu speziell, als dass ihnen ein verallgemeinerungsfähiger Rechtsgedanke entnommen werden könnte.[421]

Nach überwiegender Auffassung bildet mit Blick auf ein zu berücksichtigendes rechtmäßiges Alternativverhalten der Schutzzweck der jeweiligen Haftungsnorm den Ausgangspunkt der rechtlichen Beurteilung.[422] Insbesondere die teleologische Auslegung lege es nahe, den Schadensersatz gegenständlich an den Schutz anzupassen, den die haftungsbegründende Norm gewährt.[423] Die Beweislast dafür, dass der Schaden auch bei einem rechtmäßigen Verhalten eingetreten wäre, trägt allerdings der Schädiger.[424] Insoweit reicht es nicht aus, dass dieser als Verteidigungsansatz anführt, der Schaden wäre bei rechtmäßigem Verhalten möglicherweise gleichfalls entstanden.[425] Jedoch sind die tatsächlichen Voraussetzungen eines rechtmäßigen Alternativverhaltens nicht gemäß der strengen Regel des § 286 ZPO zu bemessen, sondern vielmehr nach § 287 ZPO.[426] Sofern verschiedene – rechtmäßige – Handlungsalternativen bestanden, hat der Schädiger den Beweis zu erbringen, dass der Schaden bei allen Alternativen eingetreten wäre.[427]

---

420 Vgl. bereits *von Cammerer*, Das Problem der überholenden Kausalität im Schadensrecht, 1962, S. 31 f.; näher auch *Lange/Schiemann*, Schadensersatz, § 4 XII.1. (S. 199 f.).

421 Ähnlich *Lange/Schiemann*, Schadensersatz, § 4 XII.4. (S. 204).

422 BGHZ 96, 157 (173); 120, 281 (286); 143, 362 (365); *Deutsch*, Allg. Haftungsrecht, Rn. 188; *Lange/Schiemann*, Schadensersatz, § 4 XII.5. (S. 205); *Säcker*, in: FS Immenga, 2004, S. 679 (684); *Schiemann*, in: Staudinger, § 249 BGB Rn. 105. Vgl. aber auch *Großerichter*, Hypothetischer Geschehensverlauf und Schadensfeststellung, 2001, S. 51 f., für den insoweit der Schutzzweck der Norm als genereller Entscheidungsmaßstab bisweilen gegen das Ausgleichsprinzip verstoße, sodass in derartigen Fällen lediglich Sanktionserwägungen eine Versagung des Einwands rechtmäßigen Alternativverhaltens rechtfertigen könnten.

423 Vgl. *Deutsch*, in: FS Medicus, 1999, S. 77 (81).

424 Grundlegend BGHZ 8, 288 (296); 29, 176 (187); 120, 281 (287); aus jüngerer Zeit BGH, NJW 2005, 1718 (1719).

425 BGHZ 63, 319 (325); 120, 281 (289); *Grüneberg*, in: Palandt, Vorb. v. § 249 BGB Rn. 66.

426 BGHZ 7, 198 (203 f.); *Lange/Schiemann*, Schadensersatz, § 4 XII.6. (S. 209).

427 BGH, NJW 2000, 2814 (2815).

## 2. Berücksichtigungsfähigkeit des rechtmäßigen Alternativverhaltens

Im Hinblick auf die Frage, in welchen konkreten Fallgestaltungen von der Erheblichkeit des Einwands rechtmäßigen Alternativverhaltens ausgegangen werden kann, lassen sowohl Rechtsprechung als auch Rechtslehre eine einheitliche Linie vermissen.

### *a) Kasuistik in der Rechtsprechung*

Das Reichsgericht beurteilte den Einwand des rechtmäßigen Alternativverhaltens regelmäßig als unbeachtlich, da späteren Ereignissen in den gesetzlichen Bestimmungen grundsätzlich keine haftungsausschließende Wirkung zu Teil wird.[428] Versagt wurde die Berufung auf ein mögliches rechtmäßiges Alternativverhalten etwa im Falle einer unberechtigten Patentverletzung durch die Heeresverwaltung, die an sich eine Zwangslizenz hätte erwirken können.[429] Gleiches gilt für die Nichteinholung einer Patienteneinwilligung zu einer Operation, obwohl die Einwilligung erteilt worden wäre.[430] Ferner soll ein Amtshaftungsanspruch wegen Handelns einer unzuständigen Behörde auch dann nicht ausgeschlossen sein, wenn die zuständige Behörde im Rahmen ihres Ermessens in gleicher Weise hätte handeln können.[431]

Eine Wende der Rechtsprechung markierte dann eine prominente Entscheidung des Obersten Gerichtshofs für die Britische Zone aus dem Januar 1949, die eine Berücksichtigungsfähigkeit eines rechtmäßiges Alternativverhaltens ausdrücklich bejaht hat: Zumindest in den Fällen in denen der Schädiger das getan habe, was er mit Rechtfertigung genauso hätte ausführen können, dürfe als Schaden lediglich die Differenz qualifiziert werden, die sich „zwischen rechtmäßiger und rechtloser Durchführung der Maßnahme ergäbe".[432]

Auch in einer Reihe von Entscheidungen des Bundesgerichtshofs ist dem Einwand des rechtmäßigen Alternativverhaltens eine entlastende Wirkung zugesprochen worden. Der BGH berücksichtigt es im Rahmen der Arzthaftung etwa, wenn der Arzt nachweisen kann, dass der Patient auch bei ordnungsgemäßer Aufklärung seine Zustimmung zu der Operation erteilt hätte und mithin derselbe Schaden eingetreten wäre.[433] Auch in Amtshaftungsprozessen wegen fehlerhafter Ausschreibungen hat der BGH ein rechtmäßiges Alternativverhalten für erheblich erachtet und folglich einen Schadensersatzanspruch der übergangenen Bieter verneint, wenn

---

428 Vgl. *Gotzler*, Rechtmäßiges Alternativverhalten im haftungsbegründenden Zurechnungszusammenhang, 1977, S. 18 m.w.N.

429 RGZ 102, 390 (391).

430 RGZ 163, 129 (138).

431 RGZ 169, 353 (358); für weitere die Berufung auf ein rechtmäßiges Alternativverhalten versagende Judikate vgl. etwa RGZ 141, 365 (367 ff.); 144, 80 (84).

432 OGHBrZ Köln, NJW 1949, 302 (304) = OGHZ 1, 308 (312 ff.) [*Löschteichfall*].

433 BGHZ 90, 103 (111).

die betroffenen Bieter auch bei einem rechtmäßigen Ablauf der Ausschreibung keinen Zuschlag erhalten hätten.[434] Im Übrigen hat auch das BAG den Einwand rechtmäßigen Alternativverhaltens anerkannt, indem es entschieden hat, dass sich ein vertragsbrüchiger Arbeitnehmer darauf berufen könne, Inseratskosten auf der Suche nach einem neuen Arbeitnehmer wären für den Arbeitgeber ebenso bei einer vertragsgemäßen Kündigung entstanden.[435]

In einer Vielzahl von Judikaten des BGH hat der Einwand des rechtmäßigen Alternativverhaltens demgegenüber keine Berücksichtigung gefunden.[436] Ablehnend hat der BGH diesbezüglich etwa den Fall einer rechtswidrigen Untersagung einer an sich erlaubten Gewässernutzung entschieden.[437] Auch soll es einem Notar, der die Fälligkeitsbestätigung vor der Eintragung der Auflassungsvormerkung erteilt hat, der Einwand verwehrt sein, er hätte durch rechtmäßiges Verhalten einen früheren Eintritt der Fälligkeit erreichen können.[438] Ferner hat der BGH entschieden, dass nachträgliche Befunde, die einen Eingriff indizieren, den Arzt bei Fehlen einer Patienteneinwilligung nicht entlasten können.[439] Darüber hinaus verneint die Rechtsprechung die Erheblichkeit rechtmäßigen Alternativverhaltens tendenziell dann, wenn Verstöße gegen Verfahrensvorschriften vorliegen und es gerade Sinn und Zweck der missachteten Vorschriften ist, den Betroffenen bestimmte Verfahrensgarantien zukommen zu lassen.[440]

### *b) Meinungsstand im Schrifttum*

In der Literatur hat sich weitgehend die sog. Schutzzwecklehre durchgesetzt, wonach sich die Erheblichkeit eines rechtmäßigen Alternativverhaltens jeweils im Sinn und Zweck der betreffenden Haftungsnorm ausrichtet, und überwiegend wird das rechtmäßige Alternativverhalten auch für beachtlich erachtet. An einer einheitlichen, klaren Linie mangelt es dennoch auch hier. So finden sich Vertreter im Schrifttum, die den Einwand des rechtmäßigen Alternativverhaltens grundsätzlich

---

434 BGHZ 120, 281 (285 ff.); BGH, NJW 2000, 661 (663); vgl. auch BGH, NJW-RR 1997, 1106 (1107 f.).

435 BAG, NJW 1981, 2430; NJW 1984, 2846. In einer Grundsatzentscheidung im Jahre 1958 hatte sich das BAG in Bezug auf die Durchführung von Arbeitskampfmaßnahmen vor Ablauf der Friedensfrist, die nach Ablauf der Frist rechtmäßig gewesen wären, noch gegen die Relevanz rechtmäßigen Alternativverhaltens ausgesprochen, vgl. BAG, NJW 1959, 356 (357) = BAGE 6, 321 [*Schleswig-Holst. Metallarbeiterstreik*].

436 *Oetker*, in: MünchKommBGB, § 249 Rn. 213 sowie *Schiemann*, in: Staudinger, § 249 BGB Rn. 104 führen an, dass die Rechtsprechung sogar überwiegend die Berufung auf ein rechtmäßiges Alternativverhalten versagt.

437 BGHZ 143, 362, (366 f.).

438 BGHZ 96, 157 (173).

439 BGH, NJW 2003, 1862.

440 BGHZ 36, 144 (154); 63, 319 (325 f.).

als beachtlich qualifizieren.[441] Andere Stimmen weisen hingegen eine restriktivere Grundhaltung auf und betonen zurückhaltend, dass es sich stets um eine Frage des konkreten Einzelfalles handelt.[442] Die Vertreter eines dritten Lösungsansatzes im Schrifttum plädieren für eine Ermäßigung des Ersatzanspruches in Form einer abgestuften Schadensteilung, da der Einwand eines rechtmäßigen Alternativverhaltens bisweilen auch lediglich zum Teil durchgreifen könne und insoweit ein starres Alles-oder-nichts-Prinzip nicht angezeigt sei.[443]

Erhebliche Differenzen finden sich im Schrifttum in diesem Zusammenhang insbesondere auch im Bereich von haftungsrelevanten Verfahrensverstößen. Weite Teile des Schrifttums versagen die Berufung auf ein rechtmäßiges Alternativverhalten bei der Verletzung wesentlicher Verfahrensgarantien, die Entscheidungs- bzw. Ermessensspielräume sichern sollen.[444] Auch diesbezüglich gibt es indes pointierte Gegenstimmen in der Literatur, die sich gegen die rechtliche Sonderbehandlung von Verfahrensverstößen aussprechen;[445] als Begründungsansatz stellen sie in diesem Zusammenhang insbesondere darauf ab, dass dem Schadensrecht nicht die Aufgabe zukomme, auf die Einhaltung von Verfahrensregeln hinzuwirken.[446] Die Anhänger einer Schadensteilung im Bereich des rechtmäßigen Alternativverhaltens propagieren diesen Ansatz erst recht im Hinblick

---

441 Vgl. insbesondere *Esser/Schmidt*, SchuldR AT, § 33 III.2.b. (S. 244); *Grüneberg*, in: Palandt, Vorb. v. § 249 BGB Rn. 64; *Oetker*, in: MünchKommBGB, § 249 Rn. 215; *Schubert*, in: Bamberger/Roth, § 249 BGB Rn. 100; ausführlich in monographischer Form bereits *Gotzler*, Rechtmäßiges Alternativverhalten im haftungsbegründenden Zurechnungszusammenhang, 1977, passim; eingehend bereits *Keuk*, Vermögensschaden und Interesse, 1972, S. 59 ff., 64 ff.; *Larenz*, SchuldR I, § 30 I. (S. 527 ff.).

442 *Schiemann*, in: Staudinger, § 249 BGB Rn. 105; ähnlich *Mertens*, in: Soergel, Vor § 249 BGB Rn. 161; *Niederländer*, AcP 153 (1954), 42 (68 ff.); differenzierend auch *Großerichter*, Hypothetischer Geschehensverlauf und Schadensfeststellung, 2001, S. 46 ff.

443 Anschaulich *Koziol*, in: FS Deutsch, 1999, S. 179 (185 f.); ebenso *Deutsch/Ahrens*, Deliktsrecht, § 6 Rn. 76, jedoch unter Hinweis auf die – jedenfalls bisher – fehlende Anerkennung dieses Lösungsansatzes durch die Rechtsprechung.

444 *Deutsch*, Allg. Haftungsrecht, Rn. 189 und 193; *Ebert*, in: Erman, Vor §§ 249–253 BGB Rn. 80; *Mertens*, in: Soergel, Vor § 249 BGB Rn. 164; *Teichmann*, in: Jauernig, Vor §§ 249–253 BGB Rn. 48; tendenziell auch *von Caemmerer*, Das Problem der überholenden Kausalität im Schadensrecht, 1962, S. 33; Grüneberg, in: Palandt, Vorb. v. § 249 BGB Rn. 65; *Lange/Schiemann*, Schadensersatz, § 4 XII.5. (S. 208).

445 Eingehend bereits *Gotzler*, Rechtmäßiges Alternativverhalten im haftungsbegründenden Zurechnungszusammenhang, 1977, S. 121 ff.; ferner *Hanau*, Die Kausalität der Pflichtwidrigkeit, 1971, S. 112 ff., 117; *Keuk*, Vermögensschaden und Interesse, 1972, S. 65 ff., 69; vgl. aus jüngerer Zeit *Oetker*, in: MünchKommBGB, § 249 Rn. 217; *Schubert*, in: Bamberger/Roth, § 249 Rn. 102.

446 *Oetker*, in: MünchKommBGB, § 249 Rn. 217.

auf Verfahrensverstöße: Durch eine abgestufte Schadensteilung könne dem Umschlagen von völliger Haftungsbefreiung zur uneingeschränkten Ersatzpflicht wirksam begegnet werden.[447]

Mit Blick auf das allgemeine Schadensrecht lässt sich mithin zusammenfassend festhalten, dass trotz langer Diskussion weder Rechtsprechung noch Rechtslehre eine verallgemeinerungsfähige Lösung zur (Nicht-)Berücksichtigung eines rechtmäßigen Alternativverhaltens herausarbeiten konnten.[448]

## II. Rechtmäßiges Alternativverhalten im Organhaftungsrecht

Nachdem die allgemeinen schadensrechtlichen Grundlagen der Lehre vom rechtmäßigen Alternativverhalten dargestellt worden sind, bedarf die Lösung der Frage nach der Erheblichkeit dieses Einwandes auch für haftende GmbH-Geschäftsführer bzw. für Vorstands- und/oder Aufsichtsratsmitlieder einer AG zunächst eines Blickes auf den bisherigen Meinungsstand im Organhaftungsrecht. Nachfolgend wird daher als weitere Vorarbeit ein Überblick über einschlägige letztinstanzliche Gerichtsentscheidungen sowie zentrale Meinungsäußerungen im Schrifttum gegeben, bevor sodann ein eigener Lösungsansatz erarbeitet wird.

### 1. Meinungsstand in Rechtsprechung und Rechtslehre

#### *a) Zivilgerichtliche Judikatur*

Auch im Bereich des Organhaftungsrechts stand das Reichsgericht einer Berücksichtigung rechtmäßigen Alternativverhaltens grundsätzlich ablehnend gegenüber. So hat es etwa am 28. April 1885 (Az. III ZR 3/85) geurteilt, dass eine Haftung eines Vorstandsmitglieds nicht schon aufgrund der bloßen Behauptung entfallen könne, entsprechende Anträge im Aufsichtsrat in Bezug auf das fragliche Geschäftsleiterhandeln hätten keinen Erfolg gehabt.[449] Ebenso hat das RG in einer Entscheidung vom 29. Mai 1934 (Az. II ZR 9/34) eine Berufung auf rechtmäßiges Alternativverhalten im Falle der Organhaftung von Aufsichtsratsmitgliedern abgelehnt, die schuldhaft ihre Prüfungspflicht in Bezug auf eine zur freien Verfügung des Vorstands zu leistende Bareinzahlung auf Aktien vor Anmeldung der Gesellschaft zur Eintragung im Handelsregister verletzt hatten.[450] Es findet sich jedoch auch eine – vereinzelt gebliebene – Entscheidung vom 28. Mai 1895 (Az. II ZR 69/95), in der das RG unter Berücksichtigung rechtmäßigen Alternativverhaltens ausführt, dass ein

447 *Koziol*, in: FS Deutsch, 1999, S. 179 (186).
448 Vgl. *Ebert*, in: Erman, Vor §§ 249–253 BGB Rn. 78.
449 RGZ 13, 43 (47 f.).
450 RGZ 144, 348 (358).

Verstoß gegen die Pflicht zur Einberufung einer Hauptversammlung dann nicht zu einer Schadensersatzpflicht führe, wenn die Hauptversammlung bei einer Befragung die Durchführung des in Frage stehenden Geschäfts beschlossen hätte.[451]

Der BGH sieht den Einwand rechtmäßigen Alternativverhaltens im Organhaftungsrecht demgegenüber grundsätzlich als erheblich an, sofern das betreffende Organmitglied seiner ihm insoweit obliegenden Darlegungs- und Beweislast nachzukommen vermag.[452] Keine einheitliche Linie lässt sich allerdings den organhaftungsrechtlichen Judikaten des BGH zu Kompetenzüberschreitungen entnehmen. Zwei Grundsatzentscheidungen zu dieser Thematik stammen bereits aus dem Jahre 1991. Einem GmbH-Geschäftsführer, der die langjährig praktizierte Geschäftspraxis ohne Zustimmung der Gesellschafterversammlung geändert und diese mithin übergangen hatte, verwehrte der BGH in seinem Urteil vom 25. Februar 1991 (Az. II ZR 76/90) den Einwand, dass die Gesellschafterversammlung den letztlich zur Haftung führenden Maßnahmen zugestimmt hätte.[453] Ebenso hat der BGH in einem Urteil vom 25. März 1991 (Az. II ZR 188/89) die Erheblichkeit eines rechtmäßigen Alternativverhaltens in einem ähnlich gelagerten Fall verneint, in dem ein Aufsichtsratsmitglied die Hauptversammlung übergangen hatte.[454] In beiden Entscheidungen stützt der BGH sein Urteil dabei maßgeblich darauf, dass die Mitwirkungsrechte der Minderheitsgesellschafter unterlaufen worden sind.[455]

In jüngerer Zeit hat der BGH hingegen seine restriktive Haltung bezüglich eines rechtmäßigen Alternativverhaltens von Organmitgliedern bei Kompetenzverstößen aufgegeben. So hat er am 11. Dezember 2006 (Az. II ZR 166/05) zunächst geurteilt, dass ein Geschäftsführerhandeln ohne notwendigen Gesellschafterbeschluss – im konkreten Fall daher unter Verstoß gegen § 46 Nr. 5 GmbHG bzw. gegen die gesellschaftsrechtliche Treuepflicht – nicht zwingend zur Organhaftung führe; eine kompetenzwidrige „Selbstbedienung“ eines GmbH-Geschäftsführers bei der Ausgestaltung seiner Bezüge könne vielmehr lediglich dann einen Schadensersatzanspruch auslösen, wenn die Gehaltshöhe sachlich nicht zu rechtfertigen sei.[456]

Die Grundtendenz dieser Entscheidung bestätigend hat der BGH in seinem Urteil vom 21. Juli 2008 (Az. II ZR 39/07) nochmals klargestellt, dass allein ein Verstoß gegen die innergesellschaftliche Kompetenzordnung noch nicht zwingend eine Schadensersatzpflicht nach sich ziehe.[457]

451 RGZ 35, 83 (86).
452 Stellvertretend etwa BGH, NZG 2011, 549 (550); BGHZ 152, 280 (284).
453 BGH, NJW 1991, 1681 (1682).
454 BGHZ 114, 127 (135).
455 BGH, NJW 1991, 1681 (1682); BGHZ 114, 127 (135).
456 BGH, NJW 2007, 917 (917 f.).
457 BGH, NZG 2008, 783 (785).

Auch in seinem Urteil vom 15. Januar 2013 (Az. II ZR 90/11) hat der BGH entschieden, dass ein Vorstandsmitglied auch bei einer Verletzung von Kompetenz-, Organisations- oder Verfahrensvorschriften haftungsentlastend geltend machen kann, der Schaden wäre auch bei einem rechtmäßigen Alternativverhalten eingetreten.[458]

### *b) Rechtslehre*

Die Stimmen im organhaftungsrechtlichen Schrifttum weisen hinsichtlich der Erheblichkeit des Einwandes rechtmäßigen Alternativverhaltens ein Meinungsspektrum auf, das den im allgemeinen Schadensrecht vertretenen Ansichten im Wesentlichen entspricht.

#### *aa) Grundsätzliche Berücksichtigungsfähigkeit*

Im Grundsatz lassen – soweit ersichtlich – sämtliche Vertreter, die sich im organhaftungsrechtlichen Schrifttum explizit mit der Thematik der Berufung auf rechtmäßiges Alternativverhalten auseinandersetzen, diesen Einwand in Übereinstimmung mit der Rechtsprechung des BGH als schadensmindernden Faktor zu.[459] Die Darlegungs- und Beweislast dafür, dass der Schaden auch bei einem rechtmäßigen Verhalten eingetreten wäre, trägt jedoch das in Anspruch genommene Organmitglied; die bloße Möglichkeit des Schadenseintritts ist nicht ausreichend.[460] Insoweit findet sich die Beschreibung einer *„probatio diabolica"*, da der Beweis oftmals nur schwerlich erbracht werden könne.[461]

---

458 BGH, ZIP 2013, 455 (456) [*Corealcredit Bank*]; zustimmend *Fleischer/Bauer*, ZIP 2015, 1901 (1910).

459 Vgl. etwa *Altmeppen*, in: FS K. Schmidt, 2009, S. 23 (37); *Eckert*, in: Wachter, § 93 AktG Rn. 30; *Fleischer*, in: Spindler/Stilz § 93 AktG Rn. 216; *Freund*, GmbHR 2009, 1185 (1189); *v. Gerkan*, ZHR 154 (1990), 38 (48 f.); *Harzenetter*, Innenhaftung des Vorstands für nützliche Pflichtverletzungen, 2008, S. 126 ff.; *Hopt/Roth*, in: GroßkommAktG, § 93 Rn. 415; *Koch*, in: Hüffer, § 93 AktG Rn. 50; *Klöckner*, Informationspflichten und Haftung der Organmitglieder, 2009, S. 169; *Liebscher*, in: Beck'sches Hdb. der AG, § 6 Rn. 134; *Moeder/Theiselmann*, in: Heybrock, PK-GmbHR, § 43 GmbHG Rn. 15; *Rahlmeyer*, Vorstandshaftung zwischen traditionellem deutschen Aktienrecht und kapitalmarktorientierter Corporate Governance, 2209, S. 185; *Schäfer/Zeller*, BB 2009, 1706 (1710); *Wendler*, Justiziabilität ökonomischer Unternehmensentscheidungen, 2007, S. 211; *Werner*, GmbHR 2007, 678 (680).

460 Anstatt vieler vgl. *Spindler*, in: MünchKommAktG, § 93 Rn. 174; *Hopt/Roth*, in: GroßkommAktG, § 93 Rn. 415; *Schäfer/Zeller*, BB 2009, 1706 (1710).

461 So ausdrücklich *Fleischer*, in: Spindler/Stilz, § 93 Rn. 216; ähnlich *Altmeppen*, in: FS K. Schmidt, 2009, S. 23 (37); beide Autoren betonen jedoch zu Recht, dass ein solcher Nachweis keinesfalls ausgeschlossen ist.

### *bb) Keine Berücksichtigung bei Kollegialentscheidungen*

Jedenfalls *prima facie* denkbar erscheint der Einwand des rechtmäßigen Alternativverhalten insbesondere auch bei Kollegialentscheidungen: So könnte sich ein Organmitglied – jedenfalls bei entsprechenden Mehrheitsverhältnissen – darauf berufen, dass eine bestimmte Entscheidung des jeweiligen Organs auch ohne seine Stimme getroffen worden wäre. Auch in diesem Zusammenhang besteht allerdings Übereinstimmung im Schrifttum, dass ein solcher Einwand nicht verfangen kann; zumal sich ansonsten regelmäßig jedes Organmitglied darauf berufen könnte und folglich ein nicht zielführender Zirkelschluss die missliche Konsequenz wäre.[462] Dogmatisch überzeugt in diesem Zusammenhang der Begründungsansatz, der für eine Haftung aller an der betreffenden Kollegialentscheidung beteiligten Organmitglieder maßgeblich auf eine analoge Anwendung der zivilrechtlichen Regelung des § 830 Abs. 1 Satz 2 BGB rekurriert, die an sich im Deliktsrecht bei gemeinsamer Verantwortung, aber nicht zu ermittelnden einzelnen Kausalbeiträgen zum Tragen kommt.[463]

### *cc) Mögliche Erheblichkeit auch bei Verstößen gegen Organisations-, Kompetenz- oder Verfahrensregeln*

So einhellig sich die Auffassungen in der Literatur sowohl hinsichtlich der grundsätzlichen Berücksichtigungsfähigkeit rechtmäßigen Alternativverhaltens im Organhaftungsrecht als auch in Bezug auf das Nichteingreifen dieses Einwands bei Kollegialentscheidungen darstellen, im Hinblick auf verletzte Organisations-, Kompetenz- oder Verfahrensnormen hat sich in diesem Zusammenhang im Schrifttum eine kontroverse Diskussion entfaltet.

#### (1) Restriktive Ansicht der herrschenden Lehre

Die herrschende Lehre verwehrt die Berufung auf rechtmäßiges Alternativverhalten bei Verstößen gegen Organisations-, Kompetenz- und Verfahrensvorschriften.[464]

---

462 Näher *Röckrath*, Kausalität, Wahrscheinlichkeit und Haftung, 2004, S. 38 ff.; *Dröge*, Haftung für Gremienentscheidungen, 2008, S. 102 ff.; vgl. ferner *Spindler*, in: MünchKommAktG, § 93 Rn. 175.

463 *Röckrath*, Kausalität, Wahrscheinlichkeit und Haftung, 2004, S. 39 f.; nachfolgend *Fleischer*, in: Spindler/Stilz, § 93 AktG Rn. 217; *Langenbucher*, Aktien- und Kapitalmarktrecht, 2011, § 4 Rn. 157; *Spindler*, in: MünchKommAktG, § 93 Rn. 175; a.A. *Dröge*, Haftung für Gremienentscheidungen, 2008, S. 103 f., für den der Gedanke des § 830 Abs. 1 Satz 2 BGB nicht passt; vielmehr sei der allgemeine Rechtsgrundsatz heranzuziehen, wonach rechtswidriges Verhalten eines anderen nicht haftungsentlastend wirken könne.

464 BGH, ZIP 2007, 268 (269); *Freund*, NJW 2013, 2545 (2546); *Haas/Ziemons*, in: Michalski, § 43 GmbHG Rn. 199a; *Harzenetter*, Innenhaftung des Vorstands für nützliche Pflichtverletzungen, 2008, S. 126 f.; *Hopt/Roth*, in: GroßkommAktG, § 93 Rn. 416; *Oltmanns*, Geschäftsleiterhaftung und unternehmerisches Ermessen, 2001, S. 331; *Paefgen*, in: Ulmer/Habersack/Löbbe, § 43 GmbHG Rn. 100; *Spindler*, in:

Derartige Vorschriften intendierten nicht nur den Schutz des jeweils betroffenen Rechtsguts, sondern darüber hinaus grundsätzlich auch die Einhaltung eines bestimmten Verfahrensablaufes bzw. eines Entscheidungsspielraumes.[465] Ohne Sanktionierung über eine Schadensersatzpflicht liefen ansonsten Vorschriften formaler Natur weitgehend ins Leere.[466] Entscheidend gegen eine Berücksichtigung des rechtmäßigen Alternativverhaltens bei Organisations-, Kompetenz- oder Verfahrensvorschriften streite nicht zuletzt auch der Einwand, dass die Mitwirkungsrechte von Minderheitsgesellschaftern und den anderen Organmitgliedern gewahrt werden müssen.[467]

### (2) Differenzierende Lösungsansätze

In Abweichung von der restriktiven Handhabung der herrschenden Lehre gibt es jedoch auch differenzierende Lösungsansätze in der Literatur, die sich gegen den generellen Ausschluss der Berufung auf rechtmäßiges Alternativverhalten bei Verstößen gegen Organisations-, Kompetenz- oder Verfahrensvorschriften stellen.[468] So findet sich etwa eine Auffassung, die ein rechtmäßiges Alternativverhalten auch bei Überschreitung des Unternehmensgegenstandes für beachtlich hält, wenn nur das übergangene Gesellschaftsorgan nachweislich zugestimmt hätte.[469] Auch eine pflichtwidrig unterlassene Vorlage an die Hauptversammlung seitens des Vorstands soll dann „nicht schon per se" zu einer schadensersatzbewehrten Verletzung materieller Aktionärs- bzw. Gesellschaftsinteressen führen.[470] Gleiches gelte mit Blick auf Verstöße gegen die innergesellschaftliche Kompetenzordnung auch für die Nichtbeachtung des Zustimmungsvorbehalts des Aufsichtsrates (§ 111 Abs. 4 Satz 2 AktG)[471] sowie ferner für Nichtbeachtung des Widerspruchs eines Mit-Geschäftsführers.[472]

---

MünchKommAktG, § 93 Rn. 174; *Wendler*, Justiziabilität ökonomischer Unternehmensentscheidungen, 2007, S. 211; *Zöllner/Noack*, in: Baumbach/Hueck, § 43 GmbHG Rn. 16.

465 *Harzenetter*, Innenhaftung des Vorstands für nützliche Pflichtverletzungen, 2008, S. 126.

466 *Hopt/Roth*, in: GroßkommAktG, § 93 Rn. 416; *Spindler*, in: MünchKommAktG, § 93 Rn. 174; vgl. auch *Habersack*, Die Mitgliedschaft, 1996, S. 331.

467 Darauf entscheidend abstellend *Haas/Ziemons*, in: Michalski, § 43 GmbHG Rn. 199a.

468 *Paefgen*, AG 2014, 554 (565) m.w.N.

469 Näher *Tieves*, Der Unternehmensgegenstand der Kapitalgesellschaft, 1998, S. 343 ff.

470 Dies ausdrücklich betonend schon *Martens*, ZHR 154 (1983), 377 (399 f.); ebenso *Fleischer*, DStR 2009, 1204 (1209); vgl. auch *M. Roth*, Unternehmerisches Ermessen und Haftung des Vorstands, 2001, S. 138.

471 Ausführlich *Altmeppen*, in: FS K. Schmidt, 2009, S. 23 (36 ff.); im Ergebnis ebenso *Marsch-Barner*, ZHR 173 (2009), 723 (728 f.); *Fleischer*, DStR 2009, 1204 (1209); mit dieser Auffassung sympathisierend auch *Koch*, in: Hüffer, § 93 AktG Rn. 50; vgl. ferner *Kleindiek*, in: Lutter/Hommelhoff, § 43 GmbHG Rn. 44.

472 *Zöllner/Noack*, in: Baumbach/Hueck, § 43 GmbHG Rn. 16.

Als Begründungsansatz für eine mögliche Berücksichtigung rechtmäßigen Alternativverhaltens auch bei Verstößen gegen Organisations-, Kompetenz- oder Verfahrensvorschriften führen die Vertreter der differenzierenden Auffassung insbesondere ins Feld, dass ein Organmitglied bei der Verletzung formaler Vorschriften nicht mit dem unternehmerischen Risiko und einer strengen, mitunter unverhältnismäßigen (Zufalls-)Haftung belastet werden dürfe.[473] Bisweilen wird auch angeführt, dass dem Schadensersatzrecht ein Sanktionsgedanke fremd sei.[474]

## 2. Stellungnahme und eigener Ansatz

Die in weiten Teilen des Schrifttums propagierte grundsätzliche Berücksichtigungsfähigkeit eines rechtmäßigen Alternativverhaltens auch im Organhaftungsrecht überzeugt. Es sind weder kodifizierte Normen noch besondere Wertungen im Kapitalgesellschaftsrecht ersichtlich, die in Abweichung vom allgemeinen Schadensrecht bei der Haftung von Geschäftsführern einer GmbH bzw. von Vorstands- und/oder Aufsichtsratsmitgliedern einer AG für eine generelle Versagung dieses Einwands streiten. Auch im Organhaftungsrecht kann sich zwar im Einklang mit der sog. Schutzzwecklehre ergeben, dass im konkreten Einzelfall der Einwand rechtmäßigen Alternativverhaltens auf Grund des einschlägigen Schutzbereichs einer verletzten (Vertrags-)Pflicht nicht zugunsten des Schädigers zum Tragen kommt. In Form eines Regel-Ausnahme-Prinzips sollte der Einwand allerdings regelmäßig greifen, sofern der Schädiger nachweisen kann, dass der Schaden auch bei einem rechtmäßigen Verhalten seinerseits eingetreten wäre. In derartigen Konstellationen ist das Verhalten des betreffenden Organmitglieds zwar als reale Ursache des Schadens zu erachten, der pflichtwidrigen Komponente des Handelns kommt hingegen nicht die entscheidende Bedeutung für den Schadenseintritt zu.[475]

Deutlich diffiziler als die Frage nach der generellen Berücksichtigungsfähigkeit rechtmäßigen Alternativverhaltens im Organhaftungsrecht gestaltet sich indes die Erarbeitung eines eigenen Standpunkts hinsichtlich der Erheblichkeit dieses Einwands bei Verstößen gegen Organisations-, Kompetenz- oder Verfahrensvorschriften. Relativ schnell lässt sich dem Einwand begegnen, dass die formalen Verfahrensvorschriften insbesondere die Entscheidungsspielräume übergangener Gesellschaftsorgane sichern sollen. Dieser Einwand ist zwar isoliert betrachtet zutreffend und kann mithin nicht von der Hand gewiesen werden; allerdings lässt er

---

473 Ausführlich *Altmeppen*, in: FS K. Schmidt, 2009, S. 23 (37 f.) [für die AG] sowie: *ders.*, in: Roth/Altmeppen, § 43 Rn. 104 f. [für die GmbH]; vgl. auch *Fleischer*, DStR 2009, 1204 (1209); *Sander/S. Schneider*, ZGR 2013, 725 (743).

474 Vgl. etwa *Tieves*, Der Unternehmensgegenstand der Kapitalgesellschaft, 1998, S. 345; *Zöllner/Noack*, in: Baumbach/Hueck, § 43 GmbHG Rn. 16; s. auch *Haarmann/Weiß*, BB 2014, 2115 (2117).

475 Vgl. *Larenz*, SchuldR I, § 30 I. (S. 528), der diesbezüglich plastisch von „fehlender Relevanz des Normverstoßes für den Schadenserfolg" spricht.

sich durch eine Gesamtschau der Tatbestandsvoraussetzungen der Lehre vom rechtmäßigen Alternativverhalten nachhaltig entkräften: Angesichts der bereits näher dargelegten Beweislastverteilung muss ein auf Schadensersatz in Anspruch genommener Geschäftsleiter bei Verstößen gegen innergesellschaftliche Kompetenzvorschriften stets den Nachweis erbringen, dass das übergangene Gesellschaftsorgan der betreffenden Maßnahme auch mehrheitlich zugestimmt hätte. Wenn nun aber dieser Nachweis gelingt, steht das pflichtwidrige Geschäftsleiterhandeln gerade nicht in Widerspruch zu dem Willen des übergangenen Gesellschaftsorgans.[476] Das kollektive Partizipationsrecht des übergangenen Organs hat folglich – jedenfalls im Ergebnis – gar keinen Schaden genommen.[477]

Auch der Minderheitenschutz als weiterer Begründungsansatz der Vertreter der restriktiven herrschenden Lehre für eine generelle Versagung rechtmäßigen Alternativverhaltens bei Verstößen gegen Verfahrensvorschriften erweist sich *prima facie* als stichhaltiges Argument, zumal insbesondere ein bloßes Abstellen auf den mutmaßlichen Mehrheitswillen dem Minderheitenschutz nicht ausreichend Rechnung zu tragen vermag. Indes kann auch dieses berechtigte Schutzanliegen hinreichend berücksichtigt werden, ohne den Einwand rechtmäßigen Alternativverhaltens bei Verfahrensverstößen ausnahmslos versagen zu müssen.

Überzeugend begründet *Fleischer* in diesem Zusammenhang eine bereichsspezifische Fortentwicklung der Lehre vom rechtmäßigen Alternativverhalten im Rahmen der Organhaftung für Verstöße gegen die innergesellschaftliche Kompetenzordnung: Danach soll bei der Rekonstruktion des Geschehensablaufs im Wege einer wertenden Kontrollüberlegung maßgeblich darauf abgestellt werden, wie ein „verantwortlich handelndes" Mitglied des übergangenen Organs im Hinblick auf die betreffende Geschäftsleitermaßnahme abgestimmt hätte.[478] *Fleischer* begründet diesen zu begrüßenden normativen Prüfungsmaßstab dogmatisch insbesondere mit einer Parallele zum aktienrechtlichen Beschlussmängelrecht. Auch dort kommt es bezüglich der Anfechtbarkeit eines Hauptversammlungsbeschlusses wegen etwaiger Informationsmängel entscheidend darauf an, wie ein „objektiv und vernünftig urteilender Aktionär" sein Stimmrecht ausgeübt hätte; das Stimmverhalten der konkreten Aktionärsmehrheit bei ordnungsgemäßer Informationserteilung ist hingegen unerheblich.[479] Für ein Abstellen auf das Stimmverhalten eines „verantwortungsvoll handelnden" Mitglieds des

---

476 Vgl. *Altmeppen*, in: FS K. Schmidt, 2009, S. 23 (36 ff.) [für die AG] sowie *ders.*, in: Roth/Altmeppen, § 43 GmbHG Rn. 104 f. [für die GmbH]; *Fleischer*, DStR 2009, 1204 (1209).

477 Treffend *Fleischer*, DStR 2009, 1204 (1209).

478 Instruktiv *Fleischer*, DStR 2009, 1204 (1209), der bei etwaigen Handlungsspielräumen, die sich bei einem solchen Prüfungsmaßstab ergeben können, auch die bisherige Verwaltungs- und Entscheidungspraxis des übergangenen Gesellschaftsorgans in diesem Ermessenskorridor mitberücksichtigen will; vgl. auch *ders.*, NJW 2009, 2337 (2339 f.) sowie *ders.*, in: Spindler/Stilz, § 93 AktG Rn. 216.

479 *Fleischer*, DStR 2009, 1204 (1209).

übergangenen Organs bei der Frage der Beachtlichkeit rechtmäßigen Alternativverhaltens bei Verstößen gegen die innergesellschaftliche Kompetenzordnung lassen sich weitere schlagkräftige Argumente ins Feld führen: Zum einen wäre insbesondere auch im Interesse der Minderheitsgesellschafter einer möglichen Kollusion von Geschäftsleitern und Mehrheitsgesellschafter die Grundlage entzogen.[480] Darüber hinaus ermöglicht ein normativer Prüfmaßstab, dass zumindest im Bereich rechtmäßigen Alternativverhaltens als Teilaspekt der Organhaftung dem der Haftung von Geschäftsführern, Vorstands- und/oder Aufsichtsratsmitgliedern immanenten rechtstatsächlichen Phänomen der „*hindsight bias*" effektiv entgegengewirkt werden kann.[481] Befragte man hingegen nachträglich die konkret zuständigen Organmitglieder in Kenntnis des eingetretenen Schadens, ob sie der betreffenden Handlung zugestimmt hätten, werden diese *ex post* eine etwaige Zustimmung oftmals strikter verneinen als es bei einer Analyse der verfügbaren Informationen *ex ante* der Fall gewesen wäre.

Es bleibt allerdings noch der wohl gewichtigste Einwand der Vertreter der restriktiven Auffassung, dass den Geschäftsleitern kein Freibrief für Verstöße gegen Organisations-, Kompetenz- oder Verfahrensvorschriften ausgestellt werden dürfe und daher eine Sanktionierung von Verstößen gegen innergesellschaftliche Kompetenzüberschreitungen geboten sei. Insoweit bedarf es zunächst einmal der Klarstellung, dass eine pauschale Aussage dahingehend, dass das Schadensersatzrecht generell nicht der Sanktionierung von Verfahrensverletzungen diene, zu kurz greift, um den Einwand nachhaltig zu entkräften.[482] Gemeinhin anerkannt als haftungsrechtliche Regelungsziele sind nämlich mittlerweile sowohl im allgemeinen Haftungs- und Schadensrecht[483] als auch im Organhaftungsrecht[484]

---

480 *Fleischer*, DStR 2009, 1204 (1209).

481 *Fleischer*, DStR 2009, 1204 (1209); ausführlich zu dem der psychologischen Verhaltensforschung entstammenden Begriff der „*hindsight bias*" bereits unter § 3 III.

482 So argumentieren aber *Altmeppen*, in: FS K. Schmidt, 2009, S. 23 (36) sowie *Tieves*, Der Unternehmensgegenstand der Kapitalgesellschaft, 1998, S. 345; vgl. auch *Zöllner/Noack*, in: Baumbach/Hueck, § 43 GmbHG Rn. 16 sowie aus dem allgemeinen Schadensrecht *Oetker*, in: MünchKommBGB, § 249 Rn. 217; zu Recht kritisch daher *Fleischer*, DStR 2009, 1204 (1209).

483 Eingehend *Wagner*, AcP 206 (2006) 352 (451 ff.); vgl. auch *Deutsch*, Allg. Haftungsrecht, Rn. 17 ff.; *Wendehorst*, Anspruch und Ausgleich, 1999, S. 140.

484 *Fleischer*, in: Spindler/Stilz, § 93 Rn. 2; *Goette*, in: FS 50 Jahre BGH, S. 123 (124); *ders.*, ZHR 176 (2012), 588 (590); *Göppert*, Die Reichweite der Business Judgement Rule bei unternehmerischen Entscheidungen des Aufsichtsrats der Aktiengesellschaft, 2010, S. 116; *Koch*, in: Hüffer, § 93 AktG Rn. 1; noch weitergehend *Rahlmeyer*, Vorstandshaftung zwischen traditionellem deutschen Aktienrecht und kapitalmarktorientierter Corporate Governance, 2010, S. 191, der die Vorstandshaftung „primär als präventiv wirkendes Instrument" interpretieren will; zurückhaltender *Thomas*, Die Haftungsfreistellung von Organmitgliedern, 2010, S. 147 ff., der Präventionsgesichtspunkten lediglich eine untergeordnete Bedeutung beimisst.

neben der Wiedergutmachung gerade auch die Schadensprävention sowie die zielgerichtete Verhaltenssteuerung. Zwar gibt es neben der Organhaftung durchaus weitere Steuerungsinstrumente in Bezug auf ein pflichtgemäßes Geschäftsleiterhandeln; zu nennen ist insbesondere die Möglichkeit der Kündigung des Anstellungsvertrages.[485] Allerdings erscheint gerade die Option einer solchen dienstvertraglichen Sanktionierung als wenig rechtssicher handhabbar und mithin als deutlich stumpferes Schwert als die Organhaftung.[486] Auch wenn den Organmitgliedern die volle Beweislast dafür obliegt, dass der Schaden auch bei Beachtung der gesellschaftsinternen Kompetenzverteilung entstanden wäre, hätte eine vollumfängliche Berücksichtigungsfähigkeit des rechtmäßigen Alternativverhaltens letztlich eine nicht zu unterschätzende Verminderung der präventiven, handlungssteuernden Funktion der Organisations-, Kompetenz- und Verfahrensvorschriften zur Folge.

Andererseits führte eine völlige Nichtberücksichtigung der Lehre vom rechtmäßigen Alternativverhalten bei Kompetenzüberschreitungen zu einer besonders strengen Haftungsgrundlage für Organmitglieder; in letzter Konsequenz sähen diese sich gar bisweilen einer unverhältnismäßigen Zufallshaftung für das unternehmerische Risiko ausgesetzt.[487] Auch stellt die Einhaltung eines bestimmten Verfahrens generell keinen Selbstzweck dar, sondern zielt vielmehr auf eine Vermeidung eines nachteiligen Erfolges.[488]

In Anbetracht dieser gegenstreitenden Argumentationslinien, die beide im Kern berechtigte Schutzanliegen hervortreten lassen, ist der Versuch eines vermittelnden Lösungsansatzes zu unternehmen. Insoweit können die Überlegungen von *Koziol*[489] sowie von *Deutsch* und *Ahrens*[490] fruchtbar gemacht werden, die sich im Bereich des rechtmäßigen Alternativverhaltens stets für eine Schadensteilung aussprechen.

Die Schadensteilung als generelle Rechtsfolge bei Durchgreifen des Einwands rechtmäßigen Alternativverhaltens, wie sie von den angeführten Autoren postuliert wird, ist im Ergebnis zwar abzulehnen. Entscheidende Bedenken begegnen der Rechtsauffassung von *Koziol*, *Deutsch* und *Ahrens* nicht zuletzt insoweit, als dass nicht in sämtlichen Haftungskonstellationen ein derart nachhaltiger Widerstreit jeweils berechtigter Schutzanliegen auszumachen ist; vielmehr dürfte eine Konfrontation gleichgewichtig erscheinender, gegenläufiger Einwände in der vorgenannten Art eher als Ausnahme, denn als Regel anzusehen sein.

---

485 So auch *Fleischer*, DStR 2009, 1204 (1208) unter Hinweis auf die einschlägigen Judikate der höchstrichterlichen Spruchpraxis in BGH, NJW 1991, 1681 (1681 f.) sowie in BGH, NJW 1976, 797.

486 A.A. *Fleischer*, DStR 2009, 1204 (1208).

487 Dies deutlich herausarbeitend *Altmeppen*, in: FS K. Schmidt, 2009, S. 23 (38 f.).

488 Zutreffend *Koziol*, in: FS Deutsch, 1999, S. 179 (186).

489 *Koziol*, in: FS Deutsch, 1999, S. 179 (185 f.).

490 *Deutsch/Ahrens*, Deliktsrecht, § 6 Rn. 76.

Im Bereich der Organhaftung für Verstöße gegen Organisations-, Kompetenz- oder Verfahrensvorschriften überzeugt der Ansatz aber, bei rechtmäßigem Alternativverhaltens von einer Schadensteilung auszugehen. Insbesondere bei Vorschriften der innergesellschaftlichen Kompetenzordnung erweist es sich bisweilen als unmöglich, eine trennscharfe Differenzierung vorzunehmen zwischen Normen, die in erster Linie einen Schadenseintritt verhindern sollen, und Normen, die primär der Einhaltung eines bestimmten Verfahrens dienen.

Eine Schadensteilung bei Verstößen gegen derartige Vorschriften ließe sich dogmatisch als weitere bereichsspezifische Fortentwicklung der Lehre vom rechtmäßigen Alternativverhalten – neben dem normativen Prüfungsmaßstab – begründen. Durch eine entsprechende Auflockerung anstelle der starren Lösungsansätze ließe sich den konträren Schutzanliegen Rechnung tragen, ohne eines von ihnen unberücksichtigt zu lassen; ein nahtloser Übergang von der uneingeschränkten Haftung zur völligen Haftungsfreistellung könnte verhindert werden.[491] Darüber hinaus etablierte man durch eine solche – jedenfalls partielle – Gleichstellung von Verfahrensverstößen mit sonstigen Pflichtverletzungen in der Rechtsfrage der Berücksichtigungsfähigkeit rechtmäßigen Alternativverhaltens ein nicht unerhebliches Korrektiv zu der stetig fortschreitenden Verschärfung der Organhaftung. Man hätte mithin einen weiteren Ansatzpunkt, um einer betriebs- und volkswirtschaftlich unerwünschten übersteigerten Risikoaversion der Unternehmensleiter effektiv entgegenwirken zu können.[492]

## III. Fazit

Auch im Organhaftungsrecht findet der Einwand rechtmäßigen Alternativverhaltens grundsätzlich Berücksichtigung, sofern das betreffende Organmitglied die Anforderungen der ihm obliegenden Darlegungs- und Beweislast erfüllen kann. Lediglich in Einzelfällen kann sich aus dem Schutzzweck der verletzten Norm bzw. der Vertragspflicht ergeben, dass der Einwand rechtmäßigen Alternativverhaltens nicht zugunsten des Schädigers greift.

Die grundsätzliche Beachtlichkeit rechtmäßigen Alternativverhaltens gilt auch bei Verstößen gegen Organisations-, Kompetenz- oder Verfahrensvorschriften, da diesbezüglich eine Gleichstellung mit sonstigen Pflichtverletzungen angezeigt erscheint. Mit Blick auf die Verstöße gegen Organisations-, Kompetenz- oder Verfahrensvorschriften bedarf es dafür allerdings zweier bereichsspezifischer Fortentwicklungen der Lehre vom rechtmäßigen Alternativverhalten: Zum einen sollte ein normativer Prüfmaßstab zum Tragen kommen, sodass es entscheidend darauf ankommt, wie ein „verantwortlich handelndes“ Mitglied des übergangenen Organs im Hinblick auf die betreffende Geschäftsleitermaßnahme abgestimmt hätte.

---

491 Vgl. *Koziol*, in: FS Deutsch, 1999, S. 179 (186).

492 Näher zur fortwährenden Verschärfung der Organhaftung und der Gefahr einer erhöhten Risikoaversion der Unternehmensleiter bereits unter § 2 und § 3.

Darüber hinaus sollte im Bereich der Organhaftung für Verstöße gegen Organisations-, Kompetenz- oder Verfahrensvorschriften bei nachweisbarem rechtmäßigen Alternativverhalten eine Schadensteilung als Rechtsfolge etabliert werden, um widerstreitenden, berechtigten Schutzanliegen gerecht werden zu können und den strikten Übergang von einer uneingeschränkten Haftung zur völligen Haftungsfreistellung zu verhindern.

# § 6 Vorteilsausgleichung

Im Hinblick auf weitere schadensmindernden Faktoren, die möglicherweise auch im Rahmen der Schadensermittlung im Organhaftungsrecht Berücksichtigung finden müssen, kommt neben dem rechtmäßigen Alternativverhalten (§ 5) auch der Lehre von der Vorteilsausgleichung eine besondere Bedeutung zu. Bringt ein pflichtwidriges, schadensersatzbewehrtes Handeln neben den Nachteilen zugleich auch etwaige Vorteile für den Geschädigten hervor, so stellt sich grundsätzlich die Frage, ob diesen Vorteilen im Rahmen der Schadensermittlung Beachtung zu schenken ist. Diesbezüglich stellt das Organhaftungsrecht keine Ausnahme dar; vielmehr erscheint die betreffende Problematik einer Vorteilsausgleichung gerade im Rahmen der Haftung von Geschäftsführern, Vorständen und Aufsichtsratsmitgliedern als virulent.

Um hinsichtlich der Thematik der Vorteilsausgleichung im Organhaftungsrecht den Versuch einer Lösung unternehmen zu können, wird in den nachfolgenden Ausführungen auf den bereits bewährten Aufbau zurückgegriffen: Zunächst einmal werden also unter eingehender Berücksichtigung von Rechtsprechung und Rechtslehre die allgemeinen schadensersatzrechtlichen Grundlagen der Lehre von der Vorteilsausgleichung näher beleuchtet (I.). Im Anschluss daran wird der Meinungsstand in Judikatur und Schrifttum zu einer möglichen Vorteilsausgleichung im Organhaftungsrecht dargestellt (II.1.), bevor schließlich unter Bezugnahme auf eine fallgruppenspezifische Auffächerung eine eigene Stellungnahme erarbeitet wird (II.2.).

## I. Allgemeine schadensersatzrechtsrechtliche Grundlagen

### 1. Typologie

#### *a) Problemstellung*

Durch eine haftungsrelevante, schadensstiftende Handlung eines Schädigers können dem Geschädigten neben Nachteilen durchaus auch Vorteile entstehen. Der insbesondere von *Lange* und *Schiemann* vorgenommenen Differenzierung entsprechend[493] sind derartige Vorteile abzugrenzen von Faktoren, die einen Schaden von vornherein nicht oder zumindest nur in bestimmter Höhe entstehen lassen und daher als reine Berechnungsfaktoren im Rahmen der Schadensberechnung im engeren Sinne berücksichtigt werden.[494]

493 *Lange/Schiemann*, Schadensersatz, § 9 IV.1. (S. 502), allerdings unter dem Hinweis auf „weiche Übergänge“ zwischen Schadensberechnung und Vorteilsausgleichung; ausdrücklich zustimmend *Fleischer*, DStR 2009, 1204 (1209 f.); ähnlich auch *Esser/Schmidt*, SchuldR AT, § 33 V.2.a) (S. 249); *Larenz*, SchuldR I, § 30 II. (S. 530).

494 Dazu bereits oben § 4 III.

Mit Blick auf erst entstehende Vorteile sind insbesondere pflichtwidrig abgeschlossene Rechtsgeschäfte denkbar, die teils zu Verlusten, teils aber auch zu Gewinnen führen. Als problematisch erweist sich in diesem Zusammenhang jedoch, ob derartige Vorteile bei der Schadensermittlung zu berücksichtigen sind, sodass es zu einer Minderung des betreffenden Schadens käme. Aufgeworfen ist damit die rechtliche Frage nach einer Vorteilsausgleichung (*compensatio lucri cum damno*), die bereits in den ersten Jahren nach Inkrafttreten des BGB für umfangreichen Diskussionsstoff im rechtswissenschaftlichen Schrifttum gesorgt hat.[495] Die Thematik der Vorteilsausgleichung wurde daher schon Anfang der 1960er Jahre als „altehrwürdiges Problem" tituliert;[496] sie hat indes bis heute weder in Rechtsprechung noch in Rechtslehre an Brisanz eingebüßt.

Es geht letztlich um den Widerstreit zweier Grundprinzipen des Schadensersatzrechts, der durch das Institut der Vorteilsausgleichung zu einem angemessenen, befriedenden Ausgleich geführt werden soll: Auf der einen Seite steht der schadensersatzrechtliche Grundsatz des „Bereicherungsverbots"[497] bzw. die Tendenz der „Gewinnabwehr"[498], wonach ein Geschädigter durch eine Ersatzleistung nicht besser gestellt werden soll, als er ohne das schädigende Ereignis stünde. Auch liefe eine strikte Durchführung der Differenzhypothese, auf der die schadensersatzrechtlichen Normen der §§ 249 ff. BGB fußen, stets auf eine Anrechnung der Vorteile hinaus.

Andererseits widerspricht das allgemeine Rechtsempfinden einer generell Raum greifenden Vorteilsausgleichung: So ist es ebenso ein wesentliches Grundprinzip des Schadensersatzrechtes, eine unbillige Entlastung des Schädigers zu vermeiden. Vor diesem Hintergrund besteht Einigkeit, dass die Frage der Vorteilsausgleichung nicht – wie sonst regelmäßig im Schadensersatzrecht – anhand von rein mathematischen Berechnungen gelöst werden kann, sondern dass es vielmehr der zwingenden Berücksichtigung wertender Elemente bedarf.[499]

### *b) Abgrenzung zu anderen Rechtsinstituten*

Die Lehre der Vorteilsausgleichung im eigentlichen Sinne betrifft keine Faktoren, die einen Schaden als von vornherein nicht oder nur in bestimmter Höhe entstanden

---

495 Vgl. nur die Monographien von *J. Larenz*, Compensatio lucri cum damno, 1896; *Oertmann*, Die Vorteilsausgleichung beim Schadensersatzanspruch im römischen und deutschen bürgerlichen Recht, 1901 und *Walsmann*, Compensatio lucri cum damno, 1900.

496 *Rudloff*, FS von Hippel, 1967, 423.

497 So der Sprachgebrauch des BGH, vgl. etwa BGHZ 91, 206 (209 f.).

498 Diese Begrifflichkeit geht zurück auf *Heck*, Grundriß des Schuldrecht, 1929, S. 50; aufgegriffen etwa von *Thiele*, AcP 167 (1967), 193 (197); *Thüsing*, Wertende Schadensberechnung, 2001, S. 425 ff.

499 Anstatt vieler *Lange/Schiemann*, Schadensersatz, § 9 I.1. (S. 486 f.); vgl. ferner *Fikentscher/Heinemann*, § 57 Rn. 703.

erscheinen lassen (z.B. Restwert eines geschädigten Objektes) und dementsprechend bereits der Schadensermittlung im engeren Sinne zugeordnet werden können.[500]

Von dem Problemkreis des rechtmäßigen Alternativverhaltens als Sonderfall der hypothetischen Kausalität unterscheidet sich die Vorteilsausgleichung regelmäßig dadurch, dass es bei ihr um einen realen Vorteil geht, während sich der Einwand des rechtmäßigen Alternativverhaltens mit einem irrealen, hypothetischen Vorteil auseinandersetzt.[501]

Streng genommen keinen Anwendungsfall der Lehre von der Vorteilsausgleichung stellen ferner jene Fallgestaltungen dar, die plakativ unter der Begrifflichkeit „neu für alt" geführt werden: In derartigen Fällen entsteht der Vorteil des Geschädigten gerade nicht durch die Schadensentwicklung, sondern durch die Art des Ausgleiches.[502]

### c) *Gesetzesvorschriften*

Bereits der historische Gesetzgeber hatte die Problematik der Vorteilsausgleichung vor Augen.[503] Den Versuch der Kodifizierung der Vorteilsausgleichung bzw. deren Versagung hat er allerdings nicht unternommen; die Lösung der Rechtsfrage einer Einbeziehung von Vorteilen in die Schadensberechnung hat der Gesetzgeber vielmehr ausdrücklich der Rechtswissenschaft und Rechtspraxis vorbehalten.[504] Vor diesem Hintergrund überrascht es nicht, im BGB nur vereinzelte Vorschriften zu finden, die sich explizit mit der Frage einer Vorteilsausgleichung

---

500 Zutreffend *Lange/Schiemann*, Schadensersatz, § 9 I.3. (S. 487); *Esser/Schmidt*, SchuldR AT, § 33 V.2.a) (S. 249 f.); *Larenz*, SchuldR I, § 30 II. (S. 530 f.).

501 *Lange/Schiemann*, Schadensersatz, § 4 I.2. (S. 182); ähnlich *Teichmann*, in: Jauernig, Vorb. §§ 249–253 Rn. 35 und Fn. 42; a.A. *Grunsky*, in: FS Lange, 1992, S. 469, der die hypothetische Kausalität als Unterfall der Vorteilsausgleichung qualifiziert; ebenso *Oetker*, in: MünchKommBGB, § 249 Rn. 207.

502 Überzeugend *Lange/Schiemann*, Schadensersatz, § 9 I.3. (S. 487); *Büdenbender*, Vorteilsausgleichung und Drittschadensliquidation, 1996, S. 17; *Thüsing*, Wertende Schadensbetrachtung, 2001, S. 29 ff.; a.A. aber BGH, NJW 1997, 2879 (2880).

503 Vgl. Motive zu dem Entwurf eines Bürgerlichen Gesetzbuchs für das deutsche Reich. Bd. II, Recht der Schuldverhältnisse, Amtliche Ausgabe, 1888, S. 19, wonach es für den Gesetzgeber eine Selbstverständlichkeit darstellte, „dass, wenn aus einer und derselben Maßregel oder aus einem Komplex von Maßregeln, für welche dieselbe Person einzustehen hat, schädliche und nützliche Folgen entstanden sind, diese nicht voneinander getrennt werden dürfen, sondern auf das Gesamtresultat gesehen werden muss."

504 Vgl. Motive zu dem Entwurf eines Bürgerlichen Gesetzbuchs für das deutsche Reich. Bd. II, Recht der Schuldverhältnisse, Amtliche Ausgabe, 1888, S. 18 f.: „Die Entscheidung der Frage, ob und inwiefern bei Schadensersatzansprüchen, der Vorteil, welcher dem Beschädigten durch den schadenbringenden Umstand zugefallen ist, von der Ersatzsumme in Anrechnung zu bringen sei (*Compensatio lucri cum damno*), muß der Rechtswissenschaft und Praxis überlassen werden."

befassen. Diese wenigen Regelungen beinhalten überdies divergierende Rechtsfolgen: So sieht die Regelung in § 642 Abs. 2 BGB ausdrücklich eine Anrechnung etwaiger Vorteile vor.[505] Demgegenüber enthalten die Regelungen der §§ 843 Abs. 4, 844 Abs. 2 und 845 BGB die strikte Versagung einer Anrechnung von möglichen Vorteilen.[506]

Darüber hinaus lassen sich noch jene Gesetzesbestimmungen, in denen der Übergang eines Schadensersatzanspruches auf einen an Stelle des Schädigers leistenden Dritten kodifiziert ist (z. B. §§ 6 EFZG, 86 VVG n.F., 116 SGB X), als implizite Gesetzesregelungen der Vorteilsausgleichung erachten: So setzten diese Legalzessionen allesamt voraus, dass der übergehende Anspruch trotz Leistung eines Dritten noch existiert; folglich stellt die Zahlung des Dritten zwar einen Vorteil dar, dessen Berücksichtigung bei der Schadensermittlung wird allerdings versagt.[507]

Den betreffenden Gesetzesnormierungen gemeinsam ist indes, dass sie alle als Spezialregelungen zu erachten sind, die keinen verallgemeinerungsfähigen Rückschluss auf die rechtliche Handhabung der Problematik der Vorteilsausgleichung gestatten. Insbesondere kann den gesetzlichen Bestimmungen keine eindeutige Tendenz für eine generelle Berücksichtigung bzw. Nicht-Berücksichtigung etwaiger Vorteile entnommen werden.[508]

## 2. Entwicklung der Lehre von der Vorteilsausgleichung

In Ermangelung umfassender gesetzlicher Regelungen oblag und obliegt es auch weiterhin der Rechtsprechung und der Rechtslehre, die Voraussetzungen einer möglichen Vorteilsausgleichung und die maßgeblichen Wertungsgesichtspunkte zu erarbeiten, anhand derer die Rechtspraxis die betreffende Problematik handhaben kann.

---

505 Eine Vorteilsanrechnung bei Erfüllungsansprüchen beinhalten die Regelungen in §§ 326 Abs. 2 Satz 2, 537 Abs. 1 Satz 2, 615 Satz 2, 616 Satz 2, 649 Satz 2 BGB.

506 Die Versagung der Anrechnung von Vorteilen sieht auch eine Reihe spezialgesetzlich geregelter Gefährdungshaftungen vor: Vgl. etwa §§ 8 Abs. 2 HPflG, 13 Abs. 2 StVG, 30 Abs. 2 AtomG, 38 Abs. 2 LuftVG, 9 Abs. 2 ProdHaftG.

507 *Thüsing*, Wertende Schadensberechnung, 2001, S. 41 ff.; zuvor bereits *Oertmann*, Die Vorteilsausgleichung beim Schadensersatzanspruch im römischen und deutschen bürgerlichen Recht, 1901, S. 127; s. auch RGZ 92, 401 (405). Vgl. in diesem Zusammenhang ferner § 255 BGB, der zwar keinen gesetzlichen Forderungsübergang normiert, für *Esser/Schmidt*, SchuldR AT, § 33 V.2.b) (S. 250) aber dennoch den Gedanken einer „restitutionsimmanenten Korrektur ‚überschießender' Ausgleichsleistungen" beinhaltet.

508 Ebenso *Büdenbender*, JZ 1995, 920 (921 f.); *Oetker*, in: MünchKommBGB, § 249 Rn. 231; a.A. aber *Thiele*, AcP 167 (1967), 193 (199 ff.) [grundsätzliche Nichtbeachtung] sowie *Esser/Schmidt*, SchuldR AT, § 33 V.1. (S. 248) [grundsätzliche Anrechenbarkeit].

### a) Voraussetzungen und Wertungsgesichtspunkte

#### aa) Kriterien der Rechtsprechung

Die Rechtsprechung des RG löste die Frage der Vorteilsausgleichung regelmäßig noch allein durch Kausalitätserwägungen. So stellte das RG zunächst darauf ab, ob das schadensstiftende Ereignis die alleinige Ursache des Vorteils war.[509] Nachdem in der Folgezeit im allgemeinen Schadensrecht die Lehre von dem adäquaten Kausalzusammenhang etabliert wurde,[510] rekurrierte das RG in Bezug auf berücksichtigungsfähige Vorteile im Rahmen der Schadenermittlung entscheidend auf das Kriterium der Adäquanz.[511]

Auch der BGH hat grundsätzlich an dem Adäquanzkriterium festgehalten, allerdings misst er ihm in einer Fortentwicklung der Rechtsprechung des RG lediglich die Funktion einer Negativabgrenzung zu: Nicht adäquate Vorteile müssen danach bei der Schadensermittlung außen vor bleiben; die Berücksichtigungsfähigkeit adäquater Vorteile setzt jedoch nach Auffassung des BGH zusätzlich voraus, dass „die Anrechnung dem Sinn und Zweck der Ersatzpflicht entspricht".[512] Insoweit führt der BGH weiter aus, es sei stets „eine Gesamtschau der Interessenlage" durchzuführen. Ferner müsse bei der Anrechnung adäquat erlangter Vorteile den „Grenzen der Zumutbarkeit" Beachtung geschenkt werden; zudem dürfe der Zusammenhang zwischen Schaden und Vorteil nicht zu lose sein.[513] Es dürfe vor allem zu keiner unbilligen Entlastung des Schädigers kommen.[514]

Nach einer anschaulichen, wiederholt in seinen Judikaten angeführten Formel des BGH erfordert eine Vorteilsausgleichung, dass Vorteil und Schaden bei wertender Betrachtung zu einer Rechnungseinheit verbunden sind.[515] Der BGH setzt ferner einen gewissen zeitlichen Zusammenhang zwischen schädigendem Ereignis und eingetretenem Vorteil voraus.[516] Rechtsdogmatisch stützt der BGH die Lehre von der Vorteilsausgleichung auf den Grundsatz von Treu und Glauben nach § 242 BGB.[517]

---

509 Vgl. etwa RGZ 10, 50 (51 f.); 40, 172 (176 f.); 54, 137 (141 f.).

510 Näher zum Adäquanzkriterium etwa *Lange/Schiemann*, Schadensersatz, § 3 VI. (S. 82 ff.); *Oetker*, in: MünchKommBGB, § 249 Rn. 104 ff.

511 Erstmals RGZ 80, 155 (160); vgl. auch RGZ 84, 386 (388); für eine ausführliche Auflistung der umfangreichen Rechtsprechung des RG zur Vorteilsausgleichung s. *Rother*, Haftungsbeschränkung im Schadensrecht, 1965, S. 223 f. [dort insb. Fn. 7].

512 Grundlegend BGHZ 8, 325 (329); aus jüngerer Zeit etwa BGH, NZG 2006, 186; BGHZ 136, 52 (54).

513 BGHZ 30, 29 (33).

514 BGHZ 49, 56 (62); 54, 269 (272); aus jüngerer Zeit BGH, NJW 2010, 675 (676).

515 Plastisch BGHZ 136, 52 (54); zuvor bereits BGHZ 91, 206 (210) vgl. ferner BGH, NJW 2000, 734 (736); 2007, 3130 (3132).

516 So etwa in BGH, VersR 1967, 187.

517 BGHZ 91, 206 (210).

### *bb) Kriterien im Schrifttum*

In der Rechtslehre wurde in der Zeit nach Inkrafttreten des BGB zunächst der Versuch unternommen, die Rechtsfrage der Vorteilsausgleichung durch die Anwendung eines anderen Schadensbegriffs zu lösen, der auf den Einzelschaden abstellte und nicht auf das gesamte Vermögen.[518] Dieser Ansatz hat sich allerdings nicht durchsetzen können. Auch im Schrifttum wird mittlerweile ganz überwiegend zunächst eine Negativabgrenzung mittels Kausalitätserwägungen vorgenommen, wonach das schädigende Ereignis kausal im Sinne der *conditio-sine-qua-non*-Formel für den anzurechnenden Vorteil sein muss und zudem ein adäquater Kausalzusammenhang zwischen Schadenszufügung und dem Vorteil bestehen muss.[519]

Es finden sich zwar auch Vertreter im Schrifttum, die der Adäquanz keine Bedeutung für die Vorteilsausgleichung beimessen wollen, sondern als maßgeblichen Gesichtspunkt für die etwaige Anrechnung eines Vorteils allein den Schutzzweck der verletzten Norm erachten.[520] Allerdings wird eine Anrechnung nicht adäquater Vorteile regelmäßig auch dem Schutzzweck der Norm zuwiderlaufen, sodass sich diese Diskussion im Schrifttum lediglich auf dogmatische Überlegungen beschränkt, ohne indes in der rechtspraktischen Handhabung der Vorteilsausgleichung zu abweichenden Ergebnissen zu führen.[521] Nach der erfolgten Negativabgrenzung postuliert auch die Rechtslehre eine positive Begründung der Berücksichtigungsfähigkeit von Vorteilen im konkreten Einzelfall anhand von Wertungskriterien. Den Stimmen in der Literatur gemeinsam ist dabei eine Kritik an den als zu unpräzise empfundenen Abgrenzungskriterien der Rechtsprechung (Zumutbarkeit, Billigkeit, Zweck des Schadensersatzes). Insoweit versuchen verschiedene Autoren subsumptionsfähigere Alternativkonzepte in Form weiterer Wertungskriterien aufzustellen.[522]

Namentlich *Thiele* hat über die bloße äußerliche Verknüpfung mittels des Ursachenzusammenhangs hinausgehend postuliert, dass es einen „unlöslichen inneren Zusammenhang“ zwischen Schadensereignis und Vorteil geben müsse, der es rechtfertige, diesen Vorteil schadensmindernd zu berücksichtigen.[523] *Cantzler* stellt

---

518 *Oertmann*, Die Vorteilsausgleichung beim Schadensersatzanspruch im römischen und deutschen bürgerlichen Recht, 1901, S. 5 ff.; ähnlich *Walsmann*, Compensatio lucri cum damno, 1900, S. 10 ff.

519 *Grüneberg*, in: Palandt, Vorb. v. § 249 BGB Rn. 69; *Schubert*, in: Bamberger/Roth, § 249 BGB Rn. 108; *Thüsing*, Wertende Schadensberechnung, 2001, S. 41 ff. sowie 437 ff.; *Wendehorst*, Anspruch und Ausgleich, 1999, S. 120 f.

520 Eingehend bereits *Cantzler*, AcP 156 (1957), 29 (48 ff.); i. Erg. ebenso *Esser/Schmidt*, SchuldR AT, § 33 V.3. (S. 252); *Larenz*, SchuldR I, § 30 II. (S. 531); *Oetker*, in: MünchKommBGB, § 249 Rn. 229.

521 *Schubert*, in: Bamberger/Roth, § 249 BGB Rn. 109.

522 Ausführlich zu den verschiedenen Ansätzen in der Rechtslehre *Thüsing*, Wertende Schadensberechnung, 2001, S. 46 ff.; *Wendehorst*, Anspruch und Ausgleich, 1999, S. 120 ff.; vgl. auch *Lange/Schiemann*, Schadensersatz, § 9 II.4. (S. 490 ff.).

523 *Thiele*, AcP 167 (1967), 193 (200 ff.); nachfolgend *Larenz*, SchuldR I, § 30 II. (S. 531) sowie *Henke*, in: FS Hagen, 1999, S. 371 (391 ff.).

entscheidend darauf ab, ob der eingetretene Vorteil zugleich eine Förderung des Rechtsguts bzw. der verletzten Vertragspflicht herbeigeführt habe.[524]

*Rudloff* sieht die Problematik der Vorteilsausgleichung als Suche nach einem angemessenen Ausgleich zwischen „Gewinnabwehr und Glücksteilhabe" an.[525] Für *Rudloff* kommt es für die mögliche Anrechnung maßgeblich darauf an, dass betreffende Vorteile „unumsorgt" zufallen, was gerade für die bereits „in leichter Sorge erzielten" und auch für die „glückhaft sich einstellenden Vorteile" gelten könne; die glückhaften Vorteile sollen allerdings lediglich dann entlastend wirken können, wenn der Schädiger der „Teilhabe am Glück würdig und – in gewissen Fällen – bedürftig" sei.[526]

Einen von der Implementierung neuer Wertungskriterien abweichenden Ansatz hat *Büdenbender* ins Feld geführt, der entscheidend auf die explizit im BGB enthaltenden Grundsätze rekurriert: So sei im Hinblick auf etwaige Vorteile, die auf eigenen Anstrengungen des Geschädigten gründen, die Frage der Vorteilsausgleichung anhand der Wertung des § 254 Abs. 2 BGB zu lösen; für Vorteile aus Leistungen Dritter biete hingegen § 267 Abs. 2 BGB eine Wertungsgrundlage.[527] *Büdenbender* bedient sich darüber hinaus Rückschlüssen aus dem Grundsatz der Relativität der Schuldverhältnisse sowie aus den gesetzlichen Legalzessionen (z.B. §§ 6 EFZG, 86 VVG n.F., 116 SGB).[528]

Einen rechtstheoretisch bemerkenswerten, für die Problematik der praktischen Handhabung der Vorteilsausgleichung indes wenig zielführenden Begründungsansatz liefert überdies *Wendehorst*: Sie unternimmt in ihrer Habilitationsschrift aus dem Jahre 1999 den Versuch, mit einem vor ihr als „Statikprinzip" titulierten allgemeinen Grundsatz eine dogmatische Begründung herauszuarbeiten, die auch bei Fragen der Vorteilsausgleichung zum Tragen kommt.[529]

### *cc) Zusammenfassung*

In der Gesamtschau der Wertungskriterien von Rechtsprechung und Rechtslehre lässt sich festhalten, dass trotz bestehender Divergenzen in der rechtsdogmatischen Begründung weitgehende Übereinstimmung in Bezug auf die Grundvoraussetzungen der Vorteilsausgleichung herrscht: Zwingend erforderlich für die Anrechnung

---

524 *Cantzler*, AcP 156 (1957), 29 (52).

525 *Rudloff*, FS von Hippel, 1967, S. 423 ff.

526 *Rudloff*, FS von Hippel, 1967, 423 (460).

527 *Büdenbender*, Vorteilsausgleichung und Drittschadensliquidation, 1996, S. 32 ff., 36 ff.; *ders.*, JZ 1995, 920 (922 f.)

528 *Büdenbender*, Vorteilsausgleichung und Drittschadensliquidation, 1996, S. 42 ff., 47 ff.; *ders.*, JZ 1995, 920 (923 ff.).

529 *Wendehorst*, Anspruch und Ausgleich, 1999, S. 40 ff., 141; zu Recht auf die fehlende Lenkungswirkung dieses Ansatzes für die praktische Handhabung der Vorteilsausgleichung hinweisend aber *Lange/Schiemann*, Schadensersatz, § 9 II.4. (S. 492).

von Vorteilen im Rahmen der Schadensberechnung ist danach stets ein Kausalzusammenhang zwischen dem schadensstiftenden Ereignis und dem konkret eingetretenen Vorteil.

Darüber hinaus bedarf es allerdings immer auch der Berücksichtigung wertender, normativer Gesichtspunkte, damit einerseits die Zumutbarkeit der Vorteilsausgleichung für den Geschädigten gewährleistet werden kann und andererseits eine unangemessene Entlastung des Schädigers verhindert wird.

In Bezug auf die Wertungsgesichtspunkte konnten zwar in Rechtsprechung und vor allem in der Rechtslehre verschiedene, subsumtionsfähige Kriterien erarbeitet werden; ein pauschaler Lösungsansatz, der sich für sämtliche Fallgestaltungen der Problematik der Vorteilsausgleichung als überlegen erweist, ist jedoch – jedenfalls bislang – nicht ersichtlich.[530] Vielmehr sind auch weiterhin die verschiedenen für und gegen die Anrechnung sprechenden Wertungsgesichtspunkte im konkreten Einzelfall sorgfältig gegeneinander abzuwägen, wobei in einer Pattsituation im Zweifel der Vorteilsausgleichung der Vorzug gebühren soll.[531] Insofern hat sich die Lehre von der Vorteilsausgleichung durch eine entsprechende Kasuistik und Konkretisierung der Wertungskriterien in bestimmten Fallgruppen fortentwickeln müssen.[532] Nichtsdestotrotz sind allgemeine Grundsätze von weitreichender, über den Einzelfall hinausgehender Bedeutung erkennbar.[533]

### *b) Berücksichtigungsfähige Vorteile – allgemeine Grundsätze*

Eine mögliche Vorteilsausgleichung kann demnach nur dann zum Tragen kommen, wenn im konkreten Fall eine Kongruenz von Vorteil und Nachteil zu verzeichnen ist, d.h. der Vorteil muss jeweils einen bestimmten Schadensposten betreffen.[534] Zudem müssen die berücksichtigungsfähigen Vorteile mit demselben schädigenden Ereignis verbunden sein; Vorteile aufgrund anderer Ereignisse sind hingegen sogar dann nicht zu beachten, wenn sie zeitlich mit dem schädigenden Ereignis zusammenfallen.[535] Eine Ausgleichung kann ferner lediglich für solche Vorteile vorgenommen

530 So auch *Grüneberg*, in: Palandt, Vorb. v. § 249 BGB Rn. 68; *Lange/Schiemann*, Schadensersatz, § 9 III.3. (S. 494); *Schiemann*, in: Staudinger, § 249 BGB Rn. 140.

531 *Grüneberg*, in: Palandt, Vorb. v. § 249 BGB Rn. 70.

532 Für eine ausführliche Darstellungen der Fallgruppen anstatt vieler *Grüneberg*, in: Palandt, Vorb. v. § 249 BGB Rn. 77–101; *Schiemann*, in: Staudinger, § 249 BGB Rn. 145–177.

533 *Lange*, JuS 1978, 649 (652).

534 Grundlegend BGH, NJW 1979, 760 [insoweit nicht mitabgedruckt in BGHZ 73, 109]; ferner BGHZ 136, 52 (54 f.); s. auch *Oetker*, in: MünchKommBGB, § 249 Rn. 265; *Schiemann*, in: Staudinger, § 249 Rn. 144; *Schubert*, in: Bamberger/Roth, § 249 Rn. 114; abweichend *Thüsing*, Wertende Schadensberechnung, 2001, S. 55 ff.; 439 ff.; kritisch auch *Wendehorst*, Anspruch und Ausgleich, 1999, S. 122 ff.

535 BGH, NJW 1976, 747 (748); *Schubert*, in: Bamberger/Roth, § 249 BGB Rn. 110; ähnlich bereits *J. Larenz*, Compensatio lucri cum damno, 1896, S. 14 f.

werden, die dem Geschädigten endgültig zustehen und mit deren Empfangnahme auch keinerlei Vermögensminderungen verbunden sind.[536]

Berücksichtigungsfähige Vorteile sind in diesem Zusammenhang einerseits die mit dem schädigenden Ereignis eingetretenen Gewinne; andererseits stellen zugleich auch vermiedene Verluste einen ausgleichsfähigen Vorteil dar.[537] Die Berücksichtigung der Vorteile setzt des Weiteren voraus, dass sie zugunsten des Geschädigten eintreten; angesichts des relativen Rechtsverhältnisses zwischen Schädiger und Geschädigtem können Vorteile Dritter keine Anrechnung finden.[538]

Sofern der Geschädigte den Schaden durch seine eigene Leistung verhindern bzw. jedenfalls mindern konnte, kommt es für eine etwaige Vorteilsanrechnung entscheidend darauf an, ob der Geschädigte in diesem Zusammenhang seiner Obliegenheit zur Schadensminderung nach § 254 Abs. 2 BGB nachgekommen ist. Sofern dies der Fall sein sollte, sind die aus der eigenen Leistung des Geschädigten gezogenen Vorteile im Rahmen der Schadensermittlung anzurechnen; sofern es sich jedoch um überobligatorische, den Rahmen des § 254 Abs. 2 BGB übersteigende Anstrengungen des Geschädigten handelt, hat eine Anrechnung der betreffenden Vorteile zu unterbleiben.[539] Der objektive und der subjektive Wert eines Vorteils werden sich regelmäßig entsprechen; für den Fall der Divergenz ist auf eine subjektive Vorteilsbewertung abzustellen.[540]

### 3. Praktische Umsetzung

Ob der Schadensersatz in Form der Naturalrestitution oder als Geldersatz zu leisten ist, erweist sich für eine mögliche Vorteilsausgleichung als unerheblich.[541] Sofern Vorteil und Schadensersatzanspruch gleichartig sind, wird der Vorteil im Wege einer Verrechnung vom Ersatzanspruch abgezogen. Es handelt sich dabei nicht um eine Aufrechnung; dementsprechend bedarf es weder einer Gestaltungserklärung seitens des Schädigers noch finden die gesetzlichen Aufrechnungsverbote Anwendung;

536 Fikentscher/Heinemann, § 57 Rn. 705.

537 *Schubert*, in: Bamberger/Roth § 249 BGB Rn. 110.

538 Vgl. OLG Schleswig, NJW 2005, 439 (440); *Schubert*, in: Bamberger/Roth, § 249 BGB Rn. 110.

539 Stellvertretend BGHZ 58 14 (18); 55, 329 (332 ff.); *Oetker*, in: MünchKommBGB, § 249 Rn. 262 m.w.N.; a.A. *Thüsing*, Wertende Schadensberechnung, 2001, S. 459 ff., 473 ff.

540 Insoweit überzeugend *Thüsing*, Wertende Schadensberechnung, 2001, S. 428 ff., der für den Teilwert eines Vorteils keine Anrechnung vornehmen will den der objektive Wert des Vorteils den subjektiven Nutzen des Geschädigten übersteigt.

541 Zutreffend bereits *Lange*, JuS 1978, 649 (652); ebenso *Oetker*, in: MünchKommBGB, § 249 Rn. 265; *Schubert*, in: Bamberger/Roth, § 249 BGB Rn. 114.

zudem findet Anrechnung des Vorteils insbesondere auch dann statt, wenn der Geschädigte ihn aus eigenem Entschluss nicht verwirklicht.[542]

Im Falle einer Ungleichartigkeit von Vorteil und Schadensersatzanspruch hat der Geschädigte den Vorteil Zug um Zug gegen Erfüllung des Ersatzanspruches an den Schädiger herauszugeben bzw. abzutreten.[543] Vorteile, die erst zukünftig eintreten werden, können grundsätzlich lediglich dann Berücksichtigung finden, wenn ihr Eintritt im Zeitpunkt der letzten mündlichen Verhandlung gewiss ist.[544] Sollte der Schadensersatzanspruch lediglich zu einer bestimmten Quote bestehen (z. B. aufgrund eines Mitverschuldens i.S.v. § 254 BGB bzw. vergleichbaren Vorschriften aus dem Bereich der Gefährdungshaftung oder angesichts einer summenmäßigen Haftungsbeschränkung), dann ist auch der Vorteil lediglich mit einer entsprechenden Quote zu berücksichtigen.[545] Die Beweislast für die Voraussetzungen der Vorteilsausgleichung trägt der Schädiger.[546]

## II. Vorteilsausgleichung im Organhaftungsrecht

Der Thematik der Vorteilsausgleichung im Rahmen der Innenhaftung von Geschäftsführern, Vorständen und Aufsichtsratsmitgliedern kommt in Zeiten der stetigen Haftungsverschärfung eine nicht zu unterschätzende Praxisrelevanz zu. Die besondere Bedeutung der Vorteilsausgleichung steht dabei insbesondere in unmittelbarem Zusammenhang mit der herrschenden Rechtsauffassung zu sog. „nützlichen“ Pflichtverletzungen auf Tatbestandsebene der Organhaftung.[547]

Da in weitgehender Übereinstimmung von Rechtsprechung[548] und Rechtslehre[549] auch bei für die Gesellschaft „nützlichen“ Gesetzesverstößen das Tatbestandsmerkmal der Pflichtwidrigkeit stets erfüllt bleibt, stellt sich auf Ebene der Rechtsfolgen erneut die Frage, ob etwaige Vorteile der Gesellschaft anzurechnen sind. Nicht zuletzt auch angesichts der hohen Haftungssummen, die im Rahmen der Organhaftung

542 Siehe etwa BGH, NJW 1962, 1909, ähnlich bereits RGZ 54, 137 (140); vgl. auch *Oetker*, in: MünchKommBGB, § 249 Rn. 265; *Schiemann*, in: Staudinger, § 249 BGB Rn. 142; *Schubert*, in: Bamberger/Roth, § 249 BGB Rn. 114.

543 BGHZ 27, 241 (248 f.).

544 BGHZ 133, 246 (252 f.); *Mohr*, JURA 2010, 645 (646).

545 BGHZ 53, 132 (136); *Schiemann*, in: Staudinger, § 249 BGB Rn. 143; *Grüneberg*, in: Palandt, Vorb. v. § 249 BGB Rn. 74; *Schubert*, in: Bamberger/Roth, § 249 BGB Rn. 115.

546 BGHZ 94, 195 (217); BGH, NJW-RR 2004, 79 (81); *Grüneberg*, in: Palandt, Vorb. v. § 249 BGB Rn. 75; *Oetker*, in: MünchKommBGB, § 249 Rn. 267.

547 Näher dazu bereits unter § 1 II.2.b)aa)(1)(a)(dd).

548 BGH, NJW 2011, 88 (92); NJW 2010, 3458 (3460).

549 S. etwa *Bayer*, in: FS K. Schmidt, 2009, S. 85 (91); *Brand/Sperling*, AG 2011, 233; *Krause*, BB-Special 8/2007, 2 (6); *Fleischer*, ZIP 2005, 141 (145); *Heutz*, DB 2012, 902 (903); *Poelzig*, WM 2008, 1009 (1011); *Reichert/Ott*, ZIP 2009, 2173; *Thole*, ZHR 173 (2009), 504 (515); *Werner*, GmbHR 2012, 1107.

schnell erreicht werden können,[550] erscheint *prima facie* der Einwand der in Anspruch genommenen Geschäftsleiter naheliegend, der Gesellschaft seien durch die Pflichtwidrigkeit Vorteile entstanden, die anzurechnen seien.

Ob dieser Einwand trägt, bedarf jedoch einer eingehenden Erörterung. Für diese gilt es nachfolgend zunächst den bisherigen Meinungsstand in Rechtsprechung und Rechtslehre in den Blick zu nehmen.

## 1. Meinungsstand in Rechtsprechung und Rechtslehre

### *a) Rechtsprechung*

In der höchstrichterlichen Rechtsprechung war die Frage der Vorteilsausgleichung im Organhaftungsrecht lange Zeit weitgehend ungeklärt, da sich weder der BGH noch die Instanzgerichte explizit mit der Berücksichtigungsfähigkeit von Vorteilen im Rahmen der Innenhaftung von GmbH-Geschäftsführern nach § 43 Abs. 2 GmbHG oder von Vorstands- oder Aufsichtsratsmitgliedern einer AG nach § 93 Abs. 2 AktG (i.V.m. § 116 Satz 1 AktG) auseinandersetzten mussten.[551]

Lediglich im Hinblick auf die Außenhaftung von Organmitgliedern ließ sich einer Entscheidungen des BGH eine gewisse Tendenz der höchstrichterlichen Rechtsprechung entnehmen: So hat der BGH in einem Urteil vom 12. März 2007 (Az. II ZR 315/05)[552] entschieden, dass der Schadensersatzanspruch einer Neugläubigerin wegen Insolvenzverschleppung nicht um die Beträge zu kürzen ist, welche die Gläubigerin zur Begleichung ihrer Altforderungen im Zeitraum der Insolvenzverschleppung von der Schuldnerin erhalten hat, über deren Vermögen das Insolvenzverfahren mangels Masse nicht eröffnet worden ist; eine Vorteilsausgleichung führte nach Auffassung des BGH zu einer unbilligen, dem Zweck der Ersatzpflicht widersprechenden Entlastung der Schädiger.[553]

---

550 Vgl. dazu bereits § 3 II.

551 *Lücke/Simon*, in: Saenger/Inhester, § 43 GmbHG Rn. 20, führen zwar im Hinblick auf die Frage der Vorteilsausgleichung im Organhaftungsrecht eine Reihe von Entscheidungen an, die eine Vorteilsausgleichung zum Teil bejahen (BGH, NZG 2008, 908; NZG 2008, 622; NZG 2007, 185), zum Teil aber auch verneinen sollen (BGH, NJW-RR 1988, 995; OLG München, NZG 2000, 741; KG, GmbHR 2005, 477). Die betreffenden Entscheidungen befassen sich allerdings alle mit der Frage der Anrechenbarkeit der Gegenleistung und beziehen sich damit nach dem hier zugrundeliegenden Verständnis gerade nicht auf eine mögliche Vorteilsausgleichung in Bezug auf den Zufluss weiterer Vorteile *neben* der eigentlichen Gegenleistung. Die Frage der Anrechenbarkeit der Gegenleistung wird dogmatisch – in Übereinstimmung mit *Fleischer*, DStR 2009, 1204 (1205 ff.) – unter dem Gesichtspunkt etwaiger normativer Korrekturen der Differenzhypothese diskutiert; näher dazu bereits unter § 4 III.2.

552 BGH, NJW 2007, 3130 ff.

553 BGH, NJW 2007, 3130 (3132).

In einem Urteil vom 15. Januar 2013 (Az. II ZR 90/11) hat der BGH dann jedoch ausdrücklich in Bezug auf die Innenhaftung von Vorstandsmitglieder einer AG wegen der Vornahme unzulässiger Spekulationsgeschäfte entschieden, dass die Grundsätze der Vorteilsausgleichung auf den Schadensersatzanspruch gemäß § 93 Abs. 2 AktG anzuwenden sind:

> „Wenn aus einer Reihe gleichartiger unzulässiger Spekulationsgeschäfte durch ein Organ sowohl Gewinne als auch Verluste entstehen, muss sich die Gesellschaft auf ihren Schadensersatzanspruch wegen der entstandenen Verluste grundsätzlich die Gewinne anrechnen lassen (...). Das folgt aus einer entsprechenden Anwendung der Grundsätze der Vorteilsausgleichung. Die Grundsätze der Vorteilsausgleichung sind auf den Schadensersatzanspruch nach § 93 Abs. 2 AktG anzuwenden (...)“[554]

### *b) Schrifttum*

Im Schrifttum hat die Frage der Vorteilsausgleichung im Rahmen der Innenhaftung von Organmitgliedern schon vor den zuvor angeführten BGH-Entscheidungen aus dem September 2011 bzw. Januar 2013 einen merklichen Bedeutungswandel erfahren: Noch im Jahre 2005 sprach *Fleischer* lediglich von „vorsichtigen Ansätzen, die Figur der Vorteilsausgleichung auch für die Geschäftsleiterhaftung fruchtbar zu machen“.[555] Angesichts der zunehmenden Verschärfung der Organhaftung ist die Frage der Vorteilsausgleichung in jüngerer Zeit allerdings auch im gesellschaftsrechtlichen Schrifttum stärker in den Fokus der Betrachtungen gerückt und wird dort nunmehr kontrovers diskutiert.[556]

Einigkeit besteht lediglich bei den Überlegungen zu einem möglichen Zusammentreffen von Nachteilen der Gesellschaft mit Vorteilen der Aktionäre oder Gesellschafter: Eine Anrechnung ist nur bei solchen Vorteilen möglich, die dem Geschädigten unmittelbar zugutekommen. Zwischen einer Kapitalgesellschaft als Trägerin eines „selbständigen Vermögens- und Haftungsbereichs“ und dem Gesellschafter besteht jedoch keine Personenidentität.[557] Folgerichtig ist die Vorteilsausgleichung zwischen Nachteilen der Gesellschaft und etwaigen Vorteilen für ihre Aktionäre oder Gesellschafter im Rahmen der Innenhaftung von Organen nach einhelliger Auffassung stets ausgeschlossen.[558]

Die Beachtlichkeit der Vorteilsausgleichung in weiteren Fallgestaltungen des Organhaftungsrechts ist in der Rechtslehre hingegen umstritten.

---

554 BGH, ZIP 2013, 455 (457) [*Corealcredit Bank*].

555 *Fleischer*, ZIP 2005, 141 (146).

556 Für einen Überblick vgl. *Haas/Ziemons*, in: Michalski, § 43 GmbHG Rn. 210 f.; s. auch *Fleischer*, DStR 2009, 1204 (1209 f.).

557 BGH, NJW 1977, 1283.

558 Stellvertretend *Mertens/Cahn*, in: KölnKommAktG, § 93 Rn. 60; *Fleischer*, in: Spindler/Stilz, § 93 AktG Rn. 214; *Hopt/Roth*, in: GroßkommAktG, § 93 Rn. 412.

### aa) *Restriktive Auffassungen*

Generell gegen eine Vorteilsausgleichung im Organhaftungsrecht spricht sich explizit – soweit ersichtlich – lediglich *Säcker* aus. Für ihn lässt sich eine Anrechnung von Vorteilen nicht mit dem „normativierten Differenz-Schadenskonzept" in Einklang bringen, das den organhaftungsrechtlichen Bestimmungen zugrunde liegt.[559]

Auch *Thole* steht der Vorteilsausgleich im Organhaftungsrecht tendenziell kritisch gegenüber, da er einen Verlust der verhaltenssteuernden Präventionswirkung fürchtet; zudem liefe eine Anerkennung der Vorteilsausgleichung im Ergebnis doch auf eine Prämierung nützlicher Pflichtverletzungen hinaus.[560] *Thole* verschließt sich zwar nicht völlig vor den Konsequenzen der Versagung einer Vorteilsausgleichung. Er sieht die Gefahren einer übersteigerten Risikoaversion von Unternehmensleitern.[561] Dennoch plädiert er für Zurückhaltung in der Frage der Anrechnung von Vorteilen. *Thole* entwirft die Konzeption einer „partiellen Vorteilsausgleichung": Auch im Organhaftungsrecht sei demnach eine Vorteilsausgleichung grundsätzlich möglich; sofern die Organmitglieder allerdings gegen Rechtspflichten verstoßen, die einem qualifizierten öffentlichen Interesse dienen, sei die Anrechnung von Vorteilen stets zu versagen.[562]

Ebenfalls zurückhaltend ist der Ansatz von *Spindler* zur Vorteilsausgleichung im Organhaftungsrecht:[563] Ein Schädiger könne nicht entgegen entsprechenden öffentlichen Interessen den Nutzen aus seiner pflichtwidrigen Handlung ziehen; anderenfalls werde nach *Spindler* neben der Präventionswirkung auch der in den organhaftungsrechtlichen Vorschriften verankerte Gläubigerschutz „unterminiert".[564] Ließe man die Vorteilsausgleichung bei nützlichen Pflichtverletzungen zu, dann trüge das Organmitglied nicht mehr das Insolvenzrisiko der Gesellschaft, gegen die es ansonsten einen Ausgleichsanspruch geltend machen müsste.[565]

Strikt gegen eine Vorteilsausgleichung im Organhaftungsrecht spricht sich des Weiteren *Lohse* in ihren Ausführungen zu Schmiergeldzahlungen aus.[566] Angesichts des gesetzgeberischen Kampfes gegen Wirtschaftskorruption streiten

---

559 So ausdrücklich *Säcker*, WuW 2009, 362 (368); allgemein zur „Normativierung" des Schadens unter Durchbrechung des Differenzschadenskonzepts *Säcker*, in: FS Immenga, 2004, S. 679 (680 ff.).

560 *Thole*, ZHR 173 (2009), 504 (527); kritisch zur Vorteilsausgleichung auch *Casper*, ZHR 176 (2012), 617 (626 f.), da sie in einer Vielzahl der zu entscheidende Fälle als generelle Lösung versage.

561 *Thole*, ZHR 173 (2009), 504 (530).

562 *Thole*, ZHR 173 (2009), 504 (530 f.).

563 *Spindler*, in: MünchKommAktG, § 93 Rn. 92; *ders.*, in: FS Canaris Bd. II, 2007, S. 403 (425 f.).

564 *Spindler*, in: FS Canaris, Bd. II, 2007, S. 403 (425 f.); ähnlich *Casper*, ZHR 176 (2012), 617 (649).

565 *Spindler*, in: MünchKommAktG, § 93 Rn. 92.

566 *Lohse*, in: FS Hüffer, 2010, S. 581 ff.; zustimmend *Hüffer*, 10. Aufl. 2012 § 93 AktG Rn. 13 und 15 (Voraufl.).

Wertungsprinzipen entschieden gegen eine Vorteilsausgleichung bei Schmiergeldzahlungen.[567] Für *Lohse* darf die Haltung eines Geschäftsleiters nicht davon abhängen, wie erfolgreich sein pflichtwidriges Verhalten gewesen ist; vielmehr hafte er immer.[568]

### *bb) Umfassende Zulassung der Vorteilsausgleichung*

Im Gegensatz zu den Vertretern der restriktiven Auffassungen sprechen sich andere Autoren für eine weitgehende Zulassung der Vorteilsausgleichung im Organhaftungsrecht aus.[569] Sofern der Gesellschaft Geld zugeflossen sei, solle stets eine Anrechnung stattfinden; so könnten einerseits sog. *windfall profits* der Gesellschaft verhindert werden und andererseits käme es nicht zu einem überflüssigen Hin- und Herzahlen.[570]

In anderen Fällen als dem Zufluss von Geld, soll zwar auch nach Ansicht von *Haas* und *Ziemons* grundsätzlich nur eine Zug-um-Zug-Herausgabe der Vorteile oder eine Abtretung gegen Leistung des Schadensersatzes erfolgen. Dies gelte indes nicht für zugeflossene Vorteile, die objektiv im Interesse der Gesellschaft liegen. Insoweit gebiete es die organschaftliche Treuepflicht gegenüber ersatzpflichtigen Organmitgliedern, eine Vorteilsausgleichung durchzuführen.[571] Auch komme den organhaftungsrechtlichen Normen neben der intendierten Schadenskompensation kein darüber hinausgehender Sanktionscharakter im Interesse der Öffentlichkeit zu.[572] Daher sei es bei der Verletzung öffentlich-rechtlicher Pflichten der Gesellschaft inkonsequent, das Organmitglied durch eine Versagung der Vorteilsausgleichung wirtschaftlich schlechter zu stellen als die eigentlich pflichtbetroffene Gesellschaft.[573]

---

567 *Lohse*, in: FS Hüffer, 2010, S. 581 (600).

568 *Lohse*, in: FS Hüffer, 2010, S. 581 (601).

569 *Haas/Ziemons*, in: Michalski, § 43 GmbHG Rn. 211; *Lücke/Simon*, in: Saenger/Inhester, Hk-GmbHG, § 43 Rn. 51; *U.H. Schneider*, in: Scholz, § 43 GmbHG Rn. 229; *Twele*, Die Haftung des Vorstands für Kartellverstöße, 2013, S. 168 ff.; tendenziell *Buck-Heeb*, in: Gehrlein/Ekkenga/Simon, § 43 GmbHG Rn. 65; *Brouwer*, Zustimmungsvorbehalte des Aufsichtsrats im Aktien- und GmbH-Recht, 2009, S. 270 f.; *Pitkowitz*, Vorstands- und Aufsichtsratshaftung, § 4 Rn. 239; *Poelzig*, WM 2008, 1009 (1012); von einer umfassende Geltung ausgehend (wohl) auch *Krieger*, in: FS U.H. Schneider, 2011, S. 717 (726 f.): Für ihn ist eine Vorteilsausgleichung „etwa" bei Kartellverstößen oder Korruptionsdelikten von Vorstandsmitgliedern möglich; ferner *Binder/Kraayvanger*, BB 2015, 1219 (1228 f.); *Hauger/Palzer*, ZGR 2015, 33 (56 ff.); *Krieger/Sailer-Coceani*, in: K. Schmidt/Lutter, § 93 AktG Rn. 38; *Werner*, GmbHR 2012, 1107.

570 *Haas/Ziemons*, in: Michalski, § 43 GmbHG Rn. 211.

571 *Haas/Ziemons*, in: Michalski, § 43 GmbHG Rn. 211.

572 *U.H. Schneider*, in: Scholz, § 43 GmbHG Rn. 230.

573 So ausdrücklich *Brouwer*, Zustimmungsvorbehalte des Aufsichtsrats im Aktien- und GmbH-Recht, 2009, S. 271; zustimmend *U.H. Schneider*, in: Scholz, § 43 GmbHG

### cc) *Fallgruppenspezifische Auffächerung*

Eine Reihe weiterer Vertreter im Schrifttum hält eine Vorteilsausgleichung im Organhaftungsrecht ebenfalls grundsätzlich für statthaft; in Übereinstimmung mit dem Ansatz von Rechtsprechung und Rechtslehre im allgemeinen Schadensersatzrecht lösen die Autoren die Frage der Anrechenbarkeit von Vorteilen über Billigkeits- und Zumutbarkeitserwägungen im konkreten Einzelfall.[574] Die betreffenden Ausführungen liefern dementsprechend keine generellen, allgemeingültigen Aussagen zur Vorteilsausgleichung im Organhaftungsrecht; in der Zusammenschau lässt sich ihnen aber eine fallgruppenspezifische Auffächerung der Thematik entnehmen.

#### (1) Interne Pflichtenbindung

Eine vielfach thematisierte Fallgruppe bilden insoweit Rechtsverstöße gegen interne Pflichten der Organmitglieder. Die Frage nach der Anrechnung von Vorteilen stellt sich insbesondere bei Verstößen gegen gesellschaftsinterne Zustimmungsvorbehalte, aber auch bei der Vornahme von Rechtsgeschäften außerhalb des satzungsmäßigen Unternehmensgegenstandes.

#### (a) Verstöße gegen gesellschaftsinterne Zustimmungsvorbehalte

Verschiedene Autoren halten ausdrücklich auch bei Verstößen gegen gesellschaftsinterne Zustimmungsvorbehalte die Grundsätze der Vorteilsausgleichung für anwendbar.[575] Exemplarisch führen *Marsch-Barner* und *Harzenetter* den Erwerb einer Mehrheitsbeteiligung an einem anderen Unternehmen an, den ein Vorstand ohne die erforderliche Zustimmung des Aufsichtsrates vollzogen hat. Ein solches Rechtsgeschäft sei zwar pflichtwidrig; ein Schaden der Gesellschaft läge indes nur vor, wenn der Kaufpreis nicht dem Wert der Beteiligung entspräche. Sofern der Kaufpreis angemessen sei, läge ein bilanzneutraler Aktivtausch vor.[576] Ein Schaden könnte dann lediglich in einem entgangenen Gewinn aus einem etwaigen Alternativgeschäft zu sehen sein.[577]

---

Rn. 230; ähnlich *Wilsing*, in: Krieger/U.H. Schneider, Hdb. Managerhaftung, § 27 Rn. 37; a.A. *Spindler*, in: FS Canaris, Bd. II, 2007, S. 403 (425 f.).

574 *Fleischer*, in: Spindler/Stilz, § 93 AktG Rn. 38; *Hölters*, in: Hölters, § 93 AktG Rn. 256 ff.; *Marsch-Barner*, ZHR 173 (2009), 723 (727 ff.); *Mertens/Cahn*, in: KölnKommAktG, § 93 Rn. 63; *Oltmanns*, Geschäftsleiterhaftung und unternehmerisches Ermessen, 2001, S. 329 f.; tendenziell auch *Harzenetter*, Innenhaftung des Vorstands für nützliche Pflichtverletzungen, 2008, S. 129.

575 *Harzenetter*, Innenhaftung des Vorstands für nützliche Pflichtverletzungen, 2008, S. 136 f.; *Marsch-Barner*, ZHR 173 (2009), 717 (728); *Zöllner/Noack*, in: Baumbach/Hueck, § 43 GmbHG Rn. 15; a.A. *Spindler*, in: MünchKommAktG, § 93 Rn. 92; *Wackerbarth*, GmbHR 2007, 252 (263).

576 *Harzenetter*, Innenhaftung des Vorstands für nützliche Pflichtverletzungen, 2008, S. 136; *Marsch-Barner*, ZHR 173 (2009), 717 (728).

577 *Marsch-Barner*, ZHR 173 (2009), 717 (728).

### (b) Spekulationsgeschäfte

Weitgehende Einigkeit im Schrifttum besteht hinsichtlich unzulässiger Spekulationsgeschäfte, die Geschäftsleiter außerhalb des satzungsmäßigen Unternehmensgegenstands vorgenommen haben: Sofern neben Verlusten aus den betreffenden Spekulationsgeschäften auch Gewinne erwachsen sind, muss sich die Gesellschaft die erzielten Gewinne bei der Schadensberechnung anrechnen lassen; als ersatzfähiger Schaden verbleibt lediglich der negative Saldo aus sämtlichen Geschäften dieser Art.[578] Dies entspreche dem Grundsatz der schadensrechtlichen Gewinnabwehr und vermeide einen „*windfall profit*" zu Gunsten der Gesellschaft.[579]

### (2) Externe Pflichtenbindung

Die Thematik der Vorteilsausgleichung im Rahmen der Innenhaftung von Geschäftsführer, Vorstand- und Aufsichtsratsmitgliedern ist nicht auf Verstöße gegen interne Pflichtenbindungen beschränkt; auch bei Rechtsverletzungen im Bereich externer Pflichten – insbesondere bei nützlichen Pflichtverletzungen – ist oftmals die Frage der Anrechnung von entstandenen Vorteilen aufgeworfen.

### (a) Kartellrechtsverstöße

Ein anschauliches Beispiel für externe Rechtsverletzungen, die neben Schäden auch zu Vorteilen für die Gesellschaft führen, stellen Kartellverstöße dar:[580] Die Geldbuße einer Gesellschaft wegen kartellrechtswidrigen Verhaltens ist ein Schaden, für den verantwortliche Organmitglieder grundsätzlich haften. Der Kartellverstoß bringt der Gesellschaft allerdings regelmäßig auch wirtschaftliche Vorteile. Diese Vorteile sollen an sich zwar durch die verhängte Geldbuße abgeschöpft werden (§ 81 Abs. 5 GWB i.V.m. § 17 Abs. 4 OWiG);[581] oftmals verbleiben der Gesellschaft indes noch Vorteile. Insofern gibt es zahlreiche Vertreter im Schrifttum, die derartige verbleibende Vorteile nach Kartellverstößen schadensmindernd anrechnen wollen.[582]

---

578 *Fleischer*, ZIP 2008, 141 (151); *Haas/Ziemons*, in: Michalski, § 43 GmbHG Rn. 211; *Marsch-Barner*, ZHR 173 (2009), 717 (727 f.); *Paefgen*, in: Ulmer/Habersack/Löbbe, § 43 GmbHG Rn. 94; *Zöllner/Noack*, in: Baumbach/Hueck, § 43 GmbHG Rn. 15; nunmehr bestätigt durch BGH, ZIP 2013, 455 (457); vgl. ferner LG Frankfurt a.M., AG 2006, 510 (511 f.). Gegen eine Vorteilsausgleichung bei Kompetenzüberschreitungen *Spindler*, in: MünchKommAktG, § 93 Rn. 92.

579 *Fleischer*, in: Spindler/Stilz, § 93 Rn. 38.

580 Dazu *Marsch-Barner*, ZHR 173 (2009), 717 (729); *Fleischer*, DB 2014, 345 (350).

581 Für weitere Abschöpfungsmöglichkeiten s. etwa §§ 73, 74 StGB sowie § 10 UWG.

582 Vgl. *Bayer*, in: FS K. Schmidt, 2009, S. 85 (94 f.); *Fleischer*, DB 2014, 345 (350); *ders.*, BB 2008, 1070 (1073); *Glöckner/Müller-Tautphaeus*, AG 2001, 342 (344); *Horn*, ZIP 1997, 1129 (1136); *Kapp/Gärtner*, CCZ 2009, 168 (170); *Krieger*, in: FS U.H. Schneider, 2011, S. 717 (726 f.); *Marsch-Barner*, ZHR 173 (2009), 717 (729); *U.H. Schneider*, in: Scholz, § 43 GmbHG Rn. 230; *Wilsing*, in: Krieger/U.H. Schneider, Hdb. Managerhaftung, § 27 Rn. 37, *Zimmermann*, WM 2008, 433 (439).

(b) Korruptionsdelikte

In der Diskussion über eine Vorteilsausgleichung bei Verstößen gegen externe Pflichten der Organmitglieder werden des Weiteren Korruptionsdelikte explizit angesprochen. Auch etwaige Gewinne der Gesellschaft aus Aufträgen, die durch „Schmiergeldzahlungen“ erlangt worden sind, sollen nach *Krieger* über die Rechtsfigur der Vorteilsausgleichung Anwendung finden.[583] Ähnlich argumentiert *Sedemund*, für den ein nach Schmiergeldzahlungen rechtswidrig erlangter Vermögensvorteil dann zu berücksichtigen sei, wenn der Vorteil rechtlichen Bestand habe.[584]

(3) Unangemessene Vergütung

Für Aufsichtsratsmitglieder hat *Marsch-Barner* eine weitere Fallgestaltung ins Feld geführt, in der er den Einwand der Vorteilsausgleichung grundsätzlich für möglich hält: Aufsichtsratsmitglieder, die eine unangemessene Vorstandsvergütung festgesetzt haben und daher wegen Verstoßes gegen § 87 Abs. 1 AktG haften, sollen eine Anrechnung von Vorteilen verlangen können, wenn sich die Gesellschaft in der Folgezeit positiv entwickelt hat.[585] *Marsch-Barner* gesteht in diesem Zusammenhang jedoch ein, dass sich oftmals nur schwer nachweisen lassen wird, welchen Anteil eine (überhöhte) Vergütung im Einzelfall an einer positiven Gesellschaftsentwicklung hat.[586]

## 2. Stellungnahme

Die allgemein anerkannte Rechtsfolge der Organhaftung ist ein Anspruch auf Schadensersatz nach Maßgabe der §§ 249 ff. BGB. Insofern sind keine Anhaltspunkte dafür ersichtlich, in Abweichung von der allgemeinen zivilrechtlichen Dogmatik im Organhaftungsrecht die Anwendbarkeit der Regeln über die Vorteilsausgleichung generell ablehnen zu müssen. Insbesondere die Schadenskompensation als Hauptaufgabe der Organhaftung lässt sich nicht gegen eine Vorteilsanrechnung anführen; sie spricht eher dafür, Organmitglieder lediglich für den Schaden haften zu lassen, der bei einer wirtschaftlichen Gesamtbetrachtung als Saldo verbleibt.[587]

---

583 *Krieger*, in: FS U.H. Schneider, 2011, S. 717 (726 f.); s. auch *Krause*, BB-Special 8/2007, 2 (13 f.). Die Vorteilsausgleichung bei Schmiergeldzahlungen strikt ablehnend dagegen *Lohse*, in: FS Hüffer, 2010, S. 581 (590 ff.). Vgl. aus strafrechtlicher Sicht in Bezug auf den Tatbestand der Untreue gemäß § 266 StGB *Lüderssen*, in: FS Müller-Dietz, 2001, S. 467 (469 ff.), der auf die Rechtsbeständigkeit des eingetretenen Vorteils abstellt; ähnlich *Kempf*, in: FS Hamm, 2008, S. 255 (265).

584 *Sedemund*, DB 2003, 2423 (2424).

585 Ausführlich *Marsch-Barner*, ZHR 173 (2009), 717 (731 ff.)

586 *Marsch-Barner*, ZHR 173 (2009), 717 (734).

587 *Marsch-Barner*, ZHR 173 (2009), 717 (727).

Die drohende „Überkompensation und Überprävention“[588] bei genereller Versagung der Vorteilsausgleichung ist auch im Organhaftungsrecht nicht zu rechtfertigen.

Auch die Bedenken der Autoren, die eine Vorteilsausgleichung zumindest in bestimmten Fallgruppen der Organhaftung kategorisch ablehnen oder die generell für eine zurückhaltende Handhabung der Vorteilsausgleichung plädieren, lassen sich argumentativ widerlegen: Den Anhängern der restriktiven Auffassungen ist zwar zuzugestehen, dass auch Präventionsgesichtspunkte einen Schutzzweck der Organhaftung darstellen.[589] Die präventiven Elemente werden durch eine mögliche Anrechnung von Vorteilen auch tangiert und eingeschränkt. Durch die Zulassung der Vorteilsausgleichung entfällt die Steuerungswirkung der Organhaftung jedoch nicht vollständig. Unabhängig davon, dass sich die verhaltenssteuernde Wirkung der Organhaftung in der Praxis angesichts der wachsenden Verbreitung von D&O-Versicherungen mit zunehmenden Zweifeln konfrontiert sieht,[590] bleiben präventive Gesichtspunkte der Organhaftung auch bei einer umfassenden Zulassung der Vorteilsausgleichung in ausreichendem Maße bestehen: Trägt doch das in Anspruch genommene Organmitglied die Darlegungs- und Beweislast dafür, dass sein pflichtwidriges Handeln überhaupt zu einem Vorteil der Gesellschaft geführt hat.[591]

Auch ein etwaiges entgegenstehendes öffentliches Interesse streitet nicht entscheidend gegen die Zulassung der Vorteilsausgleichung, da es lediglich gegenüber Dritten relevant sein kann, nicht aber im Rahmen der Innenhaftung von Organmitgliedern gegenüber der Gesellschaft.[592] In diesem Zusammenhang überzeugt der Begründungsansatz von *Brouwer*, der eine Beschränkung des Rückgriffs auf die Rechtsfigur der Vorteilsausgleichung im Rahmen der Innenhaftung ablehnt, weil die Organmitglieder ansonsten wirtschaftlich schlechter stünden als die Gesellschaft, der die betreffenden öffentlich-rechtlichen Pflichten eigentlich zukommen.[593] Zutreffend weist ferner *Hölters* darauf hin, dass es ebenfalls nicht im öffentlichen Interesse läge, der Gesellschaft pflichtwidrig erlangte Vorteile zu belassen.[594] Im Übrigen profitieren lediglich Rechtssubjekte, die gesellschafts- oder schuldrechtlich in einer Beziehung zu der Gesellschaft stehen, von der Schadenskompensation nach § 93 Abs. 2 AktG oder § 43 Abs. 2 GmbHG und der damit verbundenen

---

588 *Thüsing*, Wertende Schadensberechnung, 2001, S. 441.

589 Vgl. nur *Hölters*, in: Hölters, § 93 AktG Rn. 8; *Koch*, in: Hüffer, § 93 AktG Rn. 1 m.w.N.

590 *Marsch-Barner*, ZHR 173 (2009), 717 (732).

591 *Krieger*, in: FS U.H. Schneider, 2011, S. 717 (727); *U.H. Schneider*, in: Scholz, § 43 GmbHG Rn. 230.

592 *Brouwer*, Zustimmungsvorbehalte des Aufsichtsrats im Aktien- und GmbH-Recht, 2009, S. 271; *Harzenetter*, Innenhaftung des Vorstands für nützliche Pflichtverletzungen, 2008, S. 137; *Marsch-Barner*, ZHR 173 (2009), 717 (730).

593 *Brouwer*, Zustimmungsvorbehalte des Aufsichtsrats im Aktien- und GmbH-Recht, 2009, S. 271; ausdrücklich zustimmend *Marsch-Barner*, ZHR 173 (2009), 717 (730); *U.H. Schneider*, in: Scholz, § 43 GmbHG Rn. 230.

594 *Hölters*, in: Hölters, § 93 AktG Rn. 258.

Wiederauffüllung des Gesellschaftsvermögens; die Öffentlichkeit, d.h. außenstehende Dritte, hingegen nicht.[595]

Schließlich geht die Argumentation der Gegner einer Vorteilsausgleichung im Organhaftungsrecht auch insoweit fehl, als sie maßgebend auf den Gläubigerschutz abstellen. Gläubiger haben zwar grundsätzlich ein schützenswertes Interesse daran, dass das Gesellschaftsvermögen als Haftungsmasse nicht durch pflichtvergessene Organmitglieder geschmälert wird. Der Gläubigerschutz ist insoweit jedoch lediglich mittelbarer Zweck der Organhaftung, die primär der Schadenskompensation dient.[596] Vor allem aber führt die Zulassung der Vorteilsausgleichung zu keinem unberechtigten Eingriff in schützenswerte Positionen der Gläubiger; auch den Gläubigern stehen die sog. *windfall profits*, die durch eine Anrechnung der Vorteile vermieden werden sollen, nicht zu.

Im Einklang mit den Grundsätzen zur Vorteilsausgleichung im allgemeinen Schuldrecht darf eine Vorteilsausgleichung auch im Organhaftungsrecht die geschädigte Gesellschaft nicht unzumutbar belasten und das haftende Organmitglied nicht unbillig entlasten. Insofern besteht an sich „Spielraum für normative Einschränkungen" im Einzelfall.[597]

Zugunsten der Geschäftsleiter wird im Rahmen der Organhaftung in aller Regel anzuführen sein, dass sie im Interesse der Gesellschaft und nicht – bzw. allenfalls mittelbar – im eigenen Interesse gehandelt haben.[598] Dennoch geht die Auffassung der Vertreter im Schrifttum, die die normativen Kriterien der Vorteilsausgleichung im Organhaftungsrecht im Regelfall bejahen und daher eine umfassende Zulassung der Vorteilsausgleichung postulieren, zu weit. Bei einer derart weitgehenden Zulassung der Vorteilsausgleichung im Organhaftungsrecht verschwimmen die Grenzen zu nützlichen Pflichtverletzungen, die weder von der Rechtsprechung noch von der weit überwiegenden Anzahl der Autoren im Schrifttum als haftungsausschließender Rechtsfertigungsgrund anerkannt werden.[599] Insofern begeben sich die Anhänger der umfassenden Zulassung der Vorteilsausgleichung im Organhaftungsrecht in einen Wertungswiderspruch zu der Legalitätspflicht, die den Organmitgliedern obliegt.

Vorzugswürdig ist daher der Ansatz, die Frage nach der Anrechenbarkeit von Vorteilen nach pflichtwidrigem Verhalten von Organmitgliedern über eine fallgruppenspezifische Auffächerung zu lösen. So kann Billigkeits- und Zumutbarkeitserwägungen stets im konkreten Einzelfall Rechnung getragen werden – ohne

595 *Harzenetter*, Innenhaftung des Vorstands für nützliche Pflichtverletzungen, 2008, S. 30.

596 *Hölters*, in: Hölters, § 93 AktG Rn. 8; *Hopt/Roth*, in: GroßkommAktG, § 93 Rn. 28 ff.; *Wilsing*, in: Krieger/U.H. Schneider, Hdb. Managerhaftung, § 27 Rn. 37.

597 *Brouwer*, Zustimmungsvorbehalte des Aufsichtsrats im Aktien- und GmbH-Recht, 2009, S. 271; ebenso *U.H. Schneider*, in: Scholz, § 43 GmbHG Rn. 230.

598 Zutreffend *Marsch-Barner*, ZHR 173 (2009), 717 (725).

599 Näher dazu bereits unter § 1 II.2.b)aa)(1)(a)(dd).

in Wertungswidersprüche zur Ablehnung nützlicher Pflichtverletzungen und damit zur Legalitätspflicht zu geraten.

Auch mit der fallgruppenspezifischen Zulassung der Vorteilsausgleichung im Organhaftungsrecht hätte man ein weiteres Instrument an der Hand, um auf Rechtsfolgenseite der stetig fortschreitenden Verschärfung der Haftung und der damit verbundenen Gefahr einer übersteigerten Risikoaversion der Unternehmensleiter korrigierend begegnen zu können.

## III. Fazit

Im Rahmen der Innenhaftung von Geschäftsführern, Vorstands- und Aufsichtsratsmitgliedern gelten die Regeln der Vorteilsausgleichung. Die Frage der Anrechenbarkeit von Vorteilen ist dabei in Übereinstimmung mit der allgemeinen zivilrechtlichen Dogmatik auch im Organhaftungsrecht grundsätzlich über Billigkeits- und Zumutbarkeitserwägungen im konkreten Einzelfall zu lösen.

Im Rahmen der Organhaftung besteht die bereichsspezifische Besonderheit, dass pflichtvergessene Geschäftsleiter regelmäßig im Interesse der Gesellschaft und allenfalls mittelbar im eigenen Interesse gehandelt haben. Um sich in keine Wertungswidersprüche zur Ablehnung nützlicher Pflichtverletzungen und damit zur Legalitätspflicht zu begeben, ist auch die Frage nach der Anrechenbarkeit von Vorteilen nach pflichtwidrigem Verhalten von Organmitgliedern über Billigkeits- und Zumutbarkeitserwägungen im konkreten Einzelfall zu lösen.

Da die haftenden Organmitglieder darlegen und gegebenenfalls auch beweisen müssen, dass der Gesellschaft durch die Pflichtverletzungen etwaige Vorteile erwachsen sind, bleiben trotz Zulassung der Vorteilsausgleichung präventive Elemente der Organhaftung in hinreichendem Maße gewährleistet.

# § 7 Mitverschulden und gesetzliche Haftungsbeschränkungen

Nach den Ausführungen zu den Grundlagen der Schadensberechnung samt Diskussion etwaiger normativer Korrekturen der Differenzhypothese (§ 4) und der anschließenden Würdigung der Berücksichtigungsfähigkeit von Vorteilsausgleichung (§ 5) und rechtmäßigem Alternativverhalten (§ 6) als schadensmindernde Faktoren ist eine Konzeption erarbeitet, nach der sich der Umfang des rechtlich ersatzfähigen Schadens im Organhaftungsrecht ermitteln lässt.

Noch nicht abschließend bestimmt ist indes, was bzw. wieviel ein haftendes Organmitglied als Schädiger im konkreten Einzelfall an die geschädigte Gesellschaft zu leisten hat. Nach den schadensmindernden Faktoren sind daher nachfolgend anspruchsverkürzende Aspekte in Erwägung zu ziehen, die im konkreten Haftungsfall eine Beschränkung der Schadensersatzpflicht bewirken können.

## I. Mitverschulden

Zu denken ist mit Blick auf eine mögliche Anspruchskürzung insbesondere an ein Mitverschulden des Geschädigten. So kann eine Schadensersatzpflicht dann gemindert sein oder unter Umständen auch ganz entfallen, wenn der Geschädigte für den Schaden mitverantwortlich ist.

### 1. Zivilrechtliche Grundlagen

Rechtsdogmatische Grundlage im allgemeinen Zivilrecht ist insoweit die Vorschrift des § 254 BGB, in der die Verteilung von Schäden näher geregelt ist, die in den gemeinsamen Verantwortungsbereich von Schädiger und Geschädigtem fallen.[600] *Looschelders* spricht in diesem Zusammenhang von einem „Gebot kommutativer Gerechtigkeit", bei der Schadensverteilung die Verursachungsbeiträge beider Beteiligten zu berücksichtigten.[601]

Ein Schädiger hat regelmäßig sein Verschulden nach § 276 BGB zu vertreten. Für einen Geschädigten gibt es zwar keine Rechtspflicht, sich nicht selbst zu schädigen. Auch sein „Verschulden" muss indes berücksichtigt werden. Daher sieht die gesetzliche Regelung in § 254 Abs. 1 BGB vor, dass dem Geschädigten ein Mitverschulden bei

---

600 Eingehend zum Mitverschulden im Rahmen der zivilrechtlichen Haftung in monographischer Form *Looschelders*, Die Mitverantwortlichkeit des Geschädigten im Privatrecht, 1999; ausführlich auch *Deutsch*, Allg. Haftungsrecht, Rn. 563 ff. sowie *Lange/Schiemann*, Schadensersatz, § 10.

601 *Looschelders*, Die Mitverantwortlichkeit des Geschädigten im Privatrecht, 1999, S. 125.

der Schadensentstehung zur Last gelegt werden kann. Insoweit enthält § 254 Abs. 1 BGB eine der wenigen Ausnahmen von dem das Schadensersatzrecht prägenden Grundsatz, dass ein Schaden entweder ganz oder gar nicht zur tragen ist.[602] Für ein Mitverschulden im Sinne von § 254 Abs. 1 BGB bedarf es keines Verstoßes gegen eine Rechtspflicht; erforderlich ist lediglich, dass der Geschädigte nach vernünftiger und allgemein üblicher Verkehrsanschauung diejenige Sorgfalt außer Acht gelassen hat, die ein verständiger Mensch im eigenen Interesse aufwendet, um sich vor Schaden zu bewahren.[603]

Nach § 254 Abs. 2 Satz 1 BGB kann ein Mitverschulden des Geschädigten auch darin bestehen, dass er den Schuldner nicht auf die Gefahr eines ungewöhnlich hohen Schadens aufmerksam gemacht hat bzw. dass er es unterlassen hat, den Schadenseintritt abzuwenden oder jedenfalls den eingetretenen Schaden zu mindern. Diese sog. Schadenminderungsobliegenheit stellt nach herrschender Auffassung eine besondere Ausprägung des bereits in § 254 Abs. 1 BGB enthaltenen Grundgedanken dar.[604] Die Existenz und der Umfang der in § 254 Abs. 2 Satz 1 BGB angeführten Obliegenheiten sind dabei unabhängig von der Art der Schadensentstehung; sie treffen den Geschädigten daher grundsätzlich auch bei Vorsatztaten.[605]

Darüber hinaus sieht § 254 Abs. 2 Satz 2 BGB die entsprechende Anwendung des § 278 BGB vor, wonach ein Schuldner im Rahmen eines bereits bestehenden Schuldverhältnisses ein Verschulden seines gesetzlichen Vertreters sowie der Personen, die er zur Erfüllung seiner Verbindlichkeit als Gehilfen hinzuzieht, ebenso wie eigenes Verschulden zu vertreten hat. Trotz seiner systematischen Stellung innerhalb von § 254 Abs. 2 BGB gehen Rechtsprechung und Rechtslehre übereinstimmenden davon aus, dass § 254 Abs. 2 Satz 2 BGB wie ein eigenständiger Abs. 3 zu interpretieren ist und demzufolge auf § 254 Abs. 1 BGB vollumfänglich Anwendung findet.[606]

Ein Mitverschulden nach § 254 Abs. 1 BGB zieht regelmäßig eine quotenmäßige Verteilung des gesamten Schadens nach sich; ein Mitverschulden im Sinne von § 254 Abs. 2 Satz 1 BGB führt zumeist dazu, dass der vermeidbare Teil des gesamten Schadens ganz oder teilweise nicht ersetzt wird.[607] Die Beweislast für ein mitwirkendes Verschulden des Geschädigten trägt der Schädiger;

602 *Larenz*, SchuldR I, § 31 I.e) (S. 551); *Oetker*, in: MünchKommBGB, § 254 Rn. 2.

603 BGHZ 160, 18 (24); 74, 25 (28); BGH, NJW 2006, 1426 (1427); NJW 2001, 149 (150); *Oetker*, in: MünchKommBGB, § 254 Rn. 29 f.; *Unberath*, in: Bamberger/Roth, § 254 BGB Rn. 9.

604 Vgl. nur *Looschelders*, Die Mitverantwortlichkeit des Geschädigten im Privatrecht, 1999, S. 163 ff.; *Unberath*, in: Bamberger/Roth, § 254 BGB Rn. 27.

605 BGH, VersR 1964, 94; *Lange/Schiemann*, Schadensersatz, § 10 X.1. (S. 577); *Larenz*, SchuldR I, § 31 I.c) (S. 543).

606 RGZ 62, 106 (108); BGHZ 1, 248 (249); 3, 46 (48); *Larenz*, SchuldR I, § 31 I.c) (S. 543 f.); *Schlechtriem/Schmidt-Kessel*, SchuldR AT, Rn. 315; *Teichmann*, in: Jauernig, § 254 BGB Rn. 11.

607 *Lange/Schiemann*, Schadensersatz, § 10 X.1. (S. 577).

allerdings kommen dem Schädiger dabei oftmals die Regeln des Beweises des ersten Anscheins zugute.[608]

## 2. Anspruchskürzung wegen Mitverschuldens im Organhaftungsrecht

Nicht zuletzt angesichts des weiten Anwendungsgebiets des § 254 BGB kommt der Frage nach einer anrechenbaren Mitverursachung des Schadens im allgemeinen Zivilrecht eine erhebliche Praxisrelevanz zu; für *Lange* und *Schiemann* stellt § 254 BGB dementsprechend auch eine der „wichtigsten Bestimmungen des gesamten Bürgerlichen Rechts" dar.[609] Vor diesem Hintergrund erscheint es naheliegend, auch im Organhaftungsrecht etwaige Anspruchskürzungen wegen Mitverschuldens in Betracht zu ziehen.

### *a) Mitverschulden von Angestellten der Gesellschaft?*

Denkbar wäre zunächst einmal ein mögliches Mitverschulden eines Angestellten der Gesellschaft, das sich die Gesellschaft über § 278 BGB zurechnen lassen muss.

Eine Haftungsmilderung dergestalt stünde indes in eklatantem Widerspruch zu der grundsätzlichen Organisationsverantwortung von Organmitgliedern, sodass die Berücksichtigung des Mitverschuldens eines Angestellten im Rahmen der Organhaftung nach einhelliger Auffassung ausnahmslos abzulehnen ist.[610]

### *b) Mitverschulden weiterer Mitglieder desselben Organs?*

In Betracht zu ziehen ist des Weiteren die haftungsmildernde Berücksichtigung des Mitverschuldens eines weiteren Mitglieds desselben Organs.

Die Berücksichtigung eines etwaigen Mitverschuldens von Mitgliedern desselben Gesellschaftsorgans ließe sich jedoch nicht mit der legislatorischen Grundentscheidung in Einklang bringen, wonach in den §§ 43 Abs. 2 GmbHG, 93 Abs. 2 Satz 1 AktG explizit eine gesamtschuldnerische Haftung der Organmitglieder kodifiziert ist.[611] Auch der BGH hat in einem grundlegenden Urteil vom 14. März 1983 (Az. II ZR

---

608 *Ebert*, in: Erman, § 254 BGB Rn. 115; *Fikentscher/Heinemann*, § 53 Rn. 714; *Oetker*, in: MünchKommBGB, § 254 Rn. 145.

609 *Lange/Schiemann*, Schadensersatz, § 10 V.1. (S. 546).

610 Vgl. nur OLG Köln, GmbHR 2000, 942; *Haas/Ziemons*, in: Michalski, § 43 GmbHG Rn. 213; *Kleindiek*, in: Lutter/Hommelhoff, § 43 GmbHG Rn. 38; *Klöhn*, in: Bork/Schäfer, § 43 Rn. 70; *Krieger/Sailer-Coceani*, in: K. Schmidt/Lutter, § 93 AktG Rn. 35.

611 Stellvertretend *Fleischer*, NJW 2009, 2337 (2340); *Heckschen*, in Heckschen/Heidinger, Die GmbH in der Gestaltungs- und Beratungspraxis, § 6 Rn. 64; *Lücke/Simon*, in: *Lücke/Simon*, in: Saenger/Inhester, Hk-GmbHG, § 43 Rn. 67; *Wellhöfer*, in: Wellhöfer/Peltzer/Müller, § 2 Rn. 45.
Einzelheiten zur gesamtschuldnerischen Haftung enthalten nachfolgend § 9 und § 10.

103/82) ausdrücklich klargestellt, dass Mit-Geschäftsführer und auch Aufsichtsratskollegen jeweils zwingend eine Haftungsgemeinschaft bilden.[612]

Eine Ausnahme besteht allerdings im Hinblick auf die mangelhafte Pflichterfüllung durch einen Vorgänger. Insoweit kann ein Organmitglied der Gesellschaft das Verschulden seines Vorgängers lediglich dann nicht haftungsmildernd gemäß § 254 BGB entgegenhalten, wenn ihm der konkrete Vorwurf zu machen ist, dass er entsprechende Fehler bei seiner Amtsübernahme nicht aufgedeckt hat.[613] Da die Anordnung der solidarischen Haftung voraussetzt, dass die Organmitglieder zur gleichen Zeit als Organ der Gesellschaft tätig sind, kann gegebenenfalls auch im Hinblick auf ein Mitverschulden eines Nachfolgers die Berufung auf eine Anspruchsverkürzung gemäß § 254 BGB statthaft sein.[614]

### *c) Mitverschulden anderer Gesellschaftsorgane?*

Es bleibt somit lediglich der Frage nachzugehen, ob sich Organmitglieder im Innenverhältnis zumindest auf ein Mitverschulden eines anderen Gesellschaftsorgans berufen können, dass sich die Gesellschaft über § 31 BGB zurechnen lassen muss.

#### *aa) Grundsatz der nebeneinander bestehenden Pflichten*

Der BGH hat in seinem bereits angeführten Grundsatzurteil allerdings ebenfalls näher dargelegt, dass die Pflichten der verschiedenen Gesellschaftsorgane so ausgestaltet sind, dass sie nebeneinander bestehen und mithin jedes Organ selbständig für die Erfüllung seiner gesetzlichen und satzungsmäßigen Pflichten verantwortlich ist.[615]

Vor diesem Hintergrund können sich Organmitglieder demnach grundsätzlich nicht im Innenverhältnis gegenüber der Gesellschaft auf ein Mitverschulden eines anderen Gesellschaftsorgans berufen. Dies gilt insbesondere auch für Überwachungsversäumnisse von nicht-ressortzuständigen Geschäftsleitern oder von Mitgliedern des Kontrollorgans.[616]

---

612 BGH, NJW 1983, 1856; aus jüngerer Zeit BGH, NZG 2008, 104 (105); BGH, DStR 2015, 237 (240) [Stiftung]; vgl. auch OLG Düsseldorf, AG 1997, 231 (237).

613 Zutreffend *Mertens*, in: Hachenburg, § 43 GmbHG Rn. 64; *Paefgen*, in: Ulmer/Habersack/Löbbe, § 43 GmbHG Rn. 90.

614 Vgl. OLG Düsseldorf mit Anm. von *Goette*, DStR 1993, 1637 (1638).

615 BGH, NJW 1983, 1856 [GmbH-Geschäftsführer]; zustimmend *Fleischer*, in: Spindler/Stilz, § 93 AktG Rn. 210; *Hölters*, in: Hölters, § 93 AktG Rn. 251; *Hopt/Roth*, in: GroßkommAktG, § 93 Rn. 404; *Klöhn*, in: Bork/Schäfer, § 43 GmbHG Rn. 70; zuvor bereits RGZ 148, 357 (362).

616 OLG Oldenburg, GmbHR 2006, 1263 (1268); OLG Düsseldorf, AG 1997, 231 (237); *Ballreich*, in: Spörlein/Tausend/Ballreich, Hdb. für den GF der GmbH, Rn. H202; *Fleischer*, in: Spindler/Stilz, § 93 AktG Rn. 210; *Froesch*, DB 2009, 722 (725); *Hopt/Roth*, in: GroßkommAktG, § 93 Rn. 404; *Klöhn*, in: Bork/Schäfer, § 43 GmbHG Rn. 70; *Lücke/Simon*, in: Saenger/Inhester, Hk-GmbHG, § 43 Rn. 67; *Paefgen*,

### bb) *Berücksichtigungsfähigkeit des Mitverschuldens in Einzelfällen*

Es finden sich aber Erwägungen im Schrifttum, die in besonderen Einzelfällen auch im Organhaftungsrecht einer Berücksichtigung des Mitverschuldens eines anderen Gesellschaftsorgans nicht generell ablehnend gegenüberstehen.

#### (1) Handeln auf Beschluss eines weisungsberechtigten Organs

In erster Linie geht es in den betreffenden Erwägungen um die mögliche Annahme eines Mitverschuldens für den Fall, dass ein haftendes Organmitglied auf Grund der Weisung eines anderen Gesellschaftsorgans tätig geworden ist. Die Diskussion ist auf das Recht der GmbH beschränkt.

##### (a) Weisungsunabhängige Vorstands- und Aufsichtsratsmitglieder

Weder für Vorstandsmitglieder einer AG noch für Aufsichtsratsmitglieder enthält das AktG eine dem § 37 Abs. 1 GmbHG entsprechende oder auch nur vergleichbare Regelung. Im Gegensatz zu den grundsätzlich an Weisungen der Gesellschafterversammlung gebundenen Geschäftsführern einer GmbH handeln Vorstandsmitglieder einer AG – wie § 76 Abs. 1 AktG verdeutlicht – weisungsunabhängig, unter eigener Verantwortung.

Insofern scheidet ein etwaiges Mitverschulden eines weisungsberechtigten Gesellschaftsorgans im Rahmen der Haftung von Vorstands- und/oder Aufsichtsratsmitgliedern aus.

Allerdings besteht im Aktienrecht eine Schadensersatzpflicht für diejenigen, die unter Benutzung ihres Einflusses auf die AG (z.B. aufgrund sozialer oder wirtschaftlicher Abhängigkeiten) ein Vorstands- oder Aufsichtsratsmitglied dazu bestimmen, zum Schaden der AG oder ihrer Aktionäre zu handeln (s. § 117 Abs. 1 AktG).

##### (b) Weisungsgebundene GmbH-Geschäftsführer

Anders beurteilt sich die Lage hingegen für die nach § 37 Abs. 1 GmbHG weisungsgebundenen Geschäftsführer einer GmbH. Sofern angesichts einer rechtmäßigen Weisung eine Folgepflicht für einen GmbH-Geschäftsführer besteht, ist dieser zwar ohnehin enthaftet, wenn er in Ausführung des Weisungsbeschlusses gehandelt hat und soweit die Ersatzleistung gemäß § 43 Abs. 3 Satz 3 GmbHG nicht zur Befriedigung der Gläubiger erforderlich ist.[617]

---

in: Ulmer/Habersack/Löbbe, § 43 GmbHG Rn. 90; *U.H. Schneider*, in Scholz, § 43 GmbHG Rn. 246; *Turiaux/Knigge*, DB 2004, 2199 (2205); differenzierend hingegen *Lindacher*, JuS 1984, 672 (674 f.); *Venrooy*, GmbHR 2004, 237 (247).

617 Vgl. nur BGHZ 31, 258 (278 f.), 119, 257 (261); 122, 333 (336); *U.H. Schneider/S.H. Schneider*, GmbHR 2005, 1229 (1232) m.w.N.; näher dazu bereits § 1 II.2b)dd).

Keine enthaftende Wirkung entfalten jedoch rechtswidrige Weisungen.[618] Daher stellt sich die Frage, ob bei rechtswidrigen Weisungen zumindest eine Schadensteilung nach § 254 BGB Raum greifen kann.

#### (aa) Mitverschulden bei rechtswidriger Weisung

Von Teilen des Schrifttums wird für das Handeln in Ausführung eines rechtswidrigen Weisungsbeschlusses ein berücksichtigungsfähiges Mitverschulden der Gesellschafterversammlung als anweisendes Gesellschaftsorgan ausdrücklich erwogen. Da eine rechtswidrige Weisung eine darauf beruhende Pflichtverletzung eines Geschäftsführers nicht beseitige, könne die durch die Weisungsgewalt begründete Hierarchie Anlass zu einer Haftungsmilderung nach § 254 BGB geben.[619] Eine generelle Ablehnung einer möglichen Anspruchsminderung über § 254 BGB werde der besonderen Stellung der Gesellschafter und ihrem Einfluss auf das Gesellschaftsvermögen nicht gerecht.[620]

#### (bb) Gegenauffassung im Schrifttum

Teilweise wird hingegen auch für den Fall rechtswidriger Weisungen ein etwaiges Mitverschulden der Gesellschafterversammlung strikt abgelehnt.[621] Ein Hierarchiegefälle sei lediglich bei rechtmäßigen und mithin bindenden Weisungen, nicht aber bei rechtswidrigen Weisungen gegeben; insoweit bestehe zwar ein wirtschaftliches Machtgefälle, aber soziale oder wirtschaftliche Abhängigkeiten führten auch sonst nicht zu einem Mitverschulden oder einer Haftungsmilderung.[622] Sofern die rechtswidrige Weisung aber nicht auf einem Verstoß gegen unmittelbar gläubigerschützende Vorschriften oder den Grundsätzen des existenzvernichtenden Eingriffs beruhe, könne der Geschäftsführer gegebenenfalls den Einwand des Rechtsmissbrauchs geltend machen.[623]

---

618 Anstatt vieler *Kleindiek*, in: Lutter/Hommelhoff, § 43 GmbHG Rn. 34; *Heckschen*, in: Heckschen/Heidinger, Die GmbH in der Gestaltungs- und Beratungspraxis, § 6 Rn. 62; s. auch *Bayer/Scholz*, GmbHR 2016, 841 (850) zum Entfallen der enthaftenden Wirkung eines Weisungsbeschlusses, wenn ein Geschäftsführer die Beschlussfassung nicht ordnungsgemäß vorbereitet hat.

619 So ausdrücklich *Paefgen*, in: Ulmer/Habersack/Löbbe, § 43 GmbHG Rn. 90; i. Erg. auch *Klöhn*, in: Bork/Schäfer, § 43 GmbHG Rn. 70; *Lücke/Simon*, in: Saenger/Inhester, Hk-GmbHG, § 43 Rn. 68; *Zöllner/Noack*, in: Baumbach/Hueck, § 43 GmbHG Rn. 45; ähnlich *Ebenroth/Lange*, GmbHR 1992, 69 (73).

620 *Heisse*, Die Beschränkung der Geschäftsführerhaftung, 1988, S. 72.

621 *Haas/Ziemons*, in: Michalski, § 43 GmbHG Rn. 214; zuvor bereits *Fleck*, GmbHR 1974, 224 (226); tendenziell auch *Axhausen*, in: Beck'sches Hdb. der GmbH, § 5 Rn. 214.

622 *Haas/Ziemons*, in: Michalski, § 43 GmbHG Rn. 214.

623 *Haas/Ziemons*, in: Michalski, § 43 GmbHG Rn. 214; *Kleindiek*, in: Lutter/Hommelhoff, § 43 GmbHG Rn. 36; vgl. auch *Konzen*, NJW 1989, 2977 (2985).

#### (cc) Stellungnahme

Im Vergleich zu sonstigen haftungsrelevanten Pflichtverletzungen durch Geschäftsführer besteht in Bezug auf Haftungsfälle nach einem rechtswidrigen Weisungsbeschluss ein grundlegender Unterschied: Sofern sich ein haftungsbegründendes Handeln eines Geschäftsführers in Ausführung eines entsprechenden Beschlusses der Gesellschafterversammlung vollzieht, sind die Gesellschafter als zurechenbar an der Schadensentstehung beteiligt anzusehen, da das Verhalten der Geschäftsführer in diesem Fall seinen Ursprung in der Weisung hat.[624] Falls die rechtswidrige Weisung nicht gegen zwingende Gläubigerschutzvorschriften verstößt und die Ersatzleistung nicht zur Gläubigerbefriedigung erforderlich ist (vgl. § 43 Abs. 3 GmbHG), überzeugt es insofern nicht, der Gesellschaft im Rahmen der Innenhaftung den vollen Ersatzanspruch gegenüber den haftenden Geschäftsführern zuzugestehen, da dadurch insbesondere auch die Gesellschafter wirtschaftlich begünstigt werden.[625]

Angezeigt ist bei einer rechtswidrigen Weisung vielmehr eine – von § 254 BGB intendierte – Berücksichtigung der Verursachungsbeiträge von Schädiger und Geschädigtem, um zu einer sachgerechten Schadensverteilung zu gelangen. Mit Blick auf das § 254 BGB zu Grunde liegende „Gebot kommutativer Gerechtigkeit“[626] greift aber ein formal-juristischer Begründungsansatz – wie von *Haas* und *Ziemons* vertreten[627] – zu kurz, der maßgebend auf die rechtliche Hierarchisierung lediglich bei rechtmäßigen Weisungen rekurriert.

Auch ein Hierarchiegefälle infolge sozialer und wirtschaftlicher Abhängigkeit kann *de facto* eine Bindungswirkung auslösen und darf bei der wertenden Betrachtung von Verursachungsbeiträgen nicht unberücksichtigt bleiben. Zumal es unter Wertungsgesichtspunkten widersprüchlich ist, wenn die Gesellschafterversammlung die Geschäftsführer zwar durch rechtmäßige Weisungen vollständig von der Haftung befreien kann, im Falle rechtswidriger Weisungen aber nicht einmal eine teilweise Enthaftung durch eine quotale Schadensverteilung möglich sein soll.[628]

Den nicht zu leugnenden Divergenzen zwischen einer rechtlich zwingenden Folgepflicht bei rechtmäßigen Weisungen und einer Bindungswirkung infolge sozialer und wirtschaftlicher Abhängigkeit bei rechtswidrigen Weisungen wird dadurch zur Genüge Rechnung getragen, dass es im Falle rechtmäßiger Weisungen zu einer Haftungsfreistellung kommt, im Falle rechtswidriger Weisungen hingegen nur zu einer quotalen Verteilung des Schadens.

---

624 Ähnlich *Klöhn*, in: Bork/Schäfer, § 43 GmbHG Rn. 70.

625 Ebenso *Heisse*, Die Beschränkung der Geschäftsführerhaftung, 1988, S. 72; *Lindacher*, JuS 1984, 672 (674); vgl. auch *Klöhn*, in: Bork/Schäfer, § 43 GmbHG Rn. 70.

626 *Looschelders*, Die Mitverantwortlichkeit des Geschädigten im Privatrecht, 1999, S. 125.

627 *Haas/Ziemons*, in: Michalski, § 43 GmbHG Rn. 214.

628 Wie hier auch *Heisse*, Die Beschränkung der Geschäftsführerhaftung, 1988, S. 72.

Vorzug gebührt somit grundsätzlich der Auffassung, die im Falle rechtswidriger Weisungen der Gesellschafterversammlung den Anwendungsbereich des § 254 BGB auch im Organhaftungsrecht für eröffnet erachtet. Allerdings bedarf es unter dem Gesichtspunkt des Gläubigerschutzes insoweit der Einschränkung, dass sich ein GmbH-Geschäftsführer dann nicht auf das Mitverschulden der Gesellschafterversammlung berufen kann, wenn der rechtswidrigen Weisung der Gesellschafterversammlung ein Verstoß gegen unmittelbar gläubigerschützende Vorschriften zu Grunde liegt.

### (2) Handeln nach Zustimmung eines anderen Gesellschaftsorgans

An ein mögliches Mitverschulden der Gesellschaft ist ferner zu denken, wenn ein Organmitglied auf Grund einer Handlung haftet, zu der es zwar nicht angewiesen worden ist, zu der es sich aber zuvor – freiwillig – die Zustimmung eines anderen Gesellschaftsorgans eingeholt hat.[629]

### (a) Kein Mitverschulden im Aktienrecht

Für die Vorstandsmitglieder einer AG wird ein mitwirkendes Verschulden der Gesellschaft für den Fall, dass ein anderes Gesellschaftsorgan zuvor seine Zustimmung erteilt hat, jedoch einhellig verneint.[630]

Vorstandsmitglieder sind nach § 83 Abs. 2 AktG zur Ausführung gesetzmäßiger Hauptversammlungsbeschlüsse verpflichtet. Sofern die schadensstiftende Handlung eines Vorstandsmitglieds auf einem zustimmenden Hauptversammlungsbeschluss beruht, ist die Schadensersatzpflicht gegenüber der Gesellschaft daher bereits gemäß § 93 Abs. 4 Satz 1 AktG ausgeschlossen. Ein solcher Haftungsausschluss setzt allerdings zwingend einen formellen, gesetzmäßigen Hauptversammlungsbeschluss voraus, der vor der Geschäftsführungsmaßnahme des Vorstands gefasst werden muss.[631] Ein ohne ausdrückliches Verlangen des Vorstands nach § 119 Abs. 2 AktG von der Hauptversammlung gefasster Beschluss entfaltet für den Vorstand keine Bindungswirkung und führt auch nicht zur Anwendung des § 93 Abs. 4 Satz 1 AktG.[632] Dies gilt ebenso für Beschlüsse der Hauptversammlung nach § 111 Abs. 4

629 Diese Fallgestaltung ist zu unterscheiden, von den Sachverhalten, in denen zwingend die Zustimmung eines anderen Gesellschaftsorgans einzuholen ist, in denen eine entsprechende Zustimmung dann aber auch bereits den möglichen Vorwurf der Pflichtwidrigkeit entkräftet; näher dazu bereits unter § 1 II. 2.b)aa)(1)(a)(aa).

630 *Spindler*, in: MünchKommAktG, § 93 Rn. 247; *Grigoleit/Tomasic*, in: Grigoleit, § 93 AktG Rn. 62; vgl. auch RGZ 123, 216 (222); 144, 277 (279 f.) [Genossenschaft].

631 Näher etwa *Fleischer*, in: Spindler/Stilz, § 93 AktG Rn. 266 ff.; *Krieger/Sailer-Coceani*, in: K. Schmidt/Lutter, § 93 AktG Rn. 59 ff.

632 *Hopt/Roth*, in: GroßkommAktG, § 93 Rn. 472.

Satz 3 AktG, mit denen sie als Ersatz für den Aufsichtsrat die Zustimmung zu Geschäftsführungsmaßnahmen des Vorstands erteilt.[633]

Eine konkludente oder formlose Zustimmung des Alleinaktionärs steht einem Hauptversammlungsbeschluss im Sinne von § 93 Abs. 4 Satz 1 AktG allerdings nicht gleich und kann insofern eine Haftung nach § 93 AktG (i.V.m. § 116 Satz 2 AktG) nicht ausschließen.[634]

Im Hinblick auf eine Zustimmung seitens des Aufsichtsrats normiert § 93 Abs. 4 Satz 2 AktG, dass die Ersatzpflicht eines Vorstandsmitglieds nicht dadurch ausgeschlossen wird, dass der Aufsichtsrat die betreffende Handlung zuvor gebilligt hat. Korrespondierend dazu verdeutlichen die Regelungen in § 111 Abs. 1 und Abs. 4 AktG, dass der Aufsichtsrat lediglich auf die Überwachung bzw. Verhinderung zuvor festgelegter Geschäftsführungsmaßnahmen beschränkt ist.[635] Demzufolge ist für das Vorstandshandeln nicht nur die Bindungswirkung formloser Willenskundgaben der Hauptversammlung zu verneinen;[636] auch der Aufsichtsrat kann nicht bindend festlegen, dass der Vorstand bestimmte Handlungen positiv ergreifen soll.[637]

Vor dem Hintergrund dieser gesetzlichen Wertungen und nicht zuletzt auch in Anbetracht der Tatsache, dass die Organisationsstruktur der AG keine Hierarchisierung zwischen den einzelnen Gesellschaftsorganen vorsieht – insbesondere die Hauptversammlung ist nicht als oberstes Organ zu qualifizieren –, überzeugt die generelle Ablehnung eines mitwirkenden Verschuldens der Gesellschaft für ein Vorstandshandeln nach Zustimmung eines anderen Gesellschaftsorgans.

### (b) Mögliches Mitverschulden im GmbH-Recht

Die Rechtswirkungen einer Zustimmung eines anderen Gesellschaftsorgans zu einer Geschäftsführungsmaßnahme der Geschäftsführer haben im GmbHG keinerlei Kodifizierung erfahren. Darüber hinaus erweist sich die Trennung der Kompetenzen der verschiedenen Gesellschaftsorgane einer GmbH im Vergleich zu den aktienrechtlichen Parallelvorschriften als weniger strikt.[638] Angesichts der Divergenzen

---

633 *Hopt/Roth*, in: GroßkommAktG, § 93 Rn. 473; a.A. *Dietz-Vellmer*, NZG 2014, 721 (725 f.).

634 OLG Köln, AG 2013, 396; zustimmend *Wolff/Jansen*, NZG 2013, 1165 (1166 f.); vgl. auch *Hopt/Roth*, in: GroßkommAktG, § 93 Rn. 479; *Krieger/Sailer-Coceani*, in: K. Schmidt/Lutter, § 93 AktG Rn. 60; s. ferner *Fleischer*, in: Spindler/Stilz, § 93 AktG Rn. 266.

635 *Koch*, in: Hüffer, § 93 AktG Rn. 75; ausführlich zu § 111 Abs. 4 Satz 2 AktG und der betreffenden Teilhabe des Aufsichtsrats an der Leitungsmacht des Vorstands *Habersack*, in: FS Hüffer, 2010, S. 259 ff.; *ders.*, ZHR 178 (2014), 131 ff.; vgl. auch *J. Grooterhorst*, NZG 2011, 921 (925 f.), der ein Mitverschulden des Aufsichtsrats bei zustimmungsbedürftigen Geschäften für denkbar erachtet.

636 Vgl. *Hopt/Roth*, in: GroßkommAktG, § 93 Rn. 477 ff.

637 *Koch*, in: Hüffer, § 93 AktG Rn. 75; *Spindler*, in: MünchKommAktG, § 93 Rn. 247; *E. Vetter*, EWiR 2011, 793 (794).

638 *Sonnenberger*, GmbHR 1973, 25 (29).

im organisationsrechtlichen Bereich der Rechtsformen der AG und der GmbH ist auch eine analoge Anwendung der entsprechenden aktienrechtlichen Regelungen bzw. ein Heranziehen der dort enthaltenen Wertungen abzulehnen.

Anders als im Aktienrecht hat die mögliche Berufung auf ein Mitverschulden bei einem Handeln nach Zustimmung eines anderen Gesellschaftorgans insoweit nicht nur Eingang in den wissenschaftlichen Diskurs des GmbH-Rechts gefunden, sie wird darüber hinaus auch kontrovers beurteilt und mitunter in Bezug auf eine Zustimmung der Gesellschafterversammlung auch bejaht.

### (aa) Meinungsstand im Schrifttum

Teile der Literatur begründen auch ein berücksichtigungsfähiges Mitverschulden für ein schadensstiftendes Geschäftsführerhandeln nach Zustimmung der Gesellschafterversammlung wiederum mit dem Hierarchiegefälle zwischen den Geschäftsführern und der Gesellschafterversammlung, aus dem schon ein mögliches Mitverschulden bei rechtswidrigen Weisungen hergeleitet wird.[639] Dies müsse jedenfalls dann gelten, wenn dem zustimmenden Organ im Verhältnis zum Geschäftsführer die Abberufungskompetenz zukomme, da dann ein mit der Folgepflicht bei einer Weisung vergleichbares Hierarchieverhältnis bestehe.[640]

In ihrer Argumentation konsequent lehnen hingegen *Haas* und *Ziemons* auch für den Fall des Handelns mit Zustimmung eines anderen Gesellschaftsorgans ein Mitverschulden grundsätzlich ab, da sie nur auf die rechtliche Hierarchie bei Weisungen abstellen, einem etwaigen sozialen oder wirtschaftlichen Machtgefälle hingegen jegliche Bedeutung für eine Haftungsmilderung oder ein Mitverschulden absprechen.[641]

### (bb) Kritische Würdigung

Die soziale und wirtschaftliche Abhängigkeit der Fremdgeschäftsführer einer GmbH (bzw. der jedenfalls nicht maßgeblich an der GmbH beteiligten Geschäftsführer) von der Gesellschafterversammlung ist in Fällen der rechtswidrigen Weisung und der Zustimmung der Gesellschaftsversammlung dieselbe und zieht jeweils *de facto* eine Bindungswirkung nach sich.

Dementsprechend lässt sich die soeben dargelegte Argumentation zu einem möglichen Mitverschulden der Gesellschaft durch rechtswidrige Weisungen der Gesellschafterversammlung[642] grundsätzlich auf Zustimmungssachverhalte übertragen.

---

639 Vgl. *Paefgen*, in: Ulmer/Habersack/Löbbe, § 43 GmbHG Rn. 90; *v. Gerkan*, ZHR 154 (1990), 39 (57); *Koppensteiner/Gruber*, in: Rowedder/Schmidt-Leithoff, § 43 GmbHG Rn. 33noch weitergehend *Kleindiek*, in: Lutter/Hommelhoff, § 43 GmbHG Rn. 33, der nicht nur Anlass für eine Haftungsminderung nach § 254 BGB sieht, sondern von einer haftungsausschließenden Wirkung nach den Grundsätzen zur rechtmäßigen Weisung ausgeht.

640 *Paefgen*, in: Ulmer/Habersack/Löbbe, § 43 GmbHG Rn. 90.

641 *Haas/Ziemons*, in: Michalski, § 43 GmbHG Rn. 214.

642 Näher dazu bereits zuvor unter § 7 I.2.c)bb)(1)(b)(cc).

Eine mögliche Berücksichtigung des Mitverschuldens der Gesellschaft durch Zustimmungen der Gesellschaftsversammlung zu einem letztlich haftungsbegründenden Handeln eines Geschäftsführers überzeugt überdies, da die Gesellschafterversammlung im Organisationsrecht der GmbH allgemein als das oberste Organ anerkannt wird.[643] Demzufolge lässt sich mit Blick auf den agierenden Geschäftsführer eine handlungssteuernde Wirkung der Zustimmung der Gesellschafterversammlung – mit anderen Worten: ein Verursachungsbeitrag – nicht von der Hand weisen. Vor diesem Hintergrund ist es unbillig, den Geschäftsführern bei einem Handeln nach Zustimmung die Geltung des § 254 BGB gänzlich zu verwehren.

Der Begründungsansatz, nach dem im Falle der Zustimmung von einer (vollumfängliche) Haftungsfreistellung wie bei rechtmäßigen Weisungen auszugehen sei, geht indes zu weit. In Abgrenzung zu der rechtlich zwingenden Folgepflicht bei rechtmäßigen Weisungen mit der Haftungsfreistellung als Rechtsfolge erweist sich mit Blick auf die Bindungswirkung, die eine Zustimmung angesichts des sozialen und wirtschaftlichen Abhängigkeitsverhältnisses regelmäßig auslösen wird, wiederum eine quotale Schadenstragung nach § 254 BGB als sachgerechtere Lösung, sofern durch den Pflichtenverstoß keine unmittelbar gläubigerschützende Vorschriften verletzt wurde.

### (3) Einstellung eines Organmitglieds trotz Ungeeignetheit für das Amt

Neben dem Tätigwerden auf Weisung oder Zustimmung eines anderen Gesellschaftsorgans kommt in der Literatur dem Mitverschuldenseinwand der Einstellung eines ungeeigneten Organmitglieds herausgehobene Bedeutung zu. Auch diesbezüglich beschränken sich die Ausführungen zwar fast ausnahmslos auf das Recht der GmbH; nachfolgend wird jedoch zu zeigen sein, dass den betreffenden Überlegungen auch Bedeutung und Geltung im Aktienrecht zukommen kann.

### (a) Diskussion im GmbH-Recht

Im GmbH-rechtlichen Schrifttum ist oftmals eine Differenzierung zwischen Qualitätsmängeln in der eigenen Person des betreffenden Organmitglieds und der Ungeeignetheit anderer Organmitglieder auszumachen.

### (aa) Auswahl der eigenen Person

Es gibt Stimmen in der Literatur, die sogar bezüglicher eigener Qualifikationsmängel eines Organmitglieds ein Mitverschulden der Gesellschaft für möglich halten. So soll sich die Gesellschaft in diesem Zusammenhang ein Mitverschulden seines Gesellschaftsorgans vorhalten lassen müssen, welches das betreffende Organmitglied bestellt hat.[644]

---

643 Vgl. nur *Kleindiek*, in: Lutter/Hommelhoff, § 43 GmbHG Rn. 32.

644 *Marsch-Barner/Diekmann*, in: MünchHdbGmbH, § 46 Rn. 23; *Thümmel*, Persönliche Haftung von Managern und Aufsichtsräten, Rn. 221; tendenziell *Zöllner/Noack*, in:

Dieser Ansatz stößt allerdings in Rechtsprechung und weiten Teilen des Schrifttums auf Ablehnung.[645]

### (bb) Auswahl anderer Organmitglieder

Konsensfähiger erscheint dagegen die im Schrifttum mehrheitlich propagierte Ansicht, dass ein Mitverschulden die Auswahl eines anderen Organmitglieds in Betracht kommen kann. Jedenfalls ein wegen unzureichender Überwachung eines anderen Organmitglieds haftendes Mitglied eines Gesellschaftsorgans soll sich dann auf ein Mitverschulden berufen können, wenn das andere Organmitglied sich als ungeeignet für die Organtätigkeit erwiesen hat und dem Bestellungsorgan der Gesellschaft diese Ungeeignetheit auch erkennbar gewesen ist.[646]

Auch in Bezug auf die Auswahl und die Qualifikation anderer Organmitglieder wird aber mitunter eine restriktive Auffassung vertreten, nach der ein haftungsmilderndes Mitverschulden generell abzulehnen sei.[647] Ein Organmitglied, dem ein unqualifizierter Kollege an die Seite gestellt wird, sei berechtigt und verpflichtet, die Gesellschaft auf diesen Mangel hinzuweisen und auf eine Abberufung zu drängen; belassen die Gesellschafter das unqualifizierte Organmitglied dennoch in seiner Position, dann könne im Falle der Inanspruchnahme gegebenenfalls der Einwand des Rechtsmissbrauches zur Geltung gebracht werden.[648] Gegenüber den Mitgliedern des Bestellungsorgans komme lediglich im Rahmen eines Innenausgleichs der gesamtschuldnerisch haftenden Organmitglieder ein Rückgriff in Betracht.[649]

---

Baumbach/Hueck, § 43 GmbHG Rn. 45; noch weitergehend will *Venrooy*, GmbHR 2004, 237 (246), der Inanspruchnahme eines unqualifizierten Geschäftsführers eine Einwendung aus § 826 BGB entgegensetzen.

645 BGH, NZG 2015, 38 (40); WM 1981, 440 (442); NJW 1983, 1856 (1857); *Ballreich*, in: Spörlein/Tausend/Ballreich, Hdb. für den GF der GmbH, Rn. H202; *Drescher*, Haftung des GmbH-GF, Kap. A, Rn. 307; *M. Roth*, Unternehmerisches Ermessen und Haftung des Vorstands, 2001, S. 136; *Wicke*, § 43 GmbHG Rn. 10.

646 *Altmeppen*, in: Roth/Altmeppen, § 43 GmbHG Rn. 115; *Bayer/Scholz*, GmbHR 2016, 841 (850); *Kleindiek*, in: Lutter/Hommelhoff, § 43 GmbHG Rn. 38; *Lücke/Simon*, in: Saenger/Inhester, Hk-GmbHG, § 43 Rn. 68; *Paefgen*, in: Ulmer/Habersack/Löbbe, § 43 GmbHG Rn. 90; *Zöllner/Noack*, in: Baumbach/Hueck, § 43 GmbHG Rn. 45; *U.H. Schneider*, in: Scholz, § 43 GmbHG Rn. 245; ebenso *Marsch-Barner/Diekmann*, in: MünchHdbGmbH, § 46 Rn. 23; *Thümmel*, Persönliche Haftung von Managern und Aufsichtsräten, Rn. 221.

647 *Buck-Heeb*, in: Gehrlein/Ekkenga/Simon, § 43 GmbHG Rn. 67; *Haas/Ziemons*, in: Michalski, § 43 GmbHG Rn. 215; *Sandmann*, Die Haftung von Arbeitnehmern, Geschäftsführern und leitenden Angestellten, 2001, S. 367 f.

648 *Haas/Ziemons*, in: Michalski, § 43 GmbHG Rn. 215; ebenso *Buck-Heeb*, in: Gehrlein/Ekkenga/Simon, § 43 GmbHG Rn. 67.

649 *Sandmann*, Die Haftung von Arbeitnehmern, Geschäftsführern und leitenden Angestellten, 2001, S. 368. Näher zur gesamtschuldnerischen Haftung § 9 und § 10.

(cc) Stellungnahme

Die Vertreter der Mindermeinung, die auch in Bezug auf die Auswahl der eigenen Person ein Mitverschulden der Gesellschaft für möglich halten,[650] liefern hierfür keinen näheren Begründungsansatz. Entscheidend gegen die Berufung auf ein Mitverschulden des bestellungsbefugten Organs im Hinblick auf die Auswahl der eigenen Person streitet der objektive Pflichten- und Verschuldensmaßstab des § 43 Abs. 1 GmbHG, der es als angezeigt und auch zumutbar erscheinen lässt, sowohl die eigene Unfähigkeit frühestmöglich zu erkennen als auch das Amt als Organmitglied niederzulegen.[651] Insoweit impliziert das Auftreten im betreffenden Verkehrskreis der Organmitglieder von Kapitalgesellschaften bereits die Aussage, dem Pflichtenstandard dieses Verkehrskreises genügen zu können.[652] Mangelnde Fähigkeiten und Kenntnisse, die dem verlangten Standard nicht genügen, stellen keinen Entschuldigungsgrund dar.[653] Ein Berufen auf ein Mitverschulden der Gesellschaft bezüglich der Auswahl der eigenen Person erschiene insofern als rechtsmissbräuchlich.

Soweit allerdings Teile des Schrifttums annehmen, dass auch die schuldhafte Auswahl anderer Organmitglieder trotz deren Ungeeignetheit generell kein Mitverschulden der Gesellschaft nach sich ziehe, vermag auch deren Begründungsansatz nicht zu überzeugen. Zumindest für die Fälle der Haftung wegen unzureichender Überwachung eines anderen ungeeigneten Organmitglieds mit unzureichenden Fähigkeiten bedürfen die erschwerten Bedingungen, unter denen die überwachungspflichtigen Organmitglieder tätig sind, einer eingehenden Berücksichtigung. Diese erschwerten Bedingungen lassen sich weder auf ein Fehlverhalten oder nicht zielführende unternehmerische Entscheidungen der überwachungspflichtigen Organmitglieder zurückführen noch sind sie auf unternehmensexterne, äußere Faktoren zurückzuführen. Sie gründen bei der schuldhaften Bestellung eines ungeeigneten Organmitglieds vielmehr unmittelbar in der Nachlässigkeit des Bestellungsorgans der Gesellschaft. Die erschwerten Bedingungen, unter denen überwachungspflichtige Geschäftsführer nach der schuldhaften Bestellung eines unqualifizierten Geschäftsführerkollegen tätig sind, bieten daher – anders als etwa Tätigkeiten eines Geschäftsführers in einer auf sein eigenes Fehlverhalten und/oder auf unternehmensexterne, äußere Faktoren zurückzuführenden Unternehmenskrise – grundsätzlich Raum für eine Haftungsmilderung.[654]

Unter Umständen müssen die Organmitglieder zwar auf die Mängel eines unqualifizierten Kollegens hinweisen und gegebenenfalls auch dessen Abberufung verlangen. Insoweit liefert § 254 BGB mit der Möglichkeit der quotalen Schadensverteilung aber einen sachgerechten Lösungsansatz.

---

650 Vgl. Fn. 644.

651 Zutreffend *Paefgen*, in: Ulmer/Habersack/Löbbe, § 43 GmbHG Rn. 90; *U.H. Schneider*, in: Scholz, § 43 GmbHG Rn. 246.

652 Vgl. *Lindacher*, JuS 1984, 672 (675).

653 BGH, NZG 2015, 792 (794) [AG].

654 A.A. *Haas/Ziemons*, in: Michalski, § 43 GmbHG Rn. 215.

Als überzeugend stellt sich dementsprechend der Ansatz der herrschenden Meinung in der Literatur dar, dass Organmitglieder gegebenenfalls einwenden können, dass ein anderes Organmitglied, das einen Schaden unmittelbar verursacht hat, nicht über die erforderliche Eignung verfügt. Die Gesellschaft muss sich ein etwaiges Mitverschulden des jeweils bestellungsbefugten Gesellschaftsorgans dann über § 31 BGB zurechnen lassen.

### (b) Diskussion im Aktienrecht

In der aktienrechtlichen Literatur wird das der Gesellschaft zurechenbare Mitverschulden wegen der Bestellung ungeeigneter Organmitglieder lediglich vereinzelt thematisiert. Der Meinungsstand in den betreffenden Ausführungen entspricht im Wesentlichen der Diskussion im GmbH-Recht.

### (aa) Vereinzelte Ansätze in der Literatur

Ein weitgehender Ansatz wird wiederum von *Thümmel* vertreten, der auch bei Ungeeignetheit der eigenen Person ein mögliches Mitverschulden der Gesellschaft für die Bestellung zum Organmitglied trotz Qualifikationsmängel annimmt.[655] Ungeeignete Vorstände könnten sich demnach auf ein Mitverschulden des sie bestellenden Aufsichtsrats berufen, ungeeignete Aufsichtsräte auf ein mitwirkendes Verschulden der sie bestellenden Hauptversammlung.

Hingegen halten *Hopt* und *Roth* sowie *Fleischer* mit Blick auf haftende Vorstandsmitglieder allenfalls ein anspruchsverkürzendes Mitverschulden der Hauptversammlung wegen Bestellung ungeeigneter Aufsichtsratsmitglieder für denkbar.[656]

### (bb) Kritische Würdigung

Qualifikationsmängel in der eigenen Person können auch im Aktienrecht kein Mitverschulden des Bestellungsorgans begründen, da sich dies nicht mit dem objektiven Pflichten- und Verschuldensmaßstab des § 93 Abs. 1 AktG in Einklang bringen ließe. Auch der BGH hat klargestellt, dass mangelnde Fähigkeiten und Kenntnisse, die dem verlangten Standard nicht genügen, keinen Entschuldigungsgrund darstellen.[657]

Die erschwerten Bedingungen, unter denen überwachungspflichtige Vorstands- und auch Aufsichtsratsmitglieder nach der schuldhaften Bestellung eines unqualifizierten Organmitglieds tätig sind, liegen auch im Aktienrecht vor. Insofern verdient die von *Hopt* und *Roth* sowie von *Fleischer* angeführte Möglichkeit eines anspruchsverkürzenden Mitverschuldens der Hauptversammlung wegen Bestellung ungeeigneter Aufsichtsratsmitglieder Zustimmung. Allerdings ist nicht ersichtlich, warum

---

655 *Thümmel*, Persönliche Haftung von Managern und Aufsichtsräten, Rn. 221; a.A. *Hopt/Roth*, in: GroßkommAktG, § 93 Rn. 405.

656 *Hopt/Roth*, in: GroßkommAktG, § 93 Rn. 405; *Fleischer*, in: Spindler/Stilz, § 93 AktG Rn. 210.

657 BGH, NZG 2015, 792 (794).

ein der Gesellschaft über §§ 254, 31 BGB entgegenhaltbares Mitverschulden auf die Bestellung von Aufsichtsräten beschränkt sein soll. Auch die Bestellung eines Vorstandsmitglieds mit mangelnder Qualifikation erschwert die Aufgabenwahrnehmung seiner Kollegen nachhaltig. Daher kommt dann, wenn dem Aufsichtsrat als Bestellungsorgan die Ungeeignetheit eines Vorstandsmitglieds erkennbar gewesen ist, für Vorstandsmitglieder, die wegen eines Überwachungsverschuldens in Bezug auf den nicht hinreichend qualifizierten Vorstandskollegen in Anspruch genommen werden, eine Anspruchskürzung wegen Mitverschuldens der Gesellschaft in Betracht.

### 3. Fazit

Organmitglieder können sich nicht auf ein Mitverschulden von Angestellten der Gesellschaft berufen. Ebenso ist ihnen der Einwand des Mitverschuldens von weiteren Mitgliedern desselben Organs verwehrt. Angesichts der nebeneinander bestehenden Pflichten der verschiedenen Gesellschaftsorgane kommt ferner auch eine anspruchsverkürzende Berücksichtigung des Mitverschuldens anderer Gesellschaftsorgane grundsätzlich nicht in Betracht; allerdings bestehen insoweit bedeutsame Ausnahmen: So kann sich ein Geschäftsführer einer GmbH – anders als die Vorstandsmitglieder einer AG – sowohl im Falle einer rechtswidrigen Weisung als auch in Bezug auf ein Handeln nach ausdrücklicher Zustimmung auf ein Mitverschulden der Gesellschafterversammlung berufen.

Eigene Qualifikationsmängel begründen keinen Mitverschuldenseinwand für die Geschäftsleiter. Geschäftsführer, Vorstands- und auch Aufsichtsratsmitglieder können jedoch in den Fällen der schuldhaften Bestellung eines anderen Organmitglieds trotz dessen Ungeeignetheit für das Amt eine Anspruchskürzung wegen Mitverschuldens geltend machen.

## II. Gesetzliche Haftungsbeschränkungen

Neben der mithin differenziert zu betrachtenden Frage der Berücksichtigungsfähigkeit eines Mitverschuldens im Rahmen der zivilrechtlichen Organhaftung gilt es weiterhin zu klären, ob sich Geschäftsführer einer GmbH bzw. Vorstands- und Aufsichtsratsmitglieder einer AG auf etwaige gesetzliche bzw. aus gesetzlichen Wertungen abgeleitete Haftungsbeschränkungen berufen können.[658]

### 1. Haftungsmilderung bei betrieblich veranlasster Tätigkeit

Eine mögliche Abmilderung der uneingeschränkten Einstandspflicht von Organmitgliedern könnte sich durch eine – zumindest entsprechende – Anwendung des Haftungsprivilegs für Arbeitnehmer ergeben.

658 Den Möglichkeiten und Grenzen privatautonom vereinbarter Haftungsbeschränkungen ist im weiteren Verlauf dieser Arbeit ein eigenständiger Abschnitt gewidmet, vgl. insoweit § 11 und § 12.

### a) Grundsätze der Haftungsprivilegierung für Arbeitnehmer

Das BAG geht in ständiger Rechtsprechung davon aus, dass Arbeitnehmern gegenüber dem Arbeitgeber angesichts ihrer sozialen Schutzbedürftigkeit und auf Grund einer angemessenen Risikoverteilung Haftungsbeschränkungen zugutekommen. Dementsprechend hat das BAG die Grundsätze des innerbetrieblichen Schadensausgleichs bei betrieblich veranlasster Tätigkeit aufgestellt.[659] Danach haftet ein Arbeitnehmer grundsätzlich lediglich bei einer vorsätzlichen oder jedenfalls grob fahrlässigen Pflichtverletzung uneingeschränkt. Bei leichtester Fahrlässigkeit scheidet eine mögliche Inanspruchnahme des Arbeitnehmers hingegen regelmäßig aus. Im Falle mittlerer Fahrlässigkeit erfolgt grundsätzlich eine Schadensteilung zwischen Arbeitnehmer und Arbeitgeber. Das BAG stützt seine Rechtsfortbildung insoweit auf eine analoge Anwendung des § 254 BGB unter der Berücksichtigung verfassungsrechtlicher Wertungen.[660] Trotz der aufgestellten Grundsätze bedarf es aber dennoch stets einer konkreten Einzelfallabwägung. Insoweit haben der Schadensanlass, die Schadensfolgen, die Gefahrgeneigtheit der Tätigkeit, die Versicherbarkeit des Schadensfalles, der Verschuldensgrad, die Schadenshöhe, die Stellung des Mitarbeiters im Unternehmen und auch die Höhe des Arbeitsentgelts eine umfassende Berücksichtigung zu finden; gleiches gilt auch für die persönlichen Verhältnisse des Arbeitnehmers (z. B. Betriebszugehörigkeit, Familienverhältnisse, Lebensalter) und sein bisheriges Verhalten im Unternehmen.[661]

Entgegen seiner früheren Rechtsprechung[662] hat das BAG die Geltung der Grundsätze des innerbetrieblichen Schadensausgleichs mittlerweile nicht mehr nur auf besonders gefahrgeneigte Tätigkeiten beschränkt, sondern vielmehr auf alle betrieblich veranlassten Tätigkeiten ausgedehnt.[663] Als *de lege lata* zu weitgehende Rechtsfortbildung abgelehnt hat das BAG allerdings eine summenmäßige Beschränkung der Haftung wie sie zuvor von Teilen der instanzgerichtlichen Rechtsprechung befürwortet worden ist.[664]

---

659 Erstmalig BAG, NJW 1958, 235 ff.; vgl. auch die Modifizierung in BAG (GS), NJW 1995, 210 ff.; ausführlich zur innerbetrieblichen Haftungskonzeption insbesondere *Linck*, in: Schaub, ArbR-Hdb., § 59 Rn. 32 ff.; *Preis*, in: Erfurter Kommentar zum ArbR, § 619a BGB Rn. 9 ff.; s. auch *Sandmann*, Die Haftung von Arbeitnehmern, Geschäftsführern und leitenden Angestellten, 2001, S. 51 ff.

660 Vgl. BAG, NJW 1990, 468 (470); NJW 1996, 1532; BAG (GS), NJW 1995, 210 (212); zustimmend *Preis*, in: Erfurter Kommentar zum ArbR, § 619a BGB Rn. 10; *Waltermann*, RdA 2005, 98 (99 f.).

661 BAG, NJW 1990, 468 (469 f.); BAG (GS), NJW 1995, 210 (213); vgl. auch *Lohr*, NZG 2000, 1204 (1205); *Lutter*, GmbHR 2000, 801 (811).

662 Anstatt vieler BAG, NJW 1959, 1759; NJW 1983, 1693; NJW 1990, 468.

663 Grundlegend BAG (GS), NJW 1995, 210 ff.

664 BAG, NZA 1998, 140 (141); anders hingegen LAG Nürnberg, MDR 1990, 953 (954); NZA-RR 1997, 3 (4); LAG Köln, LAGE BGB § 611 Nr. 10, Gefahrgeneigte Arbeit, 1 (4) [Beschränkung auf bis zu ein Monatsgehalt bei mittlerer Fahrlässigkeit, auf bis

Darüber hinaus ist die zuvor in Frage gestellte Einbeziehung der leitenden Angestellten (vgl. § 5 Abs. 3 Satz 2 BetrVG) in den Anwendungsbereich des innerbetrieblichen Schadensausgleichs mittlerweile in Übereinstimmung mit der überwiegenden Auffassung in der Literatur[665] positiv beschieden worden; der BGH hat einen Ausschluss dieser Arbeitnehmergruppe als nicht gerechtfertigt angesehen.[666]

### *b) Übertragbarkeit auf die Organhaftung?*

Insbesondere die Anerkennung der arbeitsrechtlichen Haftungsprivilegierung für leitende Angestellte, die ebenso wie die Leitungsorgane einer AG und einer GmbH Arbeitgeberfunktionen ausüben, hat die Diskussion der (entsprechenden) Geltung dieser Haftungskonzeption im Rahmen der Organhaftung weiter verstärkt. Zumal Organmitglieder mitunter auch durch die konkrete Ausgestaltung ihres Anstellungsverhältnisses eine mit einem Arbeitnehmer mitunter vergleichbare Stellung erlangen; insbesondere können sie in Ausübung ihrer Organtätigkeit durch etwaige Pflichtverletzungen ebenso Schäden in einer Höhe verursachen, deren Begleichung weit über die wirtschaftliche Leistungsfähigkeit der Organmitglieder hinausgeht.[667] Dies mag in erster Linie für den Fremdgeschäftsführer einer GmbH gelten, der angesichts der Weisungsbefugnis der Gesellschafterversammlung gemäß § 37 Abs. 1 GmbHG einem typischen Arbeitnehmer scheinbar am nächsten kommt; einschlägige Gerichtsentscheidungen sowie entsprechende Stellungnahmen in der Literatur verdeutlichen allerdings, dass sich die parallele Problematik durchaus auch für die Leitungsorgane anderer Körperschaften stellt.[668]

#### *aa) Rechtsprechung*

##### (1) BGH

In der höchstrichterlichen Rechtsprechung befasst sich – soweit ersichtlich – erstmals im Jahre 1975 eine Entscheidung mit dieser Frage. Der BGH hat in einem Urteil vom 27. Februar 1975 (Az. II ZR 112/72) entschieden, dass die entsprechenden Grundsätze nicht auf das Vorstandsmitglied einer Genossenschaft übertragen

zu drei Monatsgehälter bei grober Fahrlässigkeit]; vgl. ferner *Hanau/Rolfs*, NJW 1994, 1439 (1442).

665 Eingehend zur Geltung der Haftungsprivilegs für leitende Angestellte *Sandmann*, Die Haftung von Arbeitnehmern, Geschäftsführern und leitenden Angestellten, 2001, S. 552 ff.; näher auch *Joussen*, RdA 2006, 129 (130 ff.); Waltermann, RdA 2005, 98 (100); ferner *Reichold*, in: MünchHdbArbR, § 51 Rn. 64 m.w.N.

666 BGHZ 148, 167 (172) im Gegensatz zu der noch deutlich restriktiveren Entscheidung BGH, VersR 1985, 693 (695 f.).

667 Vgl. *Lutter*, GmbHR 2000, 301 (311); *Henssler*, in: 50 Jahre BGH – Festgabe der Wissenschaft, Bd. II, 2000, S. 387 (416).

668 Vgl. *Goette*, in: FS Wiedemann, 2002, S. 873; *Hopt/Roth*, in: GroßkommAktG, § 93 Rn. 395 ff. m.w.N.

werden können.[669] Eine nähere Begründung lässt der BGH indes vermissen; er führt lediglich an, dass von der Anwendung der arbeitsrechtlichen Grundsätze über eine Haftungsbeschränkung bei sog. gefahrgeneigter Arbeit bei dem Vertretungsorgan einer juristischen Person, das wegen Verletzung seiner normalen Vorstandspflichten in Anspruch genommen wird, keine Rede sein könne.[670]

Auf diese Entscheidung aus dem Jahre 1975 hat der BGH dann in seinem Urteil vom 5. Dezember 1983 (Az. II ZR 252/82) zur Haftung eines ehrenamtlich tätigen Vereinsmitglieds explizit Bezug genommen. In dem betreffenden Fall hat der BGH zwar die Grundsätze der Arbeitnehmerhaftung auf das Vereinsmitglied übertragen, da die frühere Entscheidung angesichts einer abweichenden Sachlage nicht entgegenstünde. Der BGH führt jedoch weiter aus, dass die Übertragung des Haftungsprivilegs auf die Organhaftung nicht in Betracht komme, weil es gerade Sinn und Zweck der Bestellung der Organmitglieder sei, die Schwierigkeiten und Risiken der Leitung eines Unternehmens Personen zu übertragen, die diese auch beherrschten; eine Haftungsbeschränkung sei daher von der Sache her weder gerechtfertigt noch geboten.[671]

Schließlich hat der BGH im Rahmen einer Entscheidung über die Haftung eines Prokuristen einer GmbH vom 25. Juli 2001 (Az. II ZR 38/99) in einem Nebensatz die Geltung der Grundsätze des innerbetrieblichen Schadensausgleichs bei betrieblich veranlasster Tätigkeit für Geschäftsführer einer GmbH ausdrücklich verneint.[672]

669 BGH, WM 1975, 467.

670 BGH, WM 1975, 467 (469).

671 BGHZ 89, 153 (159).

672 BGHZ 148, 167 (172). Der EuGH geht indes in seiner *Danosa*-Entscheidung vom 11. November 2010 (Rs. C-232/09) in Bezug auf die Geltung mutterschutzrechtlicher Vorschriften auf die Geschäftsführerin einer lettischen Gesellschaft mit beschränkter Haftung von einem weiten unionsrechtlichen Arbeitnehmerbegriff aus, s. EuGH, ZIP 2010, 2414 (2415): Die Arbeitnehmereigenschaft eines Geschäftsleiters einer Kapitalgesellschaft sei dann zu bejahen, wenn das betreffende Organmitglied (i) gegen Entgelt Leistung gegenüber der Gesellschaft erbringt, die es bestellt und eingegliedert hat, (ii) seine Tätigkeit nach Weisung oder unter Aufsicht eines anderen Organs dieser Gesellschaft ausübt und (iii) jederzeit ohne Einschränkung abberufen werden kann. Vgl. zur EuGH-Entscheidung *Danosa* aus gesellschaftsrechtlicher Sicht *Windbichler*, in: FS Hoffmann-Becking, 2013, S. 1413 ff.; s. ferner etwa *Bauer/Arnold*, NZG 2012, 921 (923); *Lingemann/Weingarth*, DB 2012, 2325 (2326). In der Rechtsache *Balkaya* hat der EuGH in seiner Entscheidung vom 9. Juli 2015 (Rs. C-229/14), NZA 2015, 861 ff., die Rechtsprechungslinie aus der *Danosa*-Entscheidung fortgeführt und einen Fremd-Geschäftsführer als Arbeitnehmer im Sinne des Unionsrechts qualifiziert; näher zur *Balkaya*-Entscheidung des EuGH *Lunk*, NZA 2015, 917 ff.; *Stenslik*, DStR 2015, 2334 ff.

### (2) Instanzgerichte

Auch in der Rechtsprechung der Instanzgerichte finden sich Judikate, die sich näher mit der Frage der Geltung der Grundsätze der Arbeitnehmerhaftung für Organmitglieder von Kapitalgesellschaften befasst haben. So hat etwa das LG Bonn in seinem Urteil vom 10. April 1995 (Az. 10 O 390/94) entschieden, dass einem geschäftsführenden Vorstandsmitglied eines eingetragenen Vereins die Haftungserleichterung dann zugutekomme, wenn es eine arbeitnehmerähnliche Stellung einnehme und deshalb kein erheblicher Grund ersichtlich sei, das Vorstandsmitglied haftungsrechtlich anders zu stellen als einen „echten Arbeitnehmer".[673]

Das OLG Koblenz hat in einer Entscheidung vom 14. Mai 1998 (Az. 5 U 1639/97) letztlich offengelassen, ob sich ein GmbH-Geschäftsführer auf das Arbeitnehmerhaftungsprivileg berufen kann, da dieser in dem konkreten Fall grob fahrlässig gehandelt hatte.[674] Allerdings schließt das BAG im Falle grober Fahrlässigkeit eine Haftungsbegünstigung lediglich grundsätzlich aus, lässt sie aber im Einzelfall durchaus zu.[675] Demzufolge hätte auch das OLG Koblenz in seiner angeführten Entscheidung an sich konkret Stellung beziehen müssen.[676]

Das Kammergericht hat am 9. Oktober 1998 (Az. 14 U 4823/96) entschieden, dass die Übertragbarkeit des Arbeitnehmerhaftungsprivilegs auf die Organhaftung bei der Verletzung „amtstypischer Pflichten" zu verneinen sei;[677] Aussagen über eine Geltung der Privilegierung bei sonstigen Pflichten enthalten die Urteilsgründe des Kammergerichts hingegen nicht.

Anzuführen ist schließlich noch ein prominentes Urteil des OLG Düsseldorf vom 22. Juni 1995 (Az. 6 U 104/94 – „*ARAG/Garmenbeck*"), in welchem die direkte Geltung der arbeitsrechtlichen Haftungsgrundsätze für ein Vorstandsmitglied einer AG zwar abgelehnt wird; allerdings wird in den Urteilsgründen weiter ausgeführt, dass es gerechtfertigt sei, die Prinzipien der Haftungsbeschränkung als allgemeinen Gedanken jedenfalls auf Ebene der Ermessensausübung zu berücksichtigen.[678]

### *bb) Meinungsstand im Schrifttum*

Neben den angeführten Gerichtsentscheidungen hat die Frage nach der (entsprechenden) Anwendung des Arbeitnehmer-Haftungsprivilegs für Organmitglieder auch im Schrifttum für erheblichen Diskussionsstoff gesorgt und hat bereits eine Vielzahl eingehender Erörterungen hervorgebracht, die sich allerdings fast

---

673 LG Bonn, NJW-RR 1995, 1435 (1436).
674 OLG Koblenz, GmbHR 1999, 344 (345).
675 Vgl. etwa BAG, NJW 1999, 966 (967).
676 Zu Recht kritisch daher *Joussen*, GmbHR 2005, 441 (443).
677 KG, NZG 1999, 400 (401 f.).
678 OLG Düsseldorf, AG 1995, 416 (420).

ausnahmslos auf die Geschäftsführer einer GmbH beziehen.[679] Diesbezüglich lassen sich derzeit vier wesentliche Meinungsströmungen ausmachen:

### (1) Keine Geltung des Haftungsprivilegs

Die Vertreter einer restriktiven Ansicht lehnen Geltung der Grundsätze der Arbeitnehmerhaftung im Organhaftungsrecht ausnahmslos ab.[680] Die Stellung eines Organmitglieds sei mit der eines Arbeitnehmers nicht hinreichend vergleichbar.[681] Darüber hinaus stehe der zwingende Charakter der einschlägigen gesellschaftsrechtlichen Normen der Anwendung der Grundsätze der Arbeitnehmerhaftung entgegen, da sich das Verhältnis der Organmitglieder zur Gesellschaft – anders als das zwischen Arbeitnehmer und Arbeitgeber – gerade nicht in der gegenseitigen Beziehung erschöpfe; vielmehr schließe der Sinn und Zweck der Organhaftung auch die Interessen der Gesellschafter und der Gesellschaftsgläubiger mit ein.[682] Ferner basiere die Haftungsmilderung insbesondere auf dem Betriebsrisiko und der Haftungsmilderung für Arbeitnehmer, sodass es widersprüchlich sei, wenn sich Organmitglieder als Verantwortliche für die sachgerechte Organisation des Unternehmens auf arbeitsrechtliche Haftungsbeschränkungen berufen könnten.[683] Des Weiteren überzeuge es nicht, allein auf Grund existenzieller Haftungsrisiken

---

679 Eine umfassende Darstellung des Meinungsstands findet sich insbesondere bei *Frisch*, Haftungserleichterungen für GmbH-Geschäftsführer, 1998, S. 88 ff. und bei *Sandmann*, Die Haftung von Arbeitnehmern, Geschäftsführern und leitenden Angestellten, 2001, S. 333 ff.

680 *Goette*, ZHR 175 (2011), 388 (398); *Drescher*, Haftung des GmbH-GF, Kap. A, Rn. 375 ff.; *Haas/Ziemons*, in: Michalski, § 43 GmbHG Rn. 195; *Hopt/Roth*, in: GroßkommAktG, § 93 Rn. 395; *Joussen*, GmbHR 2005, 441 (443 ff.); *Jula*, Der GmbH-GF, S. 2; *ders.*, GmbHR 2001, 806 (807) [allenfalls bei Teilnahme am allg. Straßenverkehr]; *Kleindiek*, in: Lutter/Hommelhoff, § 43 GmbHG Rn. 31; *Lohr*, NZG 2000, 1204 (1206 ff.); *Merkt*, ZGR 2016, 201 (214 f.); *Mertens*, in: Hachenburg, § 43 GmbHG Rn. 55; *Mertens/Cahn*, in: KölnKommAktG, § 93 Rn. 37; *Oberrath*, MDR 1999, 134 (137); *Paefgen*, in: Ulmer/Habersack/Löbbe, § 43 GmbHG Rn. 21; *M. Roth*, Unternehmerisches Ermessen und Haftung des Vorstands, 2001, S. 35 f.; *Saenger*, Gesellschaftsrecht, § 15 Rn. 590; vgl. auch *Fleck*, in: FS Hilger/Stumpf, 1983, S. 197 (215 f.); *Goette*, DStR 1998, 1308 (1309); *Grunewald*, Gesellschaftsrecht, Kap. 2.C., Rn. 52; *Konzen*, NJW 1989, 2977 (2984); *B. Schaub*, DStR 1992, 985 (987).

681 *Haas/Ziemons*, in: Michalski, § 43 GmbHG Rn. 194a; *Hölters*, in: Hölters, § 93 AktG Rn. 251; *Paefgen*, in: Ulmer/Habersack/Löbbe, § 43 Rn. 21; vgl. auch *Raguß*, Der Vorstand einer Aktiengesellschaft, 2009, S. 212; *Winnen*, Die Innenhaftung des Vorstandes nach dem UMAG, 2009, S. 68 f.

682 *Bastuck*, Enthaftung des Managements, 1986, S. 84; *Hopt/Roth*, in: GroßkommAktG, § 93 Rn. 397; *G. Hueck*, ZfA 1985, 25 (33).

683 *Paefgen*, in: Ulmer/Habersack/Löbbe, § 43 GmbHG Rn. 21; *Weber/Lohr*, GmbHR 2000, 698 (701).

die Parallele zur Schutzbedürftigkeit eines Arbeitnehmers zu ziehen.[684] Schon die Berufs- und Expertenhaftung (etwa von Steuerberatern, Wirtschaftsprüfern oder Sachverständigen) belege, dass auch der Verschuldensmaßstab des § 276 BGB in anderen Bereichen dazu führen kann, dass leicht fahrlässige Pflichtverletzungen mitunter existenzgefährdende Folgen haben.[685] Organmitglieder seien zudem anders als Arbeitnehmer nicht unfreiwillig in die Struktur des Betriebsrisikos eingebunden; GmbH-Geschäftsführer sowie Vorstandsmitglieder und auch Aufsichtsratsmitglieder einer AG sind vielmehr als Gestalter ebendieses Risikos zu qualifizieren, auf das sie wesentlichen Einfluss nehmen können.[686]

(2) Haftungsprivilegierung auch für Organmitglieder

Es finden sich im Schrifttum allerdings auch Vertreter einer Gegenauffassung, die eine generelle Geltung der Haftungserleichterungen auch für Organmitglieder postulieren.[687] Auch Organmitglieder könnten sich sowohl hinsichtlich der konkreten Tätigkeit als auch in Bezug auf die Gefahr, sich durch leichtes Verschulden wirtschaftlich zu ruinieren, in einer mit leitenden Angestellten vergleichbaren Situation befinden.[688] Die Anwendung der arbeitsrechtlichen Grundsätze zöge keine erschwerten Eingriffsmöglichkeiten auf die Organmitglieder nach sich.[689] Der Beweggrund für die Haftungsprivilegierung sei letztlich die „Unvollkommenheit der menschlichen Natur“ und man könne auch von Organmitgliedern nicht verlangen,

684 So auch *Henssler*, in: 50 Jahre BGH – Festgabe der Wissenschaft, Bd. II, 2000, S. 387 (416); allgemein zum unterschiedlichen Schutzbedürfnis von Arbeitnehmern und Organmitgliedern auch *Martens*, in: FS Werner, 1984, S. 495 (496 ff.).

685 Zutreffend *Lohr*, NZG 2000, 1204 (1207); vgl. auch *Seibt/Cziupka*, AG 2015, 93 (106).

686 *Joussen*, GmbHR 2005, 441 (445).

687 Ausführlich *Frisch*, Haftungserleichterungen für GmbH-Geschäftsführer, 1998, S. 204 ff. [für Fremdgeschäftsführer einer GmbH]; vgl. auch *Brox/Walker*, DB 1985, 1469 (1477); *G. Hueck*, ZfA 1985, 25 (33); *Höhn*, Die Geschäftsleitung der GmbH, 1995, S. 198 f.; *Köhl*, DB 1996, 2597 (2601 ff.); *Wehrmeyer*, Die arbeitsrechtliche Einordnung juristischer Personen, 1988, S. 190 ff.; tendenziell auch *Diller*, Gesellschafter und Gesellschaftsorgane als Arbeitnehmer, 1994, S. 79 und *Rahlmeyer*, Vorstandshaftung zwischen traditionellem deutschen Aktienrecht und kapitalmarktorientierter Corporate Governance, 2010, S. 98; vgl. ferner *Reese*, DStR 1995, 532 (534 f.), der etwa bei vergleichsweise geringer Vergütung bzw. bei durch Satzung oder Gesellschafterbeschluss stark ausgeprägter Weisungsgebundenheit eine arbeitnehmerähnliche Haftungserleichterung für möglich hält.

688 *Brox/Walker*, DB 1985, 1469 (1477) [für GmbH-Geschäftsführer], allerdings unter dem einschränkenden Hinweis darauf, dass bei GmbH-Geschäftsführern regelmäßig ein gesteigerter Sorgfaltsmaßstab anzuwenden sei; s. auch *Köhl*, DB 1996, 2597 (2601).

689 *Wehrmeyer*, Die arbeitsrechtliche Einordnung juristischer Personen, 1988, S. 191.

dass sie „quasi wie ein Übermensch" das ganze Berufsleben lang jegliche Fahrlässigkeit vermeiden.[690]

### (3) Amtsbezogenheit als Differenzierungskriterium

Eine vermittelnde Auffassung in der Literatur geht indes von einem differenzierenden Ansatz aus: Sofern ein Organmitglied amtsbezogene Pflichten wahrnehme, sei die Anwendung der Grundsätze der Haftungsmilderung bei betrieblich veranlasster Tätigkeit abzulehnen; im Bereich atypischer Pflichten (mit anderen Worten: „arbeitnehmertypischer Verhaltensanforderungen"[691]) komme hingegen auch für Organmitglieder eine Haftungsprivilegierung nach den Regeln des innerbetrieblichen Schadensausgleichs in Betracht.[692]

Falls ein Organmitglied atypische Pflichten verrichte, sei – jedenfalls in Bezug auf GmbH-Geschäftsführer – kein sachlicher Grund ersichtlich, der einer Haftungsprivilegierung entgegenstünde.[693] In Bezug auf atypische Pflichten verlange das Abhängigkeitsverhältnis zwischen GmbH-Geschäftsführern und Gesellschaftern bei juristischer und soziologischer Betrachtung vielmehr eine Gleichstellung des Geschäftsführers mit einem Arbeitnehmer in allen Bereichen, in denen sich diese Personengruppen vergleichbar gegenüberstehen.[694] In dem Bereich außerhalb der amtsbezogenen Pflichten sei den Organmitgliedern ferner nicht bewusst, dass ihnen auf Grund ihrer besonderen Qualifikation ein Risiko anvertraut worden ist.[695]

### (4) Organschaftliche Fürsorgepflicht und arbeitsrechtlicher Wertungstransfer

Einen innovativen Begründungsansatz zur Beschränkung der Haftung von Organmitgliedern in Anlehnung an die Grundsätze betrieblich veranlasster Tätigkeit hat

---

690 *Höhn*, Die Geschäftsleitung der GmbH, 1995, S. 199.

691 *Lohr*, NZG 2000, 1204 (1208).

692 *Bastuck*, Enthaftung des Managements, 1986, S. 85; *Gissel*, Arbeitnehmerschutz für den GmbH-Geschäftsführer, 1987, S. 139 [nur für GmbH-Geschäftsführer]; *Groß*, Das Anstellungsverhältnis des GmbH-Geschäftsführers, 1987, S. 364; *Haas*, Geschäftsführerhaftung und Gläubigerschutz, 1997, S. 295; *Heisse*, Beschränkung der Geschäftsführerhaftung, 1988, S. 61 f.; *Lücke/Simon*, in: Saenger/Inhester, Hk-GmbHG/, § 43 Rn. 42 f.; *Lutter*, GmbHR 2000, 301 (312); *Marsch-Barner/Diekmann*, in: MünchHdbGmbH, § 46 Rn. 12; *Pullen*, BB 1984, 989 (990 f.); *Reichold*, in: MünchHdbArbR, § 51 Rn. 66; *Sandmann*, Die Haftung von Arbeitnehmern, Geschäftsführern und leitenden Angestellten, 2001, S. 338 ff.; *B. Schmidt*, in: Ensthaler/Füller/Schmidt, § 43 GmbHG Rn. 42; *U.H. Schneider*, in: Scholz, § 43 GmbHG Rn. 256 f.; *ders.*, in: FS Werner, 1984, S. 795 (812 f.); *Wank*, in: FS Wiedemann, 2002, S. 587 (611); *Wicke*, § 43 GmbHG Rn. 18; *Zöllner/Noack*, in: Baumbach/Hueck, § 43 GmbHG Rn. 6.

693 *Bastuck*, Enthaftung des Managements, 1986, S. 85; *Lutter*, GmbHR 2000, 301 (312).

694 Anschaulich *Pullen*, BB 1984, 989 (991).

695 *Heisse*, Beschränkung der Geschäftsführerhaftung, 1988, S. 61.

*Koch*[696] entwickelt, der in der Folge zustimmend von *Casper*[697] und *Reichert*[698] aufgriffen wurde: Danach soll die gesellschaftsrechtliche Fürsorgepflicht der Kapitalgesellschaften gegenüber ihren Organen als dogmatischer Ansatzpunkt für eine Reduzierung der Haftungssumme dienen.[699] Angesichts der Tatsache, dass die betreffende Gesellschaft jeweils den vollen Nutzen aus der Tätigkeit seiner Organmitglieder trägt, sei es bei weniger gravierenden Pflichtverletzungen angemessen, dass haftende Organmitglied nicht in voller Höhe in Anspruch zu nehmen.[700] Die inhaltliche Ausformung dieser Fürsorge- und Rücksichtnahmepflicht soll dabei im Wege eines Wertungstransfers zu den Grundsätzen der betrieblich veranlassten Tätigkeit erfolgen, da in bestimmten Konstellationen durchaus eine mit Arbeitnehmern vergleichbare Schutzbedürftigkeit von Organmitgliedern bestehe.[701]

Anders als bei der Arbeitnehmerhaftung soll allerdings auch im Falle einer nur leicht fahrlässig begangenen Pflichtverletzung kein Ausschluss der Haftung, sondern lediglich eine Reduzierung der Haftung möglich sein.[702] Ferner komme im Organhaftungsrecht – anders als nach den Grundsätzen der betrieblich veranlassten Tätigkeit im Rahmen der Arbeitnehmerhaftung – keine Haftungsreduzierung bei grob fahrlässig begangenen Pflichtverletzungen in Betracht.[703]

Im Hinblick auf eine betragsmäßige Festlegung der möglichen Haftungsminderung im Einzelfall gehen sowohl *Koch* als auch *Casper* davon aus, dass der normativen Wertung des § 93 Abs. 2 Satz 3 AktG[704] eine absolute Untergrenze hergeleitet werden kann, bis zu der eine Haftungsbegrenzung im Einzelfall denkbar sei.[705] Bei der Bemessung der konkreten Haftungsbeschränkung im Einzelfall sei neben dem Verhältnis zwischen Schadenshöhe und Vergütung sowie der tatsächlich bestehenden Versicherungsstruktur[706] insbesondere zu berücksichtigen, ob die Vergütung

696 *Koch*, in: Liber Amicorum M. Winter, 2011, 327 ff.; *ders.*, AG 2012, 429 ff.

697 *Casper*, ZHR 176 (2012), 617 (637 ff.).

698 *Reichert*, ZHR 177 (2013), 756 (776).

699 *Koch*, in: Liber Amicorum M. Winter, 2011, 327 (338 f.); *ders.*, AG 2012, 429 (435); *Casper*, ZHR 176 (2012), 617 (642); kritisch *Fleischer*, ZIP 2014, 1305 (1306).

700 Zutreffend *Koch*, AG 2012, 429 (430); *Casper*, ZHR 176 (2012), 617 (637); kritisch hingegen *Schöne/Petersen*, AG 2012, 700 (701); *Fehrenbach*, AG 2015, 761 (769 ff.).

701 *Koch*, AG 2012, 429 (435 ff.); *Casper*, ZHR 176 (2012), 617 (640 ff.); sympathisierend *Hopt*, ZIP 2013, 1793 (1804); tendenziell auch *Hoffmann*, NJW 2012, 1393 (1397); krit. zur Praxistauglichkeit des Ansatzes *Grunewald*, AG 2013, 813 (815).

702 *Koch*, AG 2012, 429 (438); *Casper*, ZHR 176 (2012), 617 (649).

703 *Koch*, AG 2012, 429 (438); *Casper*, ZHR 176 (2012), 617 (642).

704 Nach § 93 Abs. 2 Satz 3 AktG ist bei Abschluss einer D&O-Versicherung für ein Vorstandsmitglied stets ein Selbstbehalt von mindestens 10 Prozent des Schadens bis mindestens zur Höhe des Eineinhalbfachen der festen jährlichen Vergütung des betreffenden Vorstandsmitglieds vorzusehen.

705 *Koch*, in: Liber Amicorum M. Winter, 2011, 327 (348); *Casper*, ZHR176 (2012), 617 (641).

706 *Koch*, AG 2012, 429 (439); *ders.*, in: Liber Amicorum M. Winter, 2011, 327 (349).

bereits eine bestimmte Risikoprämie enthält,[707] und ob das haftende Organmitglied durch variable Vergütungselemente und/oder eine eigene nicht unerhebliche Gesellschaftsbeteiligung selbst an den unternehmerischen Chancen partizipiert.[708]

### *cc) Stellungnahme*

Für Vorstandsmitglieder einer AG wird der Arbeitnehmerstatus zwar bisher generell verneint;[709] auch der Bestellung eines GmbH-Geschäftsführers liegt nach der weit überwiegenden Auffassung ein freier Dienstvertrag und kein Arbeitsvertrag zu Grunde.[710] Ein rein formales Abstellen auf den Status eines Arbeitnehmers ließe aber außer Betracht, dass auch (i) in Sachverhaltskonstellationen mit lediglich „arbeitnehmerähnlichen" Personen eine Haftungsprivilegierung bejaht wird[711] und (ii) auch die Erstreckung der Haftungsprivilegierung auf leitende Angestellte immer mehr Fürsprecher gefunden hat.[712]

Ohne die mannigfaltigen Erscheinungsformen der Leitungsorgane von Kapitalgesellschaften zu verkennen – so sind gleichermaßen Organmitglied der Einmann-Gesellschafter-Geschäftsführer einer GmbH, der weisungsabhängige Fremdgeschäftsführer einer kleinen GmbH, der Vorstandsvorsitzende einer großen Publikums-AG, aber auch das Vorstandsmitglied einer der Leitungsmacht eines herrschenden Unternehmens unterworfenen Tochtergesellschaft[713] – lässt sich eine grundlegende Vergleichbarkeit von Organmitgliedern und leitenden Angestellten nicht von der Hand weisen. Ähnlich wie Organmitglieder sind leitende Angestellte regelmäßig selbst zur Ausgestaltung sowohl des Arbeits- als auch des Risikoumfelds

707 *Koch*, in: Liber Amicorum M. Winter, 2011, 327 (349); ebenso *Bayer*, in: FS K. Schmidt, 2009, S. 85 (97 f.).

708 *Casper*, ZHR 176 (2012), 617 (640); *Koch*, AG 2012, 429 (439); *ders.*, in: Liber Amicorum M. Winter, 2011, 327 (349); eingehend dazu bereits *Frisch*, Haftungserleichterungen für GmbH-Geschäftsführer, 1998, S. 181 ff.

709 Vgl. BGHZ 10, 187 (191 ff.); ausführlich etwa *Brachert*, Organmitgliedschaft und Arbeitnehmerstatus, 1991, S. 164 ff.

710 Grundlegend BGHZ 49, 30 (31 f.); aus jüngerer Zeit BGH, NJW-RR 2002, 173; stellvertretend *Goette*, in: FS Wiedemann, 2002, S. 873 (876ff.) m.w.N.; a.A. *Brachert*, Organmitgliedschaft und Arbeitnehmerstatus, 1991, S. 161 ff.; s. auch die ausdrückliche Gegenposition in BAG, NJW 1999, 3731 (3732), wonach das Anstellungsverhältnis eines GmbH-Geschäftsführers im Einzelfall ein Arbeitsverhältnis sein könne; entschieden für ein Einlenken des BGH auf die Linie des BAG *Lücke*, NJOZ 2009, 3469 (3472 ff.).

711 *Joussen*, GmbHR 2005, 441 (444).

712 BGHZ 148, 167 (172 f.); *Joussen*, RdA 2006, 129 (130 ff.); *Koch*, in: Liber Amicorum M. Winter, 2011, S. 327 (343 f.); *Reichold*, in: MünchHdbArbR, § 51 Rn. 64; *Waltermann*, RdA 2005, 98 (100).

713 Dies herausstellend *G. Hueck*, in: FS Hilger/Stumpf, 1983, S. 365 (379); s. auch *Fleck*, in: FS Hilger/Stumpf, 1993, S. 197 (208 f.); *Wank*, in: FS Wiedemann, 2002, S. 587 (589 f.).

befugt.[714] Dementsprechend überzeugt es, wenn *Koch* den Wertungskern für die Erstreckung der Haftungsprivilegierung auf leitende Angestellte nicht entscheidend in einer Weisungsunterworfenheit sieht, sondern vielmehr in der fortdauernden Tätigkeit für Dritte zur Gewinnerzielung und unter Bindung an einen fremddefinierten Unternehmensgegenstand.[715]

Ähnlich wie bei Arbeitnehmern kann es auch bei Organmitgliedern von Kapitalgesellschaften zu einem deutlichen Missverhältnis zwischen der aus unternehmerischer Tätigkeit resultierenden Schadenshöhe und der persönlichen Leistungsfähigkeit des in Anspruch genommenen Geschäftsleiters kommen.[716] Hiergegen lässt sich auch nicht pauschal mit dem hohen Verdienst von Organmitgliedern argumentieren.[717] Eine Argumentation mit der Vergütung der Organmitglieder nimmt oftmals allein die mitunter zweifelsohne sehr großzügig bemessenen Gehälter der Vorstandsmitglieder der DAX-Gesellschaften in den Blick. Es gibt derzeit indes rund 1.158.600 im Handelsregister eingetragene GmbHs und rund 15.600 AGs in Deutschland.[718] Insbesondere bei zahlreichen kleineren Gesellschaften ist das Delta zwischen den Einkünften der Geschäftsleiter und den Bezügen eines durchschnittlichen Angestellten nicht so ausgeprägt wie bei großen, börsennotierten Gesellschaften.[719] Zudem können sich auch im oberen Vergütungsbereich aufgrund einer „schadensmultiplizierenden Wirkung des Unternehmenskontextes“ immense Diskrepanzen zwischen Schadenshöhe und persönlicher Leistungsfähigkeit des Organmitglieds ergeben.[720]

Organmitglieder gehen regelmäßig nicht unerhebliche Risiken ein, um für die Gesellschaft, für die sie tätig sind, unternehmerisch zu handeln und das Gesellschaftsvermögen zu mehren.[721] Wie ein Arbeitgeber in Bezug auf die Tätigkeiten seiner Arbeitnehmer zieht auch die jeweilige Gesellschaft allein die Vorteile und den vollen wirtschaftlichen Nutzen aus dem Handeln ihrer Organmitglieder. Durch

714 *Joussen*, RdA 2006, 129 (133); *Koch*, in: Liber Amicorum M. Winter, 2011, S. 327 (343 f.).

715 *Koch*, in: Liber Amicorum M. Winter, 2011, S. 327 (343 f.).

716 Zutreffend *Henssler*, in: 50 Jahre BGH – Festgabe der Wissenschaft, Bd. II, 2000, S. 387 (416); *Koch*, in: Liber Amicorum M. Winter, 2011, S. 327 (340); *Lutter*, GmbHR 2000, 301 (311); vgl. bereits *Brox/Walker*, DB 1985, 1469 (1476 f.); *Wehrmeyer*, Die arbeitsrechtliche Einordnung juristischer Personen, 1988, S. 192 f.

717 So aber *Sandmann*, Die Haftung von Arbeitnehmern, Geschäftsführern und leitenden Angestellten, 2001, S. 337 f.

718 Näher zu den aktuellen Zahlen (und den Schwierigkeiten der exakten Ermittlung) *Kornblum*, GmbHR 2016, 681 ff.

719 *Koch*, in: Liber Amicorum M. Winter, 2011, S. 327 (341); dazu bereits *Fleck*, in: FS Hilger/Stumpf, 1983, S. 197 (208 f.); *Wank*, in: FS Wiedemann, 2002, S. 587 (589); a.A. *Sandmann*, Die Haftung von Arbeitnehmern, Geschäftsführern und leitenden Angestellten, 2001, S. 337 f.

720 *Koch*, AG 2012, 429 (431); vgl. auch *Bastuck*, Enthaftung des Managements, 1986, S. 82; *Hopt/Roth*, in: GroßkommAktG, § 93 Rn. 398 f.

721 *Casper*, ZHR 176 (2012), 617 (637).

die technische Entwicklung, die Werterhöhung der sachlichen Betriebsmittel und nicht zuletzt die Globalisierung steigt auch das Haftungsrisiko der Organmitglieder mit ggf. ruinösen Haftungsfolgen stetig an. Das Unternehmensrisiko tragen Organmitglieder jedoch nicht; es liegt allein bei der jeweiligen Gesellschaft.[722] Ließe man nun zu, dass die Gesellschaft auch bei weniger gravierenden Pflichtverletzungen eines Organmitglieds den Regressanspruch im Innenverhältnis zum Organmitglied vollumfänglich durchsetzen könnte, droht das Unternehmensrisiko in Form der Organhaftung auf die Geschäftsleiter verlagert werden könnte.[723]

Es lässt sich somit festhalten, dass Organmitglieder grundsätzlich eine mit Arbeitnehmern bzw. leitenden Angestellten vergleichbare Schutzbedürftigkeit zukommen kann. Aufgrund der „rechtstatsächliche[n] Vielgestaltigkeit der Kapitalgesellschaften"[724] in Deutschland ist eine generell mit Arbeitnehmern bzw. leitenden Angestellten vergleichbare Schutzbedürftigkeit der Organmitglieder allerdings nicht apodiktisch zu bejahen. Die zentralen Wertungen des Rechtsinstituts der betrieblich veranlassten Tätigkeit lassen sich lediglich in bestimmten Konstellationen auf die Organmitglieder einer Kapitalgesellschaft übertragen, sodass es stets einer Einzelfallbetrachtung bedarf.[725] Die notwendige Einzelfallanalyse verdeutlicht auch ein Blick auf eine Reihe von BGH-Entscheidungen, in denen trotz fehlenden Arbeitnehmerstatus im Einzelfall arbeitsrechtliche Vorschriften auf den Geschäftsführer einer GmbH bzw. ein Vorstandsmitglied einer AG für anwendbar erklärt worden sind.[726]

Das dargelegte Erfordernis der Einzelfallbezogenheit spricht jedoch entscheidend gegen die starren Lösungsansätze der Vertreter im Schrifttum, die in Bezug auf die arbeitsrechtliche Haftungsprivilegierung eine grundsätzliche Geltung für Organmitglieder bzw. eine generelle Anwendung nur bei nicht-amtsbezogenen Pflichten postulieren.

---

722 Dies herausstellend schon *U.H. Schneider*, AG 1983, 205 (212); *ders.*, in: Scholz, § 43 GmbHG Rn. 8.

723 So bereits *Frisch*, Haftungserleichterungen für GmbH-Geschäftsführer, 1998, S. 63; ebenso *U.H. Schneider*, in: Scholz, § 43 GmbHG Rn. 13; eher nicht von einer Verlagerung des Unternehmensrisikos ausgehend *Schöne/Petersen*, AG 2012, 700 (701); *Fehrenbach*, AG 2015, 761 (770 f.).

724 So ausdrücklich *Koch*, in: Liber Amicorum M. Winter, 2011, S. 327 (343 f.).

725 *Casper*, ZHR 176 (2012), 617 (639); *Koch*, in: Liber Amicorum M. Winter, 2011, S. 327 (344); s. auch *Wank*, in: FS Wiedemann, 2002, S. 587 (615), der eine Differenzierung nach rechtstatsächlichen Gegebenheiten befürwortet.

726 BGHZ 49, 30 (32) [Zeugniserteilung]; BGH, NJW 1987, 2073 (2074) [Kündigungsfrist eines Geschäftsführervertrags]; BGH, NJW 1978, 756 [Pfändungsschutz der §§ 850 ff. ZPO für laufenden Bezüge eines Vorstandsmitglieds]; BGH, NJW-RR 1990, 1313 [arbeitsrechtl. Gleichbehandlungsgebot für Geschäftsführer]; ausführlich zu der betreffenden BGH-Rechtsprechung *Goette*, in: FS Wiedemann, 2002, S. 873 (877 ff.); vgl. auch *Gissel*, Arbeitnehmerschutz für den GmbH-Geschäftsführer, 1987, S. 13 ff.

Flexibler ist hingegen der insbesondere von *Koch* und *Casper* vertretene Begründungsansatz, der eine Haftungsbeschränkung der Organmitglieder über die Fürsorgepflicht der Gesellschaft für ihre Organmitglieder herleitet, die durch einen Wertungstransfer zu den Grundsätzen betrieblich veranlasster Tätigkeit konkretisiert und abgesichert wird. Es geht in diesem Zusammenhang gerade nicht um eine deckungsgleiche Übertragung der arbeitsrechtlichen Grundsätze und mithin nicht um eine automatische Kürzung jedes Schadensersatzanspruchs bei leichter und mittlerer Fahrlässigkeit, sondern vielmehr um eine mögliche Haftungsreduzierung, die jeweils im konkreten Einzelfall zu prüfen ist.[727] Die überzeugende inhaltliche Ausgestaltung des Wertungstransfers der arbeitsrechtlichen Grundsätze erfährt ferner die bedeutsamen organhaftungsrechtlichen Modifikationen, dass (i) auch im Falle leichter Fahrlässigkeit lediglich eine Haftungsreduzierung mit einer absoluten Untergrenze in Anlehnung an § 93 Abs. 2 Satz 3 AktG möglich ist und (ii) bei grob fahrlässigem Handeln des betreffenden Organmitglieds eine Haftungsreduzierung generell ausgeschlossen ist.

Einer möglichen Haftungsprivilegierung gestützt auf die organschaftliche Fürsorgepflicht steht nicht entgegen, dass die Organstellung von Geschäftsführern, Vorständen und Aufsichtsräten insbesondere auch auf Interessen außerhalb der Gesellschaft gerichtet sind. Die inhaltlich übereinstimmenden,[728] zwingenden Regelungen des Haftungsmaßstabs in § 43 Abs. 1 GmbHG und § 93 Abs. 1 Satz 1 AktG gehen zwar über den allgemeinen Sorgfaltsmaßstab des § 276 BGB hinaus und ihnen kommt auch eine gläubigerschützende Funktion zu.[729] Diesen Bedenken kann aber ebenfalls durch die bereits dargelegten organhaftungsrechtlichen Modifikationen der Haftungsprivilegierung in hinreichendem Maße Rechnung getragen werden.

Der Begründungsansatz über die organschaftliche Fürsorgepflicht und den Wertungstransfer zu den Grundsätzen der betrieblich veranlassten Tätigkeit ist mithin zu begrüßen. Er verkennt auch nicht die Tatsache, dass die Grundsätze der arbeitsrechtlichen Haftungsprivilegierung vom BAG in richterlicher Rechtsfortbildung entwickelt wurden, um eine Regelungslücke im Bereich der Arbeitnehmerhaftung zu schließen, da die Rechtsbeziehungen zwischen Arbeitgeber und Arbeitnehmer insoweit im BGB – im Gegensatz zu den expliziten Regelungen des Sorgfalts- bzw. Haftungsmaßstabs einer Haftungserleichterung für Organmitglieder – nicht ausreichend geregelt sind. Aufgrund der ausdrücklichen Regelungen in den §§ 43 Abs. 1 Satz 1 GmbHG, 93 Abs. 1 Satz 1 AktG besteht insoweit keine planwidrige Regelungslücke seitens des Gesetzgebers im Organhaftungsrecht, die zwingende

727 *Casper*, ZHR 176 (2012), 617 (639).

728 Vgl. nur OLG Celle, NZG 2000, 1178 (1179); OLG Zweibrücken, NZG 1999, 506; *Klöhn*, in: Bork/Schäfer, § 43 GmbHG Rn. 64 m.w.N.

729 Dies wollen auch *Lohr*, NZG 2000, 1204 (1208) und *Sandmann*, Die Haftung von Arbeitnehmern, Geschäftsführern und leitenden Angestellten, 2001, S. 335 f. als ein maßgebliches Argument gegen die Geltung des Haftungsprivilegs für Organmitglieder an.

Voraussetzung für eine Analogie wäre.[730] Durch die dogmatische Herleitung über die organschaftliche Fürsorgepflicht bedarf es gerade keiner Analogie.

Aus Gründen der Rechtssicherheit überzeugt es schließlich, sich im Hinblick auf die inhaltliche Ausgestaltung des Wertungstransfers zu den Grundsätzen der arbeitsrechtlichen Haftungsprivilegierung der gesetzlichen Regelung in § 93 Abs. 2 Satz 3 AktG zu bedienen, um eine absolute Untergrenze festlegen zu können, die eine etwaige Haftungsbegrenzung für Organmitglieder nicht unterschreiten darf.

Für die Fremdgeschäftsführer einer GmbH und die nicht bestimmend an der GmbH beteiligten Gesellschafter-Geschäftsführer lässt sich ein Wertungstransfer zu den Grundsätzen der arbeitsrechtlichen Haftungsprivilegierung ferner auf den weiten unionsrechtlichen Arbeitnehmerbegriff des EuGH stützen, den dieser zunächst in seiner *Danosa*-Entscheidung vom 11. November 2010 (Rs. C-232–09) niedergelegt hat.[731] Schon in Folge der *Danosa*-Entscheidung des EuGH ist ein nicht oder jedenfalls nicht bestimmend an der Gesellschaft beteiligter GmbH-Geschäftsführer sowohl im Mutterschutzrecht[732] als auch in Bezug auf den Anwendungsbereich des AGG nach § 6 Abs. 1 AGG[733] von der herrschen Meinung im Schrifttum als Arbeitnehmer qualifiziert. In konsequenter Fortführung seiner *Danosa*-Rechtsprechung hat der EuGH nunmehr in der Rechtssache *Balkaya* entscheiden, dass ein Fremd-Geschäftsführer einer deutschen GmbH im Regelfall als Arbeitnehmer im Sinne des Unionsrechts zu qualifizieren sei.[734]

## 2. Haftungsmilderung analog § 31a BGB?

Die Geltung bzw. der Wertungstransfer zu den arbeitsrechtlichen Haftungsprivilegien erscheint *prima facie* als die Möglichkeit einer gesetzlichen bzw. aus gesetzlichen Wertungen abgeleiteten Haftungsmilderung und hat dementsprechend umfangreiche Stellungnahmen im Schrifttum hervorgerufen. Im jüngeren Schrifttum werden jedoch weitere gesetzliche Haftungsmilderungen im Rahmen der zivilrechtlichen Organhaftung in Erwägung gezogen.

In Betracht zu ziehen ist etwa eine mögliche Haftungsmilderung für die Organmitglieder einer AG oder GmbH in analoger Anwendung des § 31a BGB. Nach § 31a Abs. 1 BGB haftet der leicht fahrlässig handelnde, aber nicht oder nur gering entgoltene Vereinsvorstand weder dem Verein noch seinen Mitgliedern. Darüber hinaus normiert § 31a Abs. 2 BGB für ein nach § 31a Abs. 1 Satz 1 BGB privilegiertes

---

730 Grundlegend zu dieser Analogievoraussetzung *Canaris*, Die Feststellung von Lücken im Gesetz, 1983, S. 24 ff.

731 EuGH, ZIP 2010, 2414 ff.; bestätigt durch EuGH, NZA 2015, 861 ff. [*Balkaya*]; vgl. dazu bereits oben § 7 II.1.b)aa)(1) [dort Fn. 672].

732 *Bauer/Arnold*, NZG 2012, 921 (923); *Lingemann/Weingarth*, DB 2012, 2325 (2326).

733 *Hoefs/Rentsch*, DB 2012, 2733 (2738); *Paefgen*, ZIP 2012, 1296 (1297); vgl. auch *Lingemann/Weingarth*, DB 2012, 2325 (2326).

734 EuGH, NZA 2015, 861 (862 f.); näher dazu *Lunk*, NZA 2015, 917 ff.; *Stenslik*, DStR 2015, 2334 ff.

Vorstandsmitglied einen Freistellungsanspruch gegenüber dem Verein, wenn das betreffende Vorstandsmitglied wegen fahrlässiger Schadensverursachung in Wahrnehmung seiner Vorstandspflichten von einem außenstehenden Dritten persönlich in Anspruch genommen wird.[735] Durch diese Beschränkungen der Innenhaftung – eine Begrenzung der Außenhaftung bewirkt § 31a BGB nicht[736] – soll nach der Intention des Gesetzgebers das ehrenamtliche Engagement gefördert werden.[737] Dementsprechend ist die Unentgeltlichkeit der Vorstandstätigkeit bzw. eine jährliche Vergütung von lediglich bis zu EUR 500,00 maßgebende Tatbestandsvoraussetzung.

Die erst im Oktober 2009 neu eingeführte Vorschrift[738] steht im Allgemeinen Teil des BGB im Abschnitt über die Juristische Person und das dort normierte gilt nach allgemeiner Auffassung auch für die AG und die GmbH, sofern deren Spezialgesetze keine Regelung treffen.[739] Angesichts der regelmäßig hohen Vergütungen, die den Unternehmenslenkern deutscher Kapitalgesellschaften gezahlt werden,[740] erschließt sich eine etwaige Relevanz des § 31a BGB für die AG oder die GmbH zwar nicht bereits auf den ersten Blick. Allerdings erscheinen auch in deutschen Gesellschaften Vergütungskonstellationen nicht abwegig, die den prominenten Beispielen des einstigen Apple-CEO *Steve Jobs*, der Google-Gründer *Larry Page* und *Sergey Brin* oder auch der HP-Chefin *Meg Whitman* gleichgelagert sind, die alle – jedenfalls für einen gewissen Zeitraum – für ihre Tätigkeit an der Spitze ihrer Unternehmen lediglich ein Gehalt in Höhe von einem US-Dollar erhielten.[741] Sofern Unternehmenslenker in besonderen Situation – etwa im Rahmen grundlegender Restrukturierungsprozesse

---

735 *Ellenberger*, in: Palandt, § 31a BGB Rn. 5.

736 *Ellenberger*, in: Palandt, § 31a BGB Rn. 4; *Unger*, NJW 2009, 3269 (3271).

737 Vgl. Gesetzentwurf des Bundesrates, BT-Drucks. 16/10120, S. 6; *Reuter*, NZG 2009, 1368 (1369).

738 Näher zum Gesetzgebungsverfahren *Unger*, NJW 2009, 3269 (3270).

739 Anstatt vieler *Ellenberger*, in: Palandt, Einf. v. § 21 BGB Rn. 16.

740 Näher zur Vergütung von Vorstand und Aufsichtsrats etwa *Evers*, in: Hommelhoff/Hopt/v. Werder, Hdb. Corporate Governance, S. 349 ff.; *Theisen/Probst*, DB 2012, 1553 ff.; zur Vorstandsvergütung auch *Ihrig/Schäfer*, Rechte und Pflichten des Vorstands, § 12 Rn. 190 ff.; *Ihring/Wandt/Wittgens*, ZIP 2012, Beilage zu Heft 40, S. 1 ff.; *Wilsing/v.d. Linden*, DStR 2013, 1291 ff.; ausführlich zu den Bezügen von Aufsichtsratsmitgliedern *Plagemann*, Die Vergütung des Aufsichtsrats in der börsennotierten Aktiengesellschaft, 2008, passim; zur Vergütung von GmbH-Geschäftsführern *Mohr*, GmbHR 2011, 402 ff.; ferner *Lücke/Simon*, in: Saenger/Inhester, Hk-GmbHG, § 35 Rn. 72 ff.

741 Vgl. dazu etwa die Berichte in der online-Ausgabe der Süddeutschen Zeitung vom 11. Januar 2011, abrufbar unter http://www.sueddeutsche.de/wirtschaft/kompakt-ein-dollar-ist-ein-dollar-ist-ein-dollar-1.1044946 (zuletzt abgerufen am 30. April 2017) und in der online-Ausgabe der Tageszeitung „Die Welt“ vom 13. April 2013, abrufbar unter http://www.welt.de/wirtschaft/article115646266/So-wird-man-mit-einem-Dollar-Gehalt-zum-Milliardaer.html (zuletzt abgerufen am 30. April 2017); s. auch *Noack*, GmbHR 2010, R81. Nicht zu verkennen ist indes, dass die angeführten Unternehmenslenker jeweils Großaktionäre ihrer

– bisweilen nur ein symbolisches Gehalt beziehen, kann eine analoge Anwendung des § 31a BGB bei Betrachtung seiner Tatbestandsvoraussetzungen jedenfalls in Erwägung gezogen werden. Gleiches gilt für Geschäftsleiter einer Muttergesellschaft, die zugleich auch als Geschäftsleiter in Konzerntochtergesellschaften fungieren und dafür oftmals keine gesonderte Vergütung erhalten.[742]

Bereits die Gesetzesbegründung zu § 31a BGB hebt allerdings den Gegensatz zur GmbH besonders hervor.[743] Darüber hinaus ist anzumerken, dass die Haftungstatbestände der §§ 43 GmbHG, 93 AktG auch der Kapitalerhaltung und mithin dem Gläubigerschutz dienen und es insoweit an einer vergleichbaren Regelung im Vereinsrecht fehlt.[744] Eine Analogie zu § 31a BGB im GmbH- oder Aktienrecht stünde folglich in Widerspruch zu den spezialgesetzlichen Regelungen in § 43 GmbHG und § 93 AktG, die insoweit als abschließend zu erachten sind.[745] Gegen eine analoge Anwendung des § 31a BGB im Aktien- oder GmbH-Recht spricht ferner, dass mit einer entsprechenden Haftungsmilderung nicht nur eine Verlagerung des Schadensrisikos, sondern auch eine Schwächung der Handlungssteuerungsfunktion einherginge.[746] Zudem wären Friktionen mit den Anstellungsverträgen der betreffenden

---

Unternehmen sind und trotz Gehaltsverzicht maßgeblich von steigenden Aktienkursen und Dividendenausschüttungen profitieren.

742 Diesen Gedanken führt *Bachmann*, NZG 2013, 1121 (1127) an.

743 Vgl. Gesetzentwurf des Bundesrates, BT-Drucks. 16/10120, S. 6; dies zu Recht betonend *Leuschner*, NZG 2014, 281 (287); *Schöpflin*, in: Bamberger/Roth, § 31a BGB Rn. 3.

744 *Noack*, GmbHR 2010, R81.

745 *Noack*, GmbHR 2010, R81; *Schöpflin*, in: Bamberger/Roth, § 31a BGB Rn. 3; von einem auf das Vereins- und Stiftungsrecht beschränkten Geltungsbereich ausgehend auch *Paefgen*, AG 2014, 554 (570 f.); *Sobotta/v. Cube*, DB 2009, 2082 (2083); *E. Vetter*, NZG 2014, 921 (926); *Wöhrle-Himmel/Endres*, DStR 2010, 759 (760); a.A. *Piper*, WM 2011, 2211 (2214), der sich explizit für die Anwendbarkeit des § 31a BGB auch im Aktien- und GmbH-Recht ausspricht und diesbezüglich insbesondere auf die systematische Nähe zu § 31 BGB abstellt; mit einer Anwendbarkeit des § 31a BGB im Kapitalgesellschaftsrecht sympathisierend auch *Windbichler*, Gesellschaftsrecht, § 22 Rn. 12; *Hirte*, Kapitalgesellschaftsrecht, Rn. 3.83a; vgl. ferner auch *Bachmann*, NZG 2013, 1121 (1127), der eine Analogie zu § 31a BGB nicht gänzlich ausschließt („Jedenfalls wäre eine Analogie vorsichtig zu handhaben, weil sie zu Umgehungen einlädt und Abgrenzungsschwierigkeiten provoziert."). *Bachmann*, Gutachten zum 70. DJT, S. E 31, hat sich für eine vermittelnde Lösung ausgesprochen, wonach eine § 31a BGB entsprechende Haftungsmilderung im Kapitalgesellschaftsrecht dispositiv ausgestaltet werden solle: Für die GmbH böte sich insoweit eine sog. Opt-out-Lösung an; für die AG plädiert *Bachmann* für eine sog. Opt-in-Lösung, jeweils indes bei Ausnahme der Kardinalpflichten gemäß §§ 93 Abs. 3 AktG, 43 Abs. 3 GmbHG.

746 Zutreffend *Wicke*, GmbHR 2010, R270 (R271); vgl. auch *Burgard*, ZIP 2010, 358 (362).

Organmitglieder zu befürchten, die regelmäßig keinen Haftungsausschluss für leichte Fahrlässigkeit vorsehen dürften.[747]

Bedenken in Bezug auf die für eine Analogie erforderliche planwidrige Regelungslücke bestehen auch mit Blick auf § 86 Satz 1 BGB, der den Anwendungsbereich explizit auf den Vorstand von Stiftungen erweitert.[748] Im Übrigen darf sich ein Verein nach den Regelungen der §§ 21 und 22 BGB grundsätzlich nicht wirtschaftlich betätigen, sodass die Insolvenzwahrscheinlichkeit geringer ist und die Belastung der Gläubiger eines Vereins durch die Haftungsmilderung gemäß § 31a BGB daher zumutbar ist.[749] Auch die für einen Analogieschluss erforderliche Interessenähnlichkeit ist somit nicht gegeben.

Im Ergebnis ist eine analoge Anwendung der Haftungserleichterung des § 31a BGB auf GmbH-Geschäftsführer oder Vorstände einer AG folglich zu verneinen.

## 3. Haftungshöchstsumme analog § 10 Abs. 1 ProdHaftG?

### *a) Ansatz von* Hoffmann

Im Zusammenhang mit gesetzlichen Haftungsbeschränkungen im Rahmen der Organhaftung hat *Hoffmann* ferner eine Analogie zum Produkthaftungsrecht ins Spiel gebracht.[750] Er stellt dabei auf § 10 Abs. 1 ProdHaftG ab, der im Falle von Personenschäden eines Verbrauchers durch ein fehlerhaftes Produkt einen Haftungshöchstbetrag des Produzenten von EUR 85 Mio. regelt.

Aus dem Grundsatz der Einheit der Rechtsordnung heraus ließe sich nach Auffassung von *Hoffmann* argumentieren, dass auch für Organmitglieder eine Haftungshöchstsumme festzuschreiben sei, weil für ein Organmitglied als „Produzent" eines bestimmten Risikos das Verschulden nicht mehr beherrschbar wäre.[751]

### *b) Kritische Würdigung*

Der Grundgedanke der möglichen Statuierung einer Haftungshöchstgrenze für Organmitglieder ist zu begrüßen. Die dogmatische Herleitung einer Haftungshöchstgrenze durch eine Analogie zu § 10 Abs. 1 ProdHaftG vermag allerdings nicht zu überzeugen. Im Hinblick auf die zwingenden Voraussetzungen einer Analogie ist bereits zweifelhaft, ob das Fehlen einer Haftungsobergrenze im Organhaftungsrecht überhaupt als planwidrige Regelungslücke[752] qualifiziert werden kann. Jedenfalls

747 *Noack*, GmbHR 2010, R81.

748 *Vetter*, GmbHR 2012, 181 (187).

749 *Leuschner*, NZG 2014, 281 (287); näher zum Haftungsprivileg des § 31a BGB im Stiftungsrecht *Segna*, ZIP 2015, 1561 (1564); *Weidlich/Foppe*, ZStV 2014, 100 (102 f.).

750 *Hoffmann*, NJW 2012, 1393 (1397).

751 *Hoffmann*, NJW 2012, 1393 (1397).

752 Grundlegend zu dieser Analogievoraussetzung *Canaris*, Die Feststellung von Lücken im Gesetz, 1983, S. 24 ff.

ist aber die erforderliche Interessenähnlichkeit zwischen der kapitalgesellschaftsrechtlichen Innenhaftung der Organmitglieder und der Produkthaftung gegenüber Verbrauchern zu verneinen. Die Organhaftung ist verschuldensabhängig. Die Haftungssanktion gemäß § 1 ProdHaftG führt hingegen nur allein wegen der Fehlerhaftigkeit eines Produkts und der von dem fehlerhaften Produkt ausgehenden kausalen Schädigung zur Schadensersatzverpflichtung. Somit ist die Haftungsbegrenzung in § 10 Abs. 1 ProdHaftG als ein Korrelat zu der verschuldensunabhängigen Haftung nach § 1 ProdHaftG zu erachten.[753] Gegen eine Analogie zu § 10 Abs. 1 ProdHaftG spricht ferner die mangelnde Vergleichbarkeit zwischen dem Handeln eines Organmitglieds und dem Produktbegriff des ProdHaftG (vgl. dazu die Legaldefinition in § 2 ProdHaftG). Dienstleistungen und intellektuelle Leistungen aller Art sind nach herrschender Auffassung mangels Verkörperung gerade von der Haftung nach dem ProdHaftG ausgenommen.[754]

Dem berechtigten Anliegen der Festlegung einer Haftungshöchstsumme kann indes durch privatautonome Vereinbarungen Genüge getan werden.[755]

## 4. Haftungshöchstsumme analog § 323 Abs. 2 HGB?

### a) *Ansatz von* Peltzer

Einen weiteren Vorschlag in Bezug auf eine gesetzliche Festlegung einer Haftungshöchstsumme für Organmitglieder hat im Jahre 1998 bereits *Peltzer* in Diskussion eingeführt:[756] Wenn Organmitgliedern lediglich leicht fahrlässig gehandelt haben, soll ihnen nach Ansicht von *Peltzer* eine gesetzliche Haftungsbegrenzung zugutekommen. Dies sei in § 323 Abs. 2 HGB für Wirtschaftsprüfer ausdrücklich geregelt,[757] sodass sich insoweit im Organhaftungsrecht ein Analogieschluss zu § 323 Abs. 2

---

753 Vgl. *Schiemann*, in: Erman, § 10 ProdHaftG Rn. 1; *Wagner*, in: MünchKommBGB, § 10 ProdHaftG Rn. 1.

754 *Wagner*, in: MünchKommBGB, § 2 ProdHaftG Rn. 12 m.w.N.

755 Anschaulich zur möglichen Festlegung einer Haftungshöchstsumme für Organmitglieder einer AG in der Satzung *Grunewald*, AG 2013, 813 (815 ff.); dafür auch *Spindler*, AG 2013, 889 (903); a.A. *Lutter*, DZWIR 2011, 265 (268); *Müller*, NZA-Beilage Heft 1/2014, 30 (34). Im GmbH-Recht kann nach herrschender Auffassung bereits durch Gesellschafterbeschluss bzw. Regelung im Anstellungsvertrag eine Haftungsobergrenze für Geschäftsführer vereinbart werden, s. etwa *Fleischer*, BB 2011, 2435 (2439).

756 *Peltzer*, in: Max Hachenburg – 3. Gedächtnisvorlesung 1998, 2000, S. 80 f.; wieder aufgreifend *ders.*, in: FS Hadding, 2004, S. 593 (597 ff.); *ders.*, in: FS Hoffmann-Becking, 2013, S. 861 (865).

757 Nach § 323 Abs. 2 HGB beschränkt sich die Ersatzpflicht von Abschlussprüfern, die fahrlässig gehandelt haben, auf EUR 1 Million für eine Prüfung bzw. auf EUR 4 Millionen bei Prüfung einer AG, deren Aktien zum Handeln im regulierten Markt zugelassen sind.

HGB anböte.[758] Jedenfalls *de lege ferenda* sollte eine summenmäßige Beschränkung der Haftung von leicht fahrlässig handelnden Organmitgliedern durch ein Bundesgesetz normiert werden.[759]

### *b) Würdigung*

So nachvollziehbar das Bedürfnis der Fixierung einer Haftungshöchstsumme für Organmitglieder auch ist, kann die gesetzliche Festlegung einer Höchstsumme im Organhaftungsrecht dogmatisch nicht überzeugen. Wie bereits dargelegt, ist die Haftung von Organmitgliedern verschuldensabhängig. Eine gesetzliche Haftungshöchstsumme ist indes mit Blick auf den Gesamtkontext des deutschen Schadensersatzrechts grundsätzlich lediglich für Fälle einer Gefährdungshaftung geregelt.[760] Angesicht der Vielgestaltigkeit deutscher Kapitalgesellschaften wäre die gesetzliche Festlegung einer Haftungsobergrenze zu starr, um den Haftungsrisiken im konkreten Unternehmenskontext eines Organmitglieds hinreichend Rechnung tragen zu können.

Anzuführen ist in dieser Stelle jedoch wiederum die Möglichkeit, (i) *qua* Satzungsregelung im Aktienrecht[761] sowie (ii) durch Gesellschafterbeschluss bzw. Regelung im Anstellungsvertrag im GmbH-Recht[762] Obergrenzen für die Haftung der jeweiligen Organmitglieder privatautonom zu vereinbaren.

## 5. Fazit

Eine Kapitalgesellschaft kann im Einzelfall aufgrund der ihr obliegenden organschaftlichen Fürsorge- und Rücksichtnahmepflicht gehindert sein, ein haftendes Organmitglied in voller Höhe in Anspruch zu nehmen. Die inhaltliche Ausformung dieser Fürsorge- und Rücksichtnahmepflicht erfolgt dabei im Wege eines Wertungstransfers zu den Grundsätzen der betrieblich veranlassten Tätigkeit, da Organmitgliedern in bestimmten Konstellationen eine mit Arbeitnehmern bzw. leitenden Angestellten vergleichbare Schutzbedürftigkeit zukommt. Der Wertungstransfer

---

758 *Peltzer*, in: Max Hachenburg – 3. Gedächtnisvorlesung 1998, 2000, S. 81.; *ders.*, in: FS Hoffmann-Becking, 2013, S. 861 (865).

759 *Peltzer*, in: FS Hadding, 2004, S. 593 (605).

760 Eingehend *Lange/Schiemann*, Schadensersatz, § 10 XVIII. (S. 660 ff.). Vor diesem Hintergrund geht auch *Fleischer*, WM 2005, 909 (915) davon aus, dass sich eine gesetzlich festgelegte Haftungshöchstgrenze „kaum in das Gesamtgefüge des hiesigen Schadensersatzrechts einpassen [ließe]".

761 *Grunewald*, AG 2013, 813 (815 ff.); *Spindler*, AG 2013, 889 (903); a.A. *Lutter*, DZWIR 2011, 265 (268).

762 *Fleischer*, BB 2011, 2435 (2439); die Möglichkeit der Enthaftung *qua* Anstellungsvertrag auch auf Vorstandsmitglieder erstrecken wollen *Seibt*, NZG 1097 ff. und *ders./Cziupka*, AG 2015, 93 (108); näher dazu nachfolgend unter § 11 I.1. [dort Fn. 1039]; den Ansatz von *Seibt* und *Cziupka* strikt ablehnend *Habersack*, NZG 2015, 1297 ff., da er gegen geltendes Aktienrecht verstoße.

erfährt jedoch die organhaftungsrechtlichen Modifikationen, dass (i) auch im Falle leichter Fahrlässigkeit lediglich eine Haftungsreduzierung möglich ist und (ii) bei grob fahrlässigem Handeln des in Anspruch genommenen Organmitglieds eine Haftungsreduzierung generell ausgeschlossen ist.

Die absolute Untergrenze einer möglichen Haftungsreduzierung ist in Anlehnung an die in § 93 Abs. 2 Satz 3 AktG enthaltene gesetzliche Wertung zu bestimmen. Danach hat ein Organmitglied auch im Falle einer weitgehenden Haftungsreduzierung bei nur leicht fahrlässigem Handeln mindestens 10 Prozent des Schadens bis mindestens zur Höhe des Eineinhalbfachen seiner festen jährlichen Vergütung selber zu tragen.

Auf die Haftungsmilderung des § 31a BGB können sich die Organmitglieder einer GmbH oder einer AG im Haftungsprozess hingegen nicht berufen.

Ebenso abzulehnen ist im Organhaftungsrecht eine Haftungshöchstgrenze in analoger Anwendung des § 10 Abs. 1 ProdHaftG oder des § 323 Abs. 2 HGB.

# § 8 Regressbeschränkungen

In Bezug auf Haftungsminderungen im Organhaftungsrecht bedürfen des Weiteren mögliche anspruchsverkürzende Faktoren der näheren Betrachtung, die im jüngeren Schrifttum unter dem Schlagwort der „Regressbeschränkungen" merklich an Präsenz und Bedeutung gewonnen haben. Immer mehr Autoren halten eine unbegrenzte Organhaftung für zu weitgehend und sprechen sich daher mit divergierenden dogmatischen Begründungsansätzen für eine Regressbeschränkung aus.[763]

Ihren Ausgangspunkt hatte die Diskussion über Regressbegrenzungen bereits vor einigen Jahren im Zusammenhang mit Unternehmensgeldbußen nach Verstößen gegen das Kartellrecht. Mittlerweile hat sich die Debatte längst auf andere Bereiche der Organhaftung ausgedehnt. Die Rechtsprechung musste sich bislang allerdings noch nicht ausdrücklich mit dem Gedanken der Regressbeschränkung im Organhaftungsrecht befassen.[764]

Das Fehlen einschlägiger Gerichtsentscheidungen und vor allem einer höchstrichterlichen Rechtsprechung in diesem Zusammenhang bietet umso mehr Anlass, sich näher mit den verschieden dogmatischen Begründungsansätzen im Schrifttum auseinanderzusetzen, die im Ergebnis übereinstimmend Regressbegrenzungen im Organhaftungsrecht postulieren.

Im Folgenden wird daher zunächst der besondere Fall der Begrenzung der Regresshöhe bei Unternehmensgeldbußen eingehend diskutiert (I.), bevor sodann Überlegungen zu allgemeinen Regressbegrenzungen im Organhaftungsrecht in den Fokus gerückt werden (II.).

## I. Begrenzung der Regresshöhe bei Unternehmensgeldbußen

Sofern eine mit einer Geldbuße sanktionierte Gesellschaft durch einen Organhaftungsanspruch Rückgriff bei einem ihrer Organmitglieder nehmen will, könnte der Sanktionszweck der einschlägigen Rechtsnorm einem Regress entgegenstehen oder die betreffenden gesetzlichen Wertungen könnten jedenfalls eine Einschränkung der Regressmöglichkeiten gebieten.

763 Für einen Überblick über die zahlreichen Literaturstimmen *Fleischer*, DB 2014, 345 (348) m.w.N. [dort insb. Fn. 55].

764 Vgl. *Goette*, FS Hoffmann-Becking, 2013, S. 377 (381) und *Fleischer*, DB 2014, 345 (349), jeweils unter Hinweis darauf, dass die künftig zu erwartenden Gerichtsentscheidungen in diesem Zusammenhang schwer zu prognostizieren sind.

## 1. Problemaufriss

Das Recht der Ordnungswidrigkeiten sieht – im Gegensatz zum Strafrecht – nach § 30 OWiG die Möglichkeit vor, dass Sanktionen auch direkt gegen das Unternehmen verhängt werden können. Eine Unternehmensgeldbuße kann gemäß § 30 Abs. 1 OWiG dann verhängt werden, wenn ein vertretungsberechtigtes Organ, ein Mitglied eines solchen Organs oder eine sonstige Person mit Leitungs- und Kontrollbefugnissen in Ausübung der Organtätigkeit eine rechtswidrige und schuldhafte Straftat oder Ordnungswidrigkeit begangen hat und durch die Tat eine unternehmensbezogene Pflicht verletzt oder die Gesellschaft bereichert worden ist.[765] Herausgehobene Bedeutung mit Blick auf das insoweit erforderliche Fehlverhalten einer natürlichen Person (sog. Anknüpfungstat) kommt in diesem Zusammenhang der Aufsichtspflichtverletzung nach § 130 OWiG zu.[766]

Sofern indes eine Kapitalgesellschaft, die nur durch ihre Organe rechtswirksam handeln kann, selbst mit einer Geldbuße sanktioniert wird, wird sie regelmäßig versucht sein, auf der Grundlage des § 43 Abs. 2 GmbHG bzw. des § 93 Abs. 2 AktG (i.V.m. § 116 Satz 1 AktG) Rückgriff bei ihren Organmitgliedern zu nehmen. Auch die Belastung mit einer Verbindlichkeit kann nämlich nach einhelliger Auffassung in Rechtsprechung und Rechtslehre einen ersatzfähigen Schaden der Gesellschaft darstellen.[767] Allerdings sieht das Recht der Ordnungswidrigkeiten des Weiteren vor, dass zugleich auch gegen die Organmitglieder selbst als gesetzliche Vertreter einer juristischen Person Bußgelder verhängt werden können. § 9 Abs. 1 Nr. 1 OWiG bestimmt in sachlicher Übereinstimmung mit § 14 Abs. 1 StGB, dass ein Gesetz, welches für die vertretene Gesellschaft eine Ahndung vorsieht, auch auf die vertretungsberechtigten Organmitglieder der juristischen Person Anwendung zu finden hat.[768] Eine solche kumulative Sanktionierung sowohl der Gesellschaft als auch dessen Repräsentanten verstößt wegen der unterschiedlichen Subjekte nicht gegen den Grundsatz *ne bis in idem* (Art. 103 Abs. 3 GG).[769] Folglich tragen

765 Für Einzelheiten zu den Voraussetzungen dieser Verbandsgeldbuße s. *Rogall*, in: KarlsruherKommOWiG, § 30 Rn. 71 ff.; näher auch *Wilsing*, in: Krieger/U.H. Schneider, Hdb. Managerhaftung, § 27 Rn. 7 ff.

766 *Gürtler*, in: Göhler, § 30 OWiG Rn. 29; *Rogall*, in: KarlsruherKommOWiG, § 30 Rn. 75; vgl. auch *Grützner/Leisch*, DB 2012, 787 ff.; näher zur Haftung für unterlassene Aufsicht gemäß § 130 OWiG *Rönnau*, ZGR 2016, 277 (278 ff.).

767 BGHZ 59, 148 (149 ff.); 61, 346 (347); *Oetker*, in: MünchKommBGB, § 249 Rn. 29 m.w.N.

768 Ausführlich zum Anwendungsbereich und den Voraussetzungen der Organ- und Vertreterhaftung im Recht der Ordnungswidrigkeiten etwa *Rogall*, in: KarlsruherKommOWiG, § 9 Rn. 21 ff.; vgl. auch *Grützner/Leisch*, DB 2012, 787 (788); *Weber-Rey*, AG 2012, 365 (366).

769 *Bohnert*, § 30 OWiG Rn. 46; *Gürtler*, in: Göhler, § 30 OWiG Rn. 29; *Rogall*, in: KarlsruherKommOWiG, § 9 Rn. 21 ff. m.w.N.

Organmitglieder von Kapitalgesellschaften bei der Begehung von Ordnungswidrigkeiten in Ausübung ihres Amtes ein doppeltes Haftungsrisiko.[770]

Die Parallelproblematik ergibt sich ferner für von der Gesellschaft gezahlte Verbandsbußen nach § 81 GWB sowie nach Art. 23 Abs. 2 Kartellverfahrensverordnung[771].

Vor diesem Hintergrund wird nachfolgend erörtert, ob die Abwälzung von Unternehmensbußgeldern auf Organmitglieder ausgeschlossen ist bzw. jedenfalls etwaigen Beschränkungen unterliegt. Diese Rechtsfrage ist – soweit ersichtlich – höchstrichterlich noch immer nicht geklärt. Im Schrifttum hat die Fragestellung aber bereits eine Reihe pointierter Stellungnahmen hervorgerufen, die sich in kontroverser Diskussion in erster Linie mit den Regressmöglichkeiten bei kartellrechtlichen Unternehmensgeldbußen befassen.[772] In Anbetracht der zunehmend konsequenteren Rechtsverfolgung durch die zuständigen Behörden und der erheblich ansteigenden Höhe der Geldbußen zur Sanktionierung von Rechtsverstößen im Bereich des Kartellrechts lässt sich auch die gestiegene Praxisrelevanz dieser Problematik nicht verkennen.[773]

## 2. Meinungsstand im Schrifttum

Die Unternehmensgeldbuße dient einerseits der Ahndung eines bestimmten Rechtsverstoßes. Andererseits kommt ihr aber auch die Aufgabe zu, unrechtmäßige Gewinne abzuschöpfen und somit unlauterem Gewinnstreben vorzubeugen.[774] Insoweit besteht Einigkeit, dass der Schadensersatzanspruch nach § 43 Abs. 2 GmbHG bzw. § 93 Abs. 2 AktG lediglich dann begründet sein kann, wenn die Geldbuße die durch den Gesetzesverstoß erzielten Vorteile übersteigt.[775] Sofern dies der Fall sein sollte, scheint *prima facie* ein ersatzfähiger Schaden im Sinne der §§ 43 Abs. 2 GmbHG und 93 Abs. 2 AktG vorzuliegen.

770 Anschaulich *Koch*, in: Liber Amicorum M. Winter, 2011, S. 327 (328 ff.); *Wilsing*, in: Krieger/ U.H. Schneider, Hdb. Managerhaftung, § 27 Rn. 1.

771 „Verordnung (EG) 1/2003 des Rates vom 16.12.2002 zur Durchführung der in den Artikeln 81 und 82 des Vertrages niedergelegten Wettbewerbsregeln", ABl. EU Nr. L 1/1 vom 04.01.2003; s. dazu etwa *Reuter*, BB 2016, 1283 (1293).

772 Näher dazu etwa *Twele*, Die Haftung des Vorstands für Kartellverstöße, 2013, S. 108 ff.; s. ferner *Fleischer*, DB 2014, 345 ff.; *Gaul*, AG 2015, 109 ff. und *Hauger/ Palzer*, ZGR 2015, 33 ff.

773 Ebenso *Koch*, in: Liber Amicorum M. Winter, 2011, S. 327 (328); *Wilsing*, in: Krieger/U.H. Schneider, Hdb. Managerhaftung, § 27 Rn. 2.

774 Ausführlich etwa *Rogall*, in: KarlsruherKommOWiG, § 30 Rn. 117 ff.; vgl. auch bereits Begr. RegE OWiG, BT-Drucks. 5/1269, S. 59.

775 *Horn*, ZIP 1997, 1129 (1136); *Wilsing*, in: Krieger/U.H. Schneider, Hdb. Managerhaftung, § 27 Rn. 34.

### a) *Regressverbot*

Teile des Schrifttums gehen in diesem Zusammenhang jedoch von einem umfänglichen und kategorischen Regressverbot aus, da eine gegen die Gesellschaft verhängte Geldbuße nicht auf die Organpersonen abgewälzt werden dürfe.[776] Sofern eine kartellrechtliche Geldbuße ein Unternehmen für rechtswidriges Verhalten in der Vergangenheit sanktionieren und das Unternehmen zugleich in der Zukunft zu rechtmäßigem Verhalten veranlassen solle, müsse die Geldbuße endgültig das Unternehmen und die Unternehmensträger treffen; anderenfalls werde der Sanktionszweck der kartellrechtlichen Bußgeldbestimmungen konterkariert und die Gesellschaft als eigentliche Bußgeldpflichtige werde zu Unrecht entlastet.[777] Neben diesem auf die Höchstpersönlichkeit von Geldbußen zurückgehenden Begründungsansatz stellen die Gegner einer umfassenden Regressmöglichkeit der Gesellschaft bei ihren Geschäftsleitern maßgeblich auf ein zweites Argument ab. So widerspräche insbesondere auch die differenzierende bußgeldrechtliche Erfassung von Unternehmen und Organmitgliedern dem möglichen Regress für Bußgeldzahlungen.[778] Im Hinblick auf eine wegen eines Kartellrechtsverstoßes zu einer Geldbuße verurteilte Gesellschaft läge die Inanspruchnahme der Organpersonen im Rahmen eines Regresses rechtsdogmatisch außerhalb des Schutzbereichs der organhaftungsrechtlichen Bestimmungen der §§ 93 Abs. 2 AktG und 43 Abs. 2 GmbHG.[779]

Ein umfängliches Regressverbot hat auch das LAG Düsseldorf angenommen, das sich – soweit ersichtlich – als erstes Obergericht mit dieser Rechtsfrage auseinandersetzen musste.[780] Das LAG Düsseldorf hat in seinem Urteil vom 20. Januar 2015 (Az. 16 Sa 459/14) ausgeführt, dass ein gegen eine Gesellschaft verhängtes Bußgeld keine ersatzfähigen Schaden darstelle, der (über § 93 Abs. 2 AktG bzw. § 43 Abs. 2 GmbHG) auf die Organmitglieder abgewälzt werden könne – anderenfalls gebe das

776 Anschaulich *Dreher*, in: FS Konzen, 2006, S. 85 (103 ff.); *Horn*, ZIP 1997, 1129 (1136); ebenso *Grunewald*, NZG 2016, 1121 (1122 f.); *Thomas*, NZG 2015, 1409 (1410 ff.); tendenziell auch *Mertens/Cahn*, in: KölnKommAktG, § 93 Rn. 56.

777 *Dreher*, in: FS Konzen, 2006, S. 85 (106); auf das Prinzip der Höchstpersönlichkeit von Geldbußen abstellend bereits *Bastuck*, Enthaftung des Managements, 1986, S. 133.

778 *Dreher*, in: FS Konzen, 2006, S. 85 (105); *Horn*, ZIP 1997, 1129 (1136); ähnlich *Mertens/Cahn*, in: KölnKommAktG, § 93 Rn. 56.

779 *Horn*, ZIP 1997, 1129 (1136).

780 LAG Düsseldorf, GmbHR 2015, 480 ff.; ausführlich zu diesem Urteil *Bayer/Scholz*, GmbHR 2015, 449 ff.; *Binder/Kraayvanger*, BB 2015, 1219 ff. und *Werner*, ZWH 2015, 169 ff.; Das LAG Düsseldorf hat die Revision zum BGH zugelassen. Vgl. ferner das parallele Teilurteil des LAG Düsseldorf (Az. 16 Sa 460/14), BeckRS 2015, 65418, und auch den Beschluss des LAG Düsseldorf (Az. 16 Sa 458/14), BeckRS 2015, 65416, jeweils vom selben Tage.

Zivilrecht der Gesellschaft das zurück, was der Gesellschaft zuvor durch ordnungsrechtliche Sanktionen genommen worden sei.[781]

### b) Keine Regressbeschränkungen

Die Vertreter der Gegenansicht lehnen derartige Einschränkungen eines Rückgriffs der Gesellschaft über die Organhaftung gänzlich ab.[782] Es stehe weder die Höchstpersönlichkeit einer Geldbuße einem Regress entgegen noch sei eine Verfehlung des Sanktionszweck der kartellrechtlichen Bußgeldvorschriften auszumachen.[783] Eine Abwälzung der Belastung der Gesellschaft auf ein Organmitglied sei zudem nicht unangemessen, da angesichts eindeutiger Rechtsverstöße des Organmitglieds kein schutzwürdiges Interesse bestehe.[784] Außerdem führte ein Ausschluss bzw. eine Beschränkung der Regressmöglichkeiten dazu, dass eine vollständige Schadenskompensation als primäres Reglungsanliegen der §§ 43 Abs. 2 GmbHG und 93 Abs. 2 AktG nicht erreicht werden könnte.[785]

### c) Summenmäßige Beschränkung des Regresses

Eine zwischen den beiden Extrempositionen des generellen Regressausschlusses und der Möglichkeit eines vollumfänglichen Rückgriffs vermittelnde Auffassung geht von einer summenmäßigen Beschränkung des Regresses der Gesellschaft bei ihren Organmitgliedern aus.[786]

Im Hinblick auf die argumentative Herleitung und die Bestimmbarkeit des konkreten Betrages, auf den die Haftung im Einzelfall beschränkt werden soll, liefern die Anhänger einer summenmäßigen Regressbeschränkung allerdings divergierende Lösungsansätze.

---

781 LAG Düsseldorf, GmbHR 2015 480 (482); zustimmend *Bachmann*, BB 2015, 771 (775); *Thomas*, NZG 2015, 1409 (1413); a.A. *Bayer/Scholz*, GmbHR 2015, 449 (450 ff.); *Binder/Kraayvanger*, BB 2015, 1219 (1225 ff.) und *Werner*, ZWH 2015, 169 (175).

782 *Glöckner/Müller-Tautphaeus*, AG 2001, 344 (345 f.); *Haas/Ziemons*, in: Michalski, § 43 GmbHG Rn. 205a; *Kersting*, ZIP 2016, 1266 (1269 ff.); *Wilsing*, in: Krieger/U.H. Schneider, Hdb. Managerhaftung, § 27 Rn. 41; *Zimmermann*, WM 2008, 433 (436 ff.); ferner *Hauger/Palzer*, ZGR 2015, 33 (66 ff.); vgl. auch noch *Fleischer*, AG 2003, 291 (294), der aber nunmehr in BB 2008, 1070 (1073) eine summenmäßige Begrenzung präferiert; dazu sogleich unter § 8 I.2.c).

783 Näher *Zimmermann*, WM 2008, 433 (436 ff.).

784 Glöckner/Müller-Tautphaeus, AG 2001, 344 (346).

785 *Wilsing*, in: Krieger/U.H. Schneider, Hdb. Managerhaftung, § 27 Rn. 41.

786 *Bayer*, in: FS K. Schmidt, 2009, S. 85 (97 f.); *Fleischer*, BB 2008, 1070 (1073); *Gaul*, AG 2015, 109 (112 ff.); *Heyers*, WM 2016, 583 (586 ff.); *Koch*, in: Liber Amicorum M. Winter, 2011, S. 327 (338 ff.); *Marsch-Barner*, ZHR 173 (2009), 723 (730); *Thole*, ZHR 173 (2009), 504 (533 f.); tendenziell auch *Krause*, BB-Special 8/2007, 2 (13).

### *aa) Begrenzung auf einen „angemessenen" Betrag*

Hinsichtlich der Bußgeldverhängung wegen eines Kartellverstoßes haben namentlich insbesondere *Bayer*,[787] *Scholz*,[788] *Koch*[789] und auch *Casper*[790] den Vorschlag gemacht, den Rückgriff im Lichte der Fürsorgepflicht der Gesellschaft für die bei ihr angestellten Organe und vor dem Hintergrund der Grundsätze zur privilegierten Arbeitnehmerhaftung auf einen „angemessenen" Betrag zu beschränken. Eine an einem bestimmten Bußgeldrahmen orientierte Regressbegrenzung lehnen die vorgenannten Autoren ab; die Maßstäbe der öffentlich-rechtlichen Kartell- und Bußgeldvorschriften seien für die zivilrechtliche Regressfrage irrelevant.[791] Die inhaltliche Ausfüllung des Angemessenheitsbegriffs sei zwar unverkennbar mit Schwierigkeiten verbunden; allerdings finde insoweit eine Schätzungsbefugnis einen gesetzlichen Anhaltspunkt in § 287 ZPO und zudem sei dem Aktienrecht – wie § 87 AktG belege – ein gerichtlich zu überprüfendes Angemessenheitspostulat nicht fremd.[792]

Als Faktoren für die Höhe der Begrenzung führt *Bayer* insbesondere den Schadensumfang, die Schwere der Pflichtverletzung sowie die aktuelle und in der Vergangenheit bezogene Vergütung an.[793] *Koch* ergänzt insoweit die Gesichtspunkte des Verschuldensgrades sowie der maximalen Sanktionshöhe, die bei einer individuellen Bußgeldverpflichtung des jeweiligen Organmitglieds möglich gewesen wäre.[794]

### *bb) Begrenzung auf Sanktionsrahmen für persönlich verantwortliche Organmitglieder*

In Abweichung zu der vorgeschlagenen Haftungsbegrenzung auf einen „angemessenen" Betrag wird in der Literatur ferner eine Begrenzung auf den Betrag angedacht, den das betreffende Organmitglied selber zu tragen hätte bzw. zu tragen hat, wenn es persönlich Adressat des Bußgelds ist.[795] Im Gegensatz zu der Beschränkung

---

787 *Bayer*, in: FS K. Schmidt, 2009, S. 85 (97); *ders.*, NJW 2014, 2546 (2548 f.); *ders./Scholz*, GmbHR 2015, 449 (455 f.).

788 *Scholz*, Die existenzvernichtende Haftung von Vorstandsmitgliedern in der AG, 2014, S. 265 ff., 351 ff.

789 *Koch*, in: Liber Amicorum M. Winter, 2011, S. 327 (346 ff.), der eine Begrenzung des Regressanspruchs über die „Rücksichtnahmepflicht" und durch einen „Wertungstransfer" zu den arbeitsrechtlichen Grundsätzen schadensgeneigter Tätigkeiten herleitet; ausführlich dazu bereits unter § 7 II.1.b)bb)(4).

790 *Casper*, ZHR 176 (2012), 617 (636 ff.) im Anschluss an die vorgenannten Überlegungen von *Koch*, in: Liber Amicorum M. Winter, 2011, S. 327 (346 ff.).

791 *Bayer*, in: FS K. Schmidt, 2009, S. 85 (97); *Koch*, in: Liber Amicorum M. Winter, 2011, S. 327 (347).

792 *Koch*, in: Liber Amicorum M. Winter, 2011, S. 327 (347).

793 *Bayer*, in: FS K. Schmidt, 2009, S. 85 (97).

794 *Koch*, in: Liber Amicorum M. Winter, 2011, S. 327 (350).

795 *Marsch-Barner*, ZHR 173 (2009), 723 (730); *Thole*, ZHR 173 (2009), 504 (533 f.); tendenziell *Krause*, BB-Special 8/2007, 2 (13); so auch noch *Fleischer*, BB 2008,

auf einen „angemessenen" Betrag sei durch die Orientierung an einem konkreten Bußgeldrahmen der Anknüpfungstat eine klare Bestimmbarkeit gegeben, die von den Organmitgliedern auch *ex ante* in ihr Verhaltenskalkül miteinbezogen werden könnte.[796]

## 3. Stellungnahme

Geldbußen lassen neben der Schwere der Schuld stets auch die wirtschaftliche Leistungsfähigkeit eines Täters nicht unbeachtet.[797] Vor diesem Hintergrund überzeugt es, dass Gesellschaften für gezahlte Bußgelder nicht vollumfänglich Rückgriff bei ihren handelnden Organmitgliedern nehmen können, da dies regelmäßig die wirtschaftliche Leistungsfähigkeit der betreffenden Organmitglieder überstiege. Allerdings lässt sich ein genereller Ausschluss der Regressmöglichkeit einer Gesellschaft für Unternehmensgeldbußen in diesem Zusammenhang nicht auf das Prinzip der Höchstpersönlichkeit von Geldbußen stützen.

Sogar im Strafrecht hat der Grundsatz der Höchstpersönlichkeit von Strafen und Bußen eine merkliche Einschränkung erfahren. So stellt die Zahlung von Geldbußen durch Dritte nach der höchstrichterlichen Rechtsprechung bereits tatbestandlich keine Strafvereitelung in Form der Vollstreckungsvereitelung (§ 258 Abs. 2 StGB) dar.[798] Auch im Kartellrecht ist der Sanktionszweck bereits mit der Verhängung und Vollstreckung der Unternehmensgeldbuße erfüllt; eine weitergehende Aussage dahingehend, dass ein anschließender Regress bei den Organmitgliedern verwehrt sein soll, kann den betreffenden kartellrechtlichen Normen nicht entnommen werden.[799]

Als Argument für ein umfassendes Regressverbot verbleibt somit lediglich die differenzierende bußgeldrechtliche Erfassung von Gesellschaft und Organmitgliedern. Der umsatzbezogene Rahmen der Unternehmensgeldbußen übersteigt denjenigen für die persönliche Bußgeldverantwortung von Organmitgliedern um ein Vielfaches. Es begegnet daher Bedenken, diese explizite Differenzierung seitens des Gesetzgebers durch einen anschließenden Regress – jedenfalls im Ergebnis – unberücksichtigt zu lassen. Auch diesbezüglich erscheint ein genereller Regressausschluss allerdings als zu starre und über das Ziel hinausschießende Lösung.

---

1070 (1073), der nunmehr in DB 2014, 345 (349) eine etwaige Regressbegrenzung auf die organschaftliche Treuepflicht stützt; die Begrenzung auf den persönlichen Sanktionsrahmen erwägend auch *Dreher*, in: FS Konzen, 2006, S. 85 (105), der letztlich indes einen vollständigen Regressausschluss präferiert.

796 *Thole*, ZHR 173 (2009), 504 (533).

797 Anstatt vieler *Rogall*, in: KarlsruherKommOWiG, § 30 Rn. 115 m.w.N.

798 Grundlegend BGHSt 37, 226 (229 ff.); darauf hinweisend auch *Thole*, ZHR 173 (2009), 504 (532); *Zimmermann*, WM 2008, 433 (437); zu den Folgen für das Aktienrecht *Fleischer*, WM 2005, 909 (917).

799 *Fleischer*, BB 2008, 1070 (1073); *Thole*, ZHR 173 (2009), 504 (532); *Zimmermann*, WM 2008, 433 (437).

Als flexibler erweist sich vielmehr der Ansatz einer summenmäßigen Regressbeschränkung. Durch eine solche Beschränkung der Regressmöglichkeiten lässt sich die jeweilige wirtschaftliche Leistungsfähigkeit der unterschiedlichen Tätersubjekte berücksichtigen. Die erhebliche Differenz zwischen der gesamten Unternehmensgeldbuße und dem Betrag, auf den der Rückgriff bei den Organmitgliedern zu beschränken ist, kann in diesem Zusammenhang als Niederschlag des betrieblichen Risikos gesehen werden.[800] Eine derartige Beschränkung des Bußgeldregresses steht insoweit auch im Einklang mit den Wertungen der Haftungsprivilegierung von Organmitgliedern im Wege eines Wertungstransfers zu den Grundsätzen der betrieblich veranlassten Tätigkeit unter Berücksichtigung organhaftungsrechtlicher Modifikationen.[801]

Vorzug gebührt mithin einer summenmäßigen Beschränkung des Regresses. Der weiteren Klärung bedarf aber noch, welche argumentative Anlehnung sich für die konkrete Beschränkung als überzeugend erweist. In Bezug auf die von ihm propagierte Beschränkung auf einen angemessenen Betrag führt *Bayer* selbst an, dass seine Anleihe bei den arbeitsrechtlichen Grundsätzen der beschränkten Arbeitnehmerhaftung rechtsdogmatisch nicht als Begründung herangezogen werden könne; er stellt dementsprechend ergebnisorientiert auf „übergeordnete Gerechtigkeitsvorstellungen" ab.[802] Kritisch zu bewerten ist diesbezüglich allerdings nicht allein die wenig greifbare Argumentationsfigur und deren Weite. Entscheidend gegen die von *Bayer* vorgeschlagene Regressbeschränkung streitet letztlich die mangelnde Bestimmbarkeit. Durch die Anbindung an den Bußgeldrahmen für persönlich verantwortliche Organmitglieder, ist hingegen eine konkrete Bestimmbarkeit des etwaigen Regressrahmens gewährleistet. Organmitglieder können dies im Vorfeld ihres unternehmerischen Handelns in ihr Verhaltenskalkül einfließen lassen.[803]

## 4. Fazit

Sofern eine mit einer Geldbuße sanktionierte Gesellschaft durch einen Organhaftungsanspruch Rückgriff bei einem ihrer Organmitglieder nehmen will, stehen einem solchen Regress im Grundsatz weder das angebliche Prinzip der Höchstpersönlichkeit der Geldbuße noch die differenzierte bußgeldrechtliche Erfassung von Unternehmen und Organmitgliedern entgegen.

Allerdings streitet die explizite gesetzgeberische Entscheidung für eine Differenzierung der Bußgeldrahmen entschieden gegen eine schrankenlose Rückgriffsmöglichkeit; die Möglichkeit des Regresses bedarf vielmehr einer summenmäßigen Beschränkung. Insoweit ist der für persönlich verantwortliche Organmitglieder vorgesehene Bußgeldrahmen als Obergrenze für Regressansprüche der Gesellschaft heranzuziehen.

---

800 Dies zu Recht betonend *Krause*, BB-Special 8/2007, 2 (13).
801 Näher dazu bereits unter § 7 II.1.b)cc).
802 *Bayer*, in: FS K. Schmidt, 2009, S. 85 (97).
803 *Thole*, ZHR 173 (2009), 504 (533 f.).

## II. Allgemeine Regressbegrenzungen

### 1. Relativierung der Verfolgungspflicht

In Bezug auf die Vorstandshaftung wird bislang aus der für das Organhaftungsrecht grundlegenden *ARAG/Garmenbeck*-Entscheidung des BGH[804] zumeist eine grundsätzliche Pflicht Aufsichtsrats abgeleitet, Haftungsansprüche gegen pflichtwidrig handelnde Vorstandsmitglieder zu verfolgen (Prinzip der Regelverfolgung).[805]

Nach traditionellem Verständnis hat der Aufsichtsrat in einem zweistufigen Verfahren zu überprüfen, ob Schadensersatzansprüche gegen Vorstandsmitglieder zu verfolgen sind: Auf der ersten Stufe ist zu prüfen, (i) ob der Gesellschaft Schadensersatzansprüche gegen das betreffende Vorstandsmitglied zustehen, (ii) ob ein hohes Prozessrisiko für die Durchsetzung besteht, und (iii) ob ein gerichtlich festgestellter Anspruch auch bei dem betreffenden Vorstandsmitglied beigetrieben werden kann.[806] Auf der zweiten Stufe kann der Aufsichtsrat dann diejenigen Gesichtspunkte prüfen, die ihn ausnahmsweise zu einem Verzicht auf die Durchsetzung des Schadensersatzanspruchs gegen das betreffende Vorstandsmitglied berechtigen.[807]

Seine Ausführungen zu der Entscheidungsprärogative des Aufsichtsrats hat der BGH am Ende des *ARAG/Garmenbeck*-Urteils noch einmal prägnant zusammengefasst:[808]

> „Die vorstehenden Überlegungen führen zu der Schlussfolgerung, dass die Verfolgung der Schadensersatzansprüche gegenüber einem Vorstandsmitglied die Regel sein muss. Hingegen bedarf es gewichtiger Gegengründe und einer besonderen Rechtfertigung von einer – voraussichtlich – aussichtsreichen Anspruchsverfolgung, die einem Anspruchsverzicht der Gesellschaft außerordentlich nahe kommt, abzusehen; sie muss die Ausnahme darstellen."

#### *a) Neuorientierung der Haftungsdurchsetzung*

Im jüngeren Schrifttum mehren sich nunmehr die Stimmen, die entgegen dem bisherigen Verständnis der *ARAG/Garmenbeck*-Entscheidung des BGH dem Aufsichtsrat doch einen größeren Entscheidungsspielraum zugestehen, ob er etwaige Haftungsansprüche gegen den Vorstand durchsetzen soll.[809]

---

804 BGHZ 135, 244 ff.

805 Stellvertretend etwa *Reichert*, ZHR 177 (2013), 756 (759); *Casper*, ZHR 176 (2012), 617 (621), jeweils m.w.N.

806 BGHZ 153, 244 (253 f.); dazu etwa *Casper*, ZHR 176 (2012), 617 (621); *Reichert*, ZHR 177 (2013), 756 (759).

807 BGHZ 135, 244 (254); s. auch *Goette*, in: Liber Amicorum M. Winter, 2011, S. 153 (159 f.); *Reichert*, ZHR 177 (2013), 756 (760).

808 BGHZ 135, 244 (256).

809 Anschaulich *Goette*, in: Liber Amicorum M. Winter, 2011, S. 153 ff.; *ders.*, ZHR 176 (2012), 588 ff.; *ders.*, in: FS Hoffmann-Becking, 2013, 377 ff.; nachfolgend *Reichert*,

Trotz einzelnen Unterschieden im Detail postulieren die Kritiker des bisherigen Verständnisses der *ARAG/Garmenbeck*-Doktrin[810] im Ergebnis übereinstimmend folgende Neuorientierung der Haftungsdurchsetzung: Auch wenn der Aufsichtsrat retrospektiv als Überwachungsorgan tätig wird, ist seine maßgebliche Aufgabe die Wahrung des Unternehmenswohls.[811] Bei der Abwägung, ob ein Anspruch gegenüber einem Vorstandsmitglied geltend zu machen ist, oder ob von einer Haftungsdurchsetzung Abstand genommen werden soll, sei folglich allein darauf abzustellen, worin im konkreten Einzelfall das Unternehmenswohl bestehe und wie es umgesetzt werden kann.[812] Sofern das Unternehmenswohl es nahe lege, von einer Anspruchsverfolgung abzusehen, sei der Aufsichtsrat gerade nicht zur Haftungsdurchsetzung verpflichtet.[813]

In die erforderliche Abwägung des Aufsichtsrats hätten etwa die Kosten der Sachverhaltsaufklärung und Inanspruchnahme sowie ein etwaiger Imageschaden für das Unternehmen einzufließen.[814] Abzustellen sei ferner auf den Unrechtsgehalt der verletzten Norm sowie den Verschuldensgrad, d.h. insbesondere darauf, ob das betreffende Organmitglied fahrlässig oder vorsätzlich gehandelt habe.[815] *Goette* betont im Zusammenhang mit dem Unternehmenswohl zudem den Gedanken, dass eine rigide Inanspruchnahme der Vorstandsmitglieder sich negativ auf die Attraktivität der Gesellschaft auswirken kann, neue Führungskräfte zu gewinnen.[816]

Da in der Entscheidung des Aufsichtsrats über eine Anspruchsverfolgung ein unternehmerisches Handeln gesehen wird, soll den Aufsichtsrat seinerseits die

in: FS Hommelhoff, 2012, S. 907 ff.; *ders.*, in: FS Hoffmann-Becking, 2013, S. 943 ff.; *ders.*, ZHR 177 (2013), 756 ff.; *Grunewald*, AG 2013, 813 (814); *Fleischer*, ZIP 2014, 1305 (1308); vgl. bereits die Überlegungen zuvor von *Paefgen*, AG 2008, 761 ff. und *Mertens*, in: FS K. Schmidt, 2009, 1183 ff.; instruktiv dazu *Koch*, NZG 2014, 934 (937 ff.); vgl. auch *Bieder*, NZG 2015, 1178 (1182 ff.) zur erforderlichen Neujustierung der Reichweite der Verfolgungspflicht.

810 *Casper*, ZHR 176 (2012), 617 (624) spricht insoweit von den „Neuevangelisten der zweiten Stufe".

811 *Goette*, in: Liber Amicorum M. Winter, 2011, S. 153 (161).

812 *Goette*, in: Liber Amicorum M. Winter, 2011, S. 153 (166).

813 *Arnold*, in: Marsch-Barner/Schäfer, Hdb. börsennotierte AG, § 22 Rn. 53a; *Goette*, ZHR 176 (2012), 588 (599); *Grunewald*, AG 2013, 813 (814); *Mertens*, in: FS K. Schmidt, 2009, 1183 (1187); *Paefgen*, AG 2008, 761 (762); *Reichert*, in: FS Hommelhoff, 2012, S. 907 (917); *J. Vetter*, in: FS Hoffmann-Becking, 2013, S. 1317 (1326); deutlich restriktiver *Spindler*, in: Spindler/Stilz, § 116 AktG Rn. 59 ff.

814 *Goette*, in: FS Hoffmann-Becking, 2013, 377 (387 ff.); zustimmend *Grunewald*, AG 2013, 813 (814).

815 *Goette*, in: Liber Amicorum M. Winter, 2011, S. 153 (164).

816 *Goette*, in: Liber Amicorum M. Winter, 2011, S. 153 (165); zuvor bereits *ders.*, in: Hommelhoff/Hopt/v. Werder, Hdb. Corporate Governance, S. 713 (734) [dort Fn. 175]; ähnlich *Peltzer*, in: FS Hoffmann-Becking, 2013, S. 861 (864).

Berufung auf die *Business Judgement Rule* möglich sein, sofern er im Nachhinein wegen unterlassener Anspruchsverfolgung in Anspruch genommen wird.[817]

Ein Absehen von der Haftungsdurchsetzung sei in diesem Zusammenhang auch kein Verstoß gegen § 93 Abs. 4 Satz 3 AktG. Dies wird teilweise damit begründet, dass der Aufsichtsrat lediglich einen Schaden von der Gesellschaft abwende.[818] Andere Autoren stellen darauf ab, dass die Nichtgeltendmachung eines Anspruches etwas anderes als ein Verzicht sei.[819] Mit Blick auf das Schutzbedürfnis der Aktionäre wird im Übrigen angeführt, dass die Aktionäre auch weiterhin eine Aktionärsklage gemäß § 148 AktG einreichen können.[820]

### b) Stellungnahme

Zunächst einmal ist es zu begrüßen, die Frage der Inanspruchnahme eines Vorstandsmitglieds auf der zweiten Stufe der *ARAG/Garmenbeck*-Doktrin als unternehmerische Entscheidung des Aufsichtsrats zu qualifizieren und insoweit den Aufsichtsratsmitgliedern ihrerseits eine Berufung auf die *Business Judgement Rule* grundsätzlich zu ermöglichen.

Zu Recht weist *Goette* in diesem Zusammenhang darauf hin, dass auch (i) die Ausübung der Personalkompetenz bei der Auswahl und Bestellung von Vorstandsmitgliedern, (ii) die Mitwirkung an strategischen Unternehmensentscheidungen und (iii) Zustimmungserteilung bei zustimmungspflichtigen Geschäften i.S.v. § 111 Abs. 4 AktG einhellig als unternehmerische Entscheidungen des Aufsichtsrats erachtet werden; insoweit ist es nicht zu begründen, die Frage der Durchsetzung von Organhaftungsansprüchen anderen Maßstäben zu unterstellen.[821]

Darüber hinaus überzeugt es, dem Aufsichtsrat – entgegen dem traditionellen Verständnis der *ARAG/Garmenbeck*-Doktrin – doch einen größeren Entscheidungsspielraum zugestehen, ob er etwaige Haftungsansprüche gegen ein Vorstandsmitglied durchsetzt, oder ob dem Unternehmenswohl besser mit einem Absehen von der Inanspruchnahme des betreffenden Vorstandsmitglieds Genüge getan werden kann. Sofern man bei der Frage der Haftungsdurchsetzung nicht maßgeblich auf das Unternehmenswohl abstellte, würde dem Aufsichtsrat mitunter ein Handeln abverlangt, das mit Blick auf das Unternehmenswohl nicht geboten ist bzw. das im Einzelfall sogar dem Unternehmenswohl zuwiderliefe.[822] Dies wäre mit den Grundprinzipien des AktG nicht zu vereinbaren.

---

817 *Paefgen*, AG 2008, 761 (763); ebenso *Reichert*, in: FS Hommelhoff, 2012, S. 907 (916); a.A. *Lutter*, in: FS Hoffmann-Becking, 2013, S. 747 (753).

818 So *Goette*, ZHR 176 (2012), 588 (598).

819 *Paefgen*, AG 2008, 761 (765); *Reichert*, in: Liber Amicorum M. Winter, 2011, S. 907 (913).

820 *Reichert*, in: Liber Amicorum M. Winter, 2011, S. 907 (918); zuvor bereits *Paefgen*, AG 2008, 761 (765).

821 Überzeugend *Goette*, ZHR 176 (2012), 588 (597).

822 Zutreffend *Grunewald*, AG 2013, (814).

Bei der Berücksichtigung des Unternehmenswohls sind alle Umstände des konkreten Einzelfalles zu berücksichtigen. Besser als nach dem traditionellen Verständnis des starren Prinzips der Regelverfolgung lassen sich so die Vielgestaltigkeit der Kapitalgesellschaften und der konkrete Unternehmenskontext berücksichtigen. Insbesondere lässt sich auch einer in den letzten Jahren zunehmend auszumachenden Tendenz entgegenwirken, etwaige Organhaftungsansprüche mit einem (Kosten-) Aufwand geltend zu machen, der in keinem Verhältnis mehr zu einem möglichen Ertrag der Inanspruchnahme steht.[823] Auch überzeugt das Argument, dass eine weniger rigide Regressnahme, die durch einen erweiterten Entscheidungsspielraum für den Aufsichtsrat ermöglicht wird, positive Auswirkungen bei der Gewinnbarkeit künftiger Organmitglieder haben kann. Dies ist gerade angesichts des gestiegenen Recruiting-Aufwands der Unternehmen und der Tatsache, dass geeignete Geschäftsleiter einer der bedeutendsten, aber zugleich knappsten Faktoren des Unternehmenserfolgs sind, von nicht zu unterschätzender Bedeutung.

In den Konstellationen, in denen ein Absehen von der Haftungsdurchsetzung gegen ein Organmitglied aus Gründen des Unternehmenswohls den Interessen von Aktionären zuwiderläuft, sind die betreffenden Aktionäre durch die grundsätzlich offenstehende Aktionärsklage nach § 148 AktG hinreichend geschützt.

Auch nach der mithin zu befürwortenden Neuorientierung der Haftungsdurchsetzung hängt indes die Geltendmachung eines etwaigen Haftungsanspruchs gegen ein Vorstandsmitglied von Erwägungen des Aufsichtsrats ab, die oftmals für die Mitglieder des Vorstands nur zum Teil vorhersehbar sind.[824] Daher wird ein maßgeblich am Unternehmenswohl ausgerichteter, größerer Entscheidungsspielraum des Aufsichtsrats in Bezug auf die Haftungsdurchsetzung einer gesteigerten Risikoaversion der Vorstandsmitglieder infolge der gestiegenen Haftungsgefahren nur begrenzt entgegenwirken können.

## 2. Haftungsmilderung wegen Unbilligkeit der Schadenstragung

In der Auseinandersetzung mit etwaigen Haftungsmilderungen, die im Rahmen der Organhaftung greifen, führen *Mertens* und *Cahn* im jüngeren Schrifttum den Gedanken einer Haftungsmilderung wegen Unbilligkeit der Schadenstragung ins Feld.[825]

### *a) Begründungsansatz von* Mertens *und* Cahn

Es sei zu bedenken, dass die Haftung nach § 93 AktG infolge der Beweislastumkehr und eines weitgehend objektivierten Verschuldensbegriffs im Ergebnis oftmals auf eine kausale Haftung hinauslaufen könne und dass demzufolge Entscheidungen

823 *Reichert*, in: FS Hommelhoff, 2012, S. 907 (919); ähnlich *Janert*, BB 2013, 3016.
824 *Grunewald*, AG 2013, 813 (814); *Koch*, AG 2012, 429 (431).
825 *Mertens/Cahn*, in: KölnKommAktG, § 93 Rn. 38; sympathisierend *Peltzer*, in: FS Hoffmann-Becking, 2013, S. 861 (864).

von Vorstandsmitgliedern (bzw. Geschäftsführern) mit einem außerordentlichen Schadensrisiko verbunden seien. Sofern indes (i) die Pflichtwidrigkeit nicht positiv nachzuweisen sei oder ein positiv nachweisbares Verschulden im Bereich leichter Fahrlässigkeit liege, (ii) der nicht durch eine Versicherung abgedeckte Schaden der Gesellschaft außerhalb jeder Proportion zum Einkommen des Geschäftsleiters stehe und (iii) die Lebensführung des Geschäftsleiters nachhaltig bedrohe, sei eine angemessene Begrenzung der Ersatzpflicht geboten, und zwar nicht nur aus Billigkeitsgesichtspunkten, sondern auch unter dem Aspekt der Gewährleistung einer unternehmerisch geprägten Unternehmensführung.[826]

Die *Business Judgement Rule* allein könne Geschäftsleiter vor einer gänzlich unverhältnismäßigen Inanspruchnahme nicht bewahren, da sie bei gesetzeswidrigen Geschäftsführungsmaßnahmen nicht eingreift. Insbesondere im Aktienrecht lasse die prinzipielle Pflicht des Aufsichtsrates zur Sanktionierung pflichtwidrigen Verhaltens der Vorstandsmitglieder, die keine Rücksicht auf persönliche Umstände nehme,[827] eine Billigkeitskorrektur als geboten erscheinen.[828] Nach dem Begründungsansatz von *Mertens* und *Cahn* könnten sich in Anspruch genommene Organmitglieder mithin bereits *de lege lata* eine Billigkeitskorrektur der Haftungsansprüche einfordern.[829]

### *b) Kritische Würdigung*

Von Geschäftsleitern wird mit Blick auf die ihnen obliegende eigenverantwortliche Leitung des Unternehmens regelmäßig nicht lediglich erwartet, diejenigen Maßnahmen zu ergreifen, die in einer konkreten Entscheidungssituation auch der Durchschnitt aller Unternehmenslenker bzw. zumindest der Geschäftsleiter der Konkurrenzunternehmen in Betracht gezogen hätten. Gefordert wird vielmehr, dass sich die Geschäftsleiter etwas „möglichst Individuelles einfallen lassen".[830] Dementsprechend sind herausragende unternehmerische Leistungen auch oftmals dadurch gekennzeichnet, dass der Geschäftsleiter eine neue Strategie wählt und in diesem Zusammenhang Entscheidungskomponenten berücksichtigt, an die andere nicht gedacht oder deren Eintritt sie für unwahrscheinlich gehalten haben.[831]

Vor diesem Hintergrund erscheint es nicht fernliegend, dass Geschäftsleiter mitunter Grauzonen in Bezug auf rechtlich zulässiges Handeln gegenüber etwaigen Pflichtverletzungen betreten. Darüber hinaus handelt es sich regelmäßig um äußerst

826 *Mertens/Cahn*, in: KölnKommAktG, § 93 Rn. 38.

827 Grundlegend BGHZ 135, 244 ff. [*ARAG/Garmenbeck*].

828 *Mertens/Cahn*, in: KölnKommAktG, § 93 Rn. 38.

829 Für entsprechende Überlegungen *de lege ferenda* vgl. *Bachmann*, Gutachten zum 70. DJT, S. E 32, E 58, E 123, der in einem neuen § 254a BGB eine Billigkeitsklausel als „Sicherheitenventil" etablieren möchte.

830 Anschaulich *Hommelhoff*, Die Konzernleitungspflicht, 1982, S. 175.

831 Dies betonend schon *Philipp*, in: Hamburger Jahrbuch für Wirtschaft- und Gesellschaftspolitik, 1966, S. 155 (163).

hohe Summen, wenn organhaftungsrechtliche Schadensersatzansprüche geltend gemacht werden, sodass eine Verurteilung für den betroffenen Geschäftsleiter – sofern keine D&O-Versicherung zum Tragen kommt – dessen finanziellen Ruin bedeuten kann.[832]

In einer Gesamtbetrachtung dieser rechtstatsächlichen Gegebenheiten sowie der Beweislastumkehr und des weitgehend objektivierten Verschuldensbegriffs erweist sich die von *Mertens* und *Cahn* geäußerte Kritik an einer strikten Anwendung des starren schadensrechtlichen „Alles-oder-Nichts-Prinzips"[833] im Organhaftungsrecht als berechtigt. Unter den konkret erörterten Umständen einer nicht positiv nachweisbaren oder nur fahrlässigen Pflichtverletzung, gepaart mit einem außerhalb jeder Proportion zum Einkommen stehenden Schaden, dessen Geltendmachung eine nachhaltige Bedrohung der Lebensführung des Geschäftsleiters nach sich zöge, scheint die Möglichkeit einer Haftungsmilderung wegen Unbilligkeit der Schadenstragung durchaus geboten; insbesondere könnten auf diesem Wege mit Blick auf den objektivierten Verschuldensbegriff Branchen- und Unternehmensspezifika Berücksichtigung finden.

Einer Billigkeitskorrektur immanent ist indes regelmäßig ein nicht unbeträchtliches Maß an Rechtsunsicherheit. So erscheint es insbesondere ungewiss, wann von der Angemessenheit der Begrenzung der Ersatzpflicht ausgegangen werden kann. Ferner ist unklar, wann ein Schaden außerhalb jeder Proportion zum Einkommen des Geschäftsleiters steht.

Eine – zu begrüßende – mögliche Haftungsmilderung wegen Unbilligkeit der Schadenstragung wird daher in der Praxis einer zu befürchtenden Erhöhung der Risikoaversion der Geschäftsleiter in Zeiten der Verschärfung der Organhaftung durch Rechtsprechung und Gesetzgeber nur begrenzt entgegenwirken können. In Anspruch genommene Geschäftsleiter können die von *Mertens* und *Cahn* postulierte Billigkeitskorrektur aber als einen weiteren Argumentationsansatz in möglichen Vergleichsverhandlungen fruchtbar machen.

## 3. Fazit

Im Hinblick auf allgemeine Regressbegrenzungen im Organhaftungsrecht sollte in Abweichung vom Prinzip der Regelverfolgung nach dem traditionellen Verständnis der *ARAG/Garmenbeck*-Doktrin eine Neuorientierung der Haftungsdurchsetzung vorgenommen werden. Dem für die Geltendmachung eines Schadensersatzanspruchs zuständigen Gesellschaftsorgan sollte ein größerer Entscheidungsspielraum zustehen, ob Haftungsansprüche durchzusetzen sind, oder ob dem Unternehmenswohl besser mit einem Absehen von der Inanspruchnahme gedient ist. Sofern das Unternehmenswohl es nahe legt, von einer Anspruchsverfolgung abzusehen, ist

832 Vgl. *Raiser/Veil*, Recht der Kapitalgesellschaften, § 14 Rn. 101; *Grunewald*, AG 2013, 813.

833 *Mertens/Cahn*, in: KölnKommAktG, § 93 Rn. 38.

das zuständige Gesellschaftsorgan nicht zur Haftungsdurchsetzung verpflichtet. Die Frage der Inanspruchnahme ist eine unternehmerische Entscheidung, sodass sich die Mitglieder des für die Haftungsdurchsetzung zuständigen Gesellschaftsorgans insoweit auf die Grundsätze der *Business Judgement Rule* berufen können.

Neben der Neuorientierung der Haftungsdurchsetzung wird als allgemeine Regressbegrenzung im Organhaftungsrecht eine Haftungsmilderung wegen Unbilligkeit der Schadenstragung diskutiert. Diesem von *Mertens* und *Cahn* postulierten Ansatz ist beizupflichten.

# 3. Teil: Gesamtschuldnerische Haftung der Organmitglieder

In der Unternehmenspraxis in Deutschland bestehen die Geschäftsführung einer GmbH und vor allem die Vorstände und Aufsichtsräte einer AG regelmäßig aus Kollegialorganen. Dementsprechend sind in einen organhaftungsrechtlichen Sachverhalt auch oftmals mehrere Organmitglieder verwickelt, die zudem verschiedenen Gesellschaftsorganen angehören können. Nachdem in dem vorangegangenen zweiten Teil dieser Arbeit die Leitlinien für die Ermittlung des Schadens der betreffenden Gesellschaft herausgearbeitet worden sind, gilt es daher nunmehr die Modalitäten der Organhaftung in den Blick zu nehmen.

Im dritten Teil dieser Arbeit erfolgt daher mit Blick auf die Sachverhaltskonstellationen, in denen mehrere Organmitglieder der Gesellschaft gegenüber zum Schadensersatz verpflichtet sind, zunächst eine inhaltliche Auseinandersetzung mit Einzelaspekten der gesamtschuldnerischen Haftung, der Organmitglieder grundsätzlich unterliegen (§ 9). Gesondert wird danach auf einzelne Fragestellungen eingegangen, die sich in Bezug auf einen nachfolgenden Gesamtschuldnerinnenausgleich der haftenden Organmitglieder ergeben (§ 10). In diesem Zusammenhang wird zu zeigen sein, dass sich zumindest für das einzelne in Anspruch genommen Organmitglied im Bereich der Haftungsmodalitäten durchaus Haftungskorrektive ergeben können, die einer fortschreitenden tatbestandlichen Haftungsverschärfung auf Ebene der Rechtsfolgen entgegengestellt werden können.

# § 9 Gesamtschuldnerische Haftung

Mit der Anordnung der gesamtschuldnerischen Haftung für Vorstandsmitglieder in § 93 Abs. 2 Satz 1 AktG und für GmbH-Geschäftsführer in § 43 Abs. 2 GmbHG wird jeweils auf die §§ 421 ff. BGB verwiesen. Aus der in § 116 Satz 1 AktG angeordneten entsprechenden Anwendung des § 93 Abs. 2 Satz 1 AktG gilt dies ebenso für den Fall, dass mehrere Aufsichtsratsmitglieder der Gesellschaft haften.

## I. Haftung nach Maßgabe der §§ 421 ff. BGB

### 1. Grundsätze der §§ 421 ff. BGB

Eine Gesamtschuld ist stets dadurch gekennzeichnet, dass mehrere Schuldner eine Leistung in der Weise schulden, dass jeder von ihnen die Leistung vollständig bewirken muss, der Gläubiger die Leistung insgesamt aber nur einmal beanspruchen kann. Insoweit führt die Anordnung einer Gesamtschuld zu einer optimalen Sicherheit des Gläubigers, da er bereits dann voll befriedigt wird, wenn auch nur einer der Schuldner leistungsfähig ist.[834]

Eine Gesamtschuld im Sinne von § 421 BGB erfordert weder einen einheitlichen Schuldgrund noch eine Ausrichtung auf gleiche Leistungen; vielmehr genügt es, wenn die Ansprüche des Gläubigers gegen die einzelnen Schuldner die Befriedigung desselben Leistungsinteresses beinhalten.[835] Für die Entstehung einer Gesamtschuld nach §§ 421 ff. BGB bedarf es nach herrschender Auffassung neben der in § 421 BGB normierten Mindestvoraussetzungen des zusätzlichen Kriteriums der Gleichstufigkeit der Verpflichtungen, wonach es aus Gläubigersicht nicht lediglich einen einzigen Primärleistungspflichtigen geben darf.[836]

Durch die Leistung eines Gesamtschuldners werden nach § 422 Abs. 1 BGB auch die anderen von ihrer Leistungspflicht befreit.

834 Vgl. *Gebauer*, in: Soergel, § 421 BGB Rn. 2; *Selb*, Mehrheit von Gläubigern und Schuldner, § 5 I. (S. 26 ff.); plastisch bereits *Heck*, Grundriß des Schuldrecht, 1929, S. 234, der diesbezüglich den Begriff des „juristischen Paschas" angeführt hat.

835 *Bydlinski*, in: MünchKommBGB, § 421 Rn. 10; *Grüneberg*, in: Palandt, § 421 BGB Rn. 10; *Looschelders*, in: Staudinger, § 421 BGB Rn. 17.

836 Näher *Selb*, Mehrheit von Gläubigern und Schuldner, § 5 II.7. (S. 40 ff.); vgl. auch *Gebauer*, in: Soergel, § 421 BGB Rn. 15; *Stürner*, in: Jauernig, § 421 BGB Rn. 2. Die Rechtsprechung stellte hingegen lange Zeit auf das Merkmal der „rechtlichen Zweckgemeinschaft" ab, vgl. auch RGZ 77, 317 (323); 79, 288 (290); 159, 86 (89) sowie BGHZ 13, 360 (365); 28, 297 (300).

## 2. Die Gesamtschuld im Organhaftungsrecht

Die gesamtschuldnerische Haftung mehrerer Organmitglieder einer AG bzw. GmbH, denen jeweils eine Pflichtverletzung zu Last gelegt werden kann, ist ausdrücklich im Gesetz angeordnet (vgl. §§ 93 Abs. 2 Satz 1 AktG, 43 Abs. 2 GmbHG).[837] Eine Prüfung der Begriffsmerkmale des § 421 BGB ist daher nicht erforderlich, die Regelungen der §§ 422 ff. BGB finden angesichts der besonderen gesetzlichen Anordnung vollumfängliche Anwendung.[838]

Demnach kann im Haftungsfall jeder Unternehmensleiter – unabhängig davon, ob nur einer von ihnen eine unmittelbare Pflichtverletzung begangen hat und den anderen lediglich eine Missachtung der Überwachungspflichten zu Last zu legen ist – auf Ersatz des vollen Schadens in Anspruch genommen werden.[839] Abweichende Zuständigkeiten durch eine entsprechende Geschäftsverteilung haben für die Haftung gegenüber der Gesellschaft keine Auswirkungen.[840] Auch wenn ein pflichtwidriges Verhalten des Vorstands, der Geschäftsführung bzw. des Aufsichtsrats feststeht, sich indes nicht ermitteln lässt, welches Mitglied des jeweiligen Organs dafür die Verantwortung trifft, so haften nach der herrschenden Auffassung in der Literatur alle gemeinsam.[841] Begründet wird die gemeinsame Haftung in diesem Fall in Anlehnung an die entsprechende Haftungsregelung in § 830 Abs. 1 Satz 2 BGB.[842]

Die Auswahl des Gesamtschuldners steht im Belieben der Gesellschaft und hat folglich für sie den Vorteil, dass sie sich an der jeweiligen Solvenz der haftenden Organmitglieder orientieren kann. Mit Blick auf eine etwaige gesamtschuldnerische Haftung von Aufsichtsratsmitgliedern kann sie sogar zunächst auch einen Arbeitnehmervertreter ganz oder teilweise in Anspruch nehmen. Soziale und wirtschaftliche Schutzbelange müssen nicht berücksichtigt werden, da ein Arbeitnehmervertreter im Aufsichtsrat nicht in seiner Eigenschaft als Arbeitnehmer, sondern aufgrund seiner Organstellung zum Schadensersatz verpflichtet ist.[843]

---

837 Ausführlich dazu in monographischer Form *Voß*, Gesamtschuldnerische Organhaftung, 2008, passim.

838 *Looschelders*, in: Staudinger, § 421 BGB Rn. 54.

839 *Hübner*, Managerhaftung, 1992, S. 13; vgl. auch *Weidlich/Foppe*, ZStV 2014, 100 (102).

840 *Abeltshauser*, Leitungshaftung, 1998, S. 224; *Looschelders*, in: Staudinger, § 421 BGB Rn. 93.

841 *Fleischer*, in: Fleischer, Hdb. Vorstandsrecht, § 11 Rn. 81; *ders.*, in: MünchKommGmbHG, § 43 Rn. 318; *Klöhn*, in: Bork/Schäfer, § 43 GmbHG Rn. 74; a.A. *Hölters*, in: Hölters, § 93 AktG Rn. 245.

842 *U.H. Schneider*, in: Scholz, § 43 GmbHG Rn. 248; s. auch *Fleischer*, in: MünchKommGmbHG, § 43 Rn. 318.

843 *Edenfeld/Neufang*, AG 1999, 49 (56); vgl. auch *Hopt*, in: FS Mestmäcker, 1996, S. 909 (930); *Köstler/Zachert/Müller*, Aufsichtsratspraxis, Rn. 717; *Schwark*, in: FS Werner, 1984, S. 841 (850), a.A. *Rieger*, in: FS Peltzer, 2001, S. 339 (354), der entgegen der gesetzlichen Gleichstellung bereits bei der Inanspruchnahme – und nicht erst bei

Für eine etwaige gesamtschuldnerische Haftung von Organmitgliedern und Dritten bedarf es zwingend des Vorliegens der Begriffsmerkmale des § 421 BGB sowie des ungeschriebenen Kriteriums der Gleichstufigkeit.

## II. Mögliche Gesamtschuldnerschaft von Mitgliedern verschiedener Organe

Auf den ersten Blick unklar erscheinen die Haftungsmodalitäten für den Fall, dass neben den Mitgliedern des Vorstands (respektive den Geschäftsführern einer GmbH) zugleich auch Aufsichtsratsmitglieder haftbar sind. Der in § 116 Satz 1 AktG enthaltenen Verweisung auf § 93 AktG lässt sich jedenfalls explizit keine Antwort auf diese Rechtsfrage entnehmen. Dennoch besteht unabhängig davon, ob die einen eine konkrete Pflichtverletzung begangen haben und die anderen lediglich die ihnen obliegenden Kontrollpflichten verletzt haben, im Schrifttum Einigkeit, dass in einem solchen Fall nicht lediglich unter den Vorstandsmitgliedern (bzw. Geschäftsführern) sowie unter den Aufsichtsratsmitgliedern jeweils eine Gesamtschuldnerschaft besteht, sondern dass vielmehr von einer Gesamtschuldnerschaft unter den Mitgliedern der verschiedenen Organe auszugehen ist.[844]

Einen Begründungsansatz hierfür bleiben die betreffenden Stimmen in der Literatur zumeist schuldig. Lediglich *Hopt* und *Roth* unternehmen den Versuch einer Begründung und führen diesbezüglich § 117 Abs. 2 Satz 1 AktG an, in dem eine gesamtschuldnerische Haftung von Vorstand und Aufsichtsrat einen ausdrücklichen gesetzlichen Anklang gefunden hat – allerdings zu einer anderen Sachverhaltskonstellation:[845] So kann gemäß § 117 Abs. 2 Satz 1 AktG die Haftung wegen schädigender Beeinflussung von Führungspersonen der Gesellschaft zu einer gesamtschuldnerischen Haftung des Einflussnehmers und der Mitglieder von Vorstand *und* Aufsichtsrat führen, sofern letztere pflichtwidrig gehandelt haben und sich nicht exkulpieren können.

Wenn sogar Dritte nach § 117 Abs. 2 Satz 1 AktG gesamtschuldnerisch mit Organmitgliedern haften, dann liegt es nahe, dass die Mitglieder verschiedener Organe einer Gesellschaft erst recht gesamtschuldnerisch haften. Die Annahme

---

einem späteren Innenausgleich – die Berücksichtigung der regelmäßig geringeren betriebswirtschaftlichen Expertise der Arbeitnehmervertreter fordert.

844 *Dollmann*, GmbHR 2004, 1330; *Ek*, Haftungsrisiken für Vorstand und Aufsichtsrat, S. 36; *Fleischer*, in: Fleischer, Hdb. Vorstandsrecht, § 11 Rn. 31; Freund, GmbHR 2013, 785 (786); *Hopt/Roth*, in: GroßkommAktG, § 93 Rn. 461; *Mertens*, in: Hachenburg, § 43 GmbHG Rn. 62; *U.H. Schneider*, in: Scholz, § 43 GmbHG Rn. 247; *Spindler*, in: MünchKommAktG, § 93 Rn. 144; *Potthoff/Trescher/Theisen*, Aufsichtsratsmitglied, Rn. 2204; ebenso *Kocher/v. Falkenhausen*, AG 2016, 848 mit dem Hinweis auf die Zunahme an Streitverkündungen von in Anspruch genommenen Vorstandsmitgliedern gegenüber Aufsichtsratsmitgliedern; vgl. auch bereits *Fleck*, GmbHR 1974, 224 (226).

845 *Hopt/Roth*, in: GroßkommAktG, § 93 Rn. 461.

einer möglichen Gesamtschuldnerschaft unter den Mitgliedern der verschiedenen Organe überzeugt auch vor dem Hintergrund der Teilhabe des Aufsichtsrats an der Leitungsaufgabe des Vorstands. Der Aufsichtsrat ist institutioneller Ratgeber und Partner der Geschäftsleitung;[846] er ist mitverantwortlich für die Wahrung der Legalität in der Gesellschaft.[847] Nach modernem Pflichtenverständnis erfordert eine gute *Corporate Governance*[848] dementsprechend nicht nur eine nachgelagerte Kontrolle des Vorstandshandelns, sondern auch die zukunftsorientierte Beratung des Vorstands durch den Aufsichtsrat als mitunternehmerisches Organ.[849] Dieser Beratungsauftrag hat auch im DCGK Anklang gefunden.[850] Der Aufsichtsrat kann ferner im Rahmen einer gestaltenden Überwachung in das Unternehmensgeschehen eingreifen. Neben der dem Aufsichtsrat regelmäßig obliegenden Personalkompetenz (Bestellung und Abberufung der Geschäftsführung) und Geschäftsordnungskompetenz (Regelung der Geschäftsordnung und Geschäftsverteilung für den Vorstand) sind in diesem Zusammenhang insbesondere die zustimmungsfähigen Geschäfte anzuführen. Über diese fasst der Aufsichtsrat nicht nur Beschluss, vielmehr legt er auch den Kreis der zustimmungspflichtigen Geschäfte fest.[851]

Die ggf. bestehende gesamtschuldnerische Haftung der Mitglieder verschiedener Organe einer Gesellschaft ist insbesondere für den Innenausgleich der Gesamtschuldner[852] und auch für etwaige nachträgliche privatautonome Haftungsvereinbarungen mit einzelnen Organmitgliedern[853] relevant.

---

846 So bereits *Bauer*, Organklagen zwischen Vorstand und Aufsichtsrat der Aktiengesellschaft, 1986, S. 10; eingehend auch *Göppert*, Die Reichweite der Business Judgement Rule bei unternehmerischen Entscheidungen des Aufsichtsrats der Aktiengesellschaft, 2010, S. 67 ff. („Aufsichtsrat als Co-Managementorgan") und *Rieder/Holzmann*, AG 2010, 570 (571) („auf dem Weg vom Kontrolleur zum Mitunternehmer"); *Lutter*, in: Bayer/Habersack, Aktienrecht im Wandel, Bd. II, 8. Kap. Rn. 126 spricht in Bezug auf das Zusammenwirken von Vorstand und Aufsichtsrats bei strategischen Planungen und Entscheidungen von „einer Art Gesamtorgan".

847 *Lutter*, in: FS Hüffer, 2010, S. 617 (624); vgl. auch *U. Grooterhorst*, ZIP 2011, 212 (216).

848 Allg. zum Begriff *Corporate Governance* und zu ihrer Bedeutung *Marsch-Barner*, in: Marsch-Barner/Schäfer, Hdb. börsennotierte AG, § 2 Rn. 1 ff.

849 Grundlegend BGHZ 114, 127 (130); ausführlich *Semler*, Leitung und Überwachung der AG, Rn. 261 ff.; näher zu kooperativem Zusammenwirken von Vorstand und Aufsichtsrat auch *Johannsen-Roth*, in: Wilsing, DCGK, Ziff. 3.1 Rn. 7 ff.; s. ferner *Lorenz/Pospiech*, NZG 2011, 81 (83) m.w.N.

850 Vgl. Ziff. 3.1 DCGK (Stand: 7. Februar 2017): „Vorstand und Aufsichtsrat arbeiten zum Wohle des Unternehmens eng zusammen" sowie Ziff. 4.1.2 DCGK: „Der Vorstand entwickelt die strategische Ausrichtung des Unternehmens, stimmt sie mit dem Aufsichtsrat ab (...)".

851 *Habersack*, in: FS Hüffer, 2010, S. 259 (264 ff.); *Potthoff/Trescher/Theisen*, Aufsichtsratsmitglied, Rn. 16.

852 Näher dazu unter § 10.

853 Näher dazu unter § 11 und § 12.

## III. Gestörte Gesamtschuld

Eine nicht unerhebliche Praxisrelevanz im Organhaftungsrecht kommt der Problematik der gestörten Gesamtschuld zu. An eine Darstellung der allgemeinen zivilrechtlichen Grundlagen der gestörten Gesamtschuld schließen sich daher im Folgenden Ausführungen an, die sich mit Fallgestaltungen der gestörten Gesamtschuld im Organhaftungsrecht befassen.

### 1. Zivilrechtliche Grundlagen

Von einer Störung des Gesamtschuldverhältnisses wird dann gesprochen, wenn die Haftung eines Gesamtschuldners gegenüber dem Gläubiger durch eine vertragliche Regelung oder eine gesetzliche Bestimmung eingeschränkt ist, während die anderen Gesamtschuldner dem Gläubiger uneingeschränkt haften.[854] Durch die haftungsrechtliche Freistellung bzw. Privilegierung eines Gesamtschuldners kommt es zu einem nachhaltigen Interessenkonflikt zwischen Gläubiger, privilegiertem Gesamtschuldner und den sonstigen Gesamtschuldnern.

Derartige Interessenkonflikte in Mehrpersonenverhältnissen sorgen in Rechtsprechung und Literatur seit langer Zeit für kontroverse Diskussionen.[855] Im Wesentlichen finden sich drei divergierende Lösungsansätze für eine gestörte Gesamtschuld, die insoweit postuliert werden. Zunächst einmal könnte man als Lösung zu Lasten des begünstigten Gesamtschuldners die Freistellung bzw. Reduzierung der Haftung auf das Außenverhältnis beschränken, ihr aber für das Innenverhältnis die Wirkung versagen.[856] Denkbar ist aber auch eine Kürzung des Anspruchs des Gläubigers dergestalt, dass sich sein Anspruch gegen die nicht privilegierten Gesamtschuldner um den Haftungsanteil des freigestellten (bzw. privilegierten) Gesamtschuldners kürzt.[857] Schließlich kommt als Lösung zu Lasten des nichtprivilegierten Gesamtschuldners ein Ausschluss seines Ausgleichsanspruchs im Innenverhältnis in Betracht, sodass dieser zwar die Leistung voll erbringen muss,

854 *Gebauer*, in: Soergel, § 426 BGB Rn. 45 ff.; *Weber*, in: RGRK, § 426 BGB Rn. 32 ff.; s. ferner *Schulze*, in: Schulze, Hk-BGB, § 426 Rn. 13 und Rn. 20.

855 Ausführlich zu dieser Problematik auch *Selb*, Mehrheit von Gläubigern und Schuldner, § 7 IX. (S. 123 ff.); ferner *Bydlinski*, in: MünchKommBGB, § 426 Rn. 54 ff.; *Medicus/Petersen*, Bürgerliches Recht, § 35 Rn. 928 ff.; *Looschelders*, in: Staudinger, § 426 BGB Rn. 158 ff.

856 Dieser Ansatz hat ausdrücklichen Anklang in der Rechtsprechung des BGH gefunden, vgl. etwa BGHZ 12, 213 (217 ff.); 35, 317 (323 ff.); 58, 216 (220 f.); BGH, NJW 1992, 2286 (2287).

857 Auch dieser Ansatz ist in zahlreichen Judikaten des BGH für vorzugswürdig erachtet worden, vgl. BGHZ 61, 51 (53 ff.); 155, 205 (211 ff.); BGH, NJW 2005, 2309 (2310).

den privilegierten Gesamtschuldner dann aber nicht oder nur eingeschränkt in Regress nehmen kann.[858]

Welche dieser Lösungsalternativen im Einzelfall zum Tragen kommt, hängt letztlich maßgebend von der jeweiligen Eigenart des gestörten Gesamtschuldverhältnisses ab; Rechtsprechung und Literatur nehmen insoweit eine Auflösung der gestörten Gesamtschuld anhand von Wertungskriterien in bestimmten Fallgruppen vor.[859]

## 2. Relevanz im Organhaftungsrecht

Zwischen einzelnen Organmitgliedern kann der Problematik der gestörten Gesamtschuld in erster Linie dann Bedeutung zukommen, sofern es seitens der Gesellschaft zu privatautonomen Haftungsmodifikationen mit einzelnen oder sogar nur einem einzigen Gesamtschuldner kommt. Dieser Thematik wird an späterer Stelle ein eigenständiger Teil dieser Arbeit gewidmet.[860]

An dieser Stelle soll das Augenmerk jedoch auf eine weitere denkbare Fallgestaltung gelenkt werden, in der mit Blick auf haftende Organmitglieder eine Störung eines Gesamtschuldverhältnisses zu verzeichnen ist. So kommen nämlich neben den Organmitgliedern als mögliche Gesamtschuldner auch Dritte in Betracht, da im Rahmen einer gesamtschuldnerischen Haftung – wie bereits angeführt[861] – zwar auf die Befriedigung desselben Leistungsinteresses abgestellt wird, ein einheitlicher Schuldgrund aber gerade nicht zwingend erforderlich ist. Zu denken ist in diesem Zusammenhang an dienst- bzw. arbeitsvertraglich (oder deliktisch) neben den betreffenden Organmitgliedern haftende Arbeitnehmer der betreffenden Gesellschaft.[862] Die Tatsache, dass den Mitarbeitern vollumfänglich die Grundsätze der arbeitsrechtlichen Haftungsmilderung – ohne die Modifikationen beim Wertungstransfer im Organhaftungsrecht[863] – zugutekommen können, hindert eine mögliche gesamtschuldnerische Haftung von Organmitgliedern und Mitarbeitern der Gesellschaft nicht. Es greifen dann hingegen die Grundsätze der gestörten Gesamtschuld, sodass in wertender Einzelfallbetrachtung zu klären ist, auf wessen Kosten der Interessenkonflikt bewältigt werden soll. Ist ein Arbeitnehmer nach den Grundsätzen der betrieblich veranlassten Tätigkeit ganz oder jedenfalls teilweise von der Haftung freigestellt, ist daher für die Abwicklung des Schuldverhältnisses zwischen

858 So entschieden vom BGH für das Haftungsprivileg der Eltern aus § 1664 Abs. 1 BGB in BGHZ 103, 338 (346 ff.); vgl. auch BGH, NJW 2004, 2892 (2893).

859 Eingehend *Schmieder*, JZ 2009, 189 (192); *Schulze*, in: Schulze, Hk-BGB/*Schulze*, § 426 Rn. 13; *Looschelders*, SchuldR AT, § 55 Rn. 1212.

860 Näher dazu § 11 und § 12.

861 Vgl. § 9 I.1.

862 *Haas/Ziemons*, in: Michalski, § 43 GmbHG Rn. 229; *Mertens/Cahn*, in: KölnKomm-AktG, § 93 Rn. 51; s. auch bereits *Fleck*, GmbHR 1974, 224 (226); zu einer möglich gestörten Gesamtschuld bei der Haftung mehrerer Vorstandsmitglieder *Casper*, ZHR 176 (2012), 617 (643).

863 Vgl. dazu § 7 II.1.b)cc).

der Gesellschaft als Gläubigerin und dem in Anspruch genommenen Organmitglied als nicht-privilegiertem Gesamtschuldner maßgebend auf den Sinn und Zweck der Haftungsprivilegierung zu rekurrieren; nur so lässt sich entscheiden, ob die Haftungsprivilegierung schlussendlich zu Lasten der Gläubigerin oder zu Lasten des nicht-privilegierten Gesamtschuldners gehen soll.[864] Die Haftungsprivilegierung eines Arbeitnehmers bei betrieblich veranlasster Tätigkeit lässt sich letztlich darauf zurückführen, dass es aus verfassungsrechtlichen Gründen geboten ist, dass das Betriebsrisiko des Arbeitgebers zu Gunsten des Arbeitnehmers haftungsmildernde Berücksichtigung findet.[865]

Vor diesem Hintergrund überzeugt es, den zu Gunsten des Arbeitnehmers wirkenden Wertungsgesichtspunkt nicht dadurch auszuhebeln, dass sich die Gesellschaft durch eine vollumfängliche Inanspruchnahme eines mit dem betreffenden Arbeitnehmer gesamtschuldnerisch haftenden Organmitglieds schadlos halten kann. Zudem wird der innerbetriebliche Schadensausgleich mittlerweile dogmatisch der Fallgruppe der gesetzlichen Haftungsfreistellungen zugeordnet, für die der Gesamtschuldnerausgleich in der Praxis regelmäßig über den Lösungsansatz der Kürzung des Gläubigeranspruchs vorgenommen wird.[866]

Als haftungsrechtliche Konsequenz ergibt sich also im Falle einer gesamtschuldnerischen Haftung eines oder mehrerer Organmitglieder und eines Arbeitnehmers der Gesellschaft, dass die Ersatzplicht des von der Gesellschaft in Anspruch genommenen Organmitglieds um den Verantwortungsteil des freigestellten bzw. privilegierten Arbeitnehmers zu kürzen ist.[867]

## IV. Beschränkung auf Haftungsquote?

Im Rahmen der Ausführungen zur gesamtschuldnerischen Haftung von Organmitgliedern bleibt abschließend noch die Frage zu klären, ob es im Organhaftungsrecht im Einzelfall zu einer signifikanten Abweichung von den allgemeinen Grundsätzen der Gesamtschuld im Sinne der §§ 421 ff. BGB kommen kann, wonach es der Gesellschaft verwehrt ist, von einem einzelnen mitverantwortlichen Organmitglied den Ersatz des gesamten Schadens zu verlangen.

### 1. Begründungsansatz von *Mertens* und *Cahn*

Namentlich *Mertens* und *Cahn*, die im Rahmen der Schadensermittlung bereits eine etwaige Haftungsmilderung wegen Unbilligkeit der Schadenstragung ins Feld

---

864 Vgl. *Stamm*, NJW 2004, 811 (812).
865 Ausführlich BAG NJW 1995, 210 (212 f.).
866 *Grüneberg*, in: Palandt, § 426 BGB Rn. 16; *Schmieder*, JZ 2009, 189 (190).
867 Ebenso *Haas/Ziemons*, in: Michalski, § 43 GmbHG Rn. 229; *Mertens/Cahn*, in: KölnKommAktG, § 93 Rn. 51; *Schmieder*, JZ 2009, 189 (194); *Voß*, Gesamtschuldnerische Organhaftung, 2008, S. 135; vgl. auch *Grüneberg*, in: Palandt, § 426 BGB Rn. 18; *Stamm*, NJW 2004, 811 (812 f.).

führen,[868] postulieren eine solche Abweichung. Sie sprechen sich gegen die Inanspruchnahme eines einzelnen Organmitglieds als Gesamtschuldner aus, sofern einerseits die Pflichtverletzung des betreffenden Organmitglieds lediglich einen relativ unwesentlichen Teil zu einem Schaden der Gesellschaft beigetragen habe, anderseits aber der Schaden infolge eines systemischen Schadenspotenzials der Gesellschaft außergewöhnliche, über die Haftungsmöglichkeiten eines Einzelnen weit hinausgehende Ausmaße erreiche und zudem ohne das Zusammenwirken einer Vielzahl von Ursachen und Mitverursachern nicht erklärbar sei.[869]

*Mertens* und *Cahn* rekurrieren in diesem Zusammenhang auf die anstellungsvertragliche Treue- und Fürsorgepflicht der Gesellschaft, die es verbiete, von einem einzelnen mitverantwortlichen Organmitglied den Ersatz des gesamten Großschadens zu beanspruchen und dieses auf den Innenregress gegen andere Organmitglieder zu verweisen. Vielmehr müsse die Gesellschaft auf die Geltendmachung einer bestimmten Haftungsquote beschränkt sein, wie sie in etwa in einem möglichen Gesamtschuldnerausgleich auf das betreffende Organmitglied entfiele.[870]

## 2. Kritische Würdigung

Im Rahmen einer Bewertung des Ansatzes von *Mertens* und *Cahn* ist zunächst einmal herauszustellen, dass die geforderte Beschränkung auf eine Haftungsquote nicht lediglich als eine marginale Abweichung oder Modifizierung der allgemeinen Grundsätze der §§ 421 ff. BGB erachtet werden kann, sondern der Gesamtschuld diametral entgegenläuft.[871]

Anders als bei einer Teilschuld im Sinne von § 420 BGB, bei der der Gläubiger jeweils das Risiko trägt, mangels Liquidität eines Schuldners keine volle Erfüllung seines Gesamtanspruches zu erlangen, genügt es dem Gläubiger im Rahmen einer Gesamtschuld, wenn einer der Gesamtschuldner liquide ist. Das Liquiditätsrisiko bezüglich der anderen trägt der leistende Schuldner, der unter Umständen seinen Regressanspruch nach § 426 BGB nicht durchsetzen kann. Eine Aufgabe dieser im Vergleich zur Teilschuld deutlich privilegierten Rechtsstellung des Gläubigers[872] in den von *Mertens* und *Cahn* geschilderten Sachverhaltskonstellationen – trotz der ausdrücklich gesetzlich angeordneten Gesamtschuld im Organhaftungsrecht – erscheint indes willkürlich. Die angeführten Aspekte der im Vergleich zu den anderen Gesamtschuldnern relativ geringen Pflichtverletzung sowie der enormen Schadenshöhe infolge eines systemischen Schadenspotentials und eines Zusammenwirkens einer Vielzahl von Ursachen und Mitverursachern können nicht als

868 Näher dazu § 8 II.2.
869 *Mertens/Cahn*, in: KölnKommAktG, § 93 Rn. 52.
870 *Mertens/Cahn*, in: KölnKommAktG, § 93 Rn. 52; näher zum Innenausgleich der Gesamtschuldner im Organhaftungsrecht § 10.
871 So ausdrücklich *Haas/Ziemons*, in: Michalski, § 43 GmbHG Rn. 228a.
872 Plastisch insoweit *Heck*, Grundriß des Schuldrecht, 1929, S. 234: „Juristischer Pascha".

Alleinstellungsmerkmale für bestimmte Einzelfälle im Organhaftungsrecht erachtet werden. Sie sind ebenso in anderen Fällen einer gesamtschuldnerischen Haftung denkbar und entfalten ihre Relevanz erst auf der nachgelagerten Ebene des Innenausgleichs der Gesamtschuldner. Die vielgestaltigen Regressmöglichkeiten können jedoch nicht als Grundlage für eine Modifizierung der Voraussetzungen der Gesamtschuld selbst dienen.[873]

Hinsichtlich der allgemeinen Grundlagen der Gesamtschuld besteht Einigkeit, dass der Gläubiger auf das Innenverhältnis der Gesamtschuldner grundsätzlich keine Rücksicht zu nehmen braucht.[874] Er kann einen Gesamtschuldner sogar dann mit Erfolg verklagen, wenn dieser intern freizustellen und demnach regressberechtigt ist.[875] Nach der höchstrichterlichen Rechtsprechung ist es auch unerheblich, ob der Schuldner die Leistung überhaupt erbringen kann.[876]

Daher ist eine Beschränkung der Gesellschaft auf die Geltendmachung einer Haftungsquote und eine damit verbundene Aufweichung der Grundsätze der Gesamtschuld im Organhaftungsrecht abzulehnen.

## V. Fazit

Die gesetzliche Anordnung der gesamtschuldnerischen Haftung im Organhaftungsrecht führt dazu, dass die Regelungen der §§ 422 ff. BGB anzuwenden sind, ohne dass es einer Prüfung der Begriffsmerkmale des § 421 BGB bedarf. Die Auswahl des Gesamtschuldners steht gänzlich im Belieben der Gesellschaft; mit Blick auf den Aufsichtsrat kann etwa zunächst auch lediglich ein Arbeitnehmervertreter haftbar gemacht werden.

Auch zwischen den Mitgliedern der verschiedenen Gesellschaftsorgane ist bei einem einheitlichen zu Grunde liegenden Haftungssachverhalt von einer gesamtschuldnerischen Haftung auszugehen.

Eine mögliche gesamtschuldnerische Haftung eines oder mehrerer Organmitglieder und eines Arbeitnehmers der Gesellschaft, der das arbeitsrechtliche Haftungsprivileg genießt, hat nach den Grundsätzen der gestörten Gesamtschuld gegebenenfalls zur Konsequenz, dass die Ersatzpflicht des von der Gesellschaft in

---

873 Zutreffend *Gebauer*, in: Soergel, § 421 BGB Rn. 17; die Verpflichtung zu einer quotalen Aufteilung ausdrücklich ablehnend auch *Looschelders*, in: Staudinger, § 421 BGB Rn. 122.

874 Vgl. *Gebauer*, in: Soergel, § 421 BGB Rn. 17; *Looschelders*, in: Staudinger, § 421 BGB Rn. 125. Dies verdeutlicht auch eine jüngere Entscheidung des BGH, wonach der Gläubiger nicht einmal auf ausbleibende Zahlungen eines anderen Gesamtschuldners hinweisen muss, vgl. BGHZ 184, 35.

875 BGH, NJW 1991, 1289; BAG, NZG 2007, 860 (862); *Bydlinski*, in: MünchKommBGB, § 421 Rn. 75; *Ehmann*, in: Erman, § 426 BGB Rn. 71; *Grüneberg*, in: Palandt, § 421 BGB Rn. 12; *Looschelders*, in: Staudinger, § 421 BGB Rn. 125.

876 BGH, NJW 1985, 2643 (2644); zustimmend *Gehrlein*, in: Bamberger/Roth, § 421 BGB Rn. 2.

Anspruch genommenen Organmitglieds um den Verantwortungsteil des freigestellten bzw. privilegierten Arbeitnehmers zu kürzen ist.

Eine Beschränkung der Gesellschaft auf die Geltendmachung einer Haftungsquote und eine damit verbundene Aufweichung der Grundsätze der Gesamtschuld ist hingegen abzulehnen.

# § 10 Innenausgleich

Da eine Kapitalgesellschaft im gesamtschuldnerischen Haftungsfall mehrerer Organmitglieder nach ihrem freien Belieben sowohl die Person des Schuldners als auch die Höhe der Leistung bestimmen kann, kommt mit Blick auf die Modalitäten der Organhaftung den Regressmöglichkeiten der in Anspruch genommenen Gesamtschuldner – nicht zuletzt auch mit Blick auf etwaige Vergleichsverhandlungen unter Berücksichtigung der D&O-Versicherungen und/oder mögliche nachträgliche privatautonome Modifikationen der Organhaftung – eine besondere Bedeutung zu.

## I. Grundregel: Haftung zu gleichen Teilen

Die in den §§ 93 Abs. 2 Satz 1 AktG und 43 Abs. 2 GmbHG enthaltene gesetzliche Gesamtschuldanordnung hat zur Konsequenz, dass die Regelungen der §§ 421 ff. BGB auch im Organhaftungsrecht gelten. Auch für den Innenausgleich gesamtschuldnerisch haftender Organmitglieder sind demnach die Regelungen des § 426 BGB maßgebend.

### 1. Ausgleichspflicht gemäß § 426 BGB

Ein Gesamtschuldner hat im Innenverhältnis Regressmöglichkeiten gegen die übrigen Gesamtschuldner in Bezug auf Leistungen, die er über seine Haftungsquote hinaus erbracht hat.

#### *a) Anspruchsgrundlagen*

§ 426 BGB enthält insoweit zwei Rechtsgrundlagen, auf die ein leistender Gesamtschuldner seine Regressforderung stützen kann. Zunächst ist in § 426 Abs. 1 Satz 1 BGB eine originäre Anspruchsgrundlage normiert, die auf einem gesetzlichen Schuldverhältnis zwischen den Gesamtschuldnern beruht.[877] Diesem Ausgleichsanspruch können keine Einwendungen der anderen Gesamtschuldner aus ihren jeweiligen Verhältnissen zum Gläubiger entgegengehalten werden.[878]

Einen weiteren Anspruch aus abgeleitetem Recht sieht § 426 Abs. 2 Satz 1 BGB vor, der den Übergang der ursprünglichen Gläubigerforderung nach Befriedigung des Gläubigers normiert. Die Legalzession des § 426 Abs. 2 BGB sorgt dafür, dass auch etwaige für die Forderung bestehende Sicherheiten nach Maßgabe der §§ 412

---

877 *Looschelders*, in: Staudinger, § 426 BGB Rn. 2; *Larenz*, SchuldR I, § 37 III (S. 643); *Dollmann*, GmbHR 2004, 1330.

878 *Gebauer*, in: Soergel, § 426 BGB Rn. 14 und Rn. 41 ff.; ferner *Looschelders*, SchuldR AT, § 55 Rn. 1204.

und 401 BGB auf den Ausgleichsberechtigten übergehen.[879] Die anderen Schuldner können jedoch auch ihre Einwendungen aus dem Verhältnis zum Gläubiger geltend machen.[880] Zu Ungunsten des Ausgleichsberechtigten wirkt sich im Rahmen des § 426 Abs. 2 BGB ferner der bereits vor der Zession abgelaufene Teil der Verjährungsfrist aus; zumal für den übergegangenen Anspruch auch schon von vornherein eine kürzere Verjährungsfrist Geltung entfalten kann.[881]

### *b) Verteilungsmaßstab*

§ 426 Abs. 1 Satz 1 BGB sieht eine Haftung der Gesamtschuldner im Innenverhältnis zu gleichen Teilen vor, soweit nicht ein anderes bestimmt ist. Der zweite Halbsatz dieser gesetzlichen Regelung verdeutlicht indes die Subsidiarität des normierten Ausgleichsmaßstabs. Zunächst sind ausdrückliche oder auch konkludente Ausgleichsvereinbarungen zu beachten; danach ist auf etwaige spezialgesetzliche Ausgleichsregelungen abzustellen. Erst wenn es daran fehlen sollte, kommt es zu dem in § 426 Abs. 1 Satz 1 BGB vorgesehenen Haftung zu gleichen Teilen (Kopfteilregress).[882] In der Praxis stellt der Kopfteilregress die Ausnahme dar; aus der Grundregel des § 426 Abs. 1 Satz 1 BGB ergibt sich allerdings, dass Darlegungs- und Beweislast für die Rechtfertigung einer Abweichung von der Haftung zu gleichen Teilen zwingend dem Gesamtschuldner obliegt, der die abweichende Verteilung verlangt.[883]

Darüber hinaus gebührt dem leistenden Gesamtschuldner lediglich ein anteiliger Regress, d.h. die übrigen Gesamtschuldner stehen ihm beim Regress nicht gesamtschuldnerisch gegenüber, sondern nur als Teilschuldner.[884]

## 2. § 254 BGB als gesetzlicher Ausgleichsmaßstab

Als gesetzlicher Ausgleichsmaßstab ist in Bezug auf eine unterschiedliche Abstufung der Ausgleichspflicht im Innenverhältnis grundsätzlich § 254 BGB in analoger

---

879 *Selb*, Mehrheit von Gläubigern und Schuldner, § 7 V.2. (S. 116); *Medicus/Lorenz*, SchuldR I, § 70 Rn. 851.

880 *Selb*, Mehrheit von Gläubigern und Schuldner, § 7 V.1.b) (S. 114).

881 Vgl. *Medicus/Lorenz*, SchuldR I, § 70 Rn. 851; ausführlich zu dieser „Verjährungsfalle" im Gesamtschuldnerausgleich haftender Organmitglieder *Hartmann/Lieschke*, WM 2011, 205 ff. mit Reformvorschlägen *de lege ferenda*; näher auch *Dollmann*, GmbHR 2004, 1330 ff.

882 Anstatt vieler *Bydlinski*, in: MünchKommBGB, § 426 Rn. 14.

883 BGH, NJW 1988, 133 (134); *Bydlinski*, in: MünchKommBGB, § 426 Rn. 14; *Grüneberg*, in: Palandt, § 426 BGB Rn. 8; *Stürner*, in: Jauernig, § 426 BGB Rn. 3.

884 BGHZ 6, 3 (25); *Gebauer*, in: Soergel, § 426 BGB Rn. 36; *Grüneberg*, in: Palandt, § 426 BGB Rn. 7; *Larenz*, SchuldR I, § 37 III (S. 644); *Looschelders*, in: Staudinger, § 426 BGB Rn. 38. Nach eigenen Angaben „vorsichtig abweichend" hingegen *Bydlinski*, in: MünchKommBGB, § 426 Rn. 29 f., der sich für einen gesamtschuldnerischen Rückgriff als Grundsatz ausspricht.

Anwendung heranzuziehen.[885] Die Analogie zu § 254 BGB bedarf es, da diese Rechtsnorm unmittelbar lediglich das Verhältnis zwischen Schädiger und Geschädigtem betrifft und nicht das Verhältnis mehrerer Schädiger untereinander.[886] Für den Innenausgleich der Gesamtschuldner kommt es demzufolge primär auf das Maß der Verursachung an; daneben – jedoch erst in zweiter Linie – ist das Maß des Verschuldens abzuwägen.[887] Um dieses Verhältnis der Abwägungselemente zum Ausdruck zu bringen, empfiehlt es sich, zunächst aus einem Vergleich der beiderseitigen Verursachungsbeiträge eine Quotelung vorzunehmen und diese anschließend mit Blick auf das Verschulden gegebenenfalls zu korrigieren.[888]

## II. Abstufungen der Ausgleichspflicht

Auch im Organhaftungsrecht kann je nach Lage des konkreten Einzelfalles entsprechend § 254 BGB eine unterschiedlich abgestufte Ausgleichspflicht nach dem individuellen Grad der Verursachung und des Verschuldens bestehen.[889]

### 1. Unmittelbare Verantwortung *versus* Kontrollverantwortung

Weitgehende Einigkeit besteht insoweit, dass die unmittelbare Ressortverantwortung des zuständigen Vorstandsmitglieds regelmäßig stärker wiegt als die bloße Kontroll- und Überwachungsverantwortung der übrigen Organmitglieder.[890]

Eine derartige abgestufte Ausgleichspflicht kann sich auch unter Aufsichtsratsmitgliedern ergeben, wenn etwa die zur Haftung führende Entscheidungsfindung auf einen vorbereitenden Ausschuss übertragen wurde und die übrigen

---

885 Ständige Rechtsprechung bereits seit RGZ 75, 251 (256); grundlegend auch BGHZ 17, 214 (222); 26, 217 (222); 51, 275 (279).

886 *Gebauer*, in: Soergel, § 426 BGB Rn. 30.

887 BGHZ 51, 275 (279); 43, 227 (231); zuvor bereits RGZ 75, 251 (256); *Ehmann*, in: Erman, § 426 BGB Rn. 54; *Gehrlein*, in: Bamberger/Roth, § 426 BGB Rn. 9; *Grüneberg*, in: Palandt, § 426 BGB Rn. 14 sowie § 254 BGB Rn. 58 f.

888 Ebenso *Looschelders*, Die Mitverantwortlichkeit des Geschädigten im Privatrecht, 1999, S. 593 f.; *Schiemann*, in: Staudinger, § 254 BGB Rn. 119.

889 Ausführlich *Voß*, Gesamtschuldnerische Organhaftung, 2008, S. 148 ff.; s. auch *Ek*, Haftungsrisiken für Vorstand und Aufsichtsrat, S. 36; *Freund*, GmbHR 2013, 785 (787 ff.); *Spindler*, in: MünchKommAktG, § 93 Rn. 144; *Koch*, in: Hüffer, § 93 AktG Rn. 57; *Potthoff/Trescher/Theisen*, Aufsichtsratsmitglied, Rn. 2206; *Szalai/Marz*, DStR 2010, 809 (812).

890 Vgl. etwa *Drescher*, Haftung des GmbH-GF, Kap. A, Rn. 302; *Hopt/Roth*, in: GroßkommAktG, § 93 Rn. 465; *Hübner*, Managerhaftung, 1992, S. 13; *Koch*, in: Hüffer, § 93 AktG Rn. 57; *Krieger/Sailer-Coceani*, in: K. Schmidt/Lutter, § 93 AktG Rn. 30; *Landwehr*, in: Heidel, § 93 AktG Rn. 125; *Mertens/Cahn*, in: KölnKommAktG, § 93 Rn. 50; *Nowak*, GmbHR 2012, 1294 (1295); *Peltzer*, in: Semler/Peltzer, ArbHdb. Vorstand, § 9 Rn. 189; *Schnabel/Lücke*, in: Beck'sches MandatsHdb. Vorstand der AG, § 6 Rn. 31; *Wettich*, Vorstandsorganisation, 2008, S. 235.

Aufsichtsratsmitglieder nur ihre Überwachungspflicht verletzt haben.[891] Dies dürfte in Fragen der Finanzierung und Bilanzierung insbesondere für den Prüfungsausschuss einer kapitalmarktorientierten Kapitalgesellschaft im Sinne von § 264d HGB gelten, dem nunmehr stets ein unabhängiges Mitglied mit Sachverstand auf den Gebieten der Rechnungslegung oder Abschlussprüfung (§§ 107 Abs. 4, 100 Abs. 5 AktG) angehören muss.[892]

Als umstritten stellt sich im Rahmen der Differenzierung zwischen unmittelbarer Verantwortung und bloßer Kontrollverantwortung jedoch die Rechtsfrage dar, ob die unmittelbar verantwortlichen Organmitglieder im Innenverhältnis ggf. die alleinige Haftung zu tragen haben.

### *a) Wertung des § 840 Abs. 2 BGB*

Zahlreiche Vertreter in der rechtswissenschaftlichen Literatur rekurrieren insoweit auf die Wertung des § 840 Abs. 2 BGB und gehen folglich davon aus, dass das unmittelbar verantwortliche Organmitglied im Verhältnis zu seinen Kollegen, denen lediglich eine Verletzung der Kontroll- und Überwachungspflicht zur Last gelegt werden kann, den Schaden grundsätzlich alleine zu tragen hat.[893]

Entsprechendes soll regelmäßig auch dann gelten, wenn neben den Vorstandsmitgliedern (bzw. Geschäftsführern) Aufsichtsratsmitglieder als Gesamtschuldner haften.[894]

### *b) Verhaltenssteuernde Funktion der §§ 93 AktG, 43 GmbHG*

Demgegenüber finden sich Auffassungen im Schrifttum, nach denen zwar eine stärkere Belastung des unmittelbar verantwortlichen Organmitglieds im Verhältnis

---

891 Vgl. *Reichert/Ullrich*, in: FS Uwe H. Schneider, 2011, S. 1017 (1035); *Schmidt-Husson*, in: Hauschka, Corporate Compliance, § 7 Rn. 39; ebenso bereits *Schwark*, in: FS Werner, 1984, S. 841 (848); *Fleischer*, ZIP 2009, 1397 (1402); zum qualitativen Unterschied zwischen Handlungsverantwortung und Überwachungsverantwortung auch *Segna*, ZIP 2015, 1561 (1567).

892 § 100 Abs. 5 AktG n.F. wurde durch das „Gesetz zur Modernisierung des Bilanzrecht (BilMoG)“ vom 25. Mai 2009, BGBl. I 2009, S. 1102 eingefügt; näher zum unabhängigen Finanzexperten OLG München, NZG 2010, 784 sowie die Vorinstanz LG München I, NZG 2010, 464; vgl. auch *v. Falkenhausen/Kocher*, ZIP 2009, 1601 ff.

893 Aus dem Schrifttum zum Aktienrecht *Fleischer*, in: Spindler/Stilz, § 93 AktG Rn. 263; *Schnorbus/Ganzer*, WM 2015, 1877 (1881); für die GmbH *Haas/Ziemons*, in: Michalski, § 43 GmbHG Rn. 228; *Klöhn*, in: Bork/Schäfer, § 43 GmbHG Rn. 75; *Leuering/Dornhegge*, NZG 2010, 13 (16); *Oetker*, in: Henssler/Strohn, § 43 GmbHG Rn. 46; *Paefgen*, in: Ulmer/Habersack/Löbbe, § 43 GmbHG Rn. 103; *U.H. Schneider*, in: Scholz, § 43 GmbHG Rn. 252; *Zöllner/Noack*, in: Baumbach/Hueck, § 43 GmbHG Rn. 29.

894 Für die AG etwa *Fleischer*, in: Spindler/Stilz, § 93 AktG Rn. 263; für die GmbH *Haas/Ziemons*, in: Michalski, § 43 GmbHG Rn. 228; *Paefgen*, in: Ulmer/Habersack/Löbbe, § 43 GmbHG Rn. 103; *U.H. Schneider*, in: Scholz, § 43 GmbHG Rn. 253.

zu den wegen Verletzung der Aufsichtspflicht haftbaren Kollegen anzuerkennen sei, die eine alleinige Haftung hingegen ablehnen.[895] So sei eine alleinige Haftung des unmittelbaren Täters jedenfalls dann nicht gerechtfertigt, wenn die Pflichtverletzung des Überwachungspflichtigen als Teilnahmehandlung bzw. teilnahmeähnliches Verhalten zu werten sei.[896] Noch weitergehend verneinen einige Stimmen im Schrifttum grundsätzlich eine alleinige Haftung des unmittelbar verantwortlichen Organmitglieds, da dies der präventiven, verhaltenssteuernden Funktion des § 93 AktG widerspräche.[897] Etwas anderes könne allenfalls bei vorsätzlichem Handeln, bei einer verbleibenden Bereicherung beim Handelnden oder in anderen ungewöhnlichen Fallgestaltungen gelten.[898]

### *c) Stellungnahme*

Die von der Haftungsverteilung nach Köpfen (§ 426 Abs. 1 Satz 1 BGB) abweichende Regelung in § 840 Abs. 2 BGB beruht nach der Rechtsprechung und weiten Teilen der Literatur auf der Erwägung, dass im Verhältnis der Gesamtschuldner zueinander die Haftung aus wirklichem Verschulden der aus vermutetem Verschulden vorgehen soll, und dass andererseits derjenige, der aus vermutetem Verschulden haftet, keinen Ausgleich bei dem suchen soll, den lediglich eine Gefährdungshaftung trifft.[899] Der Gegenauffassung nach liegt der Grundgedanke der Regelung darin, dass der unmittelbare Schädiger den Schaden im Verhältnis zu demjenigen, der ihn nur mittelbar durch eine Verletzung seiner Pflicht zur sorgfältigen Auswahl, Bestellung, Beaufsichtigung oder Überwachung ermöglicht hat, im Innenverhältnis allein tragen

895 Vgl. insbesondere *Bank*, in: Fatzina/Bank/Schimmer/Simon-Widmann, Kap. 6 Rn. 46; *Harzenetter*, Innenhaftung des Vorstands für nützliche Pflichtverletzungen, 2008, S. 144 f.; *Höhn*, Die Geschäftsleitung der GmbH, 1995, S. 183; *Pitkowitz*, Vorstands- und Aufsichtsratshaftung, § 4 Rn. 325; *Wellhöfer*, in: Wellhöfer/Peltzer/Müller, § 2 Rn. 50 f.; tendenziell *Krieger/Sailer-Coceani*, in: K. Schmidt/Lutter, § 93 AktG Rn. 30; *Mertens*, in: KölnKommAktG, 2. Aufl. 1996 (Voraufl.), § 93 Rn. 21; *ders.*, in: Hachenburg § 43 GmbHG Rn. 65; *B. Schmidt*, in: Ensthaler/Füller/Schmidt, § 43 GmbHG Rn. 45 sowie *Wettich*, Vorstandsorganisation, 2008, S. 235, die alle jeweils nur von einer stärkeren Belastung, nicht aber von einer alleinigen Haftung sprechen; die alleinige Verantwortlichkeit der handelnden Organmitglieder anzweifelnd auch *Habersack*, in: MünchKommAktG, § 116 Rn. 73.

896 *Altmeppen*, in: Krieger/U.H. Schneider, Hdb. Managerhaftung, § 7 Rn. 79

897 So ausdrücklich *Hopt*, in: GroßkommAktG, 4. Aufl. 1999 (Voraufl.), § 93 Rn. 301; ähnlich *Harzenetter*, Innenhaftung des Vorstands für nützliche Pflichtverletzungen, 2008, S. 144 f.; *Höhn*, Die Geschäftsleitung der GmbH, 1995, S. 183. Die präventive Wirkung einer möglichen persönlichen Haftung betont auch *Medicus*, GmbHR 1998, 9 (16).

898 *Hopt*, in: GroßkommAktG, 4. Aufl. 1999 (Voraufl.) § 93 Rn. 301

899 Stellvertretend etwa BGHZ 157, 9 (15); *Schiemann*, in: Erman, § 840 BGB Rn. 11; *Wagner*, in: MünchKommBGB, § 840 Rn. 16.

soll.[900] Einen allgemeinen Rechtsgedanken enthält § 840 Abs. 2 BGB nach höchstrichterlicher Rechtsprechung jedenfalls nicht.[901] Die betreffende deliktsrechtliche Haftungsmodifikation bezieht sich explizit auf das Verhältnis des Verrichtungsgehilfen bzw. des Schutzbefohlenen zum Prinzipal. Dementsprechend wird auch eine möglichst restriktive Anwendung dieser Norm propagiert.[902]

Insofern erscheint es zweifelhaft, ob der Rechtsgedanke des § 840 Abs. 2 BGB im Rahmen des Innenausgleichs der zivilrechtlichen Organhaftung den Besonderheiten des Kollegialprinzips im deutschen Kapitalgesellschaftsrecht ausreichend Rechnung zu tragen vermag. Das Verhältnis der einzelnen Vorstands- und Aufsichtsratsmitglieder untereinander lässt keine Parallelen zum Verhältnis eines Verrichtungsgehilfen bzw. Schutzbefohlenen zum Prinzipal erkennen. Das Kollegialprinzip hingegen ist gekennzeichnet von den Grundsätzen der Gesamtleitung und der gegenseitigen Kontrolle.[903]

Eine völlige Haftungsfreistellung der „nur" wegen einer Verletzung der Aufsichtspflicht haftbaren Vorstands- und Aufsichtsratsmitglieder liefe daher letztlich auf eine Aushebelung dieses Grundgedankens des Kollegialprinzips hinaus. Auch unter dem Gesichtspunkt der Überwachungseffizienz – als einem wesentlichen Vorteil des Kollegialprinzips[904] – ist einer völligen Haftungsfreistellung mit Bedenken zu begegnen: Die kollegiale Führungsstruktur ergänzt an sich die vertikale Kontrolle des Aufsichtsrats um die horizontale (Selbst-)Kontrolle des Vorstands. Könnten nun aber Organmitglieder bei Verletzung der Aufsichtspflicht auf eine Haftungsfreistellung hoffen, so wären die Anreize für eine Überwachung der Kollegen minimiert. Zu befürchten wären vielmehr ein geringerer Ressourceneinsatz bezüglich der Überwachungsaufgaben und mithin Effizienzeinbußen;[905] die Kontrollstruktur setzte keine Anreize, die auf die Steigerung des Unternehmenswertes ausgerichtet

---

900 Vgl. *Larenz/Canaris*, SchuldR II/2, § 82 IV.2.b).

901 Vgl. BGHZ 6, 319 (321 f.); 6, 3 (28); zuvor bereits RGZ 58, 335 (337); zustimmend *Spindler*, in: Bamberger/Roth, § 840 BGB Rn. 18; *Schiemann*, in: Erman, § 840 BGB Rn. 11; *Sprau*, in: Palandt, § 840 BGB Rn. 10; *Viehweg*, in: Staudinger, § 840 BGB Rn. 80.

902 So ausdrücklich *Viehweg*, in: Staudinger, § 840 BGB Rn. 80; vgl. ferner *Wagner*, in: MünchKommBGB, § 840 BGB Rn. 17 f.; die Übertragbarkeit des Rechtsgedankens des § 840 Abs. 2 BGB anzweifelnd auch *Larenz/Canaris*, SchuldR II/2, § 82 IV.2.b).

903 Ausführlich zu den Überwachungspflichten bei Kollegialorganen, *Nietsch*, ZIP 2013, 1449 ff.

904 *Fleischer*, NZG 2003, 449 (459); vgl. auch *Kleindiek*, Deliktshaftung und juristische Person, 1997, S. 378 f.; *Wicke*, NJW 2010, 3755 (3757).

905 Vgl. zu dem Argument, dass bei einer zu erwartenden Haftungsfreistellung regelmäßig nicht mehr die gleiche Sorgfalt aufgewendet wird, wie bei einer drohenden umfassenden Einstandspflicht *Schäfer/Ott*, Lehrbuch der Ökonomischen Analyse des Zivilrechts, 2005, S. 378; *Spindler*, Unternehmensorganisationspflichten, 2001, S. 1032.

sind.[906] Das Recht ist zwar grundsätzlich der Ökonomik gegenüber autonom; dennoch sollten diese ökonomischen Gesichtspunkte in der Entscheidungsfindung nicht unberücksichtigt bleiben.[907]

Im Übrigen wird man Schadensersatzansprüche gegen Vorstands- und Aufsichtsratsmitglieder bereits mangels Pflichtwidrigkeit verneinen, wenn für das jeweilige Organmitglied Fehlentwicklungen auch bei sorgfältiger und kritischer Begleitung der gesamten Geschäftsführung nicht erkennbar waren.[908] Für eine weitergehende Aushöhlung der präventiven, verhaltenssteuernden Funktion der §§ 93 AktG und 43 GmbHG besteht daher kein erkennbares Bedürfnis.

Demnach gebührt dem Ansatz von *Hopt* der Vorzug und eine völlige Haftungsfreistellung der Organmitglieder, denen lediglich eine Verletzung der Kontroll- und Überwachungspflichten vorgeworfen werden kann, ist grundsätzlich abzulehnen.

## 2. Keine besondere Verantwortung „sachnaher" Ressorts

In Bezug auf die entsprechend § 254 BGB abgestufte Ausgleichspflicht im Innenregress ist des Weiteren in Erwägung zu ziehen, ob neben der unmittelbaren Ressortverantwortung auch eine besondere Verantwortung „sachnaher" Ressorts als Kriterium für eine gesteigerte Überwachungspflicht dienen kann.

### *a) Urteil des VG Frankfurt a.M. vom 7. August 2004*

Das VG Frankfurt a.M. hat dies in einem Urteil im Jahre 2004 (Az. 1 E 7363/03 [1]) insoweit explizit bejaht, als es dem Controlling-Vorstand einer Versicherungsgesellschaft erhöhte Überwachungspflichten im Hinblick auf die Tätigkeit des für Kapitalanlagen zuständigen Vorstandsmitglieds zugewiesen hat.[909] Bei ressortmäßiger Aufteilung könne sich das einzelne Vorstandsmitglied in Bezug auf „sachnahe" Ressorts nicht auf eine Plausibilitätskontrolle zurückziehen und sich im Übrigen nicht mit der Auskunft zufrieden geben, es sei alles in Ordnung.[910] Das VG Frankfurt a.M. fordert vielmehr von sachnahen Ressortleitern, dass diese unabhängig von

906 Anschaulich *Engert*, in: FS Heldrich, 2005, S. 87 (102 f.); ausführlich zum Prinzip und zur Legitimation der Steigerung des Gesamtunternehmenswertes *ders.*, Haftung für drittschädigende Kreditgewährung, 2005, S. 122 ff.

907 *Engert*, ZGR 2004, 813 (816) weist insoweit treffend darauf hin, dass die Rechtswissenschaft die Erkenntnisquellen der Ökonomik nicht ungenutzt lassen darf, ohne in Widerspruch zu ihrem eigenen Richtigkeitsanspruch zu treten; ähnlich *Eidenmüller*, JZ 1999, 53 (57 f.). Grundlegend zu den Möglichkeiten und Grenzen der Ausrichtung des Rechts in Deutschland anhand von Gesichtspunkten ökonomischer Effizienz *Eidenmüller*, Effizienz als Rechtsprinzip, 2005; *Schäfer/Ott*, Lehrbuch der ökonomischen Analyse des Zivilrechts, 2005.

908 Vgl. *U.H. Schneider*, in: Scholz, § 43 GmbHG Rn. 36; ferner *Fleischer*, NZG 2003, 449 (455).

909 VG Frankfurt a.M., WM 2004, 2157 ff.

910 VG Frankfurt a.M., WM 2004, 2157 (2161).

einem greifbaren Anlass „aktiv nachfassen“ und sich „verifizierbare Unterlagen“ beschaffen.[911]

### *b) Kritische Würdigung*

Die betreffende Entscheidung des VG Frankfurt ist im gesellschaftsrechtlichen Schrifttum – zu Recht – auf Widerspruch gestoßen.[912]

Zumindest ab einer gewissen Unternehmensgröße erscheint es aus Sicht der betriebswirtschaftlichen Organisationslehre unabdingbar, dass sich nicht jedes Vorstandsmitglied oder jeder Geschäftsführer „um alles kümmern muss“, sondern dass den einzelnen Vorstandsmitgliedern oder Geschäftsführern bestimmte Ressorts zugewiesen werden.[913] Insoweit bestehen auch in kapitalgesellschaftsrechtlicher Hinsicht keine Bedenken gegen die Zulässigkeit des Ressortprinzips als Organisationsform.[914]

Maßgebliche Charakteristika des Ressortprinzips sind die Reduzierung der Arbeitslast der Geschäftsleiter und die bestmögliche Nutzung der individuellen Fachkompetenzen.[915] Durch eine Differenzierung zwischen fremden und sachnahen Ressorts wäre das Ressortprinzip indes *de facto* außer Kraft gesetzt.[916] Durch eine Anerkennung einer anlassunabhängigen Überwachungspflicht sachnaher Ressortleiter sähe sich die effektive arbeitsteilige Zusammenarbeit im Kollegialorgan grundlegenden Gefahren ausgesetzt.[917]

---

911 VG Frankfurt a.M., WM 2004, 2157 (2161).

912 Vgl. die ablehnenden Besprechungen von *Dreher*, AG 2006, 213 (215 ff.); *Fricke*, VersR 2006, 188 ff.; *Habersack*, WM 2005, 2360 ff.; *Mutter/Frick*, AG 2005, R470 f.; *Wolf*, VersR 2005, 1042 ff.; kritisch auch *Emde*, in: FS U.H. Schneider, 2011, S. 295 (308); *Krieger/Sailer-Coceani*, in: K. Schmidt/Lutter, § 93 AktG Rn. 32 [dort Fn. 137].

913 Ausführlich *Bernhardt/Witt*, ZfB 69 (1999), 825 ff.; vgl. auch *Witt*, in: Hommelhoff/Hopt/v. Werder, Hdb. Corporate Governance, S. 303 (306); näher zum Ressortprinzip *v. Werder*, Führungsorganisation, 2005, S. 249 ff.; zur Delegation von Kompetenz und Verantwortung *Wöhe/Döring*, Allg. Betriebswirtschaftslehre, S. 116 f.; zu den Grenzen der Delegation *Urban*, GWR 2013, 106 (107 f.).

914 Stellvertretend etwa *Spindler*, in: MünchKommAktG, § 77 Rn. 54 ff.; *Kort*, in: Fleischer, Hdb. Vorstandsrecht, § 3 Rn. 4 ff. [für die AG] sowie *Altmeppen*, in: Roth/Altmeppen, § 37 GmbHG Rn. 33 ff.; *Kleindiek*, in: Lutter/Hommelhoff, § 37 GmbHG Rn. 27 ff. [für die GmbH]; näher zu den Nutzen der Geschäftsverteilung auch *Medicus*, GmbHR 1998, 9 (16).

915 Eingehend *Lohr*, NZG 2000, 1204 (1210); vgl. auch *Liebscher*, in: Beck'sches Hdb. der AG, § 6 Rn. 138; *Leuering/Dornhegge*, NZG 2010, 13; *Peters*, GmbHR 2008, 682 (686); *v. Werder*, Führungsorganisation, 2005, S. 251.

916 Zutreffend *Habersack*, WM 2005, 2360 (2363); *Thümmel*, Persönliche Haftung von Managern und Aufsichtsräten, Rn. 208.

917 Anschaulich zur Gefährdung der Funktionsfähigkeit durch eine Übersteigerung des Misstrauensprinzips *Wolf*, VersR 2005, 1042 (1044 f.).

Bedenken gegen die Entscheidung des VG Frankfurt bestehen auch mit Blick auf die aktienrechtliche bzw. GmbH-rechtliche Kompetenzordnung. Das Ressortprinzip als Organisationsform des Vorstands ist regelmäßig in der Geschäftsordnung verankert. Die Erlasskompetenz für eine Geschäftsordnung des Vorstands liegt nach § 77 Abs. 2 Satz 1 AktG primär beim Aufsichtsrat und sekundär – sofern der Aufsichtsrat keine Geschäftsordnung erlässt und die Satzung nicht die Erlasskompetenz des Aufsichtsrats vorsieht – beim Vorstand. Die Ressortverteilung zwischen mehreren GmbH-Geschäftsführern erfolgt in der Regel bereits durch den Gesellschaftsvertrag oder aufgrund von Gesellschafterbeschlüssen. Die Kompetenz liegt mithin grundsätzlich bei den Gesellschaftern. Werden die Gesellschafter selbst nicht tätig, können die Geschäftsführer aus abgeleitetem oder originärem Recht die Geschäftsverteilung beschließen.[918] Wird nun von der jeweiligen Kompetenz Gebrauch gemacht und das Ressortprinzip etabliert, dann soll durch diese Entscheidung auch verdeutlicht werden, dass die Geschäftsleiter das ihnen jeweils zugewiesene Ressort weitgehend autonom zu führen haben und sich – im Rahmen der durch den Grundsatz der Gesamtverantwortung gezogenen Grenzen – auf die Leitung dieses Ressorts zu beschränken haben.[919] Eine anlassunabhängige Überwachungspflicht verbunden mit dem Recht zum Eingriff in ein sachnahes Ressort ließe sich mit der vorgesehenen Organisation der Geschäftsleitung nicht in Einklang bringen. Sie stünde überdies in Widerspruch zur Maxime der grundsätzlichen Gleichheit der Vorstandsmitglieder bzw. Geschäftsführer.

Schließlich erscheint es nahezu unmöglich, die vom VG Frankfurt a.M. geforderte anlassunabhängige Überwachungspflicht anhand des Kriteriums der Sachnähe rechtssicher zuzuweisen. Das VG Frankfurt a.M. liefert in den Entscheidungsgründen jedenfalls keine Abgrenzungskriterien zum Maßstab der Sachnähe.[920] Die mangelnde Eignung des Kriteriums der „Sachnähe" verdeutlicht *Habersack* in diesem Zusammenhang durch einen anschaulichen Hinweis, dass in konsequenter Umsetzung des Urteils des VG Frankfurt a.M. dem Controlling- und Rechnungslegungsressort sowie insbesondere auch dem Vorstandsvorsitzenden zu sämtlichen anderen Ressorts eine umfassende Sachnähe zukäme.[921]

---

918 Näher zu Geschäftsverteilung zwischen GmbH-Geschäftsführern *Leuering/Dornhegge*, NZG 2010, 13 ff.; *Peters*, GmbHR 2008, 682 ff.

919 Vgl. *Habersack*, WM 2005, 2360 (2364); *Leuering/Dornhegge*, NZG 2010, 13 (16); *Leuering/Rubner*, NJW-Spezial 2009, 239 (240); *Mutter/Frick*, AG 2005, R470; *Wolf*, VersR 2005, 1042 (1045).

920 Dies ausdrücklich bemängelnd *Dreher*, AG 2006, 213 (216); vgl. auch *Mutter/Frick*, AG 2005, R470.

921 *Habersack*, WM 2005, 2360 (2363); ein stärkeres Mitwirkungspotential durch die Wahrnehmung einer bedeutsamen Querschnittsfunktion (z. B. des Finanzressort) verneint auch *Semler*, Leitung und Überwachung der AG, Rn. 28.

Eine besondere Verantwortung sachnaher Ressorts ist demzufolge im Einklang mit der überwiegenden Auffassung im Schrifttum nicht anzuerkennen.[922]

## 3. Sonderpflichten des Vorstandsvorsitzenden?

Bei der Ermittlung des individuellen Grades der Verursachung und des Verschuldens stellt sich ferner regelmäßig die Frage nach etwaigen Sonderpflichten des Vorstandsvorsitzenden.

### *a) Rechtliche Grundlagen*

Nach § 84 Abs. 2 AktG kann der Aufsichtsrat bei einem mehrköpfigen Vorstand ein Mitglied zum Vorsitzenden des Vorstands ernennen. Eine Verpflichtung zur Ernennung besteht nicht; für börsennotierte Gesellschaften spricht Ziff. 4.2.1 DCGK jedoch eine ausdrückliche Empfehlung aus.[923]. Für die Ernennung eines Vorstandsvorsitzenden ist der Aufsichtsrat ausschließlich zuständig.[924] Die Delegation an einen Ausschuss des Aufsichtsrats ist nach § 107 Abs. 3 Satz 3 AktG unzulässig; erforderlich ist vielmehr ein Beschluss des Gesamtaufsichtsrats.

Darüber hinaus findet der Vorstandsvorsitzende indes lediglich noch Erwähnung in den Publizitätsregelungen der §§ 80 Abs. 1 Satz 2 AktG und 285 Nr. 10 Satz 2 HGB, wonach ein Vorstandsvorsitzender sowohl auf Geschäftsbriefen als auch im Anhang zum Jahresabschluss der Gesellschaft als solcher zu bezeichnen ist. Über besondere Rechte und Pflichten eines Vorstandsvorsitzenden schweigt sich das Gesetz in seiner derzeitigen Fassung vollkommen aus. Das AktG von 1937 wies dem Vorstandsvorsitzenden zwar noch das Recht zu, bei Meinungsverschiedenheiten im Vorstand gegen die Mehrheit der Mitglieder des Vorstands zu entscheiden (Alleinentscheidungsrecht; sog. Generaldirektor-Prinzip).[925] Der Reformgesetzgeber von 1965 hat diese gesetzliche Befugnis des Vorstandsvorsitzenden jedoch als Verstoß gegen das Kollegialprinzip beseitigt[926] und darüber hinaus Satzungs- und Geschäftsordnungsregelungen untersagt, nach denen ein oder mehrere Vorstandsmitglieder

922 Ebenso *Habersack*, WM 2005, 2360 (2363); *Mutter/Frick*, AG 2005, R470 (R471); *Peters*, GmbHR 2008, 682 (686); *U.H. Schneider*, in: Scholz, § 43 GmbHG Rn. 40; *Thümmel*, Persönliche Haftung von Managern und Aufsichtsräten, Rn. 208; *Wolf*, VersR 2005, 1042 (1045 f.).

923 Vgl. Ziff. 4.2.1 des DCGK (Stand: 7. Februar 2017): „Der Vorstand soll aus mehreren Personen bestehen und einen Vorsitzenden oder Sprecher haben (...)"; näher *Ringleb*, in: Ringleb/Kremer/Lutter/v. Werder, DCGK, Rn. 653 ff. Für börsennotierte Gesellschaften ist eine Abweichung von dieser Soll-Vorgabe begründungsbedürftig nach § 161 AktG. Ausführlich zum Vorstandsvorsitzenden *Rubner/Pospiech*, NJW-Spezial 2017, 15 f.

924 *Spindler*, in: MünchKommAktG, § 84 Rn. 112; *Wilhelm*, Kapitalgesellschaftsrecht, Rn. 1032.

925 Vgl. § 70 Abs. 2 AktG in seiner Fassung aus dem Jahre 1937.

926 Näher zur Intention des Gesetzgebers *Kropff*, AktG 1965, § 77 AktG, S. 99.

Meinungsverschiedenheiten im Vorstand gegen die Mehrheit seiner Mitglieder entscheiden können (§ 77 Abs. 1 Satz 2 Hs. 2 AktG).

Den mithin lediglich rudimentären gesetzlichen Regelungen, die sich explizit auf den Vorstandsvorsitzenden beziehen, lässt sich also nichts über die Rechtsstellung und die in Frage stehenden Sonderpflichten eines Vorstandsvorsitzenden entnehmen. Ebenso schweigt sich der DCGK zum Status des Vorstandsvorsitzenden aus.[927] Auch die bisherige Rechtsprechung hilft diesbezüglich nicht weiter, da ihr zu den konkreten Rechten und Pflichten eines Vorstandsvorsitzenden ebensowenig klärende Judikate entnommen werden können.

Im Schrifttum haben sich jedoch zahlreiche Autoren mit der Frage nach Sonderpflichten eines Vorstandsvorsitzenden auseinandergesetzt, die allerdings zu divergierenden Schlussfolgerungen gelangen.

### *b) Sonderpflichten* qua *Satzung und/oder Geschäftsordnung*

Weitgehende Einigkeit besteht zunächst noch insoweit, als dass die Satzung oder die Geschäftsordnung des Vorstands dem Vorstandsvorsitzenden weitergehende Befugnisse einräumen kann.[928] Zu denken ist in diesem Zusammenhang etwa an die Erteilung von Einzelgeschäftsführungsbefugnis.[929] Ferner kann dem Vorstandsvorsitzenden ein Recht zum Stichentscheid eingeräumt werden, sodass seine Stimme bei Stimmengleichheit im Vorstand den Ausschlag gibt.[930] Darüber hinaus ist es im Einklang mit der überwiegenden Auffassung im Schrifttum grundsätzlich möglich, dem Vorstandsvorsitzenden in der Satzung oder der Geschäftsordnung ein Vetorecht gegen Mehrheitsbeschlüsse des Gesamtvorstands zu statuieren.[931] Rechtlich zulässig

---

927 Dazu *Ringleb*, in: Ringleb/Kremer/Lutter/v. Werder, DCGK, Rn. 659; ferner *Fleischer*, in: Spindler/Stilz, § 84 AktG Rn. 89; vgl. auch *Goslar*, in: Wilsing, DCGK, Ziff. 4.2.1 Rn. 16.

928 Stellvertretend *Koch*, in: Hüffer, § 84 AktG Rn. 29; *Lücke*, in: Beck'sches MandatsHdb. Vorstand der AG, § 2 Rn. 311; *Bürgers/Israel*, in: Bürgers/Körber, § 84 AktG Rn. 22; s. auch *Rubner/Pospiech*, NJW-Spezial 2017, 15 (16).

929 *Wicke*, NJW 2007, 3755 (3756); *Rubner/Pospiech*, NJW-Spezial 2017, 15 (16).

930 BGHZ 89, 48 (58 f.) [für die GmbH]; *Fleischer*, in: Spindler/Stilz, § 84 AktG Rn. 89; *Spindler*, in: MünchKommAktG § 84 Rn. 114; *Goslar*, in: Wilsing, DCGK, Ziff. 4.2.1 Rn. 15; *Vedder*, in: Grigoleit, § 84 AktG Rn. 28. Zu den Bedenken gegen einen Stichentscheid in einem nur zweiköpfigen Vorstand sowie in mitbestimmten Gesellschaften vgl. *Simons/Hanloser*, AG 2010, 641 (645 f.) m.w.N.

931 *Goslar*, in: Wilsing, DCGK, Ziff. 4.2.1 Rn. 15; *Koch*, in: Hüffer, § 84 AktG Rn. 29; *Kort, in:* GroßkommAktG, § 84 Rn. 123; *Lutter/Krieger/Verse*, Rechte und Pflichten des Aufsichtsrats, § 7 Rn. 457; *Mertens/Cahn*, in: KölnKommAktG, § 77 Rn. 13; *Spindler*, in: MünchKommAktG § 84 Rn. 114; *Bürgers/Israel*, in: Bürgers/Körber, § 84 AktG Rn. 22; ablehnend aber *Simons/Hanloser*, AG 2010, 641 (645 f.); *Bezzenberger*, ZGR 1996, 661 (665 f.); *Hoffmann-Becking*, NZG 2003, 745 (748). Für mitbestimmte Gesellschaften hat der BGH entschieden, dass ein Vetorecht mit der in § 33 MitbestG geschützten Rechtsstellung des Arbeitsdirektors nicht zu

ist es zudem, dem Vorstandsvorsitzenden durch Satzung oder Geschäftsordnung ein aufschiebendes Vetorecht dahingehend zu gewähren, dass er einmalig für kurze Zeit die Abstimmung über einen Beschlussvorschlag vertagen bzw. den Vollzug eines bereits gefassten Beschlusses aussetzen kann, um den betreffenden Vorgang noch einmal zu überdenken und ggf. weitere Informationen einzuholen.[932]

Die Einräumung materieller Sonderrechte zieht jedenfalls spiegelbildlich einen Zuwachs an Sonderpflichten nach sich. Deren Verletzung wird mit Blick auf den haftenden Vorstandsvorsitzenden regelmäßig zu einem erhöhten individuellen Grad der Verursachung und des Verschuldens führen.

### *c) Sonderpflichten* ipso iure?

Deutlich kontroverser geführt wird die Diskussion über etwaige bereits von Rechts wegen (*ipso iure*) bestehende Sonderpflichten eines Vorstandsvorsitzenden. So stellt sich im Hinblick auf einen ggf. größeren Haftungsanteil im Innenverhältnis die Frage, ob einem Vorstandsvorsitzenden auch ohne die satzungsmäßige Zuweisung von Sonderrechten/-pflichten bereits kraft seines Amtes besondere Überwachungspflichten zuteil werden, die über die allgemeine Überwachungspflicht der einfachen Vorstandsmitglieder in Bezug auf fremde Ressorts hinausgeht.

#### (1) Gesamtüberwachung der Unternehmensleitung

Im Schrifttum finden sich zahlreiche Stimmen, die dem Vorstandsvorsitzenden bereits von Rechts wegen Sonderpflichten – verbunden mit zusätzlichen Haftungsrisiken – zuweisen. Dem Vorstandsvorsitzenden komme die besondere Funktion zu, die Ressorttätigkeit der einzelnen Vorstandsmitglieder über die allen Vorstandsmitgliedern obliegende allgemeine Überwachungspflicht hinaus übergeordnet zu kontrollieren und zu koordinieren.[933] Im Gegensatz zu den einfachen

---

vereinbaren ist, vgl. BGHZ 89, 48 (58 f.) [für die GmbH]; zustimmend *Koch*, in: Hüffer, § 77 AktG Rn. 13; *v. Hein*, ZHR 166 (2002), 464 (483) m.w.N.

932 *Bezzenberger*, ZGR 1996, 661 (668 f.); *Hoffmann-Becking*, ZGR 1998, 497 (519); *v. Kann*, in: v. Kann, Vorstand der AG, Rn. 422 f.; *Simons/Hanloser*, AG 2010, 641 (647); s. auch *Rubner/Pospiech*, NJW-Spezial 2017, 15 (16).

933 Ausführlich *Bezzenberger*, ZGR 1996, 661 (670 ff.); ebenso *Heimbach/Boll*, VersR 2001, 801 (804); *Hoffmann-Becking*, ZGR 1998, 497 (517); *v. Kann*, in: v. Kann, Vorstand der AG, Rn. 416; *Lutter/Krieger/Verse*, Rechte und Pflichten des Aufsichtsrats, § 7 Rn. 457; *Weber*, in: Hölters, § 84 AktG Rn. 59; *Wiesner*, in: MünchHdbAG, § 24 Rn. 4; *Seibt/Wollenschläger*, DB 2009, 1579 (1580); tendenziell auch *Hopt/Roth*, in: GroßkommAktG, § 93 Rn. 465; *Hüffer*, in: Bayer/Habersack, Aktienrecht im Wandel, Bd. II, 7. Kap. Rn. 91 (bei „wesentlichen Geschäften“); *Richter*, Semler/Peltzer, ArbHdb. Vorstand, § 4 Rn. 102; *Wicke*, NJW 2007, 3755; differenzierend *Wettich*, Vorstandsorganisation, 2008, S. 263 ff.; vgl. bereits *Krieger*, Personalentscheidungen des Aufsichtsrats, 1981, S. 248; im Ergebnis auch *Dose*, Die Rechtsstellung der Vorstandsmitglieder, 1975, S. 122.

Vorstandsmitgliedern, denen die Überwachung der Kollegen lediglich als sekundäre Pflicht neben der eigenen Ressortverantwortung obliege, sei die Gesamtüberwachung aller Vorstandsmitglieder für den Vorstandsvorsitzenden zu einer Primärpflicht gesteigert, die den „Schwerpunkt seines Amtes“ bilde.[934] Erforderlich sei daher nicht nur das Einschreiten bei Unregelmäßigkeiten, vielmehr müsse ein Vorstandsvorsitzender seine Vorstandskollegen ständig und auch in einzelnen Angelegenheiten kontrollieren.[935]

Als Begründungsansatz dienen den Befürwortern *ipso iure* bestehender Sonderpflichten eines Vorstandsvorsitzenden zunächst einmal die gesetzlichen Publizitätsvorschriften, die die namentlichen Angabe des Vorstandsvorsitzenden auf Geschäftsbriefen (§ 80 Abs. 1 Satz 2 AktG) und im Anhang zum Jahresabschluss (§ 285 Nr. 10 Satz 2 HGB) erfordern, sowie die Tatsache, dass nur das Aufsichtsratsplenum und kein Aufsichtsratsausschuss den Vorstandsvorsitzenden ernennen dürfe (§ 107 Abs. 3 Satz 2 AktG).[936] Diese gesetzlichen Regelungen verdeutlichten, dass in der Ernennung eines Vorstandsvorsitzenden nicht bloß die Verleihung eines „Ehrentitels“ ohne materiell-rechtliche Bedeutung gesehen werden könne.[937]

Weiterhin wird eine von Rechts wegen herausgehobene Stellung des Vorstandsvorsitzenden damit begründet, dass dieser gewissermaßen die Verkörperung des Gesamtorgans gegenüber den einfachen Vorstandsmitgliedern bilde, um den Gefahren begegnen zu können, die sich aus der Arbeitsteilung im mehrgliederigen Vorstand ergeben.[938] Von Rechts wegen sollen dem Vorstandsvorsitzenden daher „einige Sonderrechte gegenüber den anderen Vorstandsmitgliedern“ zustehen;[939] *Krieger* geht diesbezüglich von einer Richtlinienkompetenz aus abgeleitetem Recht aus.[940]

Als weiteres Argument für *ipso iure* bestehende Sonderpflichten des Vorstandsvorsitzenden findet sich die Aussage, dass der Reformgesetzgeber von 1965 weniger die Pflichten als vielmehr die Rechte des Vorstandsvorsitzenden beschneiden wollte.[941] Dementsprechend folge die Sonderverantwortung in ihrem Ausmaß auch nicht

---

934 *Bezzenberger*, ZGR 1996, 661 (672).

935 Vgl. *Dose*, Die Rechtsstellung der Vorstandsmitglieder, 1975, S. 122; *Bezzenberger*, ZGR 1996, 661 (672); einschränkend insoweit *Wettich*, Vorstandsorganisation, 2008, S. 265, der zwar auch von einem erhöhten Sorgfaltsmaßstab ausgeht, eine Überprüfungspflicht ohne konkrete Anhaltspunkte aber als zu weitgehend ablehnt.

936 *Bezzenberger*, ZGR 1996, 661 (662).

937 *Krieger*, Personalentscheidungen des Aufsichtsrats, 1981, S. 247; *Bezzenberger*, ZGR 1996, 661 (672); vgl. auch *Simons/Hanloser*, AG 2010, 641 (643).

938 *Bezzenberger*, ZGR 1996, 661 (664); *Krieger*, Personalentscheidungen des Aufsichtsrats, 1981, S. 247 f.; *Heimbach/Boll*, VersR 2001, 801 (804).

939 *Lutter/Krieger/Verse*, Rechte und Pflichten des Aufsichtsrats, § 7 Rn. 457.

940 *Krieger*, Personalentscheidungen des Aufsichtsrats, 1981, S. 249.

941 *Krieger*, Personalentscheidungen des Aufsichtsrats, 1981, S. 250; *Simons/Hanloser*, AG 2010, 641 (644).

nur den lediglich mäßig erhöhten Machtbefugnissen, sondern dem deutlich stärker erweiterten Aufgaben-Blickfeld, sodass die Sonderpflichten weiter gehen als die Sonderrechte.[942]

Darüber hinaus wird die Begründung der Sonderpflichten mitunter auf den Regelungsgehalt des § 84 Abs. 3 AktG gestützt. Auch für den Widerruf der Ernennung zum Vorstandsvorsitzenden, d. h. die Zurückstufung zum einfachen Vorstandsmitglied, ist nach § 84 Abs. 3 AktG ein wichtiger Grund erforderlich; abzustellen ist insoweit aber auf die weitere Amtsführung als Vorstandsvorsitzender.[943] Da mithin ein anderer wichtiger Grund als für den Widerruf der Bestellung zum Vorstand nötig sei, müsse mit der Ernennung zum Vorstandsvorsitzenden zwingend eine andere, besondere Leitungsfunktion verbunden sein.[944]

Schließlich wird die heutige Unternehmenswirklichkeit, die durch eine herausgehobene Stellung des Vorstandsvorsitzenden gekennzeichnet ist, als eine Bestätigung der von Rechts wegen bestehenden Sonderpflichten erachtet.[945] *Semler* führt die Dominanz des Vorstandsvorsitzenden insbesondere auf die besondere Vertrauensbeziehung zwischen ihm und dem Aufsichtsratsvorsitzenden zurück; der Vorstandsvorsitzende habe regelmäßig ein informelles Mitspracherecht bezüglich der weiteren Karriereaussichten der anderen Vorstandsmitglieder, ferner berate er den Aufsichtsratsvorsitzenden im Hinblick auf die den Vorstandskollegen zu zahlenden variablen Vergütungsbestandteile.[946] Zudem werde er oftmals informell durch den Aufsichtsratsvorsitzenden zu der Frage konsultiert, wer in den Vorstand einrücken soll.[947] Abgestellt wird mit Blick auf die Unternehmensrealität nicht zuletzt auch auf die regelmäßig erheblich höheren Bezüge eines Vorstandsvorsitzenden im Vergleich zu seinen Vorstandskollegen.[948]

#### (2) Leitbild des primus inter pares

Die Gegenauffassung im Schrifttum steht hingegen etwaigen *ipso iure* bestehenden Sonderpflichten des Vorstandsvorsitzenden ablehnend gegenüber.[949] Der

---

942 *Bezzenberger*, ZGR 1996, 661 (673); die Inkongruenz von Rechten und Pflichten einräumend auch *Krieger*, Personalentscheidungen des Aufsichtsrats, 1981, S. 250.

943 *Koch*, in: Hüffer, § 84 AktG Rn. 31.

944 *Simons/Hanloser*, AG 2010, 641 (643).

945 Plakativ *Semler*, in: FS Lutter, 2000, S. 721 (728): „Der Vorstandsvorsitzende hat kraft Persönlichkeit und allgemeiner Umstände eine Position, die der eines US-amerikanischen CEO fast entspricht." Vgl. auch *Emde*, in: FS U.H. Schneider, 2011, S. 295 (309 f.).

946 *Semler*, in: FS Lutter, 2000, S. 721 (728 f.); ferner *Bernhardt/Witt*, ZfB 69 (1999), 825 (830 f.).

947 *Semler*, in: FS Lutter, 2000, S. 721 (722 f.); ebenso *Bernhardt/Witt*, ZfB 69 (1999), 825 (831).

948 *Heimbach/Boll*, VersR 2001, 801 (804).

949 Aus dem jüngeren Schrifttum *Fleischer*, NZG 2003, 449 (456); *Habersack*, WM 2005, 2360 (2362); *v. Hein*, ZHR 166 (2002), 464 (488 ff.); *Jäger*, Aktiengesellschaft, § 21

Vorstandsvorsitzende bleibe im Grundsatz *primus inter pares.*[950] Zwar obliege ihm regelmäßig die Repräsentation der Gesellschaft, die Organisation und Überwachung der Kooperation des Vorstands in seiner Gesamtheit sowie auch die Kommunikation zwischen Vorstand und Aufsichtsrat; allerdings lasse sich daraus weder ein spezifisches Vertretungsrecht noch ein Weisungsrecht gegenüber anderen Vorstandsmitgliedern begründen.[951] Auch die entsprechenden gesetzlichen Regeln über die Publizität des Amts des Vorstandsvorsitzenden erlaubten keinen zwingenden Rückschluss auf materiell-rechtliche Koordinations- und Leitungsbefugnisse des Vorstandsvorsitzenden, die diesem eine übergeordnete Stellung im Verhältnis zu den anderen Vorstandsmitgliedern verschafften.[952] Die Ernennung eines Vorstandsvorsitzenden betreffe ersichtlich nur die (äußere) Stellung des Vorstands zum Aufsichtsrat, sage jedoch über das Binnenverhältnis zwischen dem Vorstandsvorsitzenden und seinen Vorstandskollegen nichts aus.[953]

Des Weiteren sprächen entstehungsgeschichtlich die besseren Argumente dafür, dass der Reformgesetzgeber von 1965 mit der Abschaffung des Alleinentscheidungsrechts und der Wiederherstellung des Kollegialprinzips die nicht nur die Rechts-, sondern in entsprechendem Umfang auch die Pflichtenstellung des Vorstandsvorsitzenden beschränken wollte.[954]

Nach Ansicht der Vertreter im Schrifttum, die *ipso iure* bestehende Sonderpflichten eines Vorstandsvorsitzenden verneinen, erschöpfe sich seine Sonderrolle von Rechts wegen lediglich in der Koordination der Vorstandsarbeit und der Sitzungsleitung; darüber hinausgehende Sonderrechte – etwa in Form einer Richtlinienkompetenz – stünden ihm gerade nicht zu.[955] In Ermangelung von Rechts wegen

---

Rn. 47; *Leuering/Dornhegge*, NZG 2010, 13 (16); *Mertens/Cahn*, in: KölnKommAktG, § 93 Rn. 102; *Oltmanns*, in: Heidel, § 84 AktG Rn. 16; *Spindler*, in: MünchKomm-AktG, § 77 Rn. 67; vgl. auch *Freund*, GmbHR 2009, 1185 (1188) („von Ausgestaltung der Position im konkreten Unternehmen abhängig"); zuvor bereits *Erle*, AG 1987, 7 (11) sowie *Dose*, Die Rechtsstellung der Vorstandsmitglieder, 1975, S. 71 ff., der Sonderpflichten von Rechts wegen zwar explizit ablehnt, sie letztlich im Ergebnis aber dennoch bejaht.

950 Begriffsprägend *K. Schmidt*, Gesellschaftsrecht, § 28 II.3.a); vgl. auch *Freund*, GmbHR 2013, 785 (787); *Nicklisch*, Die Auswirkungen des Sarbanes-Oxley Act auf die deutsche Corporate Governance, 2007, S. 171; *Saenger*, Gesellschaftsrecht, § 15 Rn. 579.

951 *Mertens/Cahn*, in: KölnKommAktG, § 93 Rn. 102; *Schnabel/Lücke*, in: Beck'sches MandatsHdb. Vorstand der AG, § 6 Rn. 13.

952 *Mertens/Cahn*, in: KölnKommAktG, § 93 Rn. 102.

953 Dies betonend *v. Hein*, ZHR 166 (2002), 464 (488).

954 So ausdrücklich – allerdings ohne nähere Begründung – *v. Hein*, ZHR 166 (2002), 464 (489).

955 *Fleischer*, in: Fleischer, Hdb. Vorstandsrecht, § 8 Rn. 23; *ders.* NZG 2003, 449 (456); ferner *v. Hein*, ZHR 166 (2002), 464 (489); eine Richtlinienkompetenz ablehnend auch *Wicke*, NJW 2007, 3755 (3757).

bestehender Sonderrechte seien spiegelbildlich auch weiterreichende Sonderpflichten zu verneinen.[956]

### (3) Stellungnahme

Es ist nicht zu verkennen, dass dem Vorstandsvorsitzenden einer deutschen AG in tatsächlicher Hinsicht immer mehr besondere Führungsfunktionen nach dem anglo-amerikanischen Modell des *Chief Executive Officers* (CEO) zuteilwerden.[957] Unabhängig davon, dass ein solcher besonderer Status des Vorstandsvorsitzenden oftmals durch eine entsprechende Gestaltung der Satzung und Geschäftsordnung manifestiert sein dürfte,[958] hat die rechtliche Frage nach Sonderpflichten, die den Vorstandsvorsitzenden bereits von Rechts wegen treffen, dogmatisch nur auf der Grundlage des AktG in seiner derzeit gültigen Fassung zu erfolgen.[959] In Divergenz zu dem anglo-amerikanischen Modell des CEO können dem geltenden deutschen AktG explizit keine herausgehobenen Befugnisse und Kompetenzen des Vorstandsvorsitzenden im Vergleich zu seinen Vorstandskollegen entnommen werden.[960] Gegen *ipso iure* bestehende Sonderrechte des Vorstandsvorsitzenden spricht daher bereits, dass der Gesetzgeber die Rolle des Aufsichtsratsvorsitzenden durch die Zuweisung bestimmter Rechte besonders gestärkt hat.[961]

Ein maßgebliches Abstellen auf die – sich mitunter wandelnde – Unternehmensrealität zöge einen Verlust an Rechtssicherheit nach sich; zumal das externe Erscheinungsbild der Unternehmenslenker bisweilen in Widerspruch zu bzw. jedenfalls nicht im Einklang mit den rechtlichen Rahmenbedingungen steht. Dass

---

956 *Fleischer*, in: Fleischer, Hdb. Vorstandsrecht, § 8 Rn. 23; *v. Hein*, ZHR 166 (2002), 464 (488 ff.); tendenziell auch *Leuering/Dornhegge*, NZG 2010, 13 (16).

957 Anschaulich zum Leitbild des CEO im anglo-amerikanischen Rechtsraum *Daily/Johnson*, Journal of Management Vol. 23 (1997), 97 ff.; *Nadler/Heilpern*, in: Hambrick/Nadler/Tushman, Navigating Change, How CEOs, Top Teams, and Boards Steer Transformation, 1998, S. 3 ff.

958 Davon ausgehend auch *Simons/Hanloser*, AG 2010, 641 (644); eine Vorstandsorganisation nach anglo-amerikanischem Vorbild auch *de lege ferenda* ablehnend aber *Hüffer*, in: Bayer/Habersack, Aktienrecht im Wandel, Bd. II, 7. Kap. Rn. 33.

959 Ebenso *v. Hein*, ZHR 166 (2002), 464 (488); s auch *Rubner/Pospiech*, NJW-Spezial 2017, 15.

960 Anstatt vieler *Arnold*, in: Marsch-Barner/Schäfer, Hdb. börsennotierte AG, § 19 Rn. 105 m.w.N.; s. auch *Hoffmann-Becking*, NZG 2003, 745 (746), für den die Diskussion um die Zulässigkeit eines Vorstandsvorsitzenden nach dem Modell des CEO lediglich auf einem falschen Verständnis des US-amerikanischen Rechts beruht, welches eine Weisungsbefugnis des CEO überhaupt nicht kenne.

961 Vgl. etwa §§ 90 Abs. 1 Satz 3, 109 Abs. 2, 110 Abs. 1 Satz 1, 184 Abs. 1 Satz 1, 188 Abs. 1, 195 Abs. 1, 223, 229 Abs. 3 sowie 237 Abs. 2 AktG; auf die besonderen Rechte des Aufsichtsratsvorsitzenden hinweisend bereits *Dose*, Die Rechtsstellung der Vorstandsmitglieder, 1975, S. 72. Näher zu den Befugnissen des Aufsichtsratsvorsitzenden § 10 II.5.a).

Vorstandsvorsitzende deutscher Unternehmen in den Medien und auch in Berichten der Gesellschaften als *CEO* bezeichnet werden, lässt sich in Zeiten der Internationalisierung der Wirtschaft insoweit oftmals auf eine Übersetzung des Begriffs „Vorstandsvorsitzender" ins Englische zurückführen; eine rechtliche Aussage über Befugnisse und Kompetenzen entsprechend dem anglo-amerikanischen Modell dürfte hingegen in der Regel nicht impliziert sein.

Kritisch anzumerken ist ferner, dass die Befürworter einer besonderen Überwachungspflicht des Vorstandsvorsitzenden in ihren Ausführungen keine Aussagen treffen, inwieweit die Überwachungspflichten der einfachen Vorstandsmitglieder dann zurücktreten. Ausgehend von einem „Kooperationsverhältnis"[962] zwischen Rechtswissenschaft und Ökonomik argumentiert *von Hein* in diesem Zusammenhang zutreffend mit Bedenken unter Effizienzgesichtspunkten: Wenn man trotz gesteigerter Überwachungspflicht des Vorsitzenden die Pflichten der einfachen Vorstandsmitglieder unverändert ließe, wäre die Gesellschaft als potenziell Geschädigte aus ökonomischer Sicht doppelt abgesichert.[963] Sofern man demgegenüber angesichts der gesteigerten Überwachungspflichten des Vorstandsvorsitzenden eine Verringerung des Pflichtenmaßstabs der einfachen Vorstandsmitglieder propagierte, müsste man zwangsläufig Einbußen an Überwachungseffizienz in Kauf nehmen. Derartige Effizienzverluste liefen jedoch einem wesentlichen Grundgedanken des Kollegialprinzips – namentlich der wechselseitigen Kontrolle der Organmitglieder – zuwider.[964]

Auch ein Vergleich mit anderen außerhalb des Aktiengesetzes liegenden Regeln über mehrgliedrige Organe legt den Schluss nahe, dass allein mit der Bestellung zum Vorsitzenden keine besonderen Rechte und Pflichten verbunden sind. Erst wenn der Gesetzgeber durch explizite Regelungen die dominierende Stellung eines Mitglieds des Kollegialorgans zum Ausdruck bringt, können diesem Mitglied in der Regel durch Auslegung der betreffenden Vorschriften weitere Befugnisse zugesprochen werden.[965]

Angesichts seiner Koordinierungsaufgabe und der Stellung als Berichtsempfänger und Ansprechpartner des Aufsichtsratsvorsitzenden kann für einen Vorstandsvorsitzenden zwar eher als für einfache Vorstandsmitglieder Anlass zum Einschreiten bestehen.[966] Allerdings lässt sich in diesem Zusammenhang einschränkend

---

962 So ausdrücklich *Engert*, ZGR 2004, 813 (816); ähnlich *Fleischer*, in: FS Wiedemann, 2002, S. 827 (846) („viel versprechendes Forschungsgespann"); speziell zur ökonomischen Analyse des deutschen (Kapital-)Gesellschaftsrechts *Eidenmüller*, JZ 2001, 1041 ff. sowie *Fleischer*, ZGR 2004, 1 ff.

963 Vgl. *v. Hein*, ZHR 166 (2002), 464 (490).

964 Anschaulich v. Hein, ZHR 166 (2002), 464 (490) („Funktionslogik des Kollegialprinzips empfindlich beeinträchtigt").

965 Eingehend *Dose*, Die Rechtsstellung der Vorstandsmitglieder, 1975, S. 72 f. unter Hinweis auf Art. 65 S. 4 GG; § 26 BetrVG und §§ 69, 192 GVG.

966 Darauf hinweisend *Habersack*, WM 2005, 2360 (2362); *Wettich*, Vorstandsorganisation, 2008, S. 265.

festhalten, dass eine Informationsmonopolisierung zwischen den Vorsitzenden von Vorstand und Aufsichtsrat rechtlich nicht zulässig ist.[967]

In der Zusammenschau der dargelegten Argumente lassen sich *de lege lata* etwaige Sonderpflichten eines Vorstandsvorsitzenden, die diesem *ipso iure* obliegen, rechtsdogmatisch nicht begründen. Für die Haftung bzw. den gesamtschuldnerischen Innenausgleich sollte vielmehr entscheidend auf den konkret zugewiesenen Aufgabenkreis des Vorstandsvorsitzenden im Einzelfall abgestellt werden.[968] Sofern dem Vorstandsvorsitzenden in einem arbeitsteiligen Vorstand ein größerer Aufgabenkreis zugewiesen wird als den übrigen Vorstandsmitgliedern und/oder ihm kraft Satzung oder Geschäftsordnung bestimmte Sonderrechte eingeräumt werden, dann – aber auch nur dann – trägt der Vorstandsvorsitzende in Kongruenz zu ebendiesen zusätzlichen Befugnissen eine gesteigerte Pflicht zur Überwachung der gesamten Unternehmensleitung und somit höhere Haftungsrisiken.[969]

### *d) Eingeschränkter Gestaltungsspielraum für Vorstandssprecher*

Abschließend bleibt mit Blick auf mögliche Sonderpflichten eines Vorstandsmitglieds noch zu klären, ob die getroffenen Aussagen zum Vorstandsvorsitzenden – insbesondere der festgestellte Gestaltungsspielraum durch Satzungs- und Geschäftsordnungsregelungen – auch auf einen Vorstandssprecher übertragen werden können.

Der Begriff des „Vorstandssprechers" wird im Gegensatz zu dem des „Vorstandsvorsitzenden" noch nicht einmal im Gesetz erwähnt. Die Möglichkeit der Bestimmung eines Vorstandssprechers ist dennoch rechtlich anerkannt und allgemein gebräuchlich. Ob in der Praxis die Wahl auf einen Vorsitzenden oder einen Sprecher des Vorstands fällt, hängt bislang oftmals von Branchengepflogenheiten ab; so verfügen Bankenvorstände traditionell über einen Sprecher, Vorstände von Industrieunternehmen eher über einen Vorsitzenden.[970]

---

967 *Fleischer*, in: Spindler/Stilz, § 84 AktG Rn. 90; *Peltzer*, in: Semler/Peltzer, ArbHdb. Vorstand, § 2 Rn. 31.

968 Zutreffend *Spindler*, in: MünchKommAktG, § 93 Rn. 152; *Leuering/Dornhegge*, NZG 2010, 13 (16); *Mertens/Cahn*, in: KölnKommAktG, § 84 Rn. 102.

969 *Rubner/Pospiech*, NJW-Spezial 2017, 15 (16).

970 Näher *v. Werder*, Führungsorganisation, 2005, S. 182; vgl. auch *Fleischer*, in: Spindler/Stilz, § 84 AktG Rn. 91. Von den 30 DAX-Unternehmen hat derzeit (Stand: April 2017) allerdings nur noch die die SAP AG mit Bill McDermott einen Vorstandssprecher. Alle anderen Unternehmen – zuletzt auch die MAN SE im Oktober 2015 bei der Amtsübernahme von Joachim Drees als Nachfolger von Georg Pachta-Reyhofen – haben einen Vorstandsvorsitzenden ernannt. Das auch in der Unternehmenspraxis ein Machtgefälle zwischen den Positionen von Sprecher und Vorsitzenden wahrgenommen wird, lässt sich anschaulich an den Beispielen von Josef Ackermann und Martin Blessing aufzeigen: Im Mai 2002 wurde Ackermann zunächst Vorstandssprecher der Deutschen Bank, bevor er dann im Februar 2006 nach einer Änderung der Organisationsstruktur das Amt des

Der rechtliche Akt zur Bestimmung eines Vorstandssprechers ist im Gegensatz zur Ernennung eines Vorstandsvorsitzenden als bloße Geschäftsordnungsmaßnahme im Sinne von § 77 Abs. 2 Satz 2 AktG zu qualifizieren.[971] Liegt die Kompetenz für den Erlass einer Geschäftsordnung beim Aufsichtsrat, ist dieser mithin auch für die Bestimmung eines Vorstandssprechers zuständig; liegt die Erlasskompetenz hingegen beim Vorstand, dann können die Vorstandsmitglieder selbst aus ihrer Mitte einen Vorstandssprecher bestimmen.[972] Dem Vorstandssprecher obliegen zumeist *qua* Geschäftsordnung administrative und repräsentative Aufgaben; er artikuliert den Willen des Vorstands nach innen und außen.[973]

Ihm können allerdings nach einhelliger Meinung weder durch die Mitglieder des Vorstands noch durch den Aufsichtsrat eine Koordinations- und Kontrollfunktion zugewiesen werden.[974] Kompetenzrechtlich unterscheidet sich seine Position – auch hinsichtlich der Geschäftsführungsaufgabe – nicht von der der anderen Vorstandsmitglieder.[975] Ein Vorstandssprecher verfügt über keine rechtlich geschützte Stellung wie ein Vorstandsvorsitzender; seine Ernennung kann vielmehr jederzeit und ohne wichtigen Grund widerrufen werden.[976]

Vor diesem Hintergrund besteht zu Recht Einigkeit, dass Vorstandssprechern durch Satzungsregelungen oder Bestimmungen der Geschäftsordnung des Vorstands zwar in gewissen Grenzen Sonderpflichten auferlegt werden können, die im Gesamtschuldnerinnenausgleich ggf. zu einem größeren Haftungsanteil der Vorstandssprecher im Verhältnis zu ihren einfachen Vorstandskollegen führen könnten. So kann auch einem Vorstandssprecher sowohl das Recht zum Stichentscheid[977] als auch ein Vetorecht[978] zugestanden werden. Zwingende Gestaltungsgrenzen ergeben sich allerdings daraus, dass ein Vorstandssprecher nicht zum

Vorstandsvorsitzenden übernahm. Auch Blessing wurde zunächst im Mai 2008 Vorstandssprecher der Commerzbank; ab Mai 2009 führte er das Finanzinstitut als Vorstandsvorsitzender.

971 Anstatt vieler *Koch*, in: Hüffer, § 84 AktG Rn. 30; *Kort*, in: Fleischer, Hdb. Vorstandsrecht, § 3 Rn. 15.

972 *Hoffmann-Becking*, ZGR 1998, 497 (517); *Liebscher*, in: Beck'sches Hdb. der AG, § 6 Rn. 18.

973 *Simons/Hanloser* AG 2010, 641 (644); *Ihrig/Schäfer*, Rechte und Pflichten des Vorstands, § 17 Rn. 488; *Heimbach/Boll*, VersR 2001, 801 (804).

974 *Simon/Hanloser*, AG 2010, 641 (644 f.); *Fonk*, in: Semler/v. Schenck, ArbHdb. AR, § 9 Rn. 61; *Bürgers/Israel*, in: Bürgers/Körber/ § 84 AktG Rn. 23; vgl. auch bereits *Krieger*, Personalentscheidungen des Aufsichtsrats, 1981, S. 255.

975 *Heimbach/Boll*, VersR 2001, 801 (804).

976 *Spindler*, in: MünchKommAktG, § 84 Rn. 115; *Lutter/Krieger/Verse*, Rechte und Pflichten des Aufsichtsrats, Rn. 460.

977 *Simon/Hanloser*, AG 2010, 641 (645); *Ihrig/Schäfer*, Rechte und Pflichten des Vorstands, § 17 Rn. 489; tendenziell auch *Vogel*, Aktienrecht und Aktienwirklichkeit, 1980, S. 100.

978 *Mertens/Cahn*, in: KölnKommAktG, § 77 Rn. 13; *Ihrig/Schäfer*, Rechte und Pflichten des Vorstands, § 17 Rn. 489; a.A. *Simon/Hanloser*, AG 2010, 641 (645).

tatsächlichen Vorsitzenden werden darf, der die Vorstandsarbeit sachlich führt.[979] Demnach kann einem Vorstandssprecher auch keine Vertagungsbefugnis eingeräumt werden.[980]

Etwaige Sonderpflichten *ipso iure* und daraus resultierende gesteigerte Haftungsgefahren, die in den vorangegangenen Ausführungen bereits für Vorstandsvorsitzende verneint wurden,[981] sind für Vorstandssprecher folglich erst recht nicht anzuerkennen.

## 4. Sonderpflichten des Vorsitzenden/Sprechers der Geschäftsführung?

Die Überlegungen zu etwaigen Sonderpflichten des Vorstandsvorsitzenden einer AG, die im gesamtschuldnerischen Innenausgleich haftender Organmitglieder zu einer abgestuften Ausgleichspflicht führen können, lassen sich auf Geschäftsführer einer GmbH übertragen. Auch im Recht der GmbH stellt sich unter haftungsrechtlichen Gesichtspunkten die Frage, ob Geschäftsführern mit einer herausgehobenen Stellung gewisse Sonderpflichten obliegen, die im Rahmen des Innenausgleich zu einer stärkeren Belastung führen können.

### *a) Rechtliche Grundlagen*

Sofern eine GmbH mehrere Geschäftsführer hat, haben alle Geschäftsführer im Grundsatz dieselben Befugnisse und Pflichten. Anders als im AktG ist die Rechtsfigur eines Vorsitzenden der Geschäftsführung im GmbHG nicht vorgesehen. Auch in das Handelsregister kann die Funktion eines von mehreren Geschäftsführern einer GmbH als „Sprecher der Geschäftsführung" nicht eingetragen werden.[982] Dennoch ist es auch für Gesellschaften in der Rechtsform der GmbH – jedenfalls ab einer gewissen Unternehmensgröße – nicht zuletzt aus Sicht der betriebswirtschaftlichen Organisationslehre geboten, eine Hierarchisierung innerhalb des Geschäftsführungsgremiums vorzunehmen.[983] Ohne eine koordinierende und leitende Handhabung eines Geschäftsführers mit einer herausgehobenen Stellung bestünde durch ein arbeitsteiliges Zusammenwirken mehrerer Geschäftsführer gegebenenfalls die Gefahr, dass die Tätigkeiten der einzelnen Geschäftsführer in nur schwer überschaubare und letztlich unkoordinierte Einzelaktivitäten mündeten.

---

979 *Fleischer*, in: Spindler/Stilz, § 84 AktG Rn. 91; *Koch*, in: Hüffer, § 84 AktG Rn. 30; *Oltmanns*, in: Heidel, § 84 AktG Rn. 18; *Weber*, in: Hölters, § 84 AktG Rn. 60; vgl. aber *Jäger*, Aktiengesellschaft, § 21 Rn. 36, für den die Faktizität der mit den zugewiesenen Aufgaben verbundenen Einflüsse einen „bloßen" Sprecher im Innenverhältnis schnell zu einem „echten" Vorsitzenden machen kann.

980 *Simon/Hanloser*, AG 2010, 641 (647); a.A. *Hoffmann-Becking*, ZGR 1998, 497 (519).

981 Näher dazu § 10 II.3.c)(3).

982 OLG München, DB 2012, 1095.

983 Vgl. etwa *v. Werder*, Führungsorganisation, 2005, S. 188 ff.

Dementsprechend besteht auch in der rechtswissenschaftlichen Literatur Einigkeit, dass durch Satzungsbestimmung oder durch Beschluss der Gesellschafter die Bestellung eines Vorsitzenden oder eines Sprechers der Geschäftsführung angeordnet werden kann.[984] Besteht keine vorrangige Satzungsregelung und gibt es keinen entsprechenden Gesellschafterbeschluss können auch die Geschäftsführer selbst einen Vorsitzenden oder Sprecher wählen.[985] Lediglich in Gesellschaften, die der Mitbestimmung nach dem DrittelbG oder dem MitbestG unterliegen, ist für die Ernennung zwingend der Aufsichtsrat zuständig.[986]

In Ermangelung einer gesetzlichen Regelung bedarf nicht nur der Bestellungsakt einer ausdrücklichen Anordnung, vielmehr müssen auch etwaige erweiterte Befugnisse und Pflichten, die für einen Vorsitzenden/Sprechers der Geschäftsführung vorgesehen werden sollen, in der Satzung bzw. dem erforderlichen Beschluss der Gesellschafter konkretisiert werden.[987] Sofern weder die Satzung noch der Gesellschafterbeschluss nähere Festlegungen zum Status und den Kompetenzen eines Vorsitzenden/Sprechers der Geschäftsführung enthalten, obliegt diesem lediglich die Organisation der Meinungsbildung zwischen den Geschäftsführern und die Erklärung der Geschäftsführerbeschlüsse gegenüber den weiteren Organen der Gesellschaft.[988] Demnach sind auch etwaige Sonderpflichten eines Vorsitzenden der Geschäftsführung, die diesem bereits kraft seines Amtes bzw. von Rechts wegen treffen, zu verneinen.[989] Dem GmbHG können weder explizite Regelungen noch entsprechende

---

984 *Kleindiek*, in: Lutter/Hommelhoff, § 37 GmbHG Rn. 34; *Marsch-Barner/Diekmann*, in: MünchHdbGmbH, § 41 Rn. 18 f.; *Paefgen*, in: Ulmer/Habersack/Löbbe, § 37 GmbHG Rn. 110; *U.H. Schneider*, in: Scholz, § 37 GmbHG Rn. 29; *Sudhoff/Sudhoff*, Der Gesellschaftsvertrag der GmbH, S. 254.

985 Vgl. *Paefgen*, in: Ulmer/Habersack/Löbbe, § 37 GmbHG Rn. 110; ferner *B. Schmidt*, in: Ensthaler/Füller/Schmidt, § 37 GmbHG Rn. 14.

986 *Ulmer/Habersack*, in: Ulmer/Habersack/Henssler, § 30 MitbestG Rn. 9; *Lutter/Krieger/Verse*, Rechte und Pflichten des Aufsichtsrats, § 15 Rn. 1143; *Marsch-Barner/Diekmann*, in: MünchHdbGmbH, § 41 Rn. 20; a.A. aber *U.H. Schneider*, in: Scholz, § 37 GmbHG Rn. 36.

987 Da das Amt des Vorsitzenden der Geschäftsführung im GmbHG keinerlei Erwähnung gefunden hat, ist eine status- und materiell-rechtliche Differenzierung zwischen einem Vorsitzenden und einem Sprecher des Geschäftsführungsgremiums in diesem Zusammenhang – im Gegensatz zum Aktienrecht – nicht erforderlich; im GmbH-Recht werden die beiden Bezeichnungen bisweilen synonym verwendet werden.

988 Zutreffend *U.H. Schneider*, in: Scholz, § 37 GmbHG Rn. 36; a.A. *Koppensteiner/Gruber*, in: Rowedder/Schmidt-Leithoff, § 37 GmbHG Rn. 44, für die eine Bestellung eines Vorsitzenden der Geschäftsführung stets eine Geschäftsverteilungsentscheidung impliziert.

989 Vgl. aber *Peters*, GmbHR 2008, 682 (686) sowie *U.H. Schneider*, in: Scholz, § 43 GmbHG Rn. 40, die jeweils bereits angesichts der hervorgehobenen Stellung eine intensivere Pflicht zur Überwachung und Nachforschung postulieren, insoweit allerdings einen dogmatischen Begründungsansatz vermissen lassen.

Wertungen entnommen werden, die in Bezug auf den Vorsitzenden der Geschäftsführung die rechtsdogmatische Begründung von Sonderpflichten *ipso iure* zuließen.

Die Gestaltungsmöglichkeiten zur Erweiterung der Befugnisse und Pflichten eines Vorsitzenden/Sprechers der Geschäftsführung sind hingegen weitreichend. In der Literatur besteht Einigkeit, dass diesbezüglich sowohl ein Vetorecht[990] als auch ein Recht zum Stichentscheid[991] angeordnet werden können. Da dem GmbH-Recht zudem ein ausdrückliches Verbot der Alleinentscheidung durch den Vorsitzenden, wie es im Aktienrecht für den Vorstandsvorsitzenden explizit in § 70 Abs. 1 Satz 2 AktG normiert ist, fremd ist, halten weite Teile des Schrifttums sogar die Festlegung eines positiven Alleinentscheidungsrechts des Vorsitzenden/Sprechers der Geschäftsführung für rechtlich zulässig. So soll es in Gesellschaften, die nicht der Mitbestimmung unterliegen, möglich sein, durch ein positives Alleinentscheidungsrecht einen „Hauptgeschäftsführer" zu etablieren, der bei Meinungsverschiedenheiten im Kollegium der Geschäftsführer auch gegen seine Mit-Geschäftsführer entscheiden kann.[992]

### *b) Haftungsrechtliche Konsequenz*

In Ermangelung von Sonderpflichten, die dem Vorsitzenden oder Sprecher der Geschäftsführung *ipso iure* obliegen, ergibt sich also auch im GmbH-Recht die haftungsrechtliche Konsequenz, die in den vorangegangen Ausführungen bereits für den Vorstandsvorsitzenden und den Vorstandssprecher einer AG herausgearbeitet worden sind.[993] Demzufolge gilt es auch in Bezug den Innenausgleich zwischen gesamtschuldnerisch haftenden Geschäftsführern entscheidend auf den im konkreten Einzelfall übernommenen Aufgabenkreis des Vorsitzenden bzw. Sprechers der Geschäftsführung abzustellen. Wenn dem Vorsitzenden oder Sprecher in einer arbeitsteilig agierenden Geschäftsführung ein größerer Aufgabenkreis zugewiesen wird als seinen Mit-Geschäftsführern und ihm bestimmte Sonderrechte eingeräumt werden, dann trägt der Vorsitzende oder Sprecher der Geschäftsführung in Kongruenz zu

---

990 *Kleindiek*, in: Lutter/Hommelhoff, § 37 GmbHG Rn. 34; *Paefgen*, in: Ulmer/Habersack/Löbbe, § 37 GmbHG Rn. 110; *B. Schmidt*, in: Ensthaler/Füller/Schmidt, § 37 GmbHG Rn. 18; *Zöllner/Noack*, in: Baumbach/Hueck, § 37 GmbHG Rn. 30. Für mitbestimmte Gesellschaften hat der BGH allerding entschieden, dass ein Vetorecht mit der in § 33 MitbestG geschützten Rechtsstellung des Arbeitsdirektors nicht zu vereinbaren ist, vgl. BGHZ 89, 48 (58 f.).

991 *Kleindiek*, in: Lutter/Hommelhoff, § 37 GmbHG Rn. 34; *Marsch-Barner/Diekmann*, in: MünchHdbGmbH, § 41 Rn. 18; *Paefgen*, in: Ulmer/Habersack/Löbbe, § 37 GmbHG Rn. 110; *Zöllner/Noack*, in: Baumbach/Hueck, § 37 GmbHG Rn. 33.

992 Vgl. bereits LG Koblenz, BB 1972, 113; s. ferner *Höhn*, Die Geschäftsleitung der GmbH, 1995, S. 63; *Mertens*, in: Hachenburg, § 37 GmbHG Rn. 16; *U.H. Schneider*, in: Scholz, § 37 GmbHG Rn. 35; *Wicke*, § 37 GmbHG Rn. 10; tendenziell auch *Koppensteiner/Gruber*, in: Rowedder/Schmidt-Leithoff, § 37 GmbHG Rn. 39; *Sudhoff/Sudhoff*, Der Gesellschaftsvertrag der GmbH, S. 254; a.A. *Zöllner/Noack*, in: Baumbach/Hueck, § 37 GmbHG Rn. 30; *Lenz*, in: Michalski, § 37 GmbHG Rn. 35.

993 Näher dazu § 10 II.3.

ebendiesen zusätzlichen Befugnissen eine gesteigerte Pflicht zur Überwachung der gesamten Unternehmensleitung und somit höhere Haftungsrisiken, die eine stärkere Belastung im Innenausgleich nach sich ziehen können.

## 5. Sonderpflichten des Aufsichtsratsvorsitzenden

Nach den angestellten Überlegungen zu den Vorsitzenden bzw. Sprechern von Vorstand und Geschäftsführung liegt es nahe, auch den Aufsichtsratsvorsitzenden in den Fokus der Betrachtungen zu rücken. Analog zu den vorangegangenen Ausführungen stellt sich mithin die Frage, ob auch einem Aufsichtsratsvorsitzenden Sonderpflichten zukommen, die im Haftungsfall einen erhöhten individuellen Grad der Verursachung und des Verschuldens begründen und dementsprechend zu einer gesteigerten Ausgleichspflicht im Innenausgleich mehrerer haftender Organmitglieder führen können.

Angesichts der umfangreichen Ausführungen im Schrifttum, die sich in diesem Zusammenhang mit etwaigen Sonderpflichten eines Vorstandsvorsitzenden befassen, überrascht es *prima facie*, dass dem Aufsichtsratsvorsitzenden mit Blick auf einen abgestuften Gesamtschuldnerausgleich im Schrifttum bislang kaum ein Augenmerk geschenkt wird – zumal auch der Zeitaufwand eines Aufsichtsratsvorsitzenden oftmals „erheblich mehr als doppelt so hoch“ ist wie derjenige der einfachen Aufsichtsratsmitglieder.[994]

### *a) Rechtliche Grundlagen*

#### *aa) Gesetzesregelungen*

Das AktG geht von einer starken Stellung des Aufsichtsratsvorsitzenden aus.[995] Es bestimmt ausdrücklich – anders als für den Vorstand –, dass der Aufsichtsrat aus seiner Mitte einen Vorsitzenden und mindestens einen Stellvertreter zu wählen hat (§ 107 Abs. 1 Satz 1 AktG). Auch für den Aufsichtsratsvorsitzenden kommen die betreffenden Publizitätsvorschriften zum Tragen, wonach er sowohl auf allen Geschäftsbriefen der Gesellschaft (§ 80 Abs. 1 Satz 1 AktG) als auch im Anhang zum Jahresabschluss der Gesellschaft (§ 285 Nr. 10 Satz 2 HGB) als solcher zu bezeichnen ist.[996]

#### (1) Aktienrechtliche Kompetenzen

Anders als im Hinblick auf den Vorstandsvorsitzenden erschöpfen sich die gesetzlichen Bestimmungen allerdings nicht in diesen Regelungen zum Status eines

---

994 So ausdrücklich Begr. RegE KonTraG, BT-Drucks. 13/9712, S. 16.; s. auch *Jaspers*, AG 2011, 154 (156); *Hopt/Roth*, in: GroßkommAktG, § 100 Rn. 45; *Plagemann*, WM 2014, 2345 (2346).

995 *Wittig*, WM 2010, 2337 (2340); vgl. auch *Leyendecker-Langner*, NZG 2012, 721 (722).

996 Für einen Überblick über die Kompetenzen des Aufsichtsratsvorsitzenden vgl. etwa *Rubner/Pospiech*, NJW-Spezial 2015, 463.

Aufsichtsratsvorsitzenden. Es gibt zwar keine Vorschrift im AktG, in der die Aufgaben und Funktionen eines Aufsichtsratsvorsitzenden gebündelt wiedergegeben werden; verteilt über das AktG sind dennoch eine Reihe von besonderen Befugnissen und Kompetenzen ausdrücklich normiert.[997] So muss etwa der Vorstand neben der allgemeinen Berichtspflicht gegenüber dem Aufsichtsrat gemäß § 90 Abs. 1 Satz 1 AktG[998] „aus sonstigen wichtigen Anlässen" unmittelbar dem Aufsichtsratsvorsitzenden berichten (§ 90 Abs. 1 Satz 3 AktG).

Der Aufsichtsratsvorsitzende leitet ferner die Aufsichtsratssitzungen und unterzeichnet die darüber erstellten Protokolle (§ 107 Abs. 2 Satz 1 AktG). Er kann nach § 109 Abs. 2 AktG anderen Aufsichtsratsmitgliedern die Teilnahme an der Sitzung eines Aufsichtsratsausschusses, dem sie nicht angehören, untersagen. Des Weiteren hat der Aufsichtsratsvorsitzende gemeinsam mit dem Vorstand den Beschluss und die Durchführung einer ordentlichen Kapitalerhöhung zum Handelsregister anzumelden (§§ 184 Abs. 1 Satz 1, 188 Abs. 1 AktG). Gleiches gilt für die Beschlüsse über eine bedingte Kapitalerhöhung (§ 195 Abs. 1 AktG), über eine Kapitalherabsetzung (§§ 223, 229 Abs. 3 AktG) und über eine Einziehung (§ 237 Abs. 2 AktG).

#### (2) Kompetenzen nach dem MitbestG

Sofern es im Rahmen der Beschlussfassung eines paritätisch besetzten Aufsichtsrates zu einer Pattsituation kommen sollte, hat der Aufsichtsratsvorsitzende bei der Wiederholung der Beschlussfassung ein Zweitstimmrecht (vgl. §§ 29 Abs. 2 Satz 3, 31 Abs. 4 Satz 1 MitbestG). Außerhalb des Geltungsbereiches des MitbestG kann in der Satzung oder dem Gesellschaftsvertrag ein Zweitstimmrecht des Aufsichtsratsvorsitzenden in Pattsituation verankert werden.[999]

Ein Aufsichtsratsvorsitzender ist zudem gemäß § 27 Abs. 3 MitbestG kraft seines Amtes Mitglied des sog. ständigen Ausschusses (Vermittlungsausschuss).

### *bb) Bestimmungen des DCGK*

Weitere Aufgaben und Befugnisse eines Aufsichtsratsvorsitzenden sind darüber hinaus ausdrücklich im DCGK (Stand: 7. Februar 2017)[1000] geregelt. So heißt es in Ziff. 5.2 DCGK:

---

997 Anschaulich *Krieger*, ZGR 1985, 338 (344) („vom Gesetz gewollte Dominanz des Vorsitzenden").

998 Näher zur allgemeinen Berichtspflicht etwa *Link*, BOARD 2015, 249 (250).

999 *Hopt/Roth*, in: GroßkommAktG, § 107 Rn. 138; *Potthoff/Trescher/Theisen*, Aufsichtsratsmitglied, Rn. 1067; vgl. auch *E. Vetter*, in: Marsch-Barner/Schäfer, Hdb. börsennotierte AG, § 27 Rn. 59.

1000 Zu den Änderungen durch die Kodexnovelle 2017 etwa *v. Werder/Bartz*, DB 2017, 769 ff.; ferner *Baur/Holle*, NZG 2017, 170 ff.; *Nikoleyczik/Graßl*, NZG 2017, 161 ff; zur fortschreitenden Professionalisierung des Aufsichtsrats *Rubner/Fischer*, NZG 2015, 782 ff.

„Der Aufsichtsratsvorsitzende wird vom Aufsichtsrat aus seiner Mitte gewählt. Er koordiniert die Arbeit im Aufsichtsrat leitet dessen Sitzungen und nimmt die Belange des Aufsichtsrats nach außen wahr.
Der Aufsichtsratsvorsitzende sollte in angemessenem Rahmen bereit sein, mit Investoren über aufsichtsratsspezifische Themen Gespräche zu führen.
Der Aufsichtsratsvorsitzende soll zwischen den Sitzungen mit dem Vorstand, insbesondere mit dem Vorsitzenden bzw. Sprecher des Vorstands, regelmäßig Kontakt halten und mit ihm Fragen der Strategie, der Planung, der Geschäftsentwicklung, der Risikolage, des Risikomanagements und der Compliance des Unternehmens beraten. Der Aufsichtsratsvorsitzende wird über wichtige Ereignisse, die für die Beurteilung der Lage und Entwicklung sowie für die Leitung des Unternehmens von wesentlicher Bedeutung sind, unverzüglich durch den Vorsitzenden bzw. Sprecher des Vorstands informiert. Der Aufsichtsratsvorsitzende hat sodann den Aufsichtsrat zu unterrichten und soll erforderlichenfalls eine außerordentliche Aufsichtsratssitzung einberufen."[1001]

Des Weiteren soll der Aufsichtsratsvorsitzende die Hauptversammlung nach Ziff. 4.2.3 Abs. 6 DCGK über die Grundsätze des Vergütungssystems informieren. Ziff. 7.2.1 Abs. 2 DCGK sieht vor, dass der Abschlussprüfer den Vorsitzenden des Aufsichtsrats (oder des Prüfungsausschusses) über während der Prüfung auftretende mögliche Ausschluss- oder Befangenheitsgründe unverzüglich unterrichtet.

### *b) Rechtswirklichkeit*

In der Literatur besteht überdies weitgehende Einigkeit, dass einem Aufsichtsratsvorsitzenden neben den besonderen Aufgaben und Befugnissen, die ihm bereits explizit durch die angeführten gesetzlichen Einzelvorschriften zugewiesen sind, kraft Gewohnheitsrechts auch sämtliche Kompetenzen und Pflichten zukommen, die dem Vorsitzenden eines Gremiums üblicherweise zustehen.[1002]

---

1001 Näher dazu *Kremer*, in: Ringleb/Kremer/Lutter/v. Werder, DCGK, Rn. 914 ff.; *Wilsing*, in: Wilsing, DCGK, Ziff. 5.2 Rn. 7 ff.

1002 *Lutter/Krieger/Verse*, Rechte und Pflichten des Aufsichtsrats, § 11 Rn. 675; *Schiedermair/Kolb*, in: Beck'sches Hdb. der AG, § 7 Rn. 133; *Schlitt*, DB 2005, 2007 (2008); s. auch *Drygala*, in: K. Schmidt/Lutter, § 107 AktG Rn. 19; *Hoffmann-Becking*, in: MünchHdbAG, § 31 Rn. 22; *Koch*, in: Hüffer, § 107 AktG Rn. 8; speziell zur Rolle des Aufsichtsratsvorsitzenden einer börsennotierten Aktiengesellschaft *Drinhausen/Marsch-Barner*, AG 2014, 337 (338 ff.); a.A. *Peus*, Der Aufsichtsratsvorsitzende, 1983, S. 27 ff., der insbesondere eine Aufgabenbestimmung anhand des Maßstabs der Üblichkeit ablehnt; den Rückgriff auf das Gewohnheitsrecht für nicht erforderlich haltend auch *Hopt/Roth*, in: GroßkommAktG, § 107 Rn. 91.

Dem Aufsichtsratsvorsitzenden wird durch eine Satzungsregelung regelmäßig auch die Leitung der Hauptversammlung zugewiesen, sodass ihm insoweit auch im Verhältnis zur Hauptversammlung eine Sonderstellung zuteil wird.[1003]

In der Praxis wird die Sonderrolle des Aufsichtsratsvorsitzenden nicht zuletzt maßgeblich durch das Phänomen der „faktischen Diskontinuität des Handelns des Aufsichtsrats"[1004] verstärkt: Trotz fortlaufend bestehender Pflichten des Aufsichtsrats ist das Gremium nicht permanent aktiv, sondern kommt oftmals nur in wenigen Sitzungen im Jahr zusammen.[1005] Der Aufsichtsratsvorsitzende ist hingegen laufend tätig und steht in ständigem Kontakt zum Vorstand bzw. zum Vorstandsvorsitzenden/-sprecher; er sorgt insoweit als Bindeglied für die Kontinuität der Überwachung und Beratung des Vorstands.[1006] Er muss ständig agieren und nicht selten unter Zeitdruck auch reagieren.

Diese rechtstatsächlichen Entwicklungen finden allerding keine – jedenfalls keine hinreichende – Berücksichtigung im Gesetz. Gleiches gilt für die Normierungen des DCGK sowie die Ausführungen im Schrifttum zu gewohnheitsrechtlich verankerten Aufgaben und Befugnisse des Aufsichtsratsvorsitzenden. Vor diesem Hintergrund handelt ein Aufsichtsratsvorsitzender bisweilen ohne Legitimationsgrundlage. Treffend weist *von Schenck* diesbezüglich auf ein „breites Delta" zwischen gesetzlicher Regelung und Rechtswirklichkeit hin.[1007] Die Unternehmenspraxis ist davon gekennzeichnet, dass dem Aufsichtsratsvorsitzenden regelmäßig ein entscheidender Einfluss sowohl auf die Entwicklung als auch auf die wirtschaftliche Stärke des Unternehmens zukommt.[1008]

Die vereinzelt gebliebenen Versuche, den Aufsichtsratsvorsitzenden vor dem Hintergrund der rechtstatsächlichen Gegebenheiten als gesondertes, weiteres

---

1003 Stellvertretend etwa *Hoffmann-Becking*, in: MünchHdbAG, § 31 Rn. 20; vgl. auch *Hopt/Roth*, in: GroßkommAktG, § 107 Rn. 146 unter Hinweis auf § 130 Abs. 1 Satz 3 AktG; *E. Vetter*, ZIP 2012, 701 (709).

1004 So ausdrücklich *v. Schenck*, AG 2010, 649 (651); vgl. auch *Kübler/Assmann*, Gesellschaftsrecht, § 15 IV.5.a) (S. 217); *Rubner/Pospiech*, NJW-Spezial 2015, 463.

1005 Aufsichtsräte börsennotierter Gesellschaften müssen nach § 110 Abs. 3 Satz 1 AktG mindestens zu zwei Sitzungen im Halbjahr zusammenkommen, für nicht börsennotierte Gesellschaften erfordert § 110 Abs. 3 Satz 2 AktG jedenfalls eine Sitzung im Halbjahr.

1006 Anschaulich *M. Roth*, ZGR 2012, 343 (363) („Sparringspartner des Vorstands"); *Drinhausen/Marsch-Barner*, AG 2014, 337 (342); *v. Schenck*, AG 2010, 649 (651); *Seibt*, in: Hommelhoff/Hopt/v. Werder, Hdb. Corporate Governance, S. 391 (405 ff.); ausführlich bereits *Krieger*, ZGR 1985, 338 (340 ff.), der die ständige Fühlungnahme zum Vorstand als wohl wichtigste Aufgabe des Aufsichtsratsvorsitzenden erachtet.

1007 Vgl. *v. Schenck*, AG 2010, 649 (651 f.); näher zu den über die gesetzlichen Normierungen hinausgehenden Aufgaben des Aufsichtsratsvorsitzenden auch *Servatius*, AG 1995, 223 (224 f.) sowie *Potthoff/Trescher/Theisen*, Aufsichtsratsmitglied, Rn. 1031 ff.

1008 *Hambloch-Gesinn/Gesinn*, in: Hölters, § 107 Rn. 28; vgl. auch *Bihr/Philippsen*, DStR 2011, 1133 (1135).

eigenständiges Organ der AG zu etablieren, vermögen dennoch nicht zu überzeugen,[1009] da insoweit von einem strikten *numerus clausus* der drei Organe Vorstand, Aufsichtsrat und Hauptversammlung auszugehen ist.[1010] Durch seine Amtsstellung hat der Aufsichtsratsvorsitzende indes zahlreiche Gelegenheiten zum Kontakt mit dem Vorstand und auch zur Initiative im Aufsichtsrat.[1011]

### c) *Haftungsrechtliche Konsequenz*

Die rechtstatsächlichen Gegebenheiten – insbesondere die Tatsache, dass der Aufsichtsratsvorsitzende laufend tätig ist und in ständigem Kontakt zum Vorstandsvorsitzenden/-sprecher steht,[1012] der Aufsichtsrat als Gremium hingegen nicht permanent aktiv ist – führen *de lege lata* zu erhöhten Haftungsrisiken des Aufsichtsratsvorsitzenden;[1013] sie können zu einer alleinigen Haftung des Aufsichtsratsvorsitzenden führen, während seinen Aufsichtsratskollegen kein Pflichtenverstoß zu Last gelegt werden kann. Dies ist jedoch eine Frage des Haftungstatbestands und somit zu unterscheiden von den an dieser Stelle thematisierten Sonderpflichten, die im organhaftungsrechtlichen Gesamtschuldnerinnenausgleich zu einer stärkeren Belastung des Aufsichtsratsvorsitzenden im Verhältnis zu seinen ebenfalls haftenden Aufsichtsratskollegen führen kann.

Da dem Gremium Aufsichtsrat eine Aufgaben- bzw. Ressortteilung – abgesehen von der Schaffung von Aufsichtsratsausschüssen – fremd ist und zudem weder Satzungs- oder Geschäftsordnungsbestimmungen noch der Aufsichtsrat selbst Entscheidungsbefugnisse des Gremiums an einzelne Mitglieder delegieren können,[1014] hängt die Rechtsfrage nach einer gesteigerten Ausgleichspflicht des Aufsichtsratsvorsitzenden maßgeblich davon ab, ob diesen von Rechts wegen Sonderpflichten treffen.

---

1009 Eine eigenständige Organqualität bejahen insbesondere *Schürnbrand*, Organschaft im Recht der privaten Verbände, 2007, S. 60 f.; *Peus*, Der Aufsichtsratsvorsitzende, 1983, S. 214; *ders.*, ZGR 1987, 545 (548).

1010 So die ganz h.M., s. nur *v. Schenck*, AG 2010, 649 (655); *Spindler*, in: MünchKomm-AktG, § 107 Rn. 44; *Semler*, in: Semler/v. Schenck, ArbHdb. AR, § 4 Rn. 40; *E. Vetter*, in: Marsch-Barner/Schäfer, Hdb. börsennotierte AG, § 27 Rn. 7 oder auch *Hopt/Roth*, in: GroßkommAktG, § 107 Rn. 63.

1011 Insoweit zutreffend *Peus*, Der Aufsichtsratsvorsitzende, 1983, S. 217; vgl. auch *Lieder*, Der Aufsichtsrat im Wandel der Zeit, 2006, S. 748 ff.

1012 Vgl. Ziff. 5.2 Abs. 3 DCGK: „Der Aufsichtsratsvorsitzende soll zwischen den Sitzungen mit dem Vorstand, insbesondere mit dem Vorsitzenden bzw. Sprecher des Vorstands, regelmäßig Kontakt halten (...)"

1013 *Rubner/Pospiech*, NJW-Spezial 2015, 463 (464).

1014 *Hoffmann-Becking*, in: MünchHdbAG, § 31 Rn. 21; *Hopt/Roth*, in GroßkommAktG, § 107 Rn. 130; vgl. auch BGH, NZG 2013, 792 (794); noch weitergehend *Köstler/Zachert/Müller*, Aufsichtsratspraxis, Rn. 360, die Satzungs- und Geschäftsordnungsbestimmungen, die die Position des Aufsichtsratsvorsitzenden über den gesetzlichen Rahmen bestärken, grundsätzlich ablehnen.

Im Grundsatz ist der Aufsichtsratsvorsitzende den einfachen Aufsichtsratsmitgliedern nicht übergeordnet;[1015] insbesondere kann er regelmäßig lediglich im Rahmen der Beschlussfassungen des Gesamtorgans handeln. Dennoch sehen bereits das Gesetz und nicht zuletzt auch die angeführten Regelungen des DCGK hinsichtlich der Aufgaben und Befugnisse ausdrücklich eine herausgehobene Stellung des Aufsichtsratsvorsitzenden vor, die über den Status eines bloßen Koordinators des Gremiums Aufsichtsrat hinausgeht.[1016] Dass der Aufsichtsratsvorsitzende insofern gerade nicht lediglich *primus inter pares* ist, belegt des Weiteren die in § 100 Abs. 2 Satz 1 Nr. 1, Satz 3 AktG normierte Doppelzählung von Vorsitzmandaten im Hinblick auf die Gesamtzahl an Aufsichtsratsmandaten.[1017] Den Sonderstatus veranschaulichen ferner zwei weitere Empfehlungen des DCGK (Stand: 7. Februar 2017), wonach Kandidatenvorschläge für den Aufsichtsratsvorsitz den Aktionären vorab mitgeteilt werden sollen (Ziff. 5.4.3 DCGK) und zudem bei der Wahl von ehemaligen Vorstandsmitglieder in den Aufsichtsrat der Wechsel in den Aufsichtsratsvorsitz eine zu begründende Ausnahme sein soll (Ziff. 5.4.4 DCGK).

Anders als für den Vorstandsvorsitzenden lassen sich demnach erhöhte Überwachungspflichten des Aufsichtsratsvorsitzenden, mit anderen Worten Sonderpflichten *ipso iure*, rechtsdogmatisch durchaus begründen. Ihm kommt zwar keine nach außen wirkende eigenständige Funktion zu;[1018] insoweit ist auch er lediglich Mitglied des Gesamtorgans Aufsichtsrat. Anders beurteilt sich die Lage indes mit Blick auf das für den Gesamtschuldnerausgleich der haftenden Organmitglieder maßgebliche Innenverhältnis. Dem Aufsichtsratsvorsitzenden kommen diesbezüglich nicht lediglich aufgrund rechtstatsächlicher Entwicklungen in der Praxis, sondern vielmehr bereits auf der Grundlage der Kodifikationen und Wertungen des AktG besondere Rechte und – spiegelbildlich – entsprechende Pflichten zu. Diese Sonderpflichten können im Haftungsfall zu einem höheren individuellen Grad der Verursachung und des Verschuldens eines Aufsichtsratsvorsitzenden führen und

---

1015 Vgl. BGHZ 64, 325 (330 f.) [*Bayer*]; 83, 106 (112 f.) [*Siemens*]; 83, 151 (154) [*Bilfinger & Berger*]; stellvertretend aus der Literatur *Habersack*, in: MünchKommAktG, Vorb. § 95 Rn. 14; *Lutter/Krieger/Verse*, Rechte und Pflichten des Aufsichtsrats, § 12 Rn. 821.

1016 Zutreffend *v. Schenck*, AG 2010, 649 (652 f.); vgl. ferner *Potthoff/Trescher/Theisen*, Aufsichtsratsmitglied, Rn. 1025; *Kremer*, in: Ringleb/Kremer/Lutter/v. Werder, DCGK, Rn. 914; *Semler*, in: Semler/v. Schenck, ArbHdb. AR, § 4 Rn. 40; von besonderen Befugnissen und Aufgaben ausgehend auch *Hoffmann-Becking*, in: MünchHdbAG, § 31 Rn. 21; *Hopt/Roth*, in: GroßkommAktG, § 107 Rn. 63; *Plagemann*, Die Vergütung des Aufsichtsrats in der börsennotierten Aktiengesellschaft, 2008, S. 29 und *Vogel*, Aktienrecht und Aktienwirklichkeit, 1980, S. 143.

1017 Ebenso *Spindler*, in: MünchKommAktG, § 107 Rn. 45; ferner *E. Vetter*, in: Marsch-Barner/Schäfer, Hdb. börsennotierte AG, § 27 Rn. 14; i. Erg. auch *Köstler/Zachert/Müller*, Aufsichtsratspraxis, Rn. 356.

1018 *Schlitt*, DB 2005, 2007 (2008).

im organhaftungsrechtlichen Innenregress eine gesteigerte Ausgleichspflicht begründen.[1019]

Insofern überrascht es also nicht lediglich *prima facie*, sondern vielmehr auch nach einer näheren rechtlichen Würdigung, dass Sonderpflichten des Aufsichtsratsvorsitzenden in den Ausführungen zum Innenausgleich der Gesamtschuldner im Organhaftungsrecht bislang vernachlässigt worden sind.

Als unklar und – soweit ersichtlich – im Schrifttum bislang nicht erörtert erweist sich allerdings eine haftungsrechtliche Quantifizierung der Sonderpflichten, die einem Aufsichtsratsvorsitzenden *ipso iure* obliegen. In Anbetracht der gesetzlichen Regelungen eines Zweitstimmrechts des Aufsichtsratsvorsitzenden und der explizit normierten Doppelzählung von Vorsitzmandaten bietet es sich an, auch in Bezug auf die Grundregel des § 426 BGB, die eine Haftung zu gleichen Teilen vorsieht, eine Modifizierung dergestalt vorzunehmen, dass es grundsätzlich zu einer Doppelzählung des Aufsichtsratsvorsitzenden kommt. Für Abweichungen von einem dergestalt modifizierten Grundsatz wäre der Aufsichtsratsvorsitzende darlegungs- und beweispflichtig, sofern sie sich zu seinen Gunsten auswirkten. Eine noch über den bereits durch Doppelzählung erhöhten Anteil hinausgehende Haftung des Aufsichtsratsvorsitzenden müsste hingegen von den mithaftenden Organmitgliedern dargelegt und bewiesen werden.

### *d) Rechtsstellung des stellvertretenden Aufsichtsratsvorsitzenden*

§ 107 Abs. 1 Satz 1 AktG sieht neben der Bestellung eines Aufsichtsratsvorsitzenden zwingend auch die Wahl mindestens eines Stellvertreters vor. Das Amt des stellvertretenden Aufsichtsratsvorsitzenden ist als ein selbständiges zu erachten; es besteht unabhängig davon, ob der Aufsichtsratsvorsitzende im Amt ist oder sein Amt vakant geworden sein sollte.[1020] Allerdings ist in § 107 Abs. 1 Satz 3 AktG ausdrücklich normiert, dass ein Stellvertreter nur dann Rechte und Pflichten des Vorsitzenden hat, wenn dieser verhindert ist. Eigene Rechte und Pflichten eines stellvertretenden Aufsichtsratsvorsitzenden sind dementsprechend nicht zu verzeichnen. Ein Stellvertreter kann lediglich anstelle des Vorsitzenden tätig werden. Sofern dies im Falle einer Verhinderung des Vorsitzenden aber der Fall sein sollte, entfalten die im Voranstehenden getroffenen Aussagen zu Sonderpflichten des Aufsichtsratsvorsitzenden vollumfängliche Geltung auf den stellvertretenden Aufsichtsratsvorsitzenden.

## 6. Beweislastumkehr im Innenregress

Im Hinblick auf die interne Verteilung der Haftungslast zwischen einzelnen Organmitgliedern sorgt im Schrifttum des Weiteren die – höchstrichterlich bislang nicht entschiedene – Rechtsfrage nach der (analogen) Geltung der Beweislastregelung des § 93 Abs. 2 Satz 2 AktG im Regressprozess für Diskussion.

---

1019 *Rubner/Pospiech*, NJW-Spezial 2015, 463 (464).
1020 *Hopt/Roth*, in: GroßkommAktG, § 107 Rn. 153.

### a) *Keine Beweislastumkehr – Ansicht von* Hopt *und* Roth

In der Literatur finden sich prominente Vertreter, die in Bezug auf die Frage der Haftungsverteilung im Innenverhältnis, d.h. die Abwägung anhand des Rechtsgedankens des § 254 BGB, die Regelung des § 93 Abs. 2 Satz 2 AktG für nicht anwendbar halten.[1021] Für den Anspruch aus § 426 Abs. 1 BGB folge dies bereits aus den allgemeinen Grundsätzen, wonach ein Kläger im Prozess die Beweislast für Umstände trägt, die für ihn günstig sind. Eine von der Regelverteilung des § 426 Abs. 1 BGB abweichende Aufteilung der Haftungslast sei ein günstiger Umstand für den Regresskläger, sodass er dafür die Beweislast trage.[1022] Gleiches gelte auch für den nach § 426 Abs. 2 Satz 1 BGB übergegangenen Anspruch aus § 93 AktG, da diesbezüglich zwingend zu differenzieren sei zwischen der vermuteten Pflichtverletzung und den im Rahmen des § 254 BGB entscheidenden Umständen, für die wiederum der Kläger des Regressprozesses die Beweislast trage.[1023] Soweit im Regressprozess die Frage der Außenhaftung in Frage stehe, gelte § 93 Abs. 2 Satz 2 AktG, ansonsten sei es aber nicht gerechtfertigt, den Kläger in Widerspruch zu den allgemeinen Grundsätzen gegenüber dem Beklagten zu bevorzugen.[1024]

Eine Einschränkung machen *Hopt* und *Roth* allerdings dahingehend, dass im Einzelfall nach den Grundsätzen der Beweisnähe Beweiserleichterungen zugunsten des Regressklägers möglich seien.[1025]

### b) *Gegenauffassung im Schrifttum*

Demgegenüber finden sich nicht minder namhafte Vertreter im Schrifttum, die sich für eine generelle Geltung der Beweislastumkehr auch im Innenregress zwischen Organmitgliedern aussprechen.[1026] Als maßgebendes Argument führen sie dafür an, dass die Haftungslage der im gesamtschuldnerischen Innenausgleich in Anspruch genommenen Organmitglieder sich nicht günstiger darstellen dürfe als diejenige der von der Gesellschaft belangten Organmitglieder.[1027] Dementsprechend unterlassen die Befürworter einer Geltung des § 93 Abs. 2 Satz 2 AktG unter beweisrechtlichen

---

1021 *Hopt/Roth*, in: GroßkommAktG, § 93 Rn. 467; i. Erg. auch *Wiesner*, in: MünchHdbAG, § 26 Rn. 27.

1022 *Hopt/Roth*, in: GroßkommAktG, § 93 Rn. 467.

1023 *Hopt/Roth*, in: GroßkommAktG, § 93 Rn. 467.

1024 *Hopt/Roth*, in: GroßkommAktG, § 93 Rn. 468.

1025 *Hopt/Roth*, in: GroßkommAktG, § 93 Rn. 469.

1026 *Mertens*, in: Hachenburg, § 43 GmbHG Rn. 65; *Mertens/Cahn*, in: KölnKommAktG, § 93 Rn. 50; *Paefgen*, in: Ulmer/Habersack/Löbbe, § 43 GmbHG Rn. 104; ferner *Ihrig/Schäfer*, Rechte und Pflichten des Vorstands, § 38 Rn. 1511. Angesprochen wird die Thematik auch von *Fleischer*, in: Spindler/Stilz, § 93 AktG Rn. 263 sowie *ders.*, in: MünchKommGmbHG, § 43 Rn. 319, der die Frage allerdings offen lässt.

1027 *Mertens*, in: Hachenburg, § 43 GmbHG Rn. 65; *Mertens/Cahn*, in: KölnKommAktG, § 93 Rn. 50; *Paefgen*, in: Ulmer/Habersack/Löbbe, § 43 GmbHG Rn. 104.

Gesichtspunkten eine Differenzierung zwischen der vermuteten Pflichtverletzung und den im Rahmen des § 254 BGB entscheidenden Umständen.

### c) *Stellungnahme*

Die gesamtschuldnerische Haftung nach § 93 Abs. 2 AktG bzw. § 43 Abs. 2 GmbHG ist eine der wesentlichen Ausprägungen des Grundsatzes der Gesamtverantwortung.[1028] Auf diesem Grundsatz beruhen im Aktien- und GmbH-Recht maßgeblich die Organisation der Geschäftsleitung und die Pflichten von Vorständen und Geschäftsführern. In den Worten des II. Zivilsenats des BGH besagt der Grundsatz der Gesamtverantwortung, dass auch dann, wenn mehrere Geschäftsführer (bzw. Vorstandsmitglieder) vorhanden sind, jeden von ihnen die Pflicht zur Geschäftsführung und damit auch für die Geschäftsführung im Ganzen trifft und dass dieser Allzuständigkeit eine entsprechende umfassende Gesamtverantwortung für die Belange der Gesellschaft gegenübersteht.[1029]

Näher konkretisiert meint Gesamtverantwortung mithin einerseits, dass kein Geschäftsführer oder Vorstandsmitglied eigenmächtig Kompetenzen an sich ziehen darf, die dem Geschäftsleitungsorgan in seiner Gesamtheit zustehen (Prinzip der Gesamtleitung); andererseits muss jeder Geschäftsführer bzw. jedes Vorstandsmitglied über den eigenen engeren Aufgabenbereich hinaus durch „umrisshafte Begleitung" an der gesamten Geschäftsleitung mitwirken (Prinzip der gegenseitigen Überwachung).[1030] Diese Ausprägungen der besonderen Gesamtverantwortung von Geschäftsleitern sprechen dagegen, den nur im Innenausgleich der Gesamtschuldner in Anspruch genommenen Organmitgliedern eine günstigere Haftungslage zuzugestehen als den von der Gesellschaft belangten Organmitgliedern.

Die Gesamtverantwortung im Organhaftungsrecht kann daher als bereichsspezifischer Begründungsansatz dafür herangezogen werden, die Parteien im Innenregressprozess nicht den allgemeinen zivilprozessualen Darlegungs- und Beweislastregelugen zu unterwerfen.

Zu bedenken ist ferner, dass die Regelung des § 93 Abs. 2 Satz 2 AktG nicht lediglich im Kontext des Schadensausgleichs zu sehen ist. Auch im Hinblick auf die dort enthaltene Beweislastregelung ist zugleich eine Schadensvorbeugung dahingehend intendiert, dass alle Organmitglieder sämtliche Anstrengungen unternehmen, um Fehlverhalten zu verhindern.[1031] Die vollumfängliche Entfaltung dieser präventiven, verhaltenssteuernden Funktion des § 93 Abs. 2 Satz 2 AktG erscheint nur erreichbar, wenn die Beweislastregelung auch im Regressprozess gilt.

---

1028 Ausführlich zur Gesamtverantwortung *Martens*, in: FS Fleck 1988, S. 191 ff.; *U.H. Schneider*, in: FS 100 Jahre GmbHG, 1992, S. 473 ff.; monographisch auch *Wettich*, Vorstandsorganisation in der Aktiengesellschaft, 2008.

1029 BGHZ 133, 370 (376 f.) [für die GmbH]; vgl. für das Aktienrecht etwa *Koch*, in: Hüffer, § 77 AktG Rn. 15; *Kort*, in: GroßkommAktG, § 77 Rn. 35.

1030 Näher *Fleischer*, NZG 2003, 449 (450 ff.).

1031 *Martens*, in: FS Fleck, 1988, S. 191 (195).

Insoweit überzeugt es also, dass dem Kläger im Regressprozess in Abkehr von den allgemeinen beweisrechtlichen Grundsätzen die Beweislastumkehr des § 93 Abs. 2 Satz 2 AktG zugutekommt.

## III. Fazit

Nach der auch im Organhaftungsrecht für den Innenausgleich maßgeblichen Regelung des § 426 BGB haften die Organmitglieder im Grundsatz zu gleichen Teilen. In der Rechtspraxis stellt der kopfteilige Regress zwar die Ausnahme dar; die betreffende gesetzliche Grundregel erlaubt jedoch eine eindeutige Zuweisung der Darlegungs- und Beweislast.

Auch im Organhaftungsrecht kann je nach Lage des konkreten Einzelfalles entsprechend § 254 BGB eine unterschiedlich abgestufte Ausgleichspflicht nach dem individuellen Grad der Verursachung und des Verschuldens bestehen. Weitgehende Einigkeit besteht insoweit, dass die unmittelbare Ressortverantwortung des zuständigen Geschäftsleiters regelmäßig stärker wiegt als die bloße Kontroll- und Überwachungsverantwortung der übrigen Organmitglieder. Eine vollständige Haftungsfreistellung der lediglich gegen Kontroll- und Überwachungspflichten verstoßenden Organmitglieder im Innenverhältnis ist allerdings angesichts der intendierten verhaltenssteuernden Funktion der Organhaftungstatbestände regelmäßig abzulehnen. Ebenso zu verneinen ist eine generell bestehende besondere Verantwortung von Mitgliedern lediglich sachnaher Ressorts.

Sowohl den Vorstandsvorsitzenden (respektive Vorstandssprechern) einer AG als auch den Sprechern der Geschäftsführung einer GmbH können durch Satzungsregelung und/oder entsprechende Normierungen in den jeweiligen Geschäftsordnungen gewisse Sonderpflichten zugewiesen werden, die im Haftungsfall zu einem erhöhten Grad der Verursachung und des Verschuldens führen können. Sonderpflichten *ipso iure* bestehen für sie hingegen nicht, dies gilt insbesondere auch für den Vorstandsvorsitzenden einer AG.

Anders lässt sich indes die Rechtslage mit Blick auf den Aufsichtsratsvorsitzenden beurteilen, den bereits von Rechts wegen Sonderpflichten treffen. In Anbetracht der gesetzlichen Regelungen eines Zweitstimmrechts des Aufsichtsratsvorsitzenden und der explizit normierten Doppelzählung von Vorsitzmandaten ist auch die Grundregel des kopfteiligen Regresses nach § 426 BGB bei der gesamtschuldnerischen Haftung des Aufsichtsratsvorsitzenden dergestalt zu modifizieren, dass es grundsätzlich zu einer Doppelzählung des Aufsichtsratsvorsitzenden kommt.

Im Hinblick auf die interne Verteilung der Haftungslast zwischen einzelnen Organmitgliedern ist von der (analogen) Geltung der Beweislastregelung des § 93 Abs. 2 Satz 2 AktG im Regressprozess auszugehen.

# 4. Teil: Nachträgliche Haftungsbeschränkungen

Mit der stetig steigenden Bedeutung der Organhaftung und der fortschreitenden tatbestandlichen Haftungsverschärfung durch den Gesetzgeber und die Rechtsprechung gewinnen zunehmend die Überlegungen zu privatautonomen Modifikationsmöglichkeiten der Organhaftung an Gewicht. Vereinbarungen zwischen der Gesellschaft und ihren Organmitgliedern scheinen *prima facie* eine geeignete Grundlage für mögliche Haftungskorrektive und zur Vermeidung einer übersteigerten Risikoaversion der Unternehmenslenker zu bilden.

Im Folgenden sollen daher die Zulässigkeit und die Grenzen von privatautonom vereinbarten Haftungsabschwächungen und -begrenzungen näher erörtert werden. ***Vorherige*** Risikobegrenzungen für Organmitglieder – etwa durch (i) D&O-Versicherungen,[1032] (ii) eine Herabsetzung des Pflichten- und Sorgfaltsmaßstabs,[1033]

1032 Näher zur D&O-Versicherung etwa *Dreher/Thomas*, ZGR 2009, 31 ff.; *Kerst*, WM 2010, 594 ff.; *Olbricht/Kassing*, BB 2009, 1659 ff.; anschaulich auch *Ihrig/Schäfer*, Rechte und Pflichten des Vorstands, § 41 Rn. 1620 ff.; *Sieg*, in: Krieger/U.H. Schneider, Hdb. Managerhaftung, § 15 Rn. 1 ff.; *Haarmann/Weiß*, BB 2014, 2115 (2121 f.).

1033 Vgl. für den GmbH-Geschäftsführer etwa *Bachmann*, ZIP 2013, 1946 (1949); *Janert*, BB 2013, 3016 (3020); *Tamm/Fangerow*, BB 2012, 1944 (1950); für fakultative Aufsichtsratsmitglieder *Lutter/Krieger/Verse*, Rechte und Pflichten des Aufsichtsrats, § 16 Rn. 1226. Eine vertragliche Herabsetzung des Pflichten- und Sorgfaltsmaßstabs für Vorstands- und/oder Aufsichtsratsmitglieder einer AG ist indes *de lege lata* unzulässig, da darin ein vorweggenommener teilweiser Forderungsverzicht läge, der nach den Bestimmungen des AktG nicht möglich ist; s. *Bank*, in: Patzina/Bank/Schimmer/Simon-Widmann, Kap. 17 Rn. 63; *Drygala*, in: K. Schmidt/Lutter, § 116 AktG Rn. 51; *Lutter*, DZWIR 2011, 265 (268).
Der allgemeine zivilrechtliche Grundsatz, dass die Haftung wegen Vorsatzes nicht im Voraus abbedungen werden kann, gilt auch im Organhaftungsrecht, vgl. stellv. *Fleischer*, in: MünchKommGmbHG, § 43 Rn. 312; *Janert*, BB 2013, 3016 (3019).

(iii) die Festlegung einer Haftungsobergrenze[1034] (ggf. in Relation zur Höhe der Vergütung[1035]) und/oder (iv) vertragliche Freistellungszusagen durch Gesellschafter bzw. Dritte[1036] – sollen dabei an dieser Stelle außen vor bleiben;[1037] nicht zuletzt der Handhabbarkeit der Thematik im Rahmen dieser Arbeit geschuldet ist eine Fokussierung auf ***nachträgliche*** Möglichkeiten einer privatautonomen Modifikation der Organhaftung.

Nach Ausführungen zu möglichen nachträglichen Haftungsbeschränkungen im Aktienrecht (§ 11 I.) werden die entsprechenden Überlegungen im deutlich disponibleren GmbH-Recht aufgezeigt (§ 11 II.). Sowohl für die Organmitglieder einer AG als auch für die Organmitglieder einer GmbH gelten schließlich die rechtsformübergreifenden Überlegungen zur beschränkten Gesamtwirkung vertraglicher Haftungsvereinbarungen (§ 12). Diese Thematik entfaltet grundsätzlich dann ihre besondere Bedeutung, wenn bei Kollegialorganen – wie sie regelmäßig in den deutschen Kapitalgesellschaften vorzufinden sind – im Haftungsfall nur mit einzelnen der haftenden Organmitglieder Erlassvereinbarungen oder Vergleiche mit teilweiser Erlasswirkung abgeschlossen werden.

1034 Für die Organmitglieder einer AG *Grunewald*, AG 2013, 813 (815 ff.); *Spindler*, AG 2013, 889 (903); im GmbH-Recht etwa *Fleischer*, BB 2011, 2435 (2439); *Tamm/Fangerow*, BB 2012, 1944 (1950 f.).

1035 *Bayer/Scholz*, NZG 2014, 926 (930); *Haarmann/Weiß*, BB 2014, 2115 (2116); *Hemeling*, ZHR 178 (2014), 221 (224); *Mayer*, NZG 2014, 1208 (1211); tendenziell auch *Gaul*, AG 2015, 109 (115).

1036 Eingehend dazu in monographischer Form *Thomas*, Die Haftungsfreistellung von Organmitgliedern, 2010; s. auch *Hasselbach*, DB 2010, 2037 (2040); *U.H. Schneider*, in: Scholz, § 43 GmbHG Rn. 263.

1037 Für einen ausführlichen Überblick zu den verschiedenen Möglichkeiten der vorherigen Risiko- und Haftungsbegrenzung für Organmitglieder im GmbH-Recht vgl. etwa *Fleischer*, BB 2011, 2435 ff.; *Werner*, GmbHR 2014, 792 ff.

# § 11 Nachträgliche Haftungsvereinbarungen mit Organmitgliedern

Im Hinblick auf nachträgliche Haftungsvereinbarungen mit Organmitgliedern ist aufgrund der unterschiedlich ausgestalteten rechtlichen Möglichkeiten und abweichenden Grenzen der Disponibilität zwingend zwischen dem Aktienrecht und dem Recht der GmbH zu differenzieren.

## I. Nachträgliche Haftungsvereinbarungen im Aktienrecht

### 1. Disponibilität der Organhaftung und ihre Grenzen

Die Regelungen des AktG schränken die Möglichkeiten für Haftungsvereinbarungen zwischen der Gesellschaft und haftenden Mitgliedern des Vorstands und/oder des Aufsichtsrats erheblich ein.[1038]

Nach derzeit geltendem Recht können weder die Satzung (vgl. § 23 Abs. 5 AktG) noch der Anstellungsvertrag der jeweiligen Organmitglieder die Haftung der Vorstands- und/oder Aufsichtsratsmitglieder auf einen gewissen Höchstbetrag reduzieren oder die Haftung auf Vorsatz und grobe Fahrlässigkeit beschränken.[1039] Ebenso

---

1038 *Hasselbach*, DB 2010, 2037 (2039); *Krieger/Sailer-Coceani*, in: K. Schmidt/Lutter, § 93 AktG Rn. 64; *Loritz/Wagner*, DStR 2012, 2189 (2193); vgl. auch *Dietz-Vellmer*, NZG 2014, 721.

1039 *Fleischer*, ZIP 2014, 1305; *Habersack*, AG 2014, 553; *Lutter*, DZWIR 2011, 265 (268); *E. Vetter*, NZG 2014, 921 (923); vgl. auch *Grunewald*, Gesellschaftsrecht, Kap. 2.C., Rn. 52.
A.A. *Seibt*, NZG 2015, 1097 (1102) („was satzungsmäßig unzulässig ist, kann vertraglich durchaus erlaubt sein") sowie *ders./Cziupka*, AG 2015, 93 (108), die im Spannungsfeld zwischen für Vorstandsmitglieder existenzbedrohenden Regressansprüchen einerseits und der regelmäßigen Verfolgungspflicht des Aufsichtsrats andererseits eine „anstellungsvertragliche Lösung" entwickelt haben: Im Anstellungsvertrag eines Vorstandsmitglieds soll eine Vorwegbindung des Ermessens des Aufsichtsrats „in Bezug auf eine spätere mögliche Anspruchsverfolgung zu Gunsten einer Regressbeschränkung aus typisierten Gründen des Unternehmenswohls" erfolgen. *Seibt*, NZG 2015, 1097 (1102) und *ders./Cziupka*, AG 2015, 93 (108) plädieren insoweit für eine „Halbvermögensschonung", wonach einem Vorstandsmitglied nach einer erfolgten Geltendmachung von Organhaftungsansprüchen 50 % des Wertes der Vermögensgegenstände verbleiben, die in einer (entsprechend § 802c Abs. 2 ZPO) zu erstellenden Vermögensauflistung enthalten sind. Den Lösungsansatz von *Seibt* und *Cziupka* entschieden ablehnend *Habersack*, NZG 2015, 1297 ff., da die „anstellungsvertragliche Lösung" zur *ex ante*-Risikominimierung mit geltendem Aktienrecht nicht zu vereinbaren sei; gegen satzungsmäßige Haftungsreduktionen auch *Heyers*, WM 2016, 581 (583 f.).

ausgeschlossen ist im Aktienrecht, durch eine Herabsetzung des Sorgfaltsmaßstabs die Haftung auf Vorsatz und grobe Fahrlässigkeit zu beschränken.[1040]

Ein etwaiger Verzicht oder Vergleich bezüglich der Ersatzansprüche der Gesellschaft gegen Organmitglieder ist lediglich unter den restriktiven Voraussetzungen des § 93 Abs. 4 Satz 3 AktG möglich.

## 2. Verzicht und Vergleich

Nach § 93 Abs. 4 Satz 3 AktG ist ein Verzicht oder ein Vergleich im Zusammenhang mit Haftungsansprüchen gegen Vorstandsmitglieder nur möglich: (i) drei Jahre nach Anspruchsentstehen, (ii) mit Zustimmung der Hauptversammlung und (iii) sofern nicht eine Minderheit, deren Anteil zusammen den zehnten Teil des Grundkapitals der Gesellschaft erreichen, Widerspruch zur Niederschrift einlegt.

Ein Verzicht im Sinne von § 93 Abs. 4 Satz 3 AktG umfasst den Erlassvertrag (§ 397 Abs. 1 BGB) und das negative Schuldanerkenntnis (§ 397 Abs. 2 BGB); ein Vergleich im Sinne von § 93 Abs. 4 Satz 3 AktG umfasst den gerichtlichen und den außergerichtlichen Vergleich (§ 779 BGB) – einschließlich des Prozessvergleichs (§§ 794 Abs. 1 Nr. 1, 1053 ZPO), des Anwaltsvergleichs (§§ 796a ff. ZPO) und des Schiedsvergleichs (§ 1053 ZPO).[1041]

Die sich auf Vorstandsmitglieder beziehenden Regelungen des § 93 Abs. 4 Satz 3 AktG gelten über die Verweisung in § 116 Satz 1 AktG ebenso für die Mitglieder des Aufsichtsrats.[1042]

### *a) Dreijahresfrist*

Der Aufsichtsrat kann gemäß § 93 Abs. 4 Satz 3 AktG erst nach Ablauf von drei Jahren seit Entstehung eines Haftungsanspruchs gegenüber einem Vorstandsmitglied auf den Schadensersatzanspruch verzichten oder einen Vergleich über diesen abschließen. Diese Dreijahresfrist soll die Gesellschaft vor übereilten Entscheidungen und Maßnahmen des Aufsichtsrats schützen, zumal bisweilen erst nach mehreren

---

1040 *Lutter*, DZWIR 2011, 265 (268); *Grunewald*, Gesellschaftsrecht, Kap. 2.C., Rn. 52. Für mögliche Haftungsmodifikation durch die Satzung *de lege ferenda* plädieren auch *Bachmann*, Gutachten zum 70. DJT, S. E 58 ff.; *Haarmann/Weiß*, BB 2014, 2115 (2116); *E. Vetter*, NZG 2014, 921 (923 ff.); zuvor bereits *Habersack*, ZHR 177 (2013), 782 (803); *Spindler*, AG 2013, 889 (896); kritisch *Bayer*, NJW 2014, 2546 (2548); *Fleischer*, ZIP 2014, 1305 (1312).

1041 *Krieger/Sailer-Coceani*, in: K. Schmidt/Lutter, § 93 AktG Rn. 64; ebenso *Fleischer*, AG 2015, 133 (140); *Koch*, in: Hüffer, § 93 AktG Rn. 76; einschränkend für den Prozessvergleich *Mertens*, in: FS Fleck, 1988, S. 209 (214); zur Anwendbarkeit des § 93 Abs. 4 Satz 3 AktG in der Sonderkonstellation der Verschmelzung zweier Aktiengesellschaften *Haßler*, AG 2016, 388 ff.

1042 *Bank*, in: Patzina/Bank/Schimmer/Simon-Widmann, Kap. 17 Rn. 11; *v. Falkenhausen*, NZG 2016, 601 (604 f.).

Jahren absehbar ist, wie hoch ein Schaden infolge eines pflichtwidrigen Vorstandshandels konkret ist.[1043]

Die Dreijahresfrist beginnt, sobald (i) der Haftungsanspruch entstanden ist und (ii) durch eine Leistungs- oder eine Feststellungsklage geltend gemacht werden kann.[1044] Voraussetzung für den Fristbeginn ist mithin, dass ein Schaden eingetreten ist, d.h. der Schaden muss sich noch nicht konkret beziffern lassen und braucht zudem in seiner Entwicklung auch noch nicht abgeschlossen zu sein.[1045]

Nach § 93 Abs. 4 Satz 4 AktG gilt die dreijährige Sperrfrist lediglich dann nicht, wenn das ersatzpflichtige Organmitglied zahlungsunfähig ist und sich zur Abwendung des Insolvenzverfahrens mit seinen Gläubigern vergleicht oder wenn die Ersatzpflicht des betreffenden Organmitglieds in einem Insolvenzplan geregelt wird.[1046]

### *b) Zustimmung der Hauptversammlung*

Die Hauptversammlung muss einem Verzicht oder Vergleich nach § 93 Abs. 4 Satz 3 AktG zustimmen. Dieses Zustimmungserfordernis soll einem wechselseitigen kollusiven Zusammenwirken von Vorstand und Aufsichtsrat zur Befreiung von Haftungsansprüchen entgegenwirken, da insbesondere dann, wenn die Mitglieder von Vorstand und Aufsichtsrat gesamtschuldnerisch haften, die Gefahr einer übermäßigen kollegialen Rücksichtnahme besteht.[1047]

Der Zustimmungsbeschluss kann mit einfacher Mehrheit gefasst werden (§ 133 AktG), sofern die Satzung der Gesellschaft diesbezüglich keine größere Mehrheit vorsieht. Nicht stimmberechtigt sind allerdings gemäß § 136 Abs. 1 AktG die betreffenden Organmitglieder, die auch Aktien der Gesellschaft halten. Dieses Stimmverbot umfasst im Falle einer gesamtschuldnerischen Haftung sämtliche Gesamtschuldner; dies gilt auch dann, wenn über die jeweiligen Verzichts- oder Vergleichsvereinbarungen im Wege der Einzelabstimmung Beschluss gefasst werden soll.[1048]

---

1043 *Helmrich/Eidam*, ZIP 2011, 257 (259); *Hölters*, in: Hölters, § 93 AktG Rn. 311; s. auch *Fleischer*, in: Spindler/Stilz, § 93 AktG Rn. 282; *Mertens*, in: FS Fleck, 1988, S. 209 (210).

1044 *Koch*, in: Hüffer, § 93 AktG Rn. 76; *Krieger/Sailer-Coceani*, in: K. Schmidt/Lutter, § 93 AktG Rn. 65; *Spindler*, in: MünchKommAktG, § 93 Rn. 251.

1045 *Fleischer*, in: Spindler/Stilz, § 93 AktG Rn. 282; *ders.*, AG 2015, 133 (138); *Krieger/Sailer-Coceani*, in: K. Schmidt/Lutter, § 93 AktG Rn. 65; vgl. bereits *Mertens*, in: FS Fleck, 1988, S. 209 (210); anschaulich zu Praxisproblemen bei Pflichtverletzungen mit nicht abgeschlossener Schadensentsstehenung *Harbarth/Höfer*, NZG 2016, 686 (687).

1046 Näher zu diesen Ausnahmen etwa *Fleischer*, in: Spindler/Stilz, § 93 AktG Rn. 283 f.; *ders.*, AG 2015, 133 (140).

1047 *Bayer/Scholz*, ZIP 2015, 149 (150); *Hölters*, in: Hölters, § 93 AktG Rn. 306; *Spindler*, in: MünchKommAktG, § 93 Rn. 252 m.w.N.

1048 *Dietz-Vellmer*, NZG 2011, 248 (250); *Fleischer*, in: Spindler/Stilz, § 93 AktG Rn. 279; vgl. bereits *Mertens*, in: FS Fleck, 1988, S. 209 (215).

### c) *Kein Widerspruch einer Minderheit*

Trotz einer etwaigen Zustimmung der Hauptversammlung bleiben ein Verzicht oder ein Vergleich dann unberücksichtigt, wenn eine Minderheit von wenigstens 10 Prozent des Grundkapitals Widerspruch zur Niederschrift des die Hauptversammlung beurkundenden Notars erhebt.

Für das erforderliche 10 Prozent-Quorum ist insoweit nicht das in der betreffenden Hauptversammlung vertretene, sondern das vorhandene Grundkapital maßgebend.[1049]

### d) *Keine Wirkung gegenüber Gesellschaftsgläubigern (§ 93 Abs. 5 Satz 3 AktG)*

Eine weitere Einschränkung der Möglichkeit, ein Vorstandsmitglied nachträglich durch privatautonome Vereinbarung aus seiner Haftung zu entlassen, enthält aus Gründen des Gläubigerschutzes § 93 Abs. 5 AktG. Danach kann ein Ersatzanspruch der Gesellschaft gegen ein Organmitglied auch von Gläubigern der Gesellschaft geltend gemacht werden, sofern (i) diese von der Gesellschaft keine Befriedigung ihrer Ansprüche erlangen können und (ii) es sich zudem bei der von dem Organmitglied begangenen Pflichtverletzung um einen Verstoß gegen § 93 Abs. 3 AktG oder um eine „gröbliche" Pflichtverletzung handelt. Sofern diese Tatbestandsvoraussetzungen vorliegen, ist ein Verzicht oder ein Vergleich der Gesellschaft gemäß § 93 Abs. 5 Satz 3 AktG gegenüber den Gläubigern der Gesellschaft unbeachtlich.[1050]

### e) *Gleichgestellte Rechtshandlungen*

Der Wortlaut des § 93 Abs. 4 Satz 3 AktG erwähnt ausdrücklich nur den Verzicht und den Vergleich. Dennoch besteht weitgehende Einigkeit, dass die Regelung des § 93 Abs. 4 Satz 3 AktG auch sonstige Rechtshandlungen erfasst, die tatsächlich wie ein Verzicht oder Vergleich wirken.[1051]

Eine Stundung ist insoweit etwa als Teilverzicht im Sinne des § 93 Abs. 4 Satz 3 AktG zu erachten.[1052] Auch ein Verzicht auf eine Aufrechnungsmöglichkeit ist ein Verzicht.[1053] Ebenso ist eine Novation dem Verzicht im Sinne von § 93 Abs. 4 Satz 3

---

1049 *Dietz-Vellmer*, NZG 2011, 248 (250); *Hasselbach*, NZG 2016, 890 (892); *Hopt/Roth*, in: GroßkommAktG, § 93 Rn. 515; *Koch*, in: Hüffer, § 93 AktG Rn. 78.

1050 *Dietz-Vellmer*, NZG 2011, 248 (250); *v. Falkenhausen*, NZG 2016, 601 (604); vgl. allgemein zu Interessenkonflikten zwischen Aktionären und Gläubigern *Klöhn*, ZGR 2008, 110 ff.

1051 *Fleischer*, in: Spindler/Stilz, § 93 AktG Rn. 287; *Helmrich/Eidam*, ZIP 2011, 257 (259); *Hölters*, in: Hölters, § 93 AktG Rn. 309; *Hopt/Roth*, in: GroßkommAktG, § 93 Rn. 527 ff.; *Krieger/Sailer-Coceani*, in: K. Schmidt/Lutter, § 93 AktG Rn. 64.

1052 *Krieger/Sailer-Coceani*, in: K. Schmidt/Lutter, § 93 Rn. 64.

1053 *Hölters*, in: Hölters, § 93 AktG Rn. 309; *Hopt/Roth*, in: GroßkommAktG, § 93 Rn. 527.

AktG gleichzusetzen.[1054] Ferner fallen Vereinbarungen, einen Haftungsanspruch nicht geltend zu machen (*pactum de non petendo*) in den Anwendungsbereich des § 93 Abs. 4 Satz 3 AktG.[1055] Gleiches gilt für einen Klageverzicht (§ 306 ZPO) und ein Anerkenntnis gegenüber einer negativen Feststellungsklage (§ 307 ZPO).[1056]

Darüber hinaus hat der BGH in seinem Urteil vom 8. Juli 2014 (Az. II ZR 174/13)[1057] klargestellt, dass auch die Übernahme von gegen ein Vorstandsmitglied verhängten Geldstrafen oder Geldauflagen nicht stets allein auf der Grundlage eines Aufsichtsratsbeschlusses von der Gesellschaft übernommen werden kann: Sofern das strafbewehrte Verhalten des betreffenden Vorstandsmitglieds gleichzeitig auch eine Pflichtverletzung gegenüber der Gesellschaft darstellt, muss die Hauptversammlung entsprechend § 93 Abs. 4 Satz 3 AktG einer derartigen Kostenübernahme durch die Gesellschaft zustimmen.[1058]

## 3. Verfügungen anderer Art

In Ermangelung entgegenstehender gesetzlicher Regelungen werden Verfügungen anderer Art über Organhaftungsansprüche – z. B. (i) Abtretungen, (ii) Verpfändungen oder (iii) Aufrechnungen – grundsätzlich für zulässig erachtet.[1059] Aufgrund des Schutzzwecks des § 93 Abs. 4 Satz 3 AktG ist bei der Verfügung über einen Haftungsanspruch indes zu berücksichtigen, dass der Gesellschaft ein vollwertiger Ersatz zufließt.[1060]

Verfügungen anderer Art über Organhaftungsansprüche sind allerdings dann unwirksam, wenn sie eine Umgehung des Vergleichs- und Verzichtsverbot nach § 93 Abs. 4 Satz 3 AktG darstellen.[1061]

1054 *Hölters*, in: Hölters, § 93 AktG Rn. 309; *Hopt/Roth*, in: GroßKommAktG, § 93 Rn. 527.

1055 *Mertens/Cahn*, in: KölnKommAktG, § 93 Rn. 171.

1056 *Habersack*, NZG 2015, 1297 (1299); *Schnorbus/Klormann*, NZG 2015, 938 (944).

1057 BGH, NZG 2014, 1058 ff.; näher dazu *Schmidt-Bendun*, DB 2014, 2756 ff.; *Tröger*, ZHR 179 (2015), 453 (455 ff.); vgl. auch *Hoffmann-Becking*, ZGR 2015, 618 ff., *Leuering/Rubner*, NJW-Spezial 2014, 559; *Mense/Klie*, GWR 2014, 389; *Reichert*, ZIP 2016, 1189 (1192); aus strafrechtlicher Perspektive *Talaska*, AG 2015, 118 ff.

1058 BGH, NZG 2014, 1058 (1059); *Knapp/Lepperdinger*, DStR 2015, 1252 (1252 ff.); zustimmend *Bachmann*, BB 2015, 771 (774); kritisch hingegen *Hoffmann-Becking*, ZGR 2015, 618 (627 ff.); *Selter*, ZIP 2015, 714 ff.

1059 *Krieger/Sailer-Coceani*, in: K. Schmidt/Lutter, § 93 Rn. 64; *Spindler* in: MünchKommAktG, § 93 Rn. 263.

1060 *Habersack*, in: FS Hommelhoff 2012, S. 303 (316); *Hasselbach*, DB 2010, 2037 (2040); *Spindler*, in: MünchKommAktG, § 93 Rn. 263.

1061 *Hölters*, in: Hölters, § 93 AktG Rn. 319; *Krieger/Sailer-Coceani*, in: K. Schmidt/Lutter, § 93 Rn. 64; *Mertens/Cahn*, in: KölnKommAktG, § 93 Rn. 172; *Spindler*, in: MünchKommAktG, § 93 Rn. 263.

## 4. Fazit

Die Möglichkeiten nachträglicher privatautonomer Haftungsvereinbarungen mit Organmitgliedern sind im Aktienrecht äußerst begrenzt. Lediglich in den engen Grenzen des § 93 Abs. 4 Satz 3 AktG können mit Vorstands- und/oder Aufsichtsratsmitgliedern einer AG nach Ablauf einer dreijährigen Sperrfrist nach Schadensentstehung Verzichts- oder Vergleichsvereinbarungen abgeschlossen werden. Ein Verzicht oder ein Vergleich bleiben bereits dann wirkungslos, wenn eine Aktionärsminderheit, die zusammen 10 Prozent des vorhandenen Grundkapitals vertreten, der betreffenden Vereinbarung widerspricht.

Vor diesem Hintergrund bietet das Aktienrecht *de lege lata* nur eingeschränkte Optionen, der zunehmenden Verschärfung der Organhaftung auf der Ebene privatautonomer Modifikationen der Organhaftung effektive Haftungskorrektive entgegenzusetzen.

# II. Nachträgliche Haftungsvereinbarungen im GmbH-Recht

## 1. Weitreichende Dispositionsmöglichkeiten im GmbH-Recht

Anders als im Aktienrecht bestehen im Recht der GmbH weitreichende Möglichkeiten, Organhaftungsansprüche gegen GmbH-Geschäftsführer – auch nachträglich noch – privatautonom zu modifizieren. § 43 GmbHG enthält kein zwingendes Recht; eine GmbH kann daher grundsätzlich frei über Haftungsansprüche aus § 43 GmbH disponieren.[1062]

Insbesondere aus der gesetzlichen Wertung in § 46 Nr. 8 GmbHG wird deutlich, dass es Sache der Gesellschafter ist, zu entscheiden, ob ein Geschäftsführer wegen etwaiger Pflichtverletzungen in Anspruch genommen werden soll oder nicht.[1063]

Vereinbarungen über die nachträgliche Beschränkung der Haftung eines GmbH-Geschäftsführers müssen nicht zwingend in der Satzung getroffen werden, vielmehr können entsprechende Vereinbarungen auch im Dienstvertrag des jeweiligen Geschäftsführers geregelt werden.[1064] Ausreichend ist insoweit ein Beschluss der Gesellschafter, der nicht zwingend einstimmig gefasst werden muss.[1065]

---

1062 *Klöhn*, in: Bork/Schäfer, § 43 GmbHG Rn. 76; *Koppensteiner/Gruber*, in: Rowedder/Schmidt-Leithoff, § 43 GmbHG Rn. 37; vgl. auch *Hasselbach*, DB 2010, 2037 (2038 f.), *Hoffmann-Becking*, ZGR 2015, 618 (620), jeweils m.w.N.

1063 *Fleischer*, in: MünchKommGmbHG, § 43 Rn. 281; *Paefgen*, in: Ulmer/Habersack/Löbbe, § 43 GmbHG Rn. 132.

1064 *Kleindiek*, in: Lutter/Hommelhoff, § 43 GmbHG Rn. 66; *Klöhn*, in: Bork/Schäfer, § 43 GmbHG Rn. 79.

1065 *Fleischer*, in: MünchKommGmbHG, § 43 Rn. 316 f.; *Klöhn*, in: Bork/Schäfer, § 43 GmbHG Rn. 79. Die gesellschafterliche Treuepflicht kann unter Gesichtspunkten des Minderheitenschutzes der freien (Mehrheits-)Entscheidungskompetenz der

Nachträgliche vertragliche Vereinbarungen zwischen der Gesellschaft und ihrem Geschäftsführer, um die Risiken der Außenhaftung des Geschäftsführers zu begrenzen, sind allerdings nicht möglich, da dies dem Verbot der Verträge zu Lasten Dritter zuwiderliefe.[1066] Ebenso ausgeschlossen sind nachträgliche Haftungsvereinbarungen nach der Eröffnung eines Insolvenzverfahrens über das Vermögen der Gesellschaft.[1067] Darüber hinaus können nachträgliche Haftungsvereinbarungen zwischen einer GmbH und ihrem Geschäftsführer, die im Vorfeld der Eröffnung eines Insolvenzverfahrens über das Vermögen der Gesellschaft getroffen wurden, gegebenenfalls anfechtbar sein nach Maßgabe der Regelungen in den §§ 129 ff. InsO.[1068]

## 2. Grenzen der Disponibilität

### *a) Dispositionsfestigkeit der Ansprüche gemäß § 43 Abs. 3 GmbHG*

Nachträgliche Haftungsvereinbarungen mit einem GmbH-Geschäftsführer im Zusammenhang mit den Sondertatbeständen nach § 43 Abs. 3 GmbHG sind nur in sehr engen Grenzen möglich:[1069]

Wenn den Bestimmungen des § 30 GmbHG zuwider Zahlungen aus dem zur Erhaltung des Stammkapitals der Gesellschaft erforderlichen Gesellschaftsvermögen gemacht oder den Bestimmungen des § 33 GmbHG zuwider eigene Geschäftsanteile der Gesellschaft erworben worden sind, dann ist eine nachträgliche Disposition über den Bestand oder die Durchsetzbarkeit des Schadensersatzanspruchs unwirksam, soweit der Ersatz zur Befriedigung der Gläubiger der Gesellschaft erforderlich ist (§ 43 Abs. 3 Satz 2 i.V.m. § 9b Abs. 1 GmbHG). Darüber hinaus regelt § 43 Abs. 3 Satz 3 GmbHG, dass auch eine etwaige Gesellschafterweisung, die den Geschäftsführer zum Verstoß gegen § 30 GmbHG bzw. § 33 GmbHG verleitet hat, den Ersatzanspruch unberührt lässt, falls er zur Befriedigung der Gläubiger erforderlich ist.

### *b) Allgemeiner Haftungstatbestand gemäß § 43 Abs. 2 GmbHG*

Für die Innenhaftung eines GmbH-Geschäftsführers außerhalb der von § 43 Abs. 3 GmbHG erfassten Fälle bestehen im Vergleich zum Aktienrecht sehr weitreichende Dispositionsmöglichkeiten – insbesondere bei nachträglichen Haftungsvereinbarungen mit Organmitgliedern.

---

Gesellschafterversammlung indes bestimmte Grenzen setzen, näher dazu *Hasselbarth*, DB 2010, 2037 (2039).

1066 *Jula*, GmbHR 2001, 806 (807).

1067 *Kleindiek*, in: Lutter/Hommelhoff, § 43 GmbHG Rn. 66.

1068 *Haas/Ziemons*, in: Michalski, § 43 GmbHG Rn. 238; ausführlich zu dieser Thematik *Haas/Wigand*, in: Krieger/U.H. Schneider, Hdb. Managerhaftung, § 16 Rn. 39 ff.

1069 *Kleindiek*, in: Lutter/Hommelhoff, § 43 GmbHG Rn. 60; *Lücke/Simon*, in: Saenger/Inhester, Hk-GmbHG, § 43 Rn. 81; vgl. auch *Moeder/Theiselmann*, in: Heybrock, PK-GmbHR, § 43 GmbHG Rn. 19.

Auch im Recht der GmbH sind der Disponibilität des allgemeinen Haftungstatbestands gemäß § 43 Abs. 2 GmbHG jedoch nach einhelliger Auffassung in Rechtsprechung und Literatur Grenzen gesetzt. Die insoweit maßgeblichen Rechtsfragen, (i) wo diese Grenzen zu ziehen sind und (ii) auf welche dogmatische Grundlage sie zu stützen sind, sind indes sehr umstritten.

#### *aa) Gröbliche Pflichtverletzung (§ 93 Abs. 5 AktG analog)*

Nach einem in der Literatur insbesondere von *Altmeppen* vertretenen Ansatz seien Schadensersatzansprüche gegen einen GmbH-Geschäftsführer generell unverzichtbar, sofern sie auf einem gröblichen Sorgfaltspflichtverstoß im Sinne einer Verletzung des Mindeststandards ordnungsgemäßen unternehmerischen Verhaltens beruhen und die Haftungsdurchsetzung im konkreten Fall zur Gläubigerbefriedigung benötigt wird.[1070] Gestützt wird dieser Ansatz auf eine analoge Anwendung von § 93 Abs. 5 Satz 2 und Satz 3 AktG im Recht der GmbH.[1071]

#### *bb) Erforderlichkeit zur Befriedigung der Gesellschaftsgläubiger*

Im Schrifttum wird ferner vertreten, dass eine Gesellschaft insoweit nicht über den Haftungsanspruch gegen einen GmbH-Geschäftsführer disponieren könne, als der Ersatzanspruch zur Befriedigung der Gläubigerinteressen erforderlich ist.[1072]

Auch der BGH hatte in einer Entscheidung im November 1999 noch geurteilt, dass die nachträgliche Beschränkung der Haftung eines GmbH-Geschäftsführers nicht möglich sei, soweit der Schadensersatzanspruch zur Befriedigung der Gesellschaftsgläubiger erforderlich ist.[1073] Allerdings hat der BGH diese Rechtsprechung bereits kurz darauf ausdrücklich aufgegeben und entschieden, dass § 43 Abs. 3 Satz 3 GmbHG eine unverzichtbare Schadensersatzpflicht des Geschäftsführers – soweit zur Befriedigung der Gesellschaftsgläubiger erforderlich – nur im Falle von verbotenen Auszahlungen an Gesellschafter vorliege.[1074]

#### *cc) Zwingende Grenzen des Gläubigerschutzes*

Vertreter einer etwas weniger restriktiven Auffassung sprechen sich dafür aus, nachträgliche Beschränkungen der Geschäftsführerhaftung zuzulassen, sofern nicht

---

1070 *Altmeppen*, NJW 2002, 321 (323 ff.); *ders.*, ZIP 2001, 1837 (1845); *ders.*, in: Roth/Altmeppen, § 43 GmbHG Rn. 132 ff.; zustimmend *Burghard*, ZIP 2002, 827 (839); sympathisierend auch *Bachmann*, Gutachten zum 70. DJT, S. E 112, der sich *de lege ferenda* für eine entsprechende Regelung in einem neuen Absatz des § 43 GmbHG ausspricht.

1071 *Altmeppen*, in: Roth/Altmeppen, § 43 GmbHG Rn. 138, 140 f.; *Burghard*, ZIP 2002, 827 (839).

1072 *Lutter*, GmbHR 2001, 301 (311); ferner *Jula*, GmbHR 2001, 806 (808); s. auch *Cahn*, Vergleichsverbote im Gesellschaftsrecht, 1996, S. 103 f.

1073 BGH, NJW 2000, 576.

1074 BGH, NJW 2002, 3777 (3778); vgl. zuvor bereits BGH, NJW 2000, 1571.

die Verletzung zwingender gläubigerschützender Pflichten des Geschäftsführers, insbesondere bzgl. der Kapitalerhaltung, in Rede steht.[1075] Die Dispositionsgrenzen aus § 43a GmbHG, nach § 15a InsO und auch aus sonstigen zwingenden Regelungen des Gläubigerschutzes ergäben sich insoweit aus einer analogen Anwendung des § 43 Abs. 3 GmbHG.[1076]

### *dd) Schutz des Stammkapitals*

Teilweise wird die Grenze der nachträglichen Disponibilität der Haftung eines GmbH-Geschäftsführers deutlich großzügiger gezogen. Insbesondere *Fleischer* sowie *Zöllner* und *Noack* postulieren, Haftungsansprüche gegen ein Organmitglied einer GmbH nur dann als unzulässig zu qualifizieren, wenn Verstöße gegen Rechtsregeln vorliegen, die das Stammkapital der Gesellschaft unmittelbar vor Abzug schützen (z.B. § 43a GmbHG) oder den Kapitalschutz verlängern (wie bei der Existenzvernichtungshaftung).[1077]

### *ee) Nur ausdrückliche gesetzliche Einschränkungen relevant*

Noch weitergehend werden von Teilen des Schrifttums – zumindest für die nachträglichen Haftungsvereinbarungen in Form eines Verzichtes oder eines Vergleichs – die Grenzen der Disponibilität gezogen, die allein auf im Gesetz geregelte Beschränkungen rekurrieren: Sofern es an einer ausdrücklichen gesetzlichen Einschränkung der Dispositionsmöglichkeiten fehlt, wie der Gesetzgeber sie etwa in § 43 Abs. 3 Satz 2 GmbHG i.V.m. § 9b GmbHG, in § 57 Abs. 4 GmbHG i.V.m. § 9b GmbHG und in § 64 Satz 1 und Satz 3 GmbHG normiert hat, dann seien entsprechende nachträgliche Haftungsvereinbarungen zugelassen.[1078]

### *ff) Stellungnahme*

Für eine Begrenzung der nachträglichen Dispositionsmöglichkeiten bei der Haftung von GmbH-Geschäftsführern in analoger Anwendung des § 93 Abs. 5 Satz 2 und Satz 3 AktG fehlt es bereits an der für einen Analogieschluss stets erforderlichen

---

1075 *Kleindiek*, in: Lutter/Hommelhoff, § 43 GmbHG Rn. 65; *Klöhn*, in: Bork/Schäfer, § 43 GmbHG Rn. 76; *Paefgen*, in: Ulmer/Habersack/Löbbe, § 43 GmbHG Rn. 147; *Sandmann*, Die Haftung von Arbeitnehmern, Geschäftsführern und leitenden Angestellten, 2001, S. 328 ff.

1076 *Kleindiek*, in: Lutter/Hommelhoff, § 43 GmbHG Rn. 65; *Klöhn*, in: Bork/Schäfer, § 43 GmbHG Rn. 76.

1077 *Fleischer* BB 2011, 2435 (2438 f.); *Zöllner/Noack*, in: Baumbach/Hueck, § 43 GmbHG Rn. 34 und Rn. 47; ähnlich *Lücke/Simon*, in: Saenger/Inhester, Hk-GmbHG, § 43 Rn. 72, Rn. 86 und Rn. 92.

1078 *Haas/Ziemons*, in: Michalski, § 43 GmbHG Rn. 238; ähnlich *Oetker*, in: Henssler/Strohn, § 43 GmbHG Rn. 53.

planwidrigen Regelungslücke.[1079] Bei der Einschränkung der Disponibilität des § 43 GmbHG hat sich der Gesetzgeber in Kenntnis der aktienrechtlichen Regelung für die Modifizierung des § 43 GmbHG in Gestalt seines bis heute geltenden Absatz 3 entschieden.[1080]

Auch die Auffassung, nachträgliche Haftungsvereinbarungen seien stets unwirksam, wenn der Schadensersatzanspruch zur Befriedigung der Gesellschaftsgläubiger erforderlich sei, ist abzulehnen. Eine derartige Beschränkung der Dispositionsmöglichkeiten ginge zu weit. Dem Gesetzwortlaut des § 43 GmbHG kann eine solche Einschränkung jedenfalls nicht entnommen werden. Ferner würde systematisch durch eine derartige Grenze der Disponibilität *de facto* ein gesetzesfremder Absatz 5 eingeführt.[1081]

Des Weiteren ist nicht ersichtlich, wie aus der dem Kapitalschutz dienenden Regelung in § 43 Abs. 3 GmbHG eine deutlich weitergehende Begrenzung der Disponibilität der Geschäftsführerhaftung im Interesse des Gläubigerschutzes abgeleitet werden kann.[1082] Dieses Argument spricht auch entscheidend gegen die Auffassung, in analoger Anwendung des § 43 Abs. 3 GmbHG eine nachträgliche Beschränkung der Geschäftsführerhaftung dann für unwirksam zu erachten, wenn zwingende Regelungen des Gläubigerschutzes entgegenstehen. Der Gesetzgeber hat § 43 Abs. 3 GmbHG nur vereinzelt in Bezug genommen (z.B. in § 64 Satz 4 GmbHG und in § 73 Abs. 3 Satz 2 GmbHG), eine breitflächige Inbezugnahme dieser Regelung hat er indes nicht normiert.[1083] Darüber hinaus hätten eine erforderliche Differenzierung zwischen disponiblen Haftungsansprüchen einerseits und im Gläubigerinteresse zwingend durchzusetzenden Ersatzansprüchen andererseits in der Praxis schwierige – und mitunter kaum zu lösende – Abgrenzungsschwierigkeiten zur Folge.[1084]

Die Vertreter der weitgehendsten Auffassung, die – jedenfalls bei einem Verzicht oder einem Vergleich – Haftungsvereinbarungen überall dort zugelassen, wo es an einer ausdrücklichen gesetzlichen Einschränkung fehlt, haben zwar den Wortlaut der Bestimmungen des GmbHG auf ihrer Seite. Allerdings ist auch diese Extremposition als zu weitgehend abzulehnen. Sie lässt sich nicht in Einklang bringen mit den das GmbH-Recht prägenden Grundsätzen der Kapitalerhaltung.

---

1079 So auch *Fleischer*, in: MünchKommGmbHG, § 43 Rn. 307; *Kleindiek*, in: Lutter/Hommelhoff, § 43 GmbHG Rn. 65; *U.H. Schneider*, in: Scholz, § 43 GmbHG Rn. 264; *Zöllner/Noack*, in: Baumbach/Hueck, § 43 GmbHG Rn. 47.

1080 *Fleischer*, in: MünchKommGmbHG, § 43 Rn. 307.

1081 *Zöllner/Noack*, in: Baumbach/Hueck, § 43 GmbHG Rn. 47.

1082 *Fleischer*, in: MünchKommGmbHG, § 43 Rn. 310.

1083 *Fleischer*, in: MünchKommGmbHG, § 43 Rn. 310.

1084 Plakativ *Haas/Wigand*, in: Krieger/U.H. Schneider, Hdb. Managerhaftung, § 16 Rn. 31 („mitunter diffuses Abgrenzungsmerkmal"); in diesem Sinne auch *Fleischer*, BB 2011, 2435 (2438); a.A. *Kleindiek*, in: Lutter/Hommelhoff, § 43 GmbHG Rn. 65 („für Kompetenzordnung des GmbH-Rechts ist die Abgrenzung geradezu elementar").

Überzeugend ist indes der ähnlich weitgehende, aber mit den Kapitalerhaltungsgrundsätzen zu vereinbarende Ansatz, die Grenze für die Disponibilität der Haftungsansprüche gegen ein Organmitglied einer GmbH bei Verstößen gegen Rechtsregeln zu ziehen, die das Stammkapital der Gesellschaft unmittelbar vor Abzug schützen oder den Kapitalschutz verlängern. Mit einer derart weitgehenden Zulassung nachträglicher Haftungsvereinbarungen im GmbH-Recht gewinnt man ein weiteres Instrumentarium, um auf Rechtsfolgenseite der Organhaftung auf die stetig fortschreitende Haftungsverschärfung und die damit verbundene Gefahr einer übersteigerten Risikoaversion der GmbH-Geschäftsführer – unter Berücksichtigung der Umstände des konkreten Einzelfalles – korrigierend einwirken zu können.

## 3. Verzicht und Vergleich

Da es im GmbHG keine der Regelung in § 93 Abs. 4 AktG entsprechende Norm gibt und diese aktienrechtliche Vorschrift im Recht der GmbH auch nicht analog heranzuziehen ist, steht es einer GmbH grundsätzlich frei, nachträgliche Modifikationen der Organhaftung zu beschließen.[1085] Die Gesellschaft kann insbesondere im Nachhinein auf Schadenersatzansprüche gegenüber ihrem Geschäftsführer verzichten, diesbezüglich ein negatives Schuldanerkenntnis abgeben oder sich auch mit dem betreffenden Geschäftsführer gemäß § 779 BGB vergleichen[1086] – vorausgesetzt, die zuvor herausgearbeiteten Grenzen der Disponibilität der Organhaftung im GmbH-Recht werden nicht überschritten.[1087]

In entsprechender Anwendung des § 46 Nr. 8 GmbHG, der für die Geltendmachung eines Schadensersatzanspruchs gegen einen Geschäftsführer stets einen Beschluss der Gesellschafterversammlung voraussetzt, bedürfen auch ein Verzicht auf Ersatzansprüche, ein negatives Schuldanerkenntnis oder ein Vergleich eines Beschlusses der Gesellschafterversammlung.[1088] Dies gilt auch dann, wenn das satzungsmäßige Anstellungsorgan ausnahmsweise ein Aufsichtsrat oder der Beirat ist.[1089]

---

1085 *Fleischer*, in: MünchKommGmbHG, § 43 Rn. 281; *Klöhn*, in: Bork/Schäfer, § 43 GmbHG Rn. 76; *Koppensteiner/Gruber*, in: Rowedder/Schmidt-Leithoff, § 43 GmbHG Rn. 37; *Paefgen*, in: Ulmer/Habersack/Löbbe, § 43 GmbHG Rn. 132. Da es keine Parallelregelung zu § 93 Abs. 4 AktG oder vergleichbare rechtliche Hürden im GmbH-Recht gibt, weist *Behme*, IWRZ 2015, 3 (6), auf die Chancen von Mediationsverfahren insbesondere im Bereich der Haftung von GmbH-Geschäftsführern hin.

1086 *Haas/Ziemons*, in: Michalski, § 43 GmbHG Rn. 238; *Klöhn*, in: Bork/Schäfer, § 43 GmbHG Rn. 77; *Paefgen*, in: Ulmer/Habersack/Löbbe, § 43 GmbHG Rn. 132; *Zöllner/Noack*, in: Baumbach/Hueck, § 43 GmbHG Rn. 47.

1087 Näher dazu § 11 II.2.

1088 BGH, NJW 1998, 1315 (1316); *Oetker*, in: Henssler/Strohn, § 43 GmbHG Rn. 54; *U.H. Schneider*, in: Scholz, § 43 GmbHG Rn. 267; *Zöllner/Noack*, in: Baumbach/Hueck, § 43 GmbHG Rn. 47.

1089 *Haas/Ziemons*, in: Michalski, § 43 GmbHG Rn. 238a; a.A. *Altmeppen*, in: Roth/Altmeppen, § 43 GmbHG Rn. 122 a.E.

## 4. Entlastung

Eine weitere Möglichkeit einer nachträglichen Haftungsvereinbarung im Recht der GmbH stellt der sog. Entlastungsbeschluss gemäß § 46 Nr. 5, 2. Alt. GmbHG dar. Rechtsdogmatisch wird die Entlastung eines GmbH-Geschäftsführers durch die Gesellschafter als Präklusion qualifiziert.[1090] Denn nach einer wirksamen Entlastung kann die Gesellschaft einen etwaigen Schadensersatzanspruch gegen einen GmbH-Geschäftsführer – anders als im Aktienrecht nach der Regelung in § 120 Abs. 2 Satz 2 AktG[1091] – insoweit nicht mehr geltend machen, sofern die Pflichtverletzung zum Zeitpunkt des Entlastungsbeschlusses bei sorgfältiger Prüfung aller Vorlagen und Berichte für die Gesellschafterversammlung erkennbar war.[1092]

Eine Entlastung entfaltet allerdings auch im Recht der GmbH dann keine haftungsentlastende Wirkung für einen Geschäftsführer, wenn dieser gegen zwingende Bestimmungen des Gläubigerschutzes verstoßen hat und die Inanspruchnahme des Geschäftsführers im Zeitpunkt des Entlastungsbeschlusses zur Gläubigerbefriedigung erforderlich gewesen ist.[1093]

## 5. Generalbereinigung

Sofern eine Gesellschaft gegenüber ihrem (ehemaligen) Geschäftsführer nicht lediglich auf alle zur Zeit der Beschlussfassung bekannten oder aus den zugänglichen Informationsquellen erkennbaren Schadensersatzansprüche verzichten will, sondern vielmehr auf sämtliche denkbar entstandenen bzw. im Kern angelegten Haftungsansprüche, dann kann die Gesellschaft eine sog. Generalbereinigung beschließen.[1094]

Auch die Generalbereinigung ist von der weitgehenden Dispositionsfreiheit der Gesellschafter einer GmbH bei nachträglichen Haftungsvereinbarungen mit den GmbH-Geschäftsführern gedeckt.

---

1090 OLG München, NJW-RR 1993, 1507 (1508); *Klöhn*, in: Bork/Schäfer, § 43 GmbHG Rn. 78; *Thomas*, Die Haftungsfreistellung von Organmitgliedern, 2010, S. 14; wohl auch *Koppensteiner/Gruber*, in: Rowedder/Schmidt-Leithoff, § 43 GmbHG Rn. 37; a.A. *Paefgen*, in: Ulmer/Habersack/Löbbe, § 43 GmbHG Rn. 132, der von einer besonderen Form des Verzichts ausgeht.

1091 Trotz der nur „symbolischen" Bedeutung der Entlastung im Aktienrecht weist *Bachmann*, Gutachten zum 70. DJT, S. E 26, indes zu Recht auf den „Prangereffekt" der verweigerten Entlastung hin.

1092 *Hirte*, Kapitalgesellschaftsrecht, Rn. 3.98; *Klöhn*, in: Bork/Schäfer, § 43 GmbHG Rn. 78; *Krause*, BB 2009, 1370 (1374); *U.H. Schneider*, in: Scholz, § 43 GmbHG Rn. 265; s. auch OLG München, GmbHR 2013, 813 (816 f.).

1093 *Klöhn*, in: Bork/Schäfer, § 43 GmbHG Rn. 78.

1094 BGH, ZIP 2003, 945 (946); NJW 1998, 1315 (1315 f.); BGHZ 29, 385 (391); *Altmeppen*, in: Roth/Altmeppen, § 43 GmbHG Rn. 122; *Buck-Heeb*, in: Gehrlein/Ekkenga/Simon, § 43 GmbHG Rn. 73; *Koppensteiner/Gruber*, in: Rowedder/Schmidt-Leithoff, § 43 GmbHG Rn. 38; *Paefgen*, in: Ulmer/Habersack/Löbbe, § 43 GmbHG Rn. 133.

## 6. Fazit

Nachträgliche Haftungsvereinbarungen mit einem GmbH-Geschäftsführer, der durch Verstöße gegen § 30 GmbHG oder § 33 GmbHG einen der Sondertatbestände nach § 43 Abs. 3 GmbHG erfüllt hat, sind nur in sehr engen Grenzen möglich.

Im Hinblick auf den allgemeinen Haftungstatbestand gemäß § 43 Abs. 2 GmbHG bestehen jedoch – anders als im Aktienrecht – weitreichende Möglichkeiten nachträglicher privatautonomer Haftungsvereinbarungen mit Organmitgliedern. Die Disponibilität der Haftungsansprüche im GmbHG findet nach hier vertretener Auffassung ihre Grenzen lediglich bei Verstößen gegen Rechtsregeln, die das Stammkapital der Gesellschaft unmittelbar vor Abzug schützen (z. B. § 43a GmbHG) oder den Kapitalschutz verlängern (wie bei der Existenzvernichtungshaftung).

Vor diesem Hintergrund bietet das GmbH-Recht bereits *de lege lata* weitreichende Optionen, der zunehmenden Verschärfung der Organhaftung auf der Ebene privatautonomer Modifikationen der Organhaftung effektive Haftungskorrektive entgegenzusetzen.

# § 12 Beschränkte Gesamtwirkung nachträglicher Haftungsvereinbarungen

Die steigenden Anforderungen des modernen Wirtschaftslebens setzen zunehmend – nicht zuletzt aufgrund einer an die Grenzen stoßenden Leistungskapazität der einzelnen Organmitglieder[1095] – auch in den Organen der Kapitalgesellschaften eine Arbeitsteilung voraus. In der Unternehmenspraxis in Deutschland bestehen die Geschäftsführung einer GmbH und vor allem die Vorstände und Aufsichtsräte einer AG daher regelmäßig aus Kollegialorganen, die arbeitsteilig zusammenwirken.

Im Haftungsfall kommt es dementsprechend grundsätzlich zu einer gesamtschuldnerischen Haftung der einzelnen Organmitglieder gegenüber der jeweiligen Gesellschaft.[1096] Nach der Inanspruchnahme eines oder mehrerer Gesamtschuldner durch die Gesellschaft ist der Ausgleich unter mehreren Schuldnern in deren Innenverhältnis zu bestimmen und durchzusetzen.[1097]

In das bestehende System dieser gesamtschuldnerischen Haftungsgrundsätze greift eine Gesellschaft allerdings dann ein, wenn sie einen oder mehrere, nicht aber sämtliche Schuldner durch nachträgliche Haftungsvereinbarungen aus der gesamtschuldnerischen Haftung entlässt.[1098]

## I. Problemaufriss

Näher nachzugehen ist somit im Folgenden der Frage nach den Auswirkungen einer nachträglichen Haftungsvereinbarung mit einem oder einzelnen Gesamtschuldnern auf die Haftungsverhältnisse der übrigen Gesamtschuldner. Konkret gilt es zu klären, ob und wenn ja in welchem Maße sich die privatautonomen Haftungsmodifikationen auch zu Gunsten der nicht an einer nachträglichen Haftungsvereinbarung beteiligten Gesamtschuldner auswirken. Wenn ein Gläubiger einer Gesamtschuld einen oder einzelne Gesamtschuldner (i) rechtlich durch nachträgliche Vereinbarungen (z. B. durch einen Erlass i.S.v. § 397 Abs. 1 BGB oder durch eine Vergleichsvereinbarung i.S.v. § 779 BGB) bzw. (ii) faktisch durch Nichtinanspruchnahme oder Verstreichenlassen der Verjährungsfrist aus der Haftung entlässt, dann gibt die gesetzliche Regelung in § 423 BGB vor, dass nicht zu Lasten einzelner auf das Ausgleichsverhältnis eingewirkt werden darf.[1099]

---

1095 *Fleischer*, in: Fleischer, Hdb. Vorstandsrecht, § 1 Rn. 52; vgl. auch *Ihrig/Schäfer*, Rechte und Pflichten des Vorstands, § 16 Rn. 410; *Freund*, NZG 2015, 1419 (1422).

1096 Ausführlich dazu § 9.

1097 Näher dazu § 10.

1098 Vgl. *Goette*, ZHR 176 (2012), 588 (605).

1099 *Einsiedler*, MDR 2009, 1369; *Goette*, ZHR 176 (2012), 588 (606); vgl. auch *Bayer/Scholz*, ZGR 2016, 619 ff.; *Segna*, ZIP 2015, 1561 ff., der sich näher mit der

## II. Gestaltungsmöglichkeiten

Angesichts der Regelung in § 423 BGB, die auch im Falle von gesamtschuldnerisch haftenden Organmitglieder gilt, kommen drei verschiedene Gestaltungsmöglichkeiten in Betracht.[1100]

### 1. Uneingeschränkte Gesamtwirkung

Denkbar ist, dass ein Gläubiger das Schuldverhältnis durch die bilaterale Vereinbarung mit einem oder mehreren Gesamtschuldnern gegenüber allen Gesamtschuldnern, d.h. auch gegenüber den nicht als Partei an der nachträglichen Haftungsvereinbarung beteiligten Gesamtschuldnern, in gleichem Maße aufheben bzw. beschränken will. Eine solche Haftungsvereinbarung stellt einen dinglichen Vertrag zu Gunsten Dritter i.S.v. § 328 Abs. 1 BGB dar.[1101]

### 2. Einzelwirkung

Möglich ist jedoch auch, dass der nachträglichen Haftungsvereinbarung lediglich Einzelwirkung zukommen soll, sodass die Abrede nur im Außenverhältnis zwischen Gläubiger und begünstigtem Gesamtschuldner wirkt. Dies führte dazu, dass die Gesellschaft den oder die an der Vereinbarung selbst als Partei beteiligten Gesamtschuldner nicht mehr in Anspruch nehmen kann, dieser bzw. diese allerdings den übrigen Gesamtschuldner weiterhin im Innenverhältnis nach § 426 BGB haften.[1102] Die Einzelwirkung führt mithin nicht zu einer endgültigen Haftungsbefreiung oder -beschränkung.

### 3. Beschränkte Gesamtwirkung

Der Innenregress der übrigen Gesamtschuldner kann nicht durch eine Abrede zwischen Gläubiger und begünstigtem Gesamtschuldner abbedungen werden, da dies ein unzulässiger Vertrag zu Lasten Dritter wäre.[1103] Möglich ist eine entsprechende Freistellung des begünstigten Gesamtschuldners nur, wenn dies im Ergebnis auf

Organhaftung und der (gestörten) Gesamtschuldschuld bei Stiftungen im Sinne der §§ 80 ff. BGB befasst.

1100 *Bydlinski*, in: MünchKommBGB, § 423 Rn. 2 f.; *Grüneberg*, in: Palandt, § 423 BGB Rn. 2 ff.; *Looschelders*, in: Staudinger, § 423 BGB Rn. 17 ff.; s. auch *Einsiedler*, MDR 2009, 1369; *Goette*, ZHR 176 (2012), 588 (606); anschaulich *Bayer/Scholz*, ZGR 2016, 619 (633).

1101 *Looschelders*, in: Staudinger, § 423 BGB Rn. 18.

1102 *Grüneberg*, in: Palandt, § 423 BGB Rn. 3; *Looschelders*, in: Staudinger, § 423 BGB Rn. 19; vgl. auch *Segna*, ZIP 2015, 1561 (1564).

1103 BGHZ 58, 216 (220); *Looschelders*, in: Staudinger, § 423 BGB Rn. 20.

Kosten des Gläubigers erfolgt.[1104] Vor diesem Hintergrund hat die Rechtsprechung nach Vorarbeiten im Schrifttum[1105] als dritte Gestaltungsmöglichkeit nachträglicher Haftungsvereinbarungen die Rechtsfigur der „beschränkten Gesamtwirkung" entwickelt.[1106]

Im Hinblick auf einen Prozessvergleich mit einem Gesamtschuldner führt der BGH in seinem grundlegenden Urteil vom 21. März 2000 (Az. IX ZR 39/99) Folgendes an:[1107]

> „Dem Prozessvergleich kann eine beschränkte Gesamtwirkung in dem Sinne zukommen, dass der Gesellschafter, dessen Verbindlichkeit erlassen wird (M), zugleich von seiner im Innenverhältnis aus § 426 Abs. 1 BGB dem anderen Gesamtschuldner (Bekl.) gegenüber begründeten Haftung befreit werden soll (...). Da die Ausgleichspflicht der Gesamtschuldner bereits bei Begründung des Gesamtschuldverhältnisses und nicht erst mit der Leistung eines Gesamtschuldners an den Gläubiger entsteht (...), ist dies wirksam nur in der Weise möglich, dass der Anspruch des Gläubigers gegen den am Vergleich nicht beteiligten Gesamtschuldner im Wege eines Vertrags zu Gunsten Dritter in dem Umfang aufgehoben wird, in welchem der durch den Erlass begünstigte Gesamtschuldner, wäre er vom Gläubiger voll in Anspruch genommen worden, Ausgleich von dem anderen Gesamtschuldner verlangen könnte (...)."

Sofern einer nachträglichen Haftungsvereinbarung mit einem oder einzelnen Gesamtschuldner also eine beschränkte Gesamtwirkung zukommen soll, können sich die betreffenden Gesamtschuldner endgültig, d. h. auch im Innenverhältnis, auf die Haftungsbefreiung bzw. -beschränkung berufen.

Zugleich wird der Anspruch der Gesellschaft gegenüber den nicht an der Haftungsvereinbarung beteiligten Gesamtschuldnern um den Anteil gekürzt, den der oder die begünstigten Gesamtschuldner ohne Haftungsvereinbarung im Innenverhältnis zu den nicht an der Haftungsabrede beteiligten Gesamtschuldnern zu tragen hätten.[1108] Dogmatisch ist mithin auch eine nachträgliche Haftungsvereinbarung, der eine beschränkte Gesamtwirkung zukommen soll, als Vertrag zu Gunsten Dritter zu erachten.[1109]

---

1104 *Bydlinski*, in: MünchKommBGB, § 423 Rn. 3; *Looschelders*, in: Staudinger, § 423 BGB Rn. 20; vgl. auch *Bayer/Scholz*, NZG 2014, 926 (934).

1105 Eingehend bereits *Wacke*, AcP 170 (1970), 41 ff.

1106 BGH, NJW 2000, 1942 ff.; NJW 2012, 1071 ff.; s. auch OLG Düsseldorf, NJOZ 2008, 3765 (3769 f.); OLG Oldenburg, MDR 2000, 20; OLG Bremen, NJW-RR 1998, 1745 (1746); OLG Köln, NJW-RR 1994, 1307; OLG Hamm, NJW-RR 1988, 1174; zurückhaltend noch BGHZ 58, 216 (220).

1107 BGH, NJW 2000, 1942 (1943).

1108 *Grüneberg*, in: Palandt, § 423 BGB Rn. 4; *Schnorbus/Ganzer*, WM 2015, 1877 (1884).

1109 *Bydlinski*, in: MünchKommBGB, § 423 Rn. 3; näher zum Vertrag zu Gunsten Dritter *Gottwald*, in: MünchKommBGB, § 328 Rn. 1 ff.; *Grüneberg*, in: Palandt, § 328 BGB Rn. 1 ff.

Da ein Gläubiger auch bei Haftungsvereinbarungen mit einzelnen Gesamtschuldnern grundsätzlich ein Interesse hat, seinen Haftungsanspruch gegenüber den übrigen Gesamtschuldnern durchzusetzen, kommt einer nachträglichen Haftungsvereinbarung im Zweifel nur Einzelwirkung zu.[1110] Eine beschränkte Gesamtwirkung kann eine nachträgliche Haftungsabrede nur entfalten, wenn die Parteien, insbesondere die Gesellschaft, eine solche Intention eindeutig erkennen lassen.

In diesem Zusammenhang hat der BGH die erhöhten Anforderungen an die Erkennbarkeit des Parteiwillens in einem Urteil vom 22. Dezember 2011 (Az. VII ZR 7/11) nochmals verdeutlicht:

> „Dazu, dass die Parteien eine solche beschränkte Gesamtwirkung gewollt haben, hat das Berufungsgericht keine Feststellungen getroffen. Allein der Umstand, dass der Vergleichspartner im Innenverhältnis allein haftet (...), reicht insoweit nicht aus. Es kommt auf den Willen der Parteien an, ihn auch von dem Risiko zu befreien, dass der Vergleich durch einen Gesamtschuldnerausgleich ganz oder teilweise wertlos wird. Ohne weitere Anhaltspunkte aus dem Vergleich oder den ihm zu Grunde liegenden Verhandlungen kann von einem solchen Willen nicht ausgegangen werden. Denn der Gläubiger hat grundsätzlich ein Interesse daran, sich bei dem anderen Gesamtschuldner schadlos halten zu können."[1111]

## III. Auslegung der nachträglichen Haftungsvereinbarung

Sofern in einer nachträglichen Haftungsvereinbarung zwischen der Gesellschaft als Gläubiger und einem oder mehreren Organmitgliedern als Gesamtschuldner der Parteiwille in Bezug auf die Wirkung der Abrede gegenüber den übrigen Gesamtschuldner nicht ausdrücklich geregelt wurde, ist die Vereinbarung nach Maßgabe der §§ 133, 157 BGB auszulegen;[1112] eine generelle Vermutung, dass auch die übrigen mithaftenden Organmitglieder entlastet werden sollen, besteht nicht.[1113]

Maßgebend ist demnach zunächst einmal – ausgehend vom Wortlaut und dem diesem zu entnehmenden objektiv erklärten Willen – der durch eine normative Auslegung zu ermittelnde objektive Erklärungswert des Verhaltens der Vertragsparteien.[1114] Im Anschluss daran sind in einem zweiten Schritt außerhalb des Erklärungsakts liegende Begleitumstände in die Auslegung einzubeziehen, die einen

---

1110 BGH, NJW 2000, 1942 (1943); NJW-RR 2005, 34 (36); *Looschelders*, in: Staudinger, § 423 BGB Rn. 26.

1111 BGH, NJW 2012, 1071 (1073).

1112 BGH, NJW 2000, 1942 (1943); NJW 2003, 2980 (2981); *Bydlinski*, in: MünchKommBGB, § 423 Rn. 5; *Einsiedler*, MDR 2009, 1369 (1370 f.); *Looschelders*, in: Staudinger, § 423 BGB Rn. 24; *Schnorbus/Ganzer*, WM 2015, 1877 (1884).

1113 *Buck-Heeb*, in: Gehrlein/Ekkenga/Simon, § 43 GmbHG Rn. 69 a.E.

1114 Anstatt vieler BGHZ 124, 39 (45); 121, 39 (45); s. auch *Einsiedler*, MDR 2009, 1369 (1370); *Ellenberger*, in: Palandt, § 133 BGB Rn. 9.

Rückschluss auf den Sinngehalt der Erklärung zulassen und dem Erklärungsgegner bekannt oder erkennbar waren.[1115]

Für ein in Anspruch genommenes Organmitglied hat eine nachträglich vereinbarte Modifikation der Haftung indes nur dann einen Wert, wenn ihm die Begünstigung dauerhaft bleibt, d. h. nicht nur im Verhältnis zu der Gesellschaft, sondern auch im Verhältnis zu den gesamtschuldnerisch mithaftenden weiteren Organmitgliedern.

Dementsprechend wird die Auslegung nachträglicher Haftungsvereinbarungen einer Gesellschaft mit gesamtschuldnerisch haftenden Organmitgliedern oftmals eine beschränkte Gesamtwirkung als das von den Parteien intendierte Regelungsziel ergeben, da die Einzelwirkung – zumindest mit Blick auf die Organmitglieder – regelmäßig nicht interessengerecht ist.[1116]

## IV. Rechtliche Konsequenzen der beschränkten Gesamtwirkung im Organhaftungsrecht

Trotz der erheblichen Praxisrelevanz von nachträglichen Haftungsvereinbarungen mit beschränkter Gesamtwirkung im Organhaftungsrecht haben sich bisher nur wenige Autoren im kapitalgesellschaftsrechtlichen Schrifttum mit den materiell-rechtlichen Auswirkungen der beschränkten Gesamtwirkung befasst.[1117]

### 1. Materiell-rechtliche Auswirkungen

Eine nachträgliche Haftungsvereinbarung mit beschränkter Gesamtwirkung zwischen der Gesellschaft und einem oder mehreren gesamtschuldnerisch haftenden Organmitgliedern führt materiell-rechtlich dazu, dass die Gesellschaft auch die an der nachträglichen Haftungsvereinbarung nicht beteiligten Gesamtschuldner nur noch anteilig in Anspruch nehmen kann.

Der Anspruch gegen die nicht an der nachträglichen Haftungsvereinbarung beteiligten Gesamtschuldner wird insoweit im Wege eines Vertrages zugunsten Dritter reduziert. Die konkrete Höhe des reduzierten Haftungsumfangs bestimmt sich danach, in welcher Höhe der oder die an der nachträglichen Haftungsvereinbarung beteiligten Organmitglieder im Innenverhältnis von den anderen gesamtschuldnerisch haftenden Organmitgliedern hätten in Anspruch genommen werden können.

In diesem Zusammenhang kommt es mithin entscheidend auf die unterschiedlich abgestufte Ausgleichspflicht der einzelnen gesamtschuldnerisch haftenden

1115 Vgl. nur BGH, NJW-RR 2000, 1002 (1003); *Ellenberger*, in: Palandt, § 133 BGB Rn. 15.

1116 Zur Praxisrelevanz der beschränkten Gesamtwirkung auch *Looschelders*, in: Staudinger, § 423 BGB Rn. 26.

1117 Ausnahmen bilden insoweit *Goette*, ZHR 176 (2012), 588 (605) und *Voß*, Gesamtschuldnerische Organhaftung, 2008, S. 126 ff.

Organmitglieder nach ihrem individuellen Grad der Verursachung und des Verschuldens an.[1118] Die Modalitäten der Organhaftung geben insoweit die Leitlinien und Grenzen für den Umfang privatautonomer Modifikationen der Organhaftung vor.

## 2. Prozessuale Aspekte

### *a) Einwendung*

Den zuvor angeführten Entscheidungen des BGH zur beschränkten Gesamtwirkung von Haftungsabreden mit einem Gesamtschuldner ist nicht ausdrücklich zu entnehmen, welche prozessualen Auswirkungen derartige Haftungsvereinbarungen haben. Unklar erscheint insoweit, ob die beschränkte Gesamtwirkung und die mit ihr einhergehende anteilige Haftungsreduzierung als Einrede geltend zu machen oder als Einwendung zu berücksichtigen ist.

Für eine rechtsdogmatische Einordnung der beschränkten Gesamtwirkung als Einwendung lassen sich indes folgende Ausführungen des OLG Köln in seinem Urteil vom 17. Dezember 1993 (Az. 19 U 135/93) heranziehen:

> „(...), wobei er ausweislich seines Vorgehens im Prozess vor dem AG den Bekl. nur anteilig in Anspruch nehmen wollte, ohne dass die anderen Mittäter doch noch auf dem Umweg des Gesamtschuldnerausgleichs zum Schadensersatz herangezogen werden sollten. Dies hat der Kläger im Termin bestätigt, in dem er erklärte, die Angelegenheit hätte für die anderen ein für alle Male erledigt sein sollen."[1119]

Eine gesonderte Rechtsausübung in Form der Geltendmachung durch den Schuldner fordert das OLG Köln in diesem Zusammenhang nicht. Somit behandelt das Gericht die beschränkte Gesamtwirkung nicht als Einrede, sondern als Einwendung.

Die Berücksichtigung einer Einwendung erfordert, dass (i) die einwendungsbegründenden Tatsachen in den Prozess eingeführt werden und (ii) sie unstreitig oder bewiesen sind. Eine gesonderte Rechtsausübung in Form der Geltendmachung durch den Schuldner bedarf es nicht.

### *b) Darlegungs- und Beweislast*

Aufgrund der im Organhaftungsrecht geltenden Beweislastumkehr in § 93 Abs. 2 Satz 2 AktG obliegt einem gesamtschuldnerisch haftenden Organmitglied die Darlegungs- und Beweislast für (i) die beschränkte Gesamtwirkung einer nachträglichen Haftungsabrede zwischen der Gesellschaft und einem anderen, begünstigten Gesamtschuldner und (ii) das damit einhergehende teilweise Erlöschen seiner eigenen Leistungspflicht.

---

1118 Ausführlich dazu bereits unter § 10 II.

1119 OLG Köln, NJW-RR 1994, 1307.

Allerdings kann ein in Anspruch genommenes Organmitglied im Einklang mit der gesetzlichen Regelung in § 426 BGB vortragen, dass es gegenüber den mithaftenden, durch die Haftungsabrede aber begünstigten Organmitgliedern einen kopfteiligen Innenausgleichsanspruch hätte und der Anspruch der Gesellschaft entsprechend zu kürzen ist. Will die Gesellschaft dem betreffenden Organmitglied eine höhere Haftungsquote zuweisen und insofern von der gesetzlichen Regelung in § 426 BGB abweichen, dann ist diesbezüglich die Gesellschaft darlegungs- und beweispflichtig.

## V. Fazit

Sofern einer nachträglichen Haftungsvereinbarung mit einem oder einzelnen gesamtschuldnerisch haftenden Organmitgliedern eine beschränkte Gesamtwirkung zukommen soll, können sich die betreffenden Organmitglieder endgültig – d.h. auch im Innenverhältnis gegenüber den übrigen, nicht an der nachträglichen Haftungsvereinbarung beteiligten Organmitgliedern – auf die Haftungsbefreiung bzw. -beschränkung berufen.

Zugleich wird der Anspruch der Gesellschaft gegenüber den nicht an der Haftungsvereinbarung beteiligten Gesamtschuldnern allerdings um denjenigen Anteil gekürzt, den der oder die begünstigten Gesamtschuldner ohne Haftungsvereinbarung im Innenverhältnis zu den nicht an der Haftungsabrede beteiligten Gesamtschuldnern zu tragen hätten.

Maßgeblich für den Umfang der Haftungsreduzierung ist in diesem Zusammenhang die unterschiedlich abgestufte Ausgleichspflicht der einzelnen gesamtschuldnerisch haftenden Organmitglieder nach ihrem individuellen Grad der Verursachung und des Verschuldens.

# Schlussbetrachtungen

## I. Zusammenfassung der wesentlichen Ergebnisse

Die wesentlichen Ergebnisse der vorangegangenen Überlegungen lassen sich wie folgt zusammenfassen:

### 1. Das Haftungssystem für Organmitglieder von Kapitalgesellschaften

(1) Das Organhaftungsrecht hat allgemein in den letzten Jahren merklich an Schlagkraft gewonnen. Dies ist einerseits auf eine Vielzahl von Reformgesetzen zurückzuführen, die zu einer deutlichen Steigerung der Verhaltensanforderungen an Organmitglieder von Kapitalgesellschaften geführt haben. Andererseits wurden die betreffenden gesetzgeberischen Aktivitäten zugleich flankiert durch eine Reihe haftungsverschärfender Gerichtsentscheidungen.

(2) Das immer weiter ausgreifende Pflichtengefüge für Organmitglieder von Kapitalgesellschaften ist nicht auf die geschäftsführenden Vorstandsmitglieder einer AG und die Geschäftsführer einer GmbH beschränkt; deutlich gestiegene Verhaltensanforderungen und damit Haftungsrisiken werden in Zeiten der fortschreitenden Professionalisierung des Aufsichtsrats längst auch an die Mitglieder des Aufsichtsrats gestellt.

(3) Die tatbestandliche Haftungsverschärfung und die steigende Zahl gerichtlich geltend gemachter Haftungsansprüche gegen Organmitglieder lassen unweigerlich auch die Rechtsfolgen der zivilrechtlichen Organhaftung in den Fokus der Rechtspraxis rücken.

(4) Neben der fortwährenden Haftungsverschärfung durch den Gesetzgeber und die (höchstrichterliche) Rechtsprechung haben tatsächliche Faktoren und Gegebenheiten einen nachhaltigen Einfluss auf die Haftungsgefahren der Organmitglieder: Neben den besonderen Charakteristika unternehmerischer Entscheidungen und der Schadenshöhe in Organhaftungsfällen zählt hierzu insbesondere das Phänomen des kognitiven Rückschaufehlers (*hindsight bias*).

### 2. Die Schadensermittlung im Organhaftungsrecht

(1) Auch im Organhaftungsrecht gilt der allgemeine Schadensbegriff nach Maßgabe der §§ 249 ff. BGB; ein gesellschaftsrechtlicher Schadensbegriff unter Beschränkung auf zweckwidrige Vermögensminderungen ist abzulehnen.

(2) Bei der Anwendung der allgemeinen Regeln des Schadensrechts werden gesellschaftsrechtliche Besonderheiten insoweit berücksichtigt, als dass den Haftungstatbeständen in § 43 Abs. 3 GmbHG und § 93 Abs. 3 AktG bei Verstößen von Organmitgliedern gegen sog. Kardinalspflichten ein eigenständiger,

normativer Schadensbegriff zu Grunde liegt. Nach diesem eigenständigen Schadensbegriff ist es ausgeschlossen, den Wert etwaiger Gegenleistungen von vornherein in die Differenzhypothese im Rahmen der Schadensberechnung einzustellen.

(3) Bei den allgemeinen Organhaftungstatbeständen nach § 43 Abs. 2 GmbHG und § 93 Abs. 2 AktG ist hingegen die Gesamtvermögensbetrachtung im Rahmen der Differenzhypothese nur dann normativ zu korrigieren, wenn die Gegenleistung objektiv nicht gleichwertig und/oder subjektiv nicht sinnvoll einsetzbar ist.

(4) Auch im Organhaftungsrecht findet der Einwand rechtmäßigen Alternativverhaltens grundsätzlich Berücksichtigung, sofern das betreffende Organmitglied die Anforderungen der ihm obliegenden Darlegungs- und Beweislast erfüllen kann. Lediglich in Einzelfällen kann sich aus dem Schutzzweck der verletzten Norm bzw. der Vertragspflicht ergeben, dass der Einwand rechtmäßigen Alternativverhaltens nicht zugunsten des Schädigers greift.

(5) Im Rahmen der Innenhaftung von Geschäftsführern, Vorstands- und Aufsichtsratsmitgliedern gelten die Regeln der Vorteilsausgleichung. Die Frage der Anrechenbarkeit von Vorteilen ist dabei in Übereinstimmung mit der allgemeinen zivilrechtlichen Dogmatik auch im Organhaftungsrecht grundsätzlich über Billigkeits- und Zumutbarkeitserwägungen im konkreten Einzelfall zu lösen.

(6) Ein Geschäftsführer einer GmbH kann sich – anders als die Vorstandsmitglieder einer AG – sowohl im Falle einer rechtswidrigen Weisung als auch in Bezug auf ein Handeln nach ausdrücklicher Zustimmung auf ein Mitverschulden der Gesellschafterversammlung berufen.
Ferner können GmbH-Geschäftsführer bzw. Vorstandsmitglieder einer AG in den Fällen der schuldhaften Bestellung eines anderen Organmitglieds trotz dessen Ungeeignetheit für das Amt eine Anspruchskürzung wegen Mitverschuldens eines anderen Gesellschaftsorgans geltend machen.

(7) Eine Kapitalgesellschaft kann im Einzelfall aufgrund der ihr obliegenden organschaftlichen Fürsorge- und Rücksichtnahmepflicht gehindert sein, ein haftendes Organmitglied in voller Höhe in Anspruch zu nehmen. Die inhaltliche Ausformung dieser Fürsorge- und Rücksichtnahmepflicht erfolgt dabei im Wege eines Wertungstransfers zu den Grundsätzen der betrieblich veranlassten Tätigkeit. Dieser Wertungstransfer erfährt jedoch die organhaftungsrechtlichen Modifikationen, dass (i) auch im Falle leichter Fahrlässigkeit lediglich eine Haftungsreduzierung möglich ist, und (ii) eine Haftungsreduzierung bei grob fahrlässigem Handeln des in Anspruch genommenen Organmitglieds generell ausgeschlossen ist. Die absolute Untergrenze einer möglichen Haftungsreduzierung ist in Anlehnung an die in § 93 Abs. 2 Satz 3 AktG enthaltene gesetzliche Wertung zu bestimmen.

(8) Auf die Haftungsmilderung des § 31a BGB sowie eine Haftungshöchstgrenze in analoger Anwendung des § 10 Abs. 1 ProdHaftG oder des § 323 Abs. 2 HGB können sich die Organmitglieder einer GmbH oder einer AG im Haftungsprozess nicht berufen.

(9) Sofern eine mit einer Geldbuße sanktionierte Gesellschaft durch einen Organhaftungsanspruch Regress bei einem ihrer Organmitglieder nehmen will, ist die Möglichkeit des Regresses summenmäßig zu beschränken. Insoweit ist der für persönlich verantwortliche Organmitglieder vorgesehene Bußgeldrahmen als Obergrenze für Regressansprüche der Gesellschaft heranzuziehen.

(10) Im Hinblick auf allgemeine Regressbegrenzungen im Organhaftungsrecht sollte in Abweichung vom Prinzip der Regelverfolgung nach dem traditionellen Verständnis der *ARAG/Garmenbeck*-Doktrin eine Neuorientierung der Haftungsdurchsetzung vorgenommen werden: Dem für die Geltendmachung eines Schadensersatzanspruchs zuständigen Gesellschaftsorgan ist ein größerer Entscheidungsspielraum zuzugestehen, ob Haftungsansprüche durchzusetzen sind, oder ob dem Unternehmenswohl besser mit einem Absehen von der Inanspruchnahme gedient ist.

(11) Als allgemeine Regressbegrenzung im Organhaftungsrecht kann im Einzelfall bereits *de lege lata* eine Haftungsmilderung wegen Unbilligkeit der Schadenstragung greifen.

## 3. Gesamtschuldnerische Haftung der Organmitglieder

(1) Die gesetzliche Anordnung der gesamtschuldnerischen Haftung im Organhaftungsrecht führt dazu, dass die Regelungen der §§ 422 ff. BGB anzuwenden sind, ohne dass es einer Prüfung der Begriffsmerkmale des § 421 BGB bedarf.

(2) Auch die Mitglieder der verschiedenen Gesellschaftsorgane haften bei einem einheitlichen zu Grunde liegenden Haftungssachverhalt gesamtschuldnerisch.

(3) Eine mögliche gesamtschuldnerische Haftung eines oder mehrerer Organmitglieder und eines Arbeitnehmers der Gesellschaft, der das arbeitsrechtliche Haftungsprivileg genießt, hat nach den Grundsätzen der gestörten Gesamtschuld gegebenenfalls zur Konsequenz, dass die Ersatzplicht des von der Gesellschaft in Anspruch genommenen Organmitglieds um den Verantwortungsteil des freigestellten bzw. privilegierten Arbeitnehmers zu kürzen ist.

(4) Nach § 426 BGB haften die Organmitglieder im Grundsatz zu gleichen Teilen. In der Rechtspraxis stellt der kopfteilige Regress zwar die Ausnahme dar; die betreffende gesetzliche Grundregel erlaubt jedoch eine eindeutige Zuweisung der Darlegungs- und Beweislast.

(5) Auch im Organhaftungsrecht kann je nach Lage des konkreten Einzelfalles entsprechend § 254 BGB eine unterschiedlich abgestufte Ausgleichspflicht nach dem individuellen Grad der Verursachung und des Verschuldens bestehen.

(6) Bei der Beurteilung des individuellen Verschuldensgrads wiegt die unmittelbare Ressortverantwortung des zuständigen Geschäftsleiters regelmäßig stärker als die bloße Kontroll- und Überwachungsverantwortung der übrigen Organmitglieder. Eine vollständige Haftungsfreistellung der lediglich gegen Kontroll- und Überwachungspflichten verstoßenden Organmitglieder im Innenverhältnis ist allerdings abzulehnen. Ebenso zu verneinen ist eine generell

bestehende besondere Verantwortung von Mitgliedern lediglich sachnaher Ressorts.

(7) Sowohl den Vorstandsvorsitzenden bzw. Vorstandssprechern einer AG als auch den Sprechern der Geschäftsführung einer GmbH können durch Satzungsregelung und/oder entsprechende Normierungen in den jeweiligen Geschäftsordnungen gewisse Sonderpflichten zugewiesen werden, die im Haftungsfall zu einem erhöhten Grad der Verursachung und des Verschuldens führen können. Sonderpflichten *ipso iure* bestehen für sie hingegen nicht, dies gilt insbesondere auch für den Vorstandsvorsitzenden einer AG.

(8) Anders beurteilt sich indes die Rechtslage mit Blick auf den Aufsichtsratsvorsitzenden, den bereits von Rechts wegen Sonderpflichten treffen. In Anbetracht der gesetzlichen Regelungen eines Zweitstimmrechts des Aufsichtsratsvorsitzenden und der explizit normierten Doppelzählung von Vorsitzmandaten ist auch die Grundregel des kopfteiligen Regresses nach § 426 BGB bei der gesamtschuldnerischen Haftung des Aufsichtsratsvorsitzenden dergestalt zu modifizieren, dass es grundsätzlich zu einer Doppelzählung des Aufsichtsratsvorsitzenden kommt.

(9) Im Hinblick auf die interne Verteilung der Haftungslast zwischen einzelnen Organmitgliedern ist von der (analogen) Geltung der Beweislastregelung des § 93 Abs. 2 Satz 2 AktG im Regressprozess auszugehen.

## 4. Nachträgliche Haftungsbeschränkungen

(1) Die Möglichkeiten nachträglicher privatautonomer Haftungsvereinbarungen mit Organmitgliedern sind im Aktienrecht äußerst begrenzt. Lediglich in den engen Grenzen des § 93 Abs. 4 Satz 3 AktG können mit Vorstands- und/oder Aufsichtsratsmitglieder einer AG nach Ablauf einer dreijährigen Sperrfrist nach Schadensentstehung Verzichts- oder Vergleichsvereinbarungen abgeschlossen werden. Vor diesem Hintergrund bietet das Aktienrecht *de lege lata* nur eingeschränkte Optionen, der zunehmenden Verschärfung der Organhaftung auf der Ebene privatautonomer Modifikationen der Organhaftung effektive Haftungskorrektive entgegenzusetzen.

(2) Auch nachträgliche Haftungsvereinbarungen mit einem GmbH-Geschäftsführer, der durch Verstöße gegen § 30 GmbHG oder § 33 GmbHG einen der Sondertatbestände nach § 43 Abs. 3 GmbHG erfüllt hat, sind nur in sehr engen Grenzen möglich.

(3) Im Hinblick auf den allgemeinen Haftungstatbestand gemäß § 43 Abs. 2 GmbHG bestehen jedoch weitreichende Möglichkeiten nachträglicher privatautonomer Haftungsvereinbarungen mit GmbH-Geschäftsführern. Die Disponibilität der Haftungsansprüche im GmbHG findet ihre Grenzen lediglich bei Verstößen gegen Rechtsregeln, die das Stammkapital der Gesellschaft unmittelbar vor Abzug schützen oder den Kapitalschutz verlängern.

(4) Sofern einer nachträglichen Haftungsvereinbarung mit einem oder einzelnen gesamtschuldnerisch haftenden Organmitgliedern eine beschränkte

Gesamtwirkung zukommen soll, können sich die betreffenden Organmitglieder endgültig – d.h. auch im Innenverhältnis gegenüber den übrigen, nicht an der nachträglichen Haftungsvereinbarung beteiligten Organmitgliedern – auf die Haftungsbefreiung bzw. -beschränkung berufen. Zugleich wird der Anspruch der Gesellschaft gegenüber den nicht an der Haftungsvereinbarung beteiligten Gesamtschuldnern allerdings um denjenigen Anteil gekürzt, den der oder die begünstigten Gesamtschuldner ohne Haftungsvereinbarung im Innenverhältnis zu den nicht an der Haftungsabrede beteiligten Gesamtschuldnern zu tragen hätten. Maßgeblich für den Umfang der Haftungsreduzierung ist in diesem Zusammenhang die unterschiedlich abgestufte Ausgleichspflicht der einzelnen gesamtschuldnerisch haftenden Organmitglieder nach ihrem individuellen Grad der Verursachung und des Verschuldens.

## II. Ausblick

Der Alltag der Manager deutscher Kapitalgesellschaften scheint auch in nächster Zeit von anwachsenden rechtlichen Pflichtenkatalogen und weiter ansteigenden Verhaltensanforderungen geprägt zu sein – ein Ende des Fortschreitens der tatbestandlichen Verschärfung der Organhaftung ist derzeit nicht absehbar.

Das Organhaftungsrecht wird daher weiter an Schlagkraft gewinnen. Die Frequenz an Klageverfahren dürfte infolgedessen weiter ansteigen; dies ist nicht zuletzt auf die weite Verbreitung sog. D&O-Versicherungen und den Rückgang persönlicher Verflechtungen zwischen den Mitgliedern der Unternehmensorgane zurückzuführen.

Angesichts des bereits *de lege lata* sehr strengen materiellen Rechts der Organhaftung hat sich die Abteilung Wirtschaftsrecht auf dem 70. DJT mit deutlicher Mehrheit für Haftungsentlastungen ausgesprochen.[1120] Allerdings sind keine Tendenzen des Gesetzgebers erkennbar, in nächster Zeit Enthaftungsstrategien und -instrumente für Organmitglieder in den Fokus seiner Tätigkeiten zu rücken – eine zeitnahe Umsetzung der Empfehlungen des 70. DJT ist insofern nicht mehr zu erwarten.[1121]

Vor diesem Hintergrund erscheint es umso bedeutender, sich intensiver mit Enthaftungsmöglichkeiten für Organmitglieder nach geltendem Recht zu befassen – zumal die Steuerung des Verhaltens der Unternehmenslenker im Interesse der Effizienz keine maßlose Haftung der Organmitglieder erfordert und auch nicht auf eine Risikovermeidung um jeden Preis abzielt.[1122]

Die vorangegangenen Überlegungen haben aufgezeigt, dass auf Ebene der Rechtsfolgen der Organhaftung bereits *de lege lata* verschiedene Haftungskorrektive existieren, die der fortschreitenden tatbestandlichen Haftungsverschärfung

1120 Näher zu den einzelnen Beschlüssen des 70. DJT *Jahn*, AG 2014, R300 ff.
1121 *Bachmann*, WM 2015, 105; *ders.*, BB 2015, 771 (776); *Jahn*, AG 2014, R300.
1122 Zutreffend *Wagner*, ZHR 178 (2014), 227 (281).

entgegengestellt werden können: Neben haftungsmindernden Faktoren im Rahmen der Schadensberechnung und auch bei den konkreten Modalitäten der gesamtschuldnerischen Haftung können etwaige Haftungsentlastungen insbesondere durch nachträgliche privatautonome Modifikationen der Organhaftung erreicht werden. In diesem Zusammenhang ist indes nicht zu verkennen, dass zahlreiche Einzelfragen im Schrifttum umstritten und höchstrichterlich noch nicht geklärt sind.

Es ist daher abschließend zu hoffen, dass sich den Instanzgerichten und vor allem auch dem BGH schon alsbald die Gelegenheit eröffnen wird, für Rechtsklarheit im Zusammenhang mit möglichen Haftungskorrektiven auf der Rechtsfolgenseite der kapitalgesellschaftsrechtlichen Organhaftung zu sorgen.

Unabhängig von rechtspolitischen Reformüberlegungen im Bereich der Organhaftung ließen sich so bereits auf Grundlage des derzeit geltenden Rechts Enthaftungsmöglichkeiten für Organmitglieder etablieren, die der betriebs- und volkswirtschaftlich unerwünschten übersteigerten Risikoaversion der Unternehmensleiter effektiv entgegenwirken können.

# Bibliographie


*Abeltshauser, Thomas E.*, Leitungshaftung im Kapitalgesellschaftsrecht, Köln [u. a.] 1998

*Achsnich, Daniel*, Die Haftung faktischer Organe in der Aktiengesellschaft, Hamburg 2010

*Altmeppen, Holger*, Haftungsrisiken für Organwalter im Vorfeld der Konzerninsolvenz – Zugleich Besprechung BGH v. 9.10.2012 – II ZR 298/11, ZIP 2012, 2391 –, ZIP 2013, 801– 810

*Altmeppen, Holger*, Die rätselhafte Haftung von Geschäftsleitern für insolvenzbegründete „Zahlungen" an Gesellschafter, in: Festschrift für Uwe Hüffer zum 70. Geburtstag, hrsg. von Kindler, P./Koch, J./Ulmer, P./Winter, M., München 2010, 1–14

*Altmeppen, Holger*, Grenzen der Zustimmungsvorbehalte des Aufsichtsrats und die Folgen ihrer Verletzung durch den Vorstand, in: Festschrift für Karsten Schmidt zum 70. Geburtstag, hrsg. von Bitter, G./Lutter, M./Priester, H.-J./Schön, W./Ulmer, P., Köln 2009, 23–40

*Altmeppen, Holger*, Gesellschafterhaftung und „Konzernhaftung" bei der GmbH, NJW 2002, 321–324

*Altmeppen, Holger*, Grundlegend Neues zum „qualifiziert faktischen" Konzern und zum Gläubigerschutz in der Einmann-GmbH, ZIP 2001, 1837–1847

*Apfelbacher, Gabriele/Metzner, Manuel*, Mitglied im Aufsichtsorgan eines Kreditinstituts im Jahr 2013 – Aktuelle Rechtsentwicklungen bei den Anforderungen an die interne Organisation, die Qualifikation und die Überwachungsfunktion der Mitglieder des Aufsichtsorgans von Kreditinstituten, AG 2013, 773–789

*Bachmann, Gregor*, Die Geschäftsleiterhaftung im Fokus von Rechtsprechung und Rechtspolitik, BB 2015, 771–777

*Bachmann, Gregor*, Zehn Thesen zur deutschen Business Judgement Rule, WM 2015, 105–112

*Bachmann, Gregor*, Organhaftung in der Eigenverwaltung, ZIP 2015, 101–109

*Bachmann, Gregor*, Verhandlungen des 70. Deutschen Juristentages, Hannover 2014, Band I: Gutachten / Teil E: Reform der Organhaftung? Materielles Haftungsrecht und seine Durchsetzung in privaten und öffentlichen Unternehmen, München 2014

*Bachmann, Gregor*, Anmerkung zu LG München I, Urt. v. 12.10.2013 – 5 HK O 1387/10, ZIP 2014, 579–583

*Bachmann, Gregor*, Organhaftung in Europa – Die Ergebnisse der LSE-Studie 2013, ZIP 2013, 1946–1952

*Bachmann, Gregor*, Die Haftung des Geschäftsleiters für die Verschwendung von Gesellschaftsvermögen, NZG 2013, 1121–1128

*Bachmann, Gregor*, Reform der Corporate Governance in Deutschland – Zum Juristentagsgutachten 2012, AG 2012, 565–579

*Bachmann, Gregor*, Corporate Governance nach der Finanzkrise, AG 2011, 181–193

*Balthasar, Stephan/Hamelmann, Uwe*, Finanzkrise und Vorstandshaftung nach § 93 Abs. 2 AktG: Grenzen der Justiziabilität unternehmerischer Entscheidungen, WM 2010, 589–594

*Bamberger, Heinz Georg/Roth, Herbert* (Hrsg.), Kommentar zum Bürgerlichen Gesetzbuch, Band 1: §§ 1–610, CISG, 3. Aufl., München 2012 ; Band 2: §§ 611–1296, AGG, ErbbauVO, WEG, 3. Aufl., München 2012)

*Bastuck, Burkhard*, Enthaftung des Managements – Corporate Indemnification im amerikanischen und deutschen Recht, Köln [u. a.] 1986

*Bauer, Jobst-Hubert/Arnold, Christian*, AGG und Organmitglieder – Klares und Unklares vom BGH, NZG 2012, 921–926

*Bauer, Jobst-Hubert/Arnold, Christian/Kramer, Nadine*, Schiedsvereinbarungen mit Geschäftsführern und Vorstandsmitgliedern, AG 2014, 677–685

*Bauer, Ulrich*, Organklagen zwischen Vorstand und Aufsichtsrat der Aktiengesellschaft, Köln [u. a.] 1986

*Baumbach, Adolf/Hueck, Alfred*, GmbH-Gesetz, Kommentar, 20. Aufl., München 2013

*Baums, Theodor* (Hrsg.), Bericht der Regierungskommission Corporate Governance, Köln 2001

*Baur, Alexander/Holle, Philipp M.*, Ergänzungen und Anpassungen des Deutschen Corporate Governance Kodex 2017 – Ausbau der Compliance-Verantwortung?, NZG 2017, 170–174

*Baur, Alexander/Holle, Philipp M.*, Anwendung des § 93 Abs. 2 Satz 2 AktG im Direktprozess gegen den D&O-Versicherer, AG 2017, 141–147

*Bayer, Walter*, Vorstandshaftung in der AG de lege lata und de lege ferenda, NJW 2014, 2546–2550

*Bayer, Walter*, Die Innenhaftung des GmbH-Geschäftsführers de lege lata und de lege ferenda, GmbHR 2014, 897–907

*Bayer, Walter*, Legalitätspflicht der Unternehmensleitung, nützliche Gesetzesverstöße und Regress bei verhängten Sanktionen, in: Festschrift für Karsten Schmidt zum 70. Geburtstag, hrsg. von Bitter, G./Lutter, M./Priester, H.-J./Schön, W./Ulmer, P., Köln 2009, 85–103

*Bayer, Walter/Habersack, Mathias* (Hrsg.), Aktienrecht im Wandel, Band 1: Entwicklungen des Aktienrechts, Band 2: Grundsatzfragen des Aktienrechts, Tübingen 2007

*Bayer, Walter/Illhardt, Daniel*, Darlegungs- und Beweislast im Recht der GmbH anhand praktischer Fallkonstellationen – Teil 3: Geschäftsführer, Aufsichtsrat, Gesellschafterversammlung – GmbHR 2011, 751–761

*Bayer, Walter/Scholz Philipp*, Vom Dogma der Unzulässigkeit des Mitverschuldenseinwands bei der GmbH-Geschäftsführerhaftung, GmbHR 2016, 841– 852

*Bayer, Walter/Scholz Philipp*, Zweifelsfragen der gesamtschuldnerischen Organhaftung im Aktienrecht – Zur Bewährung der bürgerlich-rechtlichen Institute der „gestörten Gesamtschuld" und „beschränkten Gesamtwirkung" vor der aktienrechtlichen Dogmatik, ZGR 2016, 619– 643

*Bayer, Walter/Scholz, Philipp*, Zulässigkeit und Grenzen des Kartellbußgeldregresses – Zugleich ein Kommentar zu LAG Düsseldorf vom 20.1.2015 – 16 Sa 459/14, GmbHR 2015, 449–456

*Bayer, Walter/Scholz, Philipp*, Die Pflichten von Aufsichtsrat und Hauptversammlung beim Vergleich über Haftungsansprüche gegen Vorstandsmitglieder, ZIP 2015, 149–154

*Bayer, Walter/Scholz, Philipp*, Haftungsbegrenzung und D&O-Versicherung im Recht der aktienrechtlichen Organhaftung – Grundsatzüberlegungen zum 70. DJT 2014, NZG 2014, 926–934

Beck'sches Handbuch der AG, Gesellschaftsrecht – Steuerrecht – Börsengang, hrsg. von Müller, W./Rödder, T., 2. Aufl., München 2009

Beck'sches Handbuch der GmbH, Gesellschaftsrecht – Steuerrecht, hrsg. von Müller, W./Winkeljohann, N., 4. Aufl., München 2009

Beck'sches Mandats Handbuch Vorstand der AG, hrsg. von Lücke, O./Schaub, B., München 2010

*Behme, Caspar*, Geschäftsleiterhaftung und alternative Streitbeilegung, IWRZ 2015, 3–9

*Behr, Nicolai*, OLG München: Anwendbarkeit des § 130 OWiG auf Konzernsachverhalte, BB 2015, 2204

*Bellen, Francis/Stehl, Indra*, Pflichten und Haftung der Geschäftsführung in der Krise der GmbH – ein Überblick, BB 2010, 2579–2585

*Berg, Cai*, Korruption in Unternehmen und Risikomanagement nach § 91 Abs. 2 AktG, AG 2007, 271–278

*Bernhardt, Wolfgang/Witt, Peter*, Unternehmensleitung im Spannungsfeld zwischen Ressortverteilung und Gesamtverantwortung, ZfB 69 (1999), 825–845

*Bernuth, Wolf H. von/Wagner, Eric/Kremer, René M.*, Die Haftung für fehlerhafte Kapitalmarktinformationen: Zur IKB-Entscheidung des BGH, WM 2012, 831–837

*Bezzenberger, Tilman*, Der Vorstandsvorsitzende der Aktiengesellschaft, ZGR 1996, 661–673

*Bicker, Eike*, Legalitätspflicht des Vorstands – ohne Wenn und Aber?, AG 2014, 8–14

*Bieder, Marcus*, Grund und Grenzen der Verfolgungspflicht des Aufsichtsrats bei pflichtwidrigem Vorstandshandeln, NZG 2015, 1178–1186

*Bihr, Dietrich/Philippsen, Martin J.*, Qualitätsaspekte bei der Arbeit von Aufsichtsratsgremien – Grundsätze ordnungsgemäßer Überwachung für Aufsichtsräte, DStR 2011, 1133–1137

*Binder, Jens-Hinrich*, Zivilrechtliche und strafrechtliche Aufarbeitung der Finanzmarktkrise, ZGR 2016, 229–251

*Binder, Jens-Hinrich*, Anforderungen an Organentscheidungsprozesse in der neueren höchstrichterlichen Rechtsprechung – Grundlagen einer körperschaftlichen Entscheidungslehre?, AG 2012, 885–898

*Binder, Jens-Hinrich*, Das Informationsrecht des besonderen Vertreters (§ 147 Abs. 2 AktG), ZHR 176 (2012), 380–411

*Binder, Jens-Hinrich*, Mittelbare Einbringung eigener Aktien als Sacheinlage und Informationsgrundlagen von Finanzierungsentscheidungen in Vorstand und Aufsichtsrats – Zugleich Besprechung von BGH ZIP 2011, 2097 (ISION), ZGR 2012, 757–775

*Binder, Jens-Hinrich*, Geschäftsleiterhaftung und fachkundiger Rat, AG 2008, 274–287

*Binder, Ulrike/Kraayvanger, Jan*, Regress der Kapitalgesellschaft bei der Geschäftsleitung für gegen das Unternehmen verhängte Geldbußen, BB 2015, 1219–1230

*Blasche, Sebastian*, Auswirkungen von Verstößen gegen das KWG sowie von Abweichungen von den MaRisk auf die zivilrechtliche Haftung des Bankvorstands, WM 2011, 343–351

*Blasche, Sebastian*, Die Anwendung der Business Judgement Rule bei Kollegialentscheidungen und Vorliegen eines Interessenkonflikts bei einem der Vorstandsmitglieder, AG 2010, 692–699

*Blöse, Jochen*, Haftung der Geschäftsführer und Gesellschafter nach dem ESUG, GmbHR 2012, 471–478

*Bohnert, Joachim*, OWiG, Kommentar zum Ordnungswidrigkeitengesetz, 3. Aufl., München 2010

*Bork, Reinhard/Schäfer, Carsten* (Hrsg.), Kommentar zum GmbH-Gesetz, 3. Aufl., Köln 2015

*Böbel, Thomas*, Die Rechtstellung der besonderen Vertreter gem. § 147 AktG, Frankfurt a.M. [u.a.] 1999

*Böttcher, Lars*, Bankenvorstandshaftung im Rahmen der Sub-Prime Krise, NZG 2009, 1047–1052

*Brachert, Sebastian*, Organmitgliedschaft und Arbeitnehmerstatus – Ein Beitrag zur arbeitsrechtlichen Einordnung von Geschäftsführern der Gesellschaft mit beschränkter Haftung und von Vorstandsmitgliedern der Aktiengesellschaft, Frankfurt a.M. [u.a.] 1991

*Brand, Christian/Sperling, Christian,* Legalitätsverstöße in der Aktiengesellschaft als untreuerelevante Pflichtverletzung?, AG 2011, 233–244

*Brand, Marco,* § 64 Satz 3 GmbHG im Spannungsfeld von aufsteigenden Kreditsicherheiten, ZIP 2013, 1010–1014

*Brandi, Tim Oliver/Gieseler, Konrad,* Der Aufsichtsrat in Kreditinstituten – Persönliche Voraussetzungen, Sanktionen und Ausschüsse nach geltendem Recht und CRD IV, NZG 2012, 1321–1332

*Braun, Carl/Louven, Christoph,* Neuregelungen des BilMoG für GmbH-Aufsichtsräte, GmbHR 2009, 965–970

*Brommer, Andreas,* Folgen einer reformierten Aktionärsklage für die Vorstandsinnenhaftung, AG 2013, 121–130

*Bross, Nikolaus/Flohr, Eckhard* (Hrsg.), Vertragshandbuch Geschäftsführer – Vorstand – Aufsichtsrat, Münster 2011

*Brouwer, Tobias,* Zustimmungsvorbehalte des Aufsichtsrats im Aktien- und GmbH-Recht – Zur Funktion und Wirkweise von Aufsichtsratsvorbehalten im Einheitsunternehmen und im Konzern, Berlin 2009

*Brox, Hans/Walker, Wolf-Dietrich,* Die Einschränkung der Arbeitnehmerhaftung gegenüber dem Arbeitgeber, DB 1985, 1469–1478

*Brüggemeier, Gert,* Haftungsrecht – Struktur, Prinzipien, Schutzbereich. Ein Beitrag zur Europäisierung des Privatrechts, Berlin [u. a.] 2006

*Buchta, Jens,* Haftung und Verantwortlichkeit des Vorstands einer Aktiengesellschaft – Eine Bestandsaufnahme DB 2006, 1939–1943

*Buck-Heeb, Petra,* Die Plausibilitätsprüfung bei Vorliegen eines Rechtsrats – zur Enthaftung von Vorstand, Geschäftsführer und Aufsichtsrat, BB 2016, 1347–1355

*Buck-Heeb, Petra,* Neuere Rechtsprechung zur Haftung wegen fehlerhafter oder fehlender Kapitalmarktinformation, NZG 2016, 1125–1133

*Buck-Heeb, Petra,* Die Haftung von Mitgliedern des Leitungsorgans bei unklarer Rechtslage – Notwendigkeit einer Legal Judgement Rule?, BB 2013, 2247–2257

*Buck-Heeb, Petra,* Vertrauen auf den Rechtsrat Dritter und Wissenszurechnung bei der Anlageberatung, BKR 2011, 441–449

*Büdenbender, Ulrich,* Vorteilsausgleichung und Drittschadensliquidation bei obligatorischer Gefahrenentlastung – Gemeinsamkeiten, Berührungspunkte und Unterschiede, Tübingen 1996

*Büdenbender, Ulrich,* Wechselwirkungen zwischen Vorteilsausgleichung und Drittschadensliquidation, JZ 1995, 920–928

*Bürgers, Tobias/Körber, Torsten* (Hrsg.), Heidelberger Kommentar zum Aktiengesetz, 3. Aufl., Heidelberg [u. a.] 2014

*Bunting, Nikolaus,* Konzernweite Compliance – Pflicht oder Kür?, ZIP 2012, 1542–1549

*Burgard, Ulrich,* Das Gesetz zur Begrenzung der Haftung von ehrenamtlich tätigen Vereinsvorständen, ZIP 2010, 358–365

*Burgard, Ulrich,* Die Förder- und Treupflicht des Alleingesellschafters einer GmbH – Überlegungen zu einer gläubigerschützenden Corporate Governance bei der GmbH, ZIP 2002, 827–839

*Bydlinski, Franz,* Unerlaubte Vorteile als Schaden, in: Festschrift für Erwin Deutsch zum 70. Geburtstag, hrsg. von Ahrens, H.-J./Bar, C.v./Fischer, G./Spickhoff, A./ Taupitz, J., Köln [u. a.] 1999, 63–84

*Caemmerer, Ernst von,* Das Problem der überholenden Kausalität im Schadensrecht, Karlsruhe 1962

*Cahn, Andreas,* Vergleichsverbote im Gesellschaftsrecht, Köln [u. a.] 1996

*Canaris, Claus-Wilhelm,* Die Feststellung von Lücken im Gesetz – Eine methodologische Studie über Voraussetzungen und Grenzen der richterlichen Rechtsfortbildung praeter legem, 2. Aufl., Berlin 1983

*Cantzler, Klaus,* Die Vorteilsausgleichung beim Schadensersatz, AcP 156 (1957), 29–59

*Casper, Matthias,* Hat die grundsätzliche Verfolgungspflicht des Aufsichtsrats im Sinne des ARAG/Garmenbeck-Urteils ausgedient?, ZHR 176 (2012), 617–651

*Ciota, Maria C.,* Die deliktische Außenhaftung des Vorstandes einer Aktiengesellschaft, Aachen 2008

*Cymutta, Claudia R.,* Neue Regeln für Insolvenzanträge – Haftungsrisiken der antragspflichtigen Organe und deren Berater, BB 2012, 3151–3157

*Daily, Catherine M./Johnson, Jonathan L.,* Sources of CEO Power and Firm Financial Performance: A Longitudinal Assessment, in: Journal of Management, Vol. 23 (1997), 97–117

*Decker, Andreas,* Organhaftung und Expertenrat – Umfang und Grenzen einer Haftungsvermeidung durch fachkundige Expertise –, GmbHR 2014, 72–78

*Deilmann, Barbara/Otte, Sabine,* Verteidigung ausgeschiedener Organmitglieder gegen Schadensersatzklagen – Zugang zu Unterlagen der Gesellschaft, BB 2011, 1291–1294

*Deister, Jochen/Geier, Anton,* Der UK Bribery Act 2010 und seine Auswirkungen auf deutsche Unternehmen, CCZ 2010, 12–18

*Desch, Wolfram,* Haftung des Geschäftsführers einer GmbH nach § 64 S. 3 GmbHG bei Rückzahlung von Gesellschafterdarlehen, BB 2010, 2586–2590

*Deutsch, Erwin,* Zurechnungszusammenhang, Rechtswidrigkeit und Verschulden, in: Festschrift für Dieter Medicus zum 70. Geburtstag, hrsg. von Beuthien, V./ Fuchs, M./ Roth, H./Schiemann, G./Wacke, A., Köln [u. a.] 1999, 77–88

*Deutsch, Erwin,* Allgemeines Haftungsrecht, 2. Aufl., Köln [u. a.] 1996

*Deutsch, Erwin/Ahrens, Hans-Jürgen,* Deliktsrecht, 5. Aufl., Köln 2009

*Dietz-Vellmer, Fabian*, Hauptversammlungsbeschlüsse nach § 119 II AktG – geeignetes Mittel zur Haftungsvermeidung für Organe?, NZG 2014, 721–730

*Dietz-Vellmer, Fabian*, Organhaftungsansprüche in der Aktiengesellschaft: Anforderungen an Verzicht oder Vergleich durch die Gesellschaft, NZG 2011, 248–254

*Diller, Martin*, Gesellschafter und Gesellschaftsorgane als Arbeitnehmer, Köln 1994

*Dollmann, Michael*, Haftung gemäß § 43 GmbHG: Verjährung von Regressansprüchen im Innenverhältnis, GmbHR 2004, 1330–1332

*Dose, Stefan*, Die Rechtsstellung der Vorstandsmitglieder einer Aktiengesellschaft, 3. Aufl., Köln 1975

*Dreher, Meinrad/Thomas, Stefan*, Die D&O-Versicherung nach der VVG-Novelle 2008, ZGR 2009, 31–73

*Dreher, Meinrad*, Die kartellrechtliche Bußgeldverantwortung von Vorstandsmitgliedern, in: Festschrift für Horst Konzen zum siebzigsten Geburtstag, hrsg. von Dauner-Lieb, B./Hommelhoff, P./Jacobs, M./ Kaiser, D./Weber, C., Tübingen 2006, 85–107

*Dreher, Meinrad*, Überformung des Aktienrechts durch die Rechtsprechung von Straf- und Verwaltungsgerichten?, AG 2006, 213–223

*Drescher, Ingo*, Die Rechtsprechung des Bundesgerichtshofs zur Aktiengesellschaft, WM 2013, Heft 28 Sonderbeilage 2, 1–23

*Drescher, Ingo*, Haftung des GmbH-Geschäftsführers, 7. Aufl., Köln 2013

*Drinhausen, Florian/Marsch-Barner, Reinhard*, Die Rolle des Aufsichtsratsvorsitzenden in der börsennotierten Aktiengesellschaft, AG 2014, 337–351

*Drinhausen, Florian/Keinath, Astrid*, Regierungsentwurf eines Gesetzes zur Umsetzung der Aktionärsrechterichtlinie (ARUG) – Überblick über die Änderungen gegenüber dem Referentenentwurf, BB 2009, 64–71

*Dröge, Henner*, Haftung für Gremienentscheidungen, Berlin 2008

*Druey, Jean N.*, Verantwortlichkeit aus Leitung, in: Festschrift für Wolfgang Zöllner – Zum 70. Geburtstag, hrsg. von Lieb, M./Noack, U./Westermann, H.P., Köln [u. a.] 1998, Band I, 129–141

*Drukarczyk, Jochen*, Finanzierung, 10. Aufl., Stuttgart 2008

*Drygala, Tim/Staake, Marco/Szalai, Stephan*, Kapitalgesellschaftsrecht – Mit Grundzügen des Konzern- und Umwandlungsrecht, Berlin [u. a.] 2012

*Easterbrook, Frank H./Fischel, Daniel R.*, The Economic Structure of Corporate Law, Cambridge [u. a.] 1991

*Easterbrook, Frank H./Fischel, Daniel R.*, Optimal Damages in Securities Cases, 52 U. Chi. L. Rev. (1985), 611–652

*Ebenroth, Carsten T./Lange, Knut W.*, Sorgfaltspflichten und Haftung des Geschäftsführers einer GmbH nach § 43 GmbHG, GmbHR 1992, 69–76

*Edenfeld, Stefan/Neufang, Sebastian,* Die Haftung der Arbeitnehmervertreter im Aufsichtsrat, AG 1999, 49–57

*Ehmann, Erik,* Entlastungsbeschluss ist bei unrichtiger Entsprechenserklärung zum DCGK anfechtbar (Kirch/Deutsche Bank), GWR 2009, 7

*Eichner, Christian/Höller, Timo,* Anforderungen an das Tätigwerden des Aufsichtsrats bei Verdacht einer Sorgfaltspflichtverletzung des Vorstands, AG 2011, 885–894

*Eidenmüller, Horst,* Liberaler Paternalismus, JZ 2011, 814–821

*Eidenmüller, Horst,* Effizienz als Rechtsprinzip, 3. Aufl., Tübingen 2005

*Eidenmüller, Horst,* Kapitalgesellschaftsrecht im Spiegel der ökonomischen Theorie, JZ 2001, 1041–1051

*Eidenmüller, Horst,* Unternehmenssanierung zwischen Markt und Gesetz, Köln 1999

*Eidenmüller, Horst,* Rechtswissenschaft als Realwissenschaft, JZ 1999, 53–61

*Einsiedler, Mark,* Auswirkungen einer Erlassvereinbarung mit einem Gesamtschuldner in Bezug auf die übrigen Gesamtschuldner, MDR 2009, 1369–1371

*Ek, Ralf,* Die Haftung des GmbH-Geschäftsführers, München 2011

*Ek, Ralf,* Haftungsrisiken für Vorstand und Aufsichtsrat, 2. Aufl., München 2010

*Emde, Ernst Thomas,* Gesamtverantwortung und Ressortverantwortung im Vorstand der AG, in: Festschrift für Uwe H. Schneider zum 70. Geburtstag, hrsg. von Burgard, U./Hadding, W./Mülbert, P. O./Nietsch, M./Welter, R., Köln 2011, 295–321

*Engelmann, Menso F.,* Aktionärsschädigende Pflichtverletzungen. Frankfurt a.M. 2007

*Engert, Andreas,* Solvenzanforderungen als gesetzliche Ausschüttungssperre bei Kapitalgesellschaften, ZHR 170 (2006), 296–335

*Engert, Andreas,* Haftung für drittschädigende Kreditgewährung, München 2005

*Engert, Andreas,* Kreditgewährung an GmbH-Gesellschafter und bilanzorientierter Kapitalschutz – Ökonomische Begründbarkeit der BGH-Rechtsprechung und Zukunft des Cash-Poolings, BB 2005, 1951–1957

*Engert, Andreas,* Eine juristische Theorie des Unternehmens, in: Festschrift für Andreas Heldrich zum 70. Geburtstag, hrsg. von Lorenz, S./Trunk, A./Eidenmüller, H./Wendehorst, C./Adolff, J., München 2005, 87–111

*Engert, Andreas,* Die ökonomische Begründung der Grundsätze ordnungsgemäßer Unternehmensfinanzierung, ZGR 2004, 813–841

*Ensthaler, Jürgen/Füller, Jens T./Schmidt, Burkhard,* Kommentar zum GmbHG, 2. Aufl., Köln 2010

Erfurter Kommentar zum Arbeitsrecht, gegründet von Dieterich, T./Hanau, P./Schaub, G., hrsg. von Müller-Glöge, R./Preis, U./Schmidt, I., 14. Aufl., München 2014

*Erle, Bernd,* Das Vetorecht des Vorstandsvorsitzenden in der AG, AG 1987, 7–12

Erman, Walter (Begr.), Bürgerliches Gesetzbuch, Kommentar, hrsg. von H.P. Westermann, Band 1: §§ 1–758, AGG, UKlaG; Band 2: §§ 759–2385, ProdHaftG, ErbbauRG, HausratsVO, VAHRG, LPartG, WEG, EGBGB, 13. Aufl., Köln 2011

*Ernst, Christoph/Seidler, Holger*, Gesetz zur Modernisierung des Bilanzrechts nach Verabschiedung durch den Bundestag, BB 2009, 766–771

*Esser, Josef/ Schmidt, Eike*, Schuldrecht, Allgemeiner Teil, Band I, Teilband 2: Durchführungshindernisse und Vertragshaftung, Schadensausgleich und Mehrseitigkeit beim Schuldverhältnis, 8. Aufl., Heidelberg 2000

*Falkenhausen, Joachim Freiherr von*, Enthaftung durch Hauptversammlungsbeschluss – Kann § 93 IV 1 AktG den Vorstand vor Haftung schützen, NZG 2016, 601–605

*Falkenhausen, Joachim Freiherr von*, Die Haftung außerhalb der Business Judgement Rule – Ist die Business Judgement Rule ein Haftungsprivileg für Vorstände?, NZG 2012, 644–651

*Falkenhausen, Joachim Freiherr von/Kocher, Dirk*, Wie wird der unabhängige Finanzexperte in den Aufsichtsrat gewählt? – Praktische Fragen der Umsetzung des BilMoG, ZIP 2009, 1601–1603

*Faßbender, Paul-Otto*, 18 Jahre ARAG Garmenbeck – und alle Fragen offen?, NZG 2015, 501–508

*Fehrenbach, Markus*, Beschränkte Vorstandshaftung? – Zur Frage, ob sich aus dem geltenden Recht Regeln zur Haftungsverschonung oder Haftungsbegrenzung zugunsten von Vorstandsmitgliedern ableiten lassen, AG 2015, 761–775

*Fest, Timo*, Darlegungs- und Beweislast bei Prognoseentscheidungen im Rahmen der Business Judgement Rule, NZG 2011, 540–542

*Fikentscher, Wolfgang/Heinemann, Andreas*, Schuldrecht, 10. Aufl., Berlin 2006

*Fischbach, Jonas*, Die Haftung des Vorstands im Aktienkonzern, Baden-Baden 2009

*Fischbach, Jonas/Lüneborg, Cäcilie*, Die Organpflichten bei der Durchsetzung von Organhaftungsansprüchen im Aktienkonzern, NZG 2015, 1142–1150

*Fischhoff, Baruch*, Hindsight ≠ Foresight: The Effect of Outcome Knowledge on Judgement Under Uncertainty, Journal of Experimental Psychology: Human Perception and Performance 1975, Vol. 1, No. 3, 288–299

*Fleck, Hans-Joachim*, Zur Beweislast für pflichtwidriges Organhandeln, GmbHR 1997, 237–240

*Fleck, Hans-Joachim*, Das Organmitglied – Unternehmer oder Arbeitnehmer?, in: Festschrift für Marie Luise Hilger und Hermann Stumpf, hrsg. von Dieterich, T./ Gamillscheg, F./Wiedemann, H., München 1983, 197–226

*Fleck, Hans-Joachim*, Zur Haftung des GmbH-Geschäftsführers, GmbHR 1974, 224–235

*Fleischer, Holger*, Vorstandshaftung und Rechtsirrtum über die Vertretungskompetenz beim Abschluss eines Interim-Management-Vertrags, DB 2015, 1764–1769

*Fleischer, Holger*, Vergleiche über Organhaftungs-, Einlage- und Drittansprüche der Aktiengesellschaft, AG 2015, 133–150

*Fleischer, Holger*, Reformperspektiven der Organhaftung: Empfiehlt sich eine stärkere Kodifizierung von Richterrecht?, DB 2014, 1971–1975

*Fleischer, Holger*, Ruinöse Managerhaftung: Reaktionsmöglichkeiten de lege lata und de lege ferenda, ZIP 2014, 1305–1316

*Fleischer, Holger*, Verjährung von Organhaftungsansprüchen: Rechtspraxis – Rechtsvergleichung – Rechtspolitik, AG 2014, 457–472

*Fleischer, Holger*, Aktienrechtliche Compliance-Pflichten im Praxistest: Das Siemens/ Neubürger-Urteil des LG München I, NZG 2014, 321–329

*Fleischer, Holger*, Regresshaftung von Geschäftsleitern wegen Verbandsgeldbußen, DB 2014, 345–352

*Fleischer, Holger*, Zur Einschränkbarkeit der Geschäftsführerhaftung in der GmbH, BB 2011, 2435–2440

*Fleischer, Holger*, Zukunftsfragen der Corporate Governance in Deutschland und Europa: Aufsichtsräte, institutionelle Investoren, Proxy Advisors und Whistleblowers, ZGR 2011, 155–181

*Fleischer, Holger*, Das unternehmerische Ermessen des GmbH-Geschäftsführers und seine GmbH-spezifischen Grenzen, NZG 2011, 521–527

*Fleischer, Holger*, Rechtsrat und Organwalterhaftung im Gesellschafts- und Kapitalmarktrecht, in: Festschrift für Uwe Hüffer zum 70. Geburtstag, hrsg. von Kindler, P./Koch, J./Ulmer, P./Winter, M., München 2010, 187–203

*Fleischer, Holger*, Vorstandshaftung und Vertrauen auf anwaltlichen Rat, NZG 2010, 121–125

*Fleischer, Holger*, Aktuelle Entwicklungen der Managerhaftung, NJW 2009, 2337–2343

*Fleischer, Holger*, Vertrauen von Geschäftsleitern und Aufsichtsratsmitgliedern auf Informationen Dritter – Konturen eines kapitalgesellschaftsrechtlichen Vertrauensgrundsatz, ZIP 2009, 1397–1406

*Fleischer, Holger*, Kompetenzüberschreitungen von Geschäftsleitern im Personen- und Kapitalgesellschaftsrecht – Schaden – rechtmäßiges Alternativverhalten – Vorteilsausgleichung, DStR 2009, 1204–1210

*Fleischer, Holger*, Kartellrechtsverstöße und Vorstandsrecht, BB 2008, 1070–1076

*Fleischer, Holger*, Haftung des herrschenden Unternehmens im faktischen Konzern und unternehmerisches Ermessen (§§ 317 II, 93 I AktG) – Das UMTS-Urteil des BGH – NZG 2008, 371–373

*Fleischer, Holger* (Hrsg.), Handbuch des Vorstandsrechts, München 2006

*Fleischer, Holger*, Haftungsfreistellung, Prozesskostenersatz und Versicherung für Vorstandsmitglieder – eine rechtsvergleichende Bestandsaufnahme zur Enthaftung des Managements, WM 2005, 909–920

*Fleischer, Holger*, Aktienrechtliche Legalitätspflicht und „nützliche" Pflichtverletzungen von Vorstandsmitgliedern, ZIP 2005, 141–152

*Fleischer, Holger*, Erweiterte Außenhaftung der Organmitglieder im europäischen Gesellschafts- und Kapitalmarktrecht – Insolvenzverschleppung, fehlerhafte Kapitalmarktinformation, Tätigkeitsverbote, ZGR 2004, 437–479

*Fleischer, Holger*, Zur organschaftlichen Treuepflicht der Geschäftsleiter im Aktien- und GmbH-Recht, WM 2003, 1045–1058

*Fleischer, Holger*, Zum Grundsatz der Gesamtverantwortung im Aktienrecht, NZG 2003, 449–459

*Fleischer, Holger*, Vorstandsverantwortlichkeit und Fehlverhalten von Unternehmensangehörigen – Von der Einzelüberwachung zur Errichtung einer Compliance-Organisation, AG 2003, 291–300

*Fleischer, Holger*, Die „Business Judgement Rule" im Spiegel von Rechtsvergleichung und Rechtsökonomie, in: Festschrift für Herbert Wiedemann zum 70. Geburtstag, hrsg. von Wank, R./Hirte, H./Frey, K./Fleischer, H./Thüsing, G., München 2002, 827–849

*Fleischer, Holger*, Grundfragen der ökonomischen Theorie im Gesellschafts- und Kapitalmarktrecht, ZGR 2001, 1–32

*Fleischer, Holger/Bauer, Leopold*, Von Vorstandsbezügen, Flugreisen, Festschriften, Firmenspenden und Festessen: Vorstandshaftung für übermäßige Vergütung und „fringe benefits", ZIP 2015, 1901–1911

*Fleischer, Holger/Goette, Wulf* (Hrsg.), Münchener Kommentar zum Gesetz betreffend die Gesellschaften mit beschränkter Haftung – GmbHG, Band 2: §§ 35–52, 2. Aufl., München 2016

*Fleischer, Holger/Harzmeier, Lars*, Zur Abdingbarkeit der Treuepflichten bei Personengesellschaft und GmbH, NZG 2015, 1289–1297

*Fleischer, Holger/Schmolke, Klaus U.*, Whistleblowing und Corporate Governance – Zur Hinweisgeberverantwortung von Vorstandsmitgliedern und Wirtschaftsanwälten –, WM 2012, 1013–1021

*Fleischer, Holger/Schmolke, Klaus U.*, Finanzielle Anreize für Whistleblower im Europäischen Kapitalmarktrecht? – Rechtspolitische Überlegungen zur Reform des Marktmissbrauchsregimes, NZG 2012, 361–368

*Fleischer, Holger/Zimmer, Daniel* (Hrsg.), Beitrag der Verhaltensökonomie (Behavioral Economics) zum Handels- und Wirtschaftsrecht, Frankfurt a.M. 2011

*Florsted, Tim*, Die Reform des Beschlussmängelrechts durch das ARUG, AG 2009, 465–473

*Flume, Werner,* Allgemeiner Teil des bürgerlichen Rechts, Erster Band / Zweiter Teil, Die Juristische Person, Berlin [u. a.] 1983

*Freitag, Robert/Korch, Stefan,* Persönliche Geschäftsleiterhaftung aus culpa in contrahendo – Plädoyer für die Schaffung einer neuen Fallgruppe der Organ-Außenhaftung im Rahmen des § 311 Abs. 3 S. 1 BGB bei Verletzung gläubigerschützender Aufklärungspflichten, GmbHR 2013, 1184–1190

*Freitag, Robert/Korch, Stefan,* Die Angemessenheit der Information im Rahmen der Business Judgement Rule (§ 93 Abs. 1 Satz 2 AktG), ZIP 2012, 2281–2286

*Freund, Stefan,* Brennpunkte der Organhaftung – Anmerkungen aus der Praxis zur organrechtlichen Innenhaftung, NZG 2015, 1419–1425

*Freund, Stefan,* Organhaftung in der Bauwirtschaft, NJW 2013, 2545–2551

*Freund, Stefan,* Gesamtschuldnerregress in der Organhaftung, GmbHR 2013, 785–791

*Freund, Stefan,* Konturierung der Organpflichten von Geschäftsführern und Vorständen, GmbHR 2011, 238–243

*Freund, Stefan,* Organhaftung von Vorständen und Geschäftsführern – Ein Überblick mit Hinweisen aus der Praxis, GmbHR 2009, 1185–1190

*Fricke, Martin,* Einmal gefehlt, immer gefehlt? – Zu den aufsichtsrechtlichen Aspekten der Entscheidung des VG Frankfurt/M. vom 8. 7. 2004 VersR 2005, 57 zur Amtsenthebung von Vorständen eines Versicherungsunternehmens – VersR 2006, 188–192

*Frisch, Burkhard,* Haftungserleichterung für GmbH-Geschäftsführer nach dem Vorbild des Arbeitsrechts, Berlin 1998

*Froesch, Daniel,* Managerhaftung – Risikominimierung durch Delegation?, DB 2009, 722–726

*Fromm, Thomas,* Managerhaftpflicht im Stresstest, Süddeutsche Zeitung vom 20.05.2009, S. 27

*Fuhrmann, Lambertus,* Beraterverträge mit Organmitgliedern in der Aktiengesellschaft, NZG 2017, 291–299

*Fuhrmann, Lambertus,* Internal Investigations: Was dürfen und müssen Organe beim Verdacht von Compliance Verstößen tun?, NZG 2016, 881–889

*Fuhst, Christian,* Das neue Insolvenzrecht – Ein Überblick, DStR 2012, 418–423

*Gärtner, Olaf,* BB-Rechtsprechungsübersicht zur Organhaftung 2012, BB 2013, 2242–2246

*Gärtner, Olaf,* BGH, Urt. v. 11.9.2012 – VI ZR 92/11: Außenhaftung von Organmitgliedern als Mittäter oder Gehilfen setzt positive Kenntnis von der Haupttat voraus, BB 2012, 2973

*Gasteyer, Thomas/Goldschmidt, Christoph-Ulrich,* Wissenszurechnung bei juristischen Personen und im Konzern, AG 2016, 116–125

*Gaul, Björn/Janz, Alexandra*, Das neue VorstAG – Veränderte Vorgaben auch für die Geschäftsführer und den Aufsichtsrat der GmbH, GmbHR 2009, 959–964

*Gaul, Felix*, Regressansprüche bei Kartellbußen im Lichte der Rechtsprechung und der aktuellen Debatte über die Reform der Organhaftung, AG 2015, 109–118

*Gehrlein, Markus/Ekkenga, Jens/Simon, Stefan* (Hrsg.), GmbHG – Gesetz betreffend die Gesellschaften mit beschränkter Haftung – Kommentar, 2. Aufl., Köln 2015

*Gehrlein, Markus*, Beweislast für Sorgfaltspflichtverletzungen von Geschäftsleitern, NJW 1997, 1905–1906

*Gehrlein, Markus/Witt, Carl-Heinz*, GmbH-Recht in der Praxis, 2. Aufl., Frankfurt a.M. 2008

*Geißler, Markus*, Verhaltensmaßnahmen und Rechtspflichten des Geschäftsführers in der Krise der GmbH, DZWIR 2011, 309–311

*Gerkan, Hartwin von*, Die Beweislastverteilung beim Schadensersatzanspruch der GmbH gegen ihren Geschäftsführer, ZHR 154 (1990), 39–63

*Gernhuber, Joachim* (Hrsg.), Handbuch des Schuldrechts in Einzeldarstellungen, Band 1: Schadensersatzrecht, von Lange, H./Schiemann, G., 3. Aufl., Tübingen 2003; Band 5: Mehrheit von Gläubigern und Schuldnern, von Selb, W., Tübingen 1984

*Geßler, Ernst/Hefermehl, Wolfgang/Eckardt, Ulrich/Kropff, Bruno*, Aktiengesetz, Kommentar, Band 2: §§ 76–147, München 1974

*Gissel, Ralf*, Arbeitnehmerschutz für den GmbH-Geschäftsführer, Köln [u. a.] 1987

*Glöckner, Jochen/Müller-Tautphaeus, Ken*, Rückgriffshaftung von Organmitgliedern bei Kartellverstößen, AG 2001, 344–349

*Goette, Constantin*, Managerhaftung: Handeln auf Grundlage angemessener Information – Umfang einer Due-Diligence-Prüfung beim Unternehmenskauf, DStR 2014, 1776–1780

*Goette, Constantin/Goette, Maximilian*, Managerhaftung: Abgrenzung unternehmerischer Entscheidungen nach Maßgabe der Business Judgement Rule von pflichtverletzendem Handeln, DStR 2016, 815–819

*Goette, Wulf*, Zu den vom Aufsichtsrat zu beachtenden Abwägungskriterien im Rahmen seiner Entscheidung nach den ARAG/GARMENBACK-Kriterien – dargestellt am Beispiel des Kartellrechts, in: Festschrift für Michael Hoffmann-Becking zum 70. Geburtstag, hrsg. von Krieger, G./Lutter, M./Schmidt, K., München 2013, 377–394

*Goette, Wulf*, Grundsätzliche Verfolgungspflicht des Aufsichtsrats bei sorgfaltswidrig schädigendem Verhalten im AG-Vorstand, ZHR 176 (2012), 588–616

*Goette, Wulf*, Zur ARAG/GARMENBECK-Doktrin, in: Liber Amicorum für Martin Winter, hrsg. von Hoffmann-Becking, M./Hüffer, U./Reichert, J., Köln 2011, 153–166

*Goette, Wulf*, Organisationspflichten in Kapitalgesellschaften zwischen Rechtspflicht und Opportunität, ZHR 175 (2011), 388–400

*Goette, Wulf*, Aktuelle Entwicklungen im deutschen Kapitalgesellschaftsrecht im Lichte der höchstrichterlichen Rechtsprechung, DStR 2009, 51–57

*Goette, Wulf*, Der Geschäftsführerdienstvertrag zwischen Gesellschafts- und Arbeitsrecht in der Rechtsprechung des Bundesgerichtshofs, in: Festschrift für Herbert Wiedemann zum 70. Geburtstag, hrsg. von Wank, R./Hirte, H./Frey, K./Fleischer, H./Thüsing, G., München 2002, 873–888

*Goette, Wulf*, Leitung, Aufsicht, Haftung – zur Rolle der Rechtsprechung bei der Sicherung einer modernen Unternehmensführung, in: Festschrift 50 Jahre Bundesgerichtshof, hrsg. von Geiß, K./Nehm, K./Brandner, H. E./Hagen, H., Köln [u. a.] 2000, 123–142

*Goette, Wulf*, Die Haftung des GmbH-Geschäftsführers in der Rechtsprechung des BGH, DStR 1998, 1308–1314

*Goette, Wulf*, Zur Verteilung der Darlegungs- und Beweislast der objektiven Pflichtwidrigkeit bei der Organhaftung, ZGR 1995, 648–674

*Goette, Wulf*, GmbH & Co. KG: Schadensersatzpflicht des Geschäftsführers der Komplementärin; Mitverschulden des Mitgeschäftsführers (Anm. zum Beschluss des BGH vom 05.07.1993 – II ZR 174/92, DStR 1993, 1637 und zum Urteil des OLG Düsseldorf vom 24.07.1992 – 17 U 245/91, DStR 1993, 1637), DStR 1993, 1637–1638

*Goette, Wulf/Habersack, Mathias* (Hrsg.), Münchener Kommentar zum Aktiengesetz, Band 3: §§ 76–117, MitbestG, DrittelbG, 4. Aufl., München 2014

Göhler, Erich (Begr.), Gesetz über Ordnungswidrigkeiten, fortgeführt von Gürtler, F./Seitz, H., 15. Aufl., München 2009

*Göppert, Jan*, Die Reichweite der Business Judgement Rule bei unternehmerischen Entscheidungen des Aufsichtsrats der Aktiengesellschaft, Berlin 2010

*Gotzens, Markus*, Nützliche Aufwendungen und das Abzugsverbot nach § 4 Abs. 5 Nr. 10 EStG, DStR 2005, 673–678

*Gotzler, Max*, Rechtmäßiges Alternativverhalten im haftungsbegründenden Zurechnungszusammenhang, München 1977

*Graewe, Daniel/Freiherr von Harder, Stephan*, Enthaftung der Leitungsorgane durch Einholung von Rechtsrat bei unklarer Rechtslage, BB 2017, 707–712

*Grass, Andrea R.*, Management-Entscheidungen vor dem Richter, SZW 2000, 1–10

*Grau, Carsten/Meshulam, Deborah R./Blechschmidt, Vanessa*, Der „lange Arm" des US-Foreign Corrupt Practice Act: unerkannte Strafbarkeitsrisiken auch jenseits der eigentlichen Korruptionsdelikte, BB 2010, 652–658

*Graumann, Matthias*, Der Entscheidungsbegriff in § 93 Abs. 1 Satz 2 AktG – Rekonstruktion des traditionellen Verständnisses und Vorschlag für eine moderne Konzeption – ZGR 2011, 293–303

*Grigoleit, Hans Christoph* (Hrsg.); Aktiengesetz – Kommentar, München 2013

*Grooterhorst, Johannes*, Das Einsichtnahmerecht des ausgeschiedenen Vorstandsmitglieds in Geschäftsunterlagen im Haftungsfall, AG 2011, 389–398

*Grooterhorst, Johannes*, Pflichten und Haftung des Aufsichtsrats bei zustimmungsbedürftigen Geschäften des Vorstands, NZG 2011, 921–926

*Grooterhorst, Ursula*, Unzulässigkeit einer Haftungsbeschränkung für Mitglieder des Verwaltungsrats von Landesbanken in der Rechtsform der Anstalt des öffentlichen Rechts, ZIP 2011, 212–219

*Groß, Volker*, Das Anstellungsverhältnis des GmbH-Geschäftsführers im Zivil-, Arbeits-, Sozialversicherungs- und Steuerrecht – Statusbeurteilung im Spannungsfeld von Sozialschutznormen und Gesellschaftsrecht, Köln 1987

*Großerichter, Helge*, Hypothetischer Geschehensverlauf und Schadensfeststellung – Eine rechtsvergleichende Untersuchung vor dem Hintergrund der *perte d´une chance*, München 2001

Großkommentar zum Aktiengesetz, hrsg. von Hirte, H./Mülbert, P. O./Roth, M. Band 4/1: §§ 76–91; Band 4/2: §§ 92– 94, 5. Aufl., Berlin [u. a.] 2015

Großkommentar zum Aktiengesetz, hrsg. von Hopt, K. J./Wiedemann, H., Band 4: §§ 95–117, 4. Aufl., Berlin 2005

Großkommentar zum GmbH-Gesetz, hrsg. von Ulmer, P./Habersack, M./Löbbe, M., Band 2: §§ 29–52, 2. Aufl., Tübingen 2014

Großkommentar zum Handelsgesetzbuch, begründet von Staub, H., hrsg. von Canaris, C.-W./ Habersack, M./Schäfer, C., Dritter Band: §§ 105–160, 5. Aufl., Berlin 2009

*Grützner, Thomas/Leisch, Franz C.*, §§ 130, 30 OWiG – Probleme für Unternehmen, Geschäftsleitung und Compliance-Organisation, DB 2012, 787–794

*Grunewald, Babara*, Der Einfluss des Aufsichtsrats auf die Geschäftsführung – was ist erwünscht, was ist erlaubt?, ZIP 2016, 2009–2011

*Grunewald, Babara*, Die Abwälzung von Bußgeldern, Verbands-und Vertragsstrafen im Wege des Regresses, NZG 2016, 1121–1124

*Grunewald, Barbara*, Haftungsvereinbarungen zwischen Aktiengesellschaft und Vorstandsmitgliedern, AG 2013, 813–818

*Grunewald, Barbara*, Gesellschaftsrecht, 9. Aufl., Tübingen 2014

*Grunsky, Wolfgang*, Hypothetische Kausalität und Vorteilsausgleichung, in: Festschrift für Hermann Lange zum 70. Geburtstag am 24. Januar 1992, hrsg. von Medicus, D./Mertens, H.-J./Nörr, K.W./Zöllner, W., Stuttgart [u. a.] 1992, 469–481

*Gruson, Michael/Kubicek, Matthias*, Der Sarbanes-Oxley Act, Corporate Governance und das deutsche Aktienrecht (Teil I), AG 2003, 337–352; Der Sarbanes-Oxley Act, Corporate Governance und das deutsche Aktienrecht (Teil II), AG 2003, 393–406

*Haarmann, Wilhelm,* Gleichheit aller Aufsichtsräte, eine sinnvolle Fiktion? Möglichkeiten der differenzierten Vergütung von Aufsichtsräten, in: Festschrift für Uwe Hüffer zum 70. Geburtstag, hrsg. von Kindler, P./Koch, J./Ulmer, P./Winter, M., München 2010, 243–257

*Haarmann, Wilhelm/Weiß, Michael,* Reform bei der aktienrechtlichen Organhaftung, BB 2014, 2115–2125

*Haas, Ulrich,* § 64 S. 3 GmbHG – Erste Eckpunkte des BGH, NZG 2013, 41–46

*Haas, Ulrich,* Aktuelle Fragen zur Krisenhaftung des GmbH-Geschäftsführers nach § 64 GmbHG, GmbHR 2010, 1–8

*Haas, Ulrich,* Geschäftsführerhaftung und Gläubigerschutz, München 1997

*Habbe, Sophia/Köster, Anna-Elisabeth,* Neue Anforderungen an Vorstand und Aufsichtsrat von Finanzinstituten, BB 2011, 265–268

*Habersack, Matthias,* 19 Jahre „ARAG/Garmenbeck" – und viele Fragen offen, NZG 2016, 321–327

*Habersack, Matthias,* Enthaftung des Vorstandsmitglieds qua Anstellungsvertrag?, NZG 2015, 1297–1300

*Habersack, Matthias,* Editorial: Reform der Organhaftung?, AG 2014, 553

*Habersack, Matthias,* Corporate Governance-Belange und Arbeitnehmerbelange im Rahmen des § 111 Abs. 4 Satz 2 AktG, ZHR 178 (2014), 131–149

*Habersack, Matthias,* Perspektiven der aktienrechtlichen Organhaftung, ZHR 177 (2013), 782–806

*Habersack, Matthias,* Die Teilhabe des Aufsichtsrats an der Leitungsaufgabe des Vorstands gemäß § 111 Abs. 4 S. 2 AktG, dargestellt am Beispiel der Unternehmensplanung, in: Festschrift für Uwe Hüffer zum 70. Geburtstag, hrsg. von Kindler, P. Koch, J./Ulmer, P./Winter, M., München 2010, 259–272

*Habersack, Mathias,* Gesteigerte Überwachungspflichten des Leiters eines „sachnahen" Vorstandsressorts? – Kritische Bemerkungen zum Urteil des VG Frankfurt a.M. vom 8.7.2004 = WM 2004, 2157 –, WM 2005, 2360–2362

*Habersack, Mathias,* Die Mitgliedschaft – subjektives und ‚sonstiges' Recht, Tübingen 1996

*Habetha, Joachim W.,* Deliktsrechtliche Geschäftsführerhaftung und gesellschaftsfinanzierte Haftpflichtversicherung, DZWIR 1995, 272–284

Hachenburg, Max (Begr.), Gesetz betreffend die Gesellschaften mit beschränkter Haftung (GmbHG), hrsg. von Ulmer, P., Zweiter Band: §§ 35–52, 8. Aufl., Berlin [u. a.] 1997

*Hanau, Peter,* Die Kausalität der Pflichtwidrigkeit – Eine Studie zum Problem des pflichtgemäßen Alternativverhaltens im bürgerlichen Recht, Göttingen 1971

*Hanau, Peter/Rolfs, Christian,* Abschied von der gefahrgeneigten Arbeit, NJW 1994, 1439–1442

Handbuch börsennotierte AG, hrsg. von Marsch-Barner, R./Schäfer F.A., 2. Aufl., Köln 2009

Handbuch Corporate Governance, Leitung und Überwachung börsennotierter Unternehmen in der Rechts- und Wirtschaftspraxis, hrsg. von Hommelhoff, P./ Hopt, K.J./ Werder, A. von, 2. Aufl., Stuttgart/Köln 2009

Handbuch des Vorstandsrechts, hrsg. von Fleischer, H., München 2006

Handbuch Managerhaftung, hrsg. von Krieger, G./Schneider, U.H., 2. Aufl., Köln 2010

*Harbarth, Stephan*, Unternehmerisches Ermessen des Vorstands im Interessenkonflikt, in: Festschrift für Peter Hommelhoff zum 70. Geburtstag, hrsg. von Erle, B./ Goette, W./Kleindiek, D./Krieger, G./ Priester, H.-J./Schubel, C./Schwab, M./Teichmann, C./Witt, C.-H., Köln 2012, S. 323–342

*Harbarth, Stephan/Höfer, Carl*, Beginn der Dreijahresfrist des § 93 IV 3 AktG bei nicht abgeschlossener Schadensentstehung, NZG 2016, 686–690

*Harbarth, Stephan/Jaspers, Philipp*, Verlängerung der Verjährung von Organhaftungsansprüchen durch das Restrukturierungsgesetz, NZG 2011 368–376

*Hartmann, Alexander/Lieschke, Uwe*, Die „Verjährungsfalle" im Gesamtschuldnerausgleich, WM 2011, 205–211

*Harzenetter, Tobias*, Innenhaftung des Vorstands der Aktiengesellschaft für so genannte nützliche Pflichtverletzungen – Illegales Verhalten von Vorstandsmitgliedern in der Absicht, das Unternehmenswohl zu fördern, und die Haftung aus § 93 Abs. 2 AktG, Hamburg 2008

*Hasselbach, Kai*, Haftungsfreistellung für Vorstandsmitglieder, NZG 2016, 890–896

*Hasselbach, Kai*, Der Verzicht auf Schadensersatzansprüche gegen Organmitglieder, DB 2010, 2037–2044

*Hasselbach, Kai/Ebbinghaus, Felix*, Anwendung der Business Judgement Rule bei unklarer Rechtslage, AG 2014, 873–883

*Haßler, Thyl N.*, Anwendbarkeit vom § 93 Abs. 4 Satz 3 AktG im Rahmen der Verschmelzung zweier Aktiengesellschaften, AG 2016, 388–393

*Hauger, Nils F.W./Palzer, Christoph*, Kartellbußen und gesellschaftsrechtlicher Innenregress, ZGR 2015, 33–83

*Hauschka, Christoph E.*, Corporate Compliance – Handbuch der Haftungsvermeidung im Unternehmen, 2. Aufl., München 2010

*Hawkins, Scott A./Hastie, Reid*, Hindsight: Biased Judgements of Past Events after the Outcomes Are Known, Psychological Bulletin 1990, Vol. 107, No. 3, 311–327

*Heck, Philipp*, Grundriß des Schuldrechts, Tübingen 1929

*Heckschen, Heribert/Heidinger, Andreas*, Die GmbH in der Gestaltungs- und Beratungspraxis, 2. Aufl., Köln [u. a.] 2009

*Heermann, Peter W.*, Unternehmerisches Ermessen, Organhaftung und Beweislastverteilung, ZIP 1998, 761–769

*Heidel, Thomas* (Hrsg.), Aktien- und Kapitalmarktrecht, 4. Aufl., Baden-Baden 2014

Heidelberger Kommentar zum Aktiengesetz, hrsg. von Bürgers, T./Körber, T., 3. Aufl. Heidelberg [u. a.] 2014

*Heimbach, Heinz-J./Boll, Lothar*, Führungsaufgabe und persönliche Haftung des Vorstandsvorsitzenden im ressortgeteilten Vorstand einer AG, VersR 2001, 801–809

*Hein, Jan von*, Vom Vorstandsvorsitzenden zum CEO?, ZHR 166 (2002), 464–502

*Heisse, Matthias*, Die Beschränkung der Geschäftsführerhaftung gegenüber der GmbH, Köln 1988

*Hellgardt, Alexander*, Die deliktische Außenhaftung von Gesellschaftsorganen für unternehmensbezogene Pflichtverletzungen – Überlegungen vor dem Hintergrund des Kirch/Breuer-Urteils des BGH, WM 2006, 1514–1522

*Helmrich, Jan*, Zur Strafbarkeit bei fehlenden oder unzureichenden Risikomanagementsystemen in Unternehmen am Beispiel der AG, NZG 2011, 1252–1256

*Helmrich, Jan/Eidam, Lutz*, Untreue durch Verzicht auf Schadensersatzforderungen gegen (ehemalige) Führungskräfte einer Aktiengesellschaft?, ZIP 2011, 257–262

*Hemeling, Peter*, Reform der Organhaftung? Erwartungen an den 70. Deutschen Juristentag, ZHR 178 (2014), 221–226

*Hemeling, Peter*, Organisationspflichten des Vorstands zwischen Rechtspflicht und Opportunität, ZHR 175 (2011), 368–387

*Henke, Horst-Eberhard*, Die Vorteilsausgleichung im Schadensersatzrecht des BGB, in: Festschrift für Horst Hagen, hrsg. von Brambring, G./Medicus, D./Vogt, M., Köln 1999, 371–408

*Henssler, Martin*, Die Unternehmensmitbestimmung, in: 50 Jahre Bundesgerichtshof – Festgabe aus der Wissenschaft, hrsg. von Canaris, C.-W./Heldrich, A./Hopt, K.J./Roxin, C./Schmidt, K./Widmaier, G., Band II: Handels- und Wirtschaftsrecht, Europäisches und Internationales Recht, hrsg. von Heldrich, A./Hopt, K.J., München 2000, 387–422

*Henssler, Martin/Strohn, Lutz*, Gesellschaftsrecht – BGB, HGB, PartGG, GmbHG, AktG, UmwG, GenG, IntGesR, 2. Aufl., München 2014

*Henze, Hartwig*, Prüfungs- und Kontrollaufgaben des Aufsichtsrates in der Aktiengesellschaft – Die Entscheidungspraxis des Bundesgerichtshofes, NJW 1998, 3309–3312

*Herresthal, Carsten*, Die Wirksamkeit von Schiedsabreden mit Vorständen und Geschäftsführern bei Organhaftungsstreitigkeiten, ZIP 2014, 345–353

*Herrmann, Marco/Olufs, Detlef/Barth, Daniel*, Haftung des Vorstandes und des Aufsichtsrates in der Staatsschuldenkrise, BB 2012, 1935–1943

*Heutz, Stefan*, Zur Pflicht der Gesellschaft zur Übernahme von Rechtsverteidigungskosten im Zusammenhang mit Compliance-Verstößen ihrer Geschäftsführer, DB 2012, 901–904

*Heybrock, Hasso*, Praxiskommentar zum GmbH-Recht, 2. Aufl., Münster 2010

*Heyers, Johannes*, Gestaltungsperspektiven aktienrechtlicher Organhaftung am Beispiel der Regressansprüche der Gesellschaft infolge von Kartellordnungswidrigkeiten – eine rechtsökonomische und wertungsjuristische Analyse –, WM 2016, 581–589

*Hirte, Heribert*, Kapitalgesellschaftsrecht, 7. Aufl., Köln 2012

*Hirte, Heribert/Mülbert, Peter O./Roth, Markus* (Hrsg.), Aktiengesetz – Großkommentar, Band 4/1: §§ 76–91; Band 4/2: §§ 92– 94, 5. Aufl., Berlin [u. a.] 2015

*Hoefs, Christian/Rentsch, Robert*, Altersdiskriminierung von Organmitgliedern – Zugleich Besprechung des BGH-Urteils vom 23.4.2012 – II ZR 163/10, DB 2012 S. 1499 –, DB 2012, 2733–2738

*Höhn, Reinhard*, Die Geschäftsleitung der GmbH – Organisation, Führung und Verantwortung, Kontrolle durch Aufsichtsrat und Beirat, 2. Aufl., Köln 1995

*Hölters, Wolfgang*, Aktiengesetz, Kommentar, 2. Aufl., München 2014

*Hoffmann, Dietrich/Liebs, Rüdiger*, Der GmbH-Geschäftsführer, 3. Aufl., München 2009

*Hoffmann, Gunter M.*, Existenzvernichtende Haftung von Vorständen und Aufsichtsräten?, NJW 2012, 1393–1399

*Hoffmann, Gunter M.*, Urteilsbildungs- und Verhinderungspflicht des Aufsichtsrats, AG 2012, 478–485

*Hoffmann-Becking, Michael*, Übernahme von Geldbußen gegen Vorstandsmitglieder durch die Gesellschaft, ZGR 2015, 618–630

*Hoffmann-Becking, Michael* (Hrsg.), Münchener Handbuch des Gesellschaftsrechts, Band 4: Aktiengesellschaft, 4. Aufl., München 2015

*Hoffmann-Becking, Michael*, Vorstandsvorsitzender oder CEO?, NZG 2003, 745–750

*Hoffmann-Becking, Michael*, Zur rechtlichen Organisation der Zusammenarbeit im Vorstand der AG, ZGR 1998, 497–519

*Hohenstatt, Klaus-Stefan*, Das Gesetz zur Angemessenheit der Vorstandsvergütung, ZIP 2009, 1349–1358

*Holzborn, Timo/Vietinghoff, Petra von* (Hrsg.), Haftung und Insolvenz im GmbH-Recht, München 2013

*Holle, Philipp M.*, Die Binnenhaftung des Vorstands bei unklarer Rechtslage, AG 2016, 270–280

*Hommelhoff, Peter*, Die Konzernleitungspflicht, Köln [u. a.] 1982

*Hommelhoff, Peter/Hopt, Klaus J./Werder, Axel von* (Hrsg.), Handbuch Corporate Governance, Leitung und Überwachung börsennotierter Unternehmen in der Rechts- und Wirtschaftspraxis, 2. Aufl., Stuttgart/Köln 2009

*Hopt, Klaus J.*, Die Verantwortlichkeit von Vorstand und Aufsichtsrat: Grundsatz und Praxisprobleme – unter besonderer Berücksichtigung der Banken, ZIP 2013, 1793–1806

*Hopt, Klaus J.*, Die Haftung für Kapitalmarktinformationen – Rechtsvergleichende, rechtsdogmatische und rechtspolitische Überlegungen –, WM 2013, 101–112

*Hopt, Klaus J.*, Die Haftung von Vorstand und Aufsichtsrat – Zugleich ein Beitrag zur corporate governance-Debatte –, in: Festschrift für Ernst-Joachim Mestmäcker zum siebzigsten Geburtstag, hrsg. von Immenga, U./Möschel, W./Reuter, D., Baden-Baden 1996, 909–931

*Hopt, Klaus J./Wiedemann, Herbert* (Hrsg.), Aktiengesetz, Großkommentar, Band 4: §§ 95–117, 4. Aufl., Berlin 2005

*Horn, Norbert*, Die Haftung des Vorstands der AG nach § 93 AktG und die Pflichten des Aufsichtsrats, ZIP 1997, 1129–1139

*Hübner, Ulrich*, Managerhaftung – Rechtsgrundlagen und Risikopotentiale einer persönlichen Inanspruchnahme der Unternehmensleiter von Kapitalgesellschaften, München 1992

*Hueck, Götz*, Zur arbeitsrechtlichen Stellung des GmbH-Geschäftsführers, ZfA 1985, 25–37

*Hueck, Götz*, Bemerkungen zum Anstellungsverhältnis von Organmitgliedern juristischer Personen, in: Festschrift für Marie Luise Hilger und Hermann Stumpf, hrsg. von Dieterich, T./Gamillscheg, F./Wiedemann, H., München 1983, 365–380

*Hüffer, Uwe* (Begr.), Aktiengesetz, Kommentar, bearbeitet von Koch, J., 11. Aufl., München 2014

*Hüffer, Uwe*, Unangemessenheit der Vorstandsvergütung als Haftungsrisiko von Aufsichtsratsmitgliedern, in: Festschrift für Michael Hoffmann-Becking zum 70. Geburtstag, hrsg. von Krieger, G./Lutter, M./Schmidt, K., München 2013, 589–601

*Hugger, Heiner/Röhrich, Raimund*, Der neue UK Bribery Act und seine Geltung für deutsche Unternehmen, BB 2010, 2643–2647

*Ihrig, Hans-Christoph*, Reformbedarf beim Haftungstatbestand des § 93 AktG, WM 2004, 2098–2107

*Ihrig, Hans-Christoph/Schäfer, Carsten*, Rechte und Pflichten des Vorstands, Köln 2014

*Ihrig, Hans-Christoph/Wandt, Andre P.H./Wittgens, Jonas*, Die angemessene Vorstandsvergütung drei Jahre nach Inkrafttreten des VorstAG – Grundsätze, Leitlinien und Zweifelsfragen in der Praxis – eine Bestandsaufnahme, ZIP 2012, Beilage zu Heft 40, 1–31

*Jäger, Axel*, Aktiengesellschaft unter besonderer Berücksichtigung der KGaA, München 2004

*Jahn, Joachim*, 70. Deutscher Juristentag fasst Beschlüsse: Aktionäre sollen Haftung der Vorstände begrenzen dürfen, AG 2014, R300–R304

*Janert, Ingo*, Rechtliche Gestaltungsmöglichkeiten zur Beschränkung der Geschäftsführerhaftung, BB 2013, 3016–3022

*Jaspers, Philipp*, Höchstgrenzen für Aufsichtsratsmandate nach Aktienrecht und DCGK, AG 2011, 154–164

*Jauernig, Othmar* (Hrsg.), Bürgerliches Gesetzbuch, Kommentar, 13. Aufl., München 2009

*Joussen, Jacob*, Der persönliche Anwendungsbereich der Arbeitnehmerhaftung, RdA 2006, 129–137

*Joussen, Jacob*, Der Sorgfaltsmaßstab des § 43 Abs. 1 GmbHG, GmbHR 2005, 441–447

*Jula, Rocco*, Der GmbH-Geschäftsführer – Rechte und Pflichten, Anstellung, Vergütung und Versorgung, Haftung und Strafbarkeit, 4. Aufl., Heidelberg [u. a.] 2012

*Jula, Rocco*, Geschäftsführerhaftung gemäß § 43 GmbHG: Minimierung der Risiken durch Regelungen im Anstellungsvertrag?, GmbHR 2001, 806–811

*Jungmann, Carsten*, Die Business Judgement Rule – ein Institut des allgemeinen Verbandsrechts? – Zur Geltung von § 93 Abs. 2 Satz 1 AktG außerhalb des Aktienrechts –, in: Festschrift für Karsten Schmidt zum 70. Geburtstag, hrsg. von Bitter, G./Lutter, M./Priester, H.-J./Schön, W./Ulmer, P., Köln 2009, 831–855

*Junkmann, Claudia/Biederbick, Jörn*, Die Unabhängigkeit des Unternehmensjuristen – Dürfen Organmitglieder auf den Rat der Rechtsabteilung hören?, AG 2012, 898–906

*Kann, Jürgen van* (Hrsg.), Vorstand der AG – Führungsaufgaben, Rechtspflichten und Corporate Governance, 2. Aufl., Berlin 2012

*Kapp, Thomas/Gärtner, Daniel*, Die Haftung von Vorstand und Aufsichtsrat bei Verstößen gegen das Kartellrecht, CCZ 2009, 168–174

Karlsruher Kommentar zum Gesetz über Ordnungswidrigkeiten, hrsg. von Senge, L., 4. Aufl., München 2014

*Keiluweit, Anjela*, Unterschiede zwischen obligatorischen und fakultativen Aufsichtsratsgremien – ein Vergleich zwischen Aktiengesellschaft und GmbH, BB 2011, 1795–1800

*Kempf, Eberhard*, Bestechende Untreue?, in: Festschrift für Rainer Hamm zum 65. Geburtstag am 24. Februar 2008, hrsg. von Michalke, R./Köberer, W./Pauly, J./Kirsch, S., Berlin 2008, 255–267

*Kerst, Andreas*, Haftungsmanagement durch die D&O-Versicherung nach Einführung des aktienrechtlichen Selbstbehalts in § 93 Abs. 2 Satz 3 AktG, WM 2010, 594–605

*Kersting, Christian*, Organhaftung für Kartellbußgelder, ZIP 2016, 1266–1275

*Kessler, Manfred H.*, Die Leitungsmacht des Vorstands einer Aktiengesellschaft (II), AG 1995, 120–132

*Keuk, Brigitte*, Vermögensschaden und Interesse, Bonn 1972

*Kiefner, Alexander/Krämer, Lutz*, Geschäftsleiterhaftung nach ISION und das Vertrauendürfen auf Rechtsrat – Plädoyer für eine Anwendung der Rechtsprechungsgrundsätze mit Augenmaß, AG 2012, 498–502

*Kiefner, Alexander/Langen, Markus*, Massesicherungspflicht und Versagen des Überwachungsorgans – Zum Haftungsgefälle zwischen obligatorischem und fakultativem Aufsichtsrat, NJW 2011, 192–196

*Kiethe, Kurt*, Die Haftung von Geschäftsleitern für Arbeitnehmerbeiträge zur Sozialversicherung in der Krise des Unternehmens, ZIP 2003, 1957–1964

*Kiethe, Kurt*, Die zivil- und strafrechtliche Haftung von Vorstandsmitgliedern eines Kreditinstituts für riskante Kreditgeschäfte, WM 2003, 861–869

*Kindler, Peter*, Vorstands- und Geschäftsführerhaftung mit Augenmaß – Über einige neuere Grundsatzentscheidungen des II. Zivilsenats des BGB zu §§ 93 AktG und 43 GmbHG, in: Festschrift für Wulf Goette zum 65. Geburtstag, hrsg. von Habersack, M./Hommelhoff, P., München 2011, 231–238

*Kindler, Peter*, Finanzkrise und Finanzmarktregulierung – Ein Zwischenruf zum 68. Deutschen Juristentag, NJW 2010, 2465–2469

*Kleindiek, Detlef*, Deliktshaftung und juristische Person – Zugleich zur Eigenhaftung von Unternehmensleitern, Tübingen 1997

*Kleindiek, Detlef*, Geschäftsführerhaftung in der Krise, in: Festschrift für Uwe H. Schneider zum 70. Geburtstag, hrsg. von Burgard, U./Hadding, W./Mülbert, P. O./Nietsch, M./Welter, R., Köln 2011, 617–631

*Kleindiek, Detlef*, Geschäftsführerhaftung nach der GmbH-Reform, in: Festschrift für Karsten Schmidt zum 70. Geburtstag, hrsg. von Bitter, G./Lutter, M./Priester, H.-J./Schön, W./ Ulmer, P., Köln 2009, 893–907

*Kling, Michael*, Die Innenhaftung des Aufsichtsratsmitglieds in der Aktiengesellschaft, DZWIR 2005, 45–56

*Klinck, Fabian*, Die Geschäftsführerhaftung nach § 64 Satz 1 GmbHG im Eigenverwaltungs(eröffnungs)verfahren, DB 2014, 938–942

*Klöckner, Stefan*, Informationspflichten und Haftung der Organmitglieder börsennotierter Aktiengesellschaften – Ein Vergleich Deutschland/USA, Baden-Baden 2009

*Klöhn, Lars*, Geschäftsleiterhaftung und unternehmensinterner Rat – Wie unabhängig sind Unternehmensjuristen –, DB 2013, 1535–1540

*Klöhn, Lars*, Das deutsche und europäische Insiderrecht nach dem Geltl-Urteil des EuGH – Zugleich Besprechung EuGH v. 28.6.2012 – Rs C-19/11, ZIP 2012, 1282 –, ZIP 2012, 1885–1895

*Klöhn, Lars*, Die Herabsetzung der Vorstandsvergütung gem. § 87 Abs. 2 AktG in der börsennotierten Aktiengesellschaft, ZGR 2012, 1–34

*Klöhn, Lars*, Interessenkonflikte zwischen Aktionären und Gläubigern der Aktiengesellschaft im Spiegel der Vorstandspflichten, ZGR 2008, 110–158

*Klose, Andreas*, Die Verjährung von Ansprüchen einer GmbH gegen ihren Gesellschafter-Geschäftsführer, GmbHR 2012, 1288–1293

*Knapp, Christoph*, Die Entwicklung des Rechts des Aufsichtsrats im Jahr 2012 – Aktuelles für die Praxis aus Gesetzgebung und Rechtsprechung, DStR 2013, 865–873

*Knapp, Christoph/Lepperdinger, Urs*, Die Entwicklung des Rechts des Aufsichtsrats im Jahr 2014 – Aktuelles für die Praxis aus Gesetzgebung und Rechtsprechung, DStR 2015, 1252–1259

*Knappke, Till C.*, Effizienz der Vorstandshaftung – Nach dem UMAG, Hamburg 2008

*Koch, Jens*, Wissenszurechnung aus dem Aufsichtsrat, ZIP 2015, 1757–1767

*Koch, Jens*, Regressreduzierung im Kapitalgesellschaftsrecht – eine Sammelreplik, AG 2014, 513–525

*Koch, Jens*, Die schleichende Erosion der Verfolgungspflicht nach ARAG/Garmenbeck, NZG 2014, 934–942

*Koch, Jens*, Beschränkung der Regressfolgen im Kapitalgesellschaftsrecht, AG 2012, 429–440

*Koch, Jens*, Beschränkungen des gesellschaftsrechtlichen Innenregresses bei Bußgeldzahlungen, in: Liber Amicorum für Martin Winter, hrsg. von Hoffmann-Becking, M./Hüffer, U./Reichert, J., Köln 2011, 327–350

*Koch, Jens*, Das Gesetz zur Unternehmensintegrität und Modernisierung des Anfechtungsrechts (UMAG), ZGR 2006, 769–804

*Kocher, Dirk/Falkenhausen, Joachim Freiherr von*, Streitverkündung und Interessenskonflikte im Organhaftungsprozess, AG 2016, 848–853

*Koenen, Martin*, Die Zurechnung von Organverhalten bei juristischen Personen – Insbesondere zur Haftung der abordnenden Körperschaft gemäß §§ 116, 93 AktG i.V.m. § 31 BGB und zur Systematik der §§ 117, 317 AktG, Köln 1991

*Köhl, Dietmar*, Die Einschränkung der Haftung des GmbH-Geschäftsführers nach den Grundsätzen des innerbetrieblichen Schadensausgleichs, DB 1996, 2597–2605

Kölner Kommentar zum Aktiengesetz, hrsg. von Zöllner, W./Noack, U., Band 2/1: §§ 76–94, 3. Aufl., Köln 2010; Band 2/2: §§ 95–117, 3. Aufl., Köln 2013

*Königshausen, Andreas M.*, Fresenius und Solarworld: Unter welchen Voraussetzungen sind Beratungsverträge mit Aufsichtsratsmitgliedern genehmigungsfähig?, GWR 2015, 111–114

*Köstler, Roland/Zachert, Ulrich/Müller, Matthias*, Aufsichtsratspraxis, Handbuch für die Arbeitnehmervertreter im Aufsichtsrat, 8. Aufl., Frankfurt a.M. 2006

*Kötz, Hein/Wagner, Gerhard*, Deliktsrecht, 10. Aufl., München 2006

*Konzen, Horst*, Geschäftsführung, Weisungsrecht und Verantwortlichkeit in der GmbH und GmbH & Co KG, NJW 1989, 2977–2987

*Kornblum, Udo*, Bundesweite Rechtstatsachen zum Unternehmens- und Gesellschaftsrecht (Stand: 1.1.2016), GmbHR 2016, 691–701

*Kort, Michael*, Kriterien der Herabsetzung der Vorstandsvergütung nach § 87 Abs. 2 Satz 1 AktG, Kommentar zu BGH v. 27.10.2015 – II ZR 296/14, AG 2016, 214 – AG 2016, 2019–213

*Kort, Michael*, Kontinuität und Wandel im Vorstands- und Aufsichtsratsrecht, BOARD 2015, 239–244

*Kort, Michael*, Compliance-Pflichten und Haftung von GmbH-Geschäftsführern, GmbHR 2013, 566–574

*Kort, Michael*, Gemeinwohlbelange beim Vorstandshandeln, NZG 2012, 926–930

*Kort, Michael*, Verhaltensstandardisierung durch Corporate Compliance, NZG 2008, 81–86

*Koziol, Helmut*, Rechtmäßiges Alternativverhalten – Auflockerung starrer Lösungsansätze, in: Festschrift für Erwin Deutsch zum 70. Geburtstag, hrsg. von Ahrens, H.-J./Bar, C.v./Fischer, G./Spickhoff, A./Taupitz, J., Köln [u. a.] 1999, 179–187

*Kraakman, Reinier/Armour, John/Davies, Paul/Enriques, Luca/Hansmann, Henry/Hertig, Gerald/Hopt, Klaus/Kanda, Hideki/Rock, Edward*, The Anatomy of Corporate Law – a Comparative and Functional Approach, 2. Aufl., Oxford 2009

*Krause, Nils*, Managerhaftung und Strategien zur Haftungsvermeidung, BB 2009, 1370–1375

*Krause, Nils/Albien, Christopher*, BB-Gesetzgebungs- und Rechtsprechungsreport zu Compliance 2012/2013, BB 2013, 2883–2887

*Krause, Rüdiger*, „Nützliche" Rechtsverstöße im Unternehmen – Verteilung finanzieller Lasten und Sanktionen, BB-Special 8/2007, 2–16

*Kreuzer, Karl* (Hrsg.), Die Haftung der Leitungsorgane von Kapitalgesellschaften, Baden-Baden 1991

*Krieger, Gerd*, Wie viele Rechtsberater braucht ein Geschäftsleiter? Ein kritischer Zwischenruf zu Strohn, ZHR 176 (2012), 137, ZGR 2012, 496–504

*Krieger, Gerd*, Beweislastumkehr und Informationsanspruch des Vorstandsmitglieds bei Schadensersatzforderungen nach § 93 Abs. 2 AktG, in: Festschrift für Uwe H. Schneider zum 70. Geburtstag, hrsg. von Burgard, U./Hadding, W./Mülbert, P. O./Nietsch, M./Welter, R., Köln 2011, 717–735

*Krieger, Gerd*, Personalentscheidungen des Aufsichtsrats, Köln [u. a.] 1981

*Krieger, Gerd*, Zum Aufsichtsratspräsidium, ZGR 1985, 338–364

*Krieger, Gerd/Schneider, Uwe H.* (Hrsg.), Handbuch Managerhaftung, 2. Aufl., Köln 2010

*Kropff, Bruno*, Über die „Ausgliederung", in Festschrift für Ernst Geßler zum 65. Geburtstag am 5. März 1970, hrsg. von Ballerstedt, K./Hefermehl, W., München 1971, 111–126

*Kropff, Bruno* (Hrsg.), Aktiengesetz, Textausgabe des Aktiengesetzes vom 6.9.1965 und des Einführungsgesetzes zum Aktiengesetz vom 6.9.1965 mit Begründung des Regierungsentwurfs, Bericht des Rechtsausschusses des Deutschen Bundestages, Verweisungen und Sachverzeichnis, Düsseldorf 1965

*Kübler, Friedrich/Assmann, Heinz-Dieter*, Gesellschaftsrecht – Die privatrechtlichen Ordnungsstrukturen und Regelungsprobleme von Verbänden und Unternehmen, 6. Aufl., Heidelberg 2006

*Kuntz, Thilo*, Grundlagen und Grenzen der aktienrechtlichen Leitungsautonomie – Zugleich ein Beitrag zur Möglichkeit schuldrechtlicher Bindung des Vorstands, AG 2016, 101–116

*Lange, Hermann*, Die Vorteilsausgleichung, JuS 1978, 649–657

*Lange, Hermann/Schiemann, Gottfried*, Handbuch des Schuldrechts in Einzeldarstellungen, hrsg. von Gernhuber, J., Band 1, Schadensersatz, 3. Aufl., Tübingen 2003

*Langenbucher, Katja* (Hrsg.), Europarechtliche Bezüge des Privatrechts, 3. Aufl., Baden-Baden 2013

*Larenz, Julius*, Compensatio lucri cum damno, Göttingen 1896

*Larenz, Karl*, Lehrbuch des Schuldrechts, Erster Band: Allgemeiner Teil, 14. Aufl., München 1987 (zit.: *Larenz*, SchuldR I)

*Larenz, Karl/Canaris, Claus-Wilhelm*, Lehrbuch des Schuldrechts, Zweiter Band, Besonderer Teil, 2. Halbband, 13. Aufl., München 1994 (zit.: *Larenz/Canaris*, SchuldR II/2)

*Läser, Matti*, Mehrheit von Ersatzpflichtigen in der aktienrechtlichen Verantwortung unter Berücksichtigung versicherungsrechtlicher Aspekte, Zürich [u. a.] 2010

*Leinekugel, Rolf/Skauradszun, Dominik*, Geschäftsführerhaftung bei eigenmächtig gestelltem Insolvenzantrag wegen bloß drohender Zahlungsunfähigkeit – Das Spannungsfeld zwischen Sanierungspflicht und Insolvenzantragspflicht – GmbHR 2011, 1121–1128

*Leuering, Dieter/Dornhegge, Stefanie*, Geschäftsverteilung zwischen GmbH-Geschäftsführern, NZG 2010, 13–17

*Leuering, Dieter/Rubner, Daniel*, Exkulpation des Vorstandsmitglieds wegen Rechtsirrtums, NJW-Spezial 2015, 400–401

*Leuering, Dieter/Rubner, Daniel*, Übernahme einer Geldauflage gegen den Vorstand durch die AG, NJW-Spezial 2014, 559

*Leuering, Dieter/Rubner, Daniel*, Gehilfenhaftung von Vorstands- und Aufsichtsratsmitgliedern, NJW-Spezial 2013, 47

*Leuering, Dieter/Rubner, Daniel*, Geschäftsverteilung zwischen GmbH-Geschäftsführern, NJW-Spezial 2009, 239–240

*Leuschner, Lars*, Das Haftungsprivileg der 31a, 31b BGB, NZG 2014, 281–288

*Leyendecker-Lagner, Benjamin E.*, Rechte und Pflichten des Vorstands bei Kompetenzüberschreitungen des Aufsichtsratsvorsitzenden, NZG 2012, 721–725

*Lieder, Jan*, Der Aufsichtsrat im Wandel der Zeit, Jena 2006

*Lindacher, Walter F.*, Haftung des GmbH-Geschäftsführers und Einwand des Auswahl- und Überwachungsverschuldens – BGH, NJW 1983, 1856, JuS 1984, 672–675

*Lingemann, Stefan/Weingart, Markus*, Zur Anwendung des AGG auf Organmitglieder – Zugleich Besprechung des BGH-Urteils vom 23.4.2012 – II ZR 163/10, DB 2012 S. 1499 –, DB 2012, 2325–2332

*Link, Simon Patrick*, Die Kommunikation zwischen Vorstand und Aufsichtsrat, BOARD 2015, 249–251

*Löbbe, Marc/Fischbach, Jonas*, Die Business Judgement Rule bei Kollegialentscheidungen des Vorstands, AG 2014, 717–726

*Lohr, Martin*, Die Beschränkung der Innenhaftung des GmbH-GF, NZG 2000, 1204–1213

*Lohse, Andrea*, Schmiergelder als Schaden? Zur Vorteilsausgleichung im Gesellschaftsrecht, in: Festschrift für Uwe Hüffer zum 70. Geburtstag, hrsg. von Kindler, P./Koch, J./Ulmer, P./Winter, M., München 2010, 581–601

*Lohse, Andrea*, Unternehmerisches Ermessen – Zu den Aufgaben und Pflichten von Vorstand und Aufsichtsrats, Tübingen 2005

*Looschelders, Dirk*, Die Mitverantwortlichkeit des Geschädigten im Privatrecht, Tübingen 1999

*Looschelders, Dirk*, Schuldrecht Allgemeiner Teil, 7. Aufl., Köln 2009

*Lorenz, Dirk*, Pflicht zur eigenständigen Risikoanalyse für Aufsichtsräte – Piëch, GWR 2012, 156–157

*Lorenz, Dirk/Pospiech, Lutz*, Beratungsverträge mit Aufsichtsratsmitgliedern in Zeiten moderner Corporate Governance, in: NZG 2011, 81–86

*Lorenz, Dirk/Pospiech, Lutz*, Ein Jahr Freigabeverfahren nach dem ARUG – Zeit für einen Blick auf Entscheidungen, Entwicklungstrends und ungeklärte Rechtsfragen, BB 2010, 2515–2522

*Lorenz, Dirk/Pospiech, Lutz*, Holzmüller Reloaded – Hauptversammlungszuständigkeit beim Beteiligungserwerb?, DB 2010, 1925–1930

*Lorenz, Werner*, Der Schutz vor aufgedrängter Bereicherung – Eine vergleichende Betrachtung des deutschen und englischen Rechts, in: Festschrift für Dieter Medicus zum 70. Geburtstag, hrsg. von Beuthien, V./Fuchs, M./Roth, H./Schiemann, G./Wacke, A., Köln [u. a.] 1999, 367–382

*Loritz, Karl-Georg/Wagner, Klaus-R.*, Haftung von Vorständen und Aufsichtsräten, DStR 2012, 2189–2195

*Lücke, Oliver*, Der Status des GmbH-Geschäftsführers: (K)ein Arbeitnehmer?!, NJOZ 2009, 3469–3477

*Lücke, Oliver/Schaub, Bernhard* (Hrsg.), Beck'sches Mandats Handbuch Vorstand der AG, München 2010

*Lüderssen, Klaus*, „Nützliche Aufwendungen“ und strafrechtliche Untreue, in: Grundfragen staatlichen Strafens, Festschrift für Heinz Müller-Dietz zum 70. Geburtstag, hrsg. von Britz, G./Jung, H./Koriath, H./Müller, E., München 2001, 467–477

*Lunk, Stefan*, Der EuGH und die deutschen GmbH-Fremdgeschäftsführer – Auf dem Weg zum Arbeitsnehmerstatus?, NZA 2015, 917–920

*Lutter, Marcus*, Zum Beschluss des Aufsichtsrats über den Verzicht auf eine Haftungsklage gegen den Vorstand, in: Festschrift für Michael Hoffmann-Becking zum 70. Geburtstag, hrsg. von Krieger, G./Lutter, M./Schmidt, K., München 2013, 747–754

*Lutter, Marcus*, Zur Durchsetzung von Schadensersatzansprüchen gegen Organmitglieder, in: Festschrift für Uwe H. Schneider zum 70. Geburtstag, hrsg. von Burgard, U./Hadding, W./Mülbert, P. O./Nietsch, M./Welter, R., Köln 2011, 763–770

*Lutter, Marcus*, Haftung und Verantwortlichkeit – Verantwortung von Organen und Beratern, DZWIR 2011, 265–270

*Lutter, Marcus*, Aufsichtsrat und Sicherung der Legalität im Unternehmen, in: Festschrift für Uwe Hüffer zum 70. Geburtstag, hrsg. von Kindler, P./Koch, J./Ulmer, P./Winter, M., München 2010, 617–625

*Lutter, Marcus*, Bankenkrise und Organhaftung, ZIP 2009, 197–201

*Lutter, Marcus*, Beraterverträge mit Aufsichtsratsmitgliedern in Gesellschaft und Konzern, in: Festschrift für Harm Peter Westermann zum 70. Geburtstag, Köln 2008, hrsg. von Aderhold, L./Grunewald, B/Klingberg, D./Paefgen, W., Köln 2008, 1171–1189

*Lutter, Marcus*, Die Business Judgement Rule und ihre praktische Anwendung, ZIP 2007, 841–848

*Lutter, Marcus*, Haftung und Haftungsfreiräume des GmbH-Geschäftsführers – 10 Gebote an den Geschäftsführer, GmbHR 2000, 301–312

*Lutter, Markus*, Die Rechte der Gesellschafter beim Abschluß fusionsähnlicher Unternehmensverbindungen, Düsseldorf 1974

*Lutter, Markus*, Teilfusionen im Gesellschaftsrecht, in: Festschrift für Carl Barz zum 65. Geburtstag am 6. Dezember 1974, hrsg. von Fischer, R./Möhrling, P./Westermann, H., Berlin [u. a.] 1974, 199–218

*Lutter, Markus*, Zur Binnenstruktur des Konzerns, in: Festschrift für Harry Westermann zum 65. Geburtstag, hrsg. von Hefermehl, W./Gmür, R./Brox, H., Karlsruhe 1974, 347–368

*Lutter, Marcus/Hommelhoff, Peter* (Hrsg.), GmbH-Gesetz, Kommentar, 18. Aufl., Köln 2012

*Lutter, Marcus/Krieger, Gerd/Verse, Dirk A.*, Rechte und Pflichten des Aufsichtsrates, 6. Aufl., Köln 2014

*Marsch-Barner, Reinhard*, Vorteilsausgleich bei der Schadensersatzhaftung nach § 93 AktG, ZHR 173 (2009), 723–734

*Marsch-Barner, Reinhard/Schäfer, Frank A.* (Hrsg.), Handbuch börsennotierte AG, 3. Aufl., Köln 2014

*Martens, Klaus-Peter,* Der Grundsatz gemeinsamer Vorstandsverantwortung, in: Festschrift für Hans-Joachim Fleck zum 70. Geburtstag am 30. Januar 1988, hrsg. von Goerdeler, R./Hommelhoff, P./Lutter, M./Wiedemann, H., Berlin [u. a.] 1988, 191–208

*Martens, Klaus-Peter,* Die außerordentliche Beendigung von Organ- und Anstellungsverhältnis, in: Festschrift für Winfried Werner zum 65. Geburtstag am 17. Oktober 1984, hrsg. von Hadding, W./Immenga, U./Mertens, H.-J./Pleyer, K./ Schneider, U.H., Berlin [u. a.] 1984, 495–519

*Martens, Klaus-Peter,* Die Entscheidungsautonomie des Vorstands und die „Basisdemokratie" in der Aktiengesellschaft – Anmerkung zu BGHZ 83, S. 122 („Holzmüller"), ZHR 147 (1983), 377–428

*Mayer, Bernd R.,* Die aktienrechtliche Organhaftung – Reform durch juristische Methodik oder gesetzgeberisches Handeln?, NZG 2014, 1208–1211

*Meckbach, Anne,* Organhaftung und Beweisrisiken – Adäquate Risikoallokation durch Vertragsgestaltung, NZG 2015, 580–586

*Medicus, Dieter,* Die interne Geschäftsverteilung und die Außenhaftung von GmbH-Geschäftsführern, GmbHR 1998, 9–16

*Medicus, Dieter/Lorenz, Stephan,* Schuldrecht I – Allgemeiner Teil, 18. Aufl., München 2008

*Medicus, Dieter/Petersen, Jens,* Bürgerliches Recht, 22. Aufl., München 2009

*Meier, Norbert,* Aufsichtsratssysteme bei einer GmbH – Auswirkungen eines Wechsels innerhalb der Amtsperiode, DStR 2011, 1430–1432

*Mense, Christian/Klie, Marcus,* Erforderliche Zustimmung der Hauptversammlung bei der Übernahme von gegenüber Vorständen verhängten Geldsanktionen durch die Gesellschaft, GWR 2014, 389

*Merkt, Hanno,* Geschäftsleiter zwischen Zivil- und Strafrecht: Die Perspektive des Gesellschafts- und Kapitalmarktrechts, ZGR 2016, 201–223

*Merkt, Hanno,* Managerhaftung im Finanzsektor: Status Quo und Reformbedarf, in: Festschrift für Peter Hommelhoff zum 70. Geburtstag, hrsg. von Erle, B./ Goette, W./Kleindiek, D./Krieger, G./ Priester, H.-J./Schubel, C./Schwab, M./ Teichmann, C./Witt, C.-H., Köln 2012, S. 711–729

*Merkt, Hanno/Göthel, Stephan R.,* US-amerikanisches Gesellschaftsrecht, 2. Aufl., Frankfurt a.M. 2006

*Merkt, Hanno/Mylich, Falk,* Einlage eigener Aktien und Rechtsrat durch den Aufsichtsrat – Zwei aktienrechtliche Fragen im Lichte der ISION-Entscheidung, NZG 2012, 525–530

*Mertens, Hans-Joachim,* Schadensersatzhaftung des Aufsichtsrats bei Nichtbeachtung der Regeln des ARAG-Urteils über die Inanspruchnahme von Vorstandsmitgliedern?, in: Festschrift für Karsten Schmidt zum 70. Geburtstag, hrsg. von Bitter, G./Lutter, M./Priester, H.-J./Schön, W./Ulmer, P., Köln 2009, 1183–1195

*Mertens, Hans-Joachim*, Die gesetzlichen Einschränkungen der Disposition über Ersatzansprüche der Gesellschaft durch Verzicht und Vergleich in der aktien- und konzernrechtlichen Organhaftung, in: Festschrift für Hans-Joachim Fleck zum 70. Geburtstag am 30. Januar 1988, hrsg. von Goerdeler, R./Hommelhoff, P./Lutter, M./Wiedemann, H., Berlin [u.a.] 1988, 209–219

*Mertens Hans-Joachim*, Der Begriff des Vermögensschadens im Bürgerlichen Recht, Stuttgart [u.a.] 1967

*Metz, Florian*, Die Organhaftung bei der monistisch strukturierten Europäischen Aktiengesellschaft mit Sitz in Deutschland, Baden-Baden 2009

*Meyer, Susanne*, Compliance-Verantwortlichkeit von Vorstandsmitgliedern – Legalitätsprinzip und Risikomanagement – Besprechung des Urteils des LG München I vom 10.12.2013 – 5 HK 0 1387/10, DB 2014 S. 766 –, DB 2014, 1063–1068

*Michalski, Lutz* (Hrsg.), Kommentar zum Gesetz betreffend die Gesellschaften mit beschränkter Haftung (GmbH-Gesetz), Band 2: §§ 35–85 GmbHG, §§ 1–4 EGGmbHG, 2. Aufl., München 2010

*Mohr Jochen*, Normativer Schadensbegriff und Berechnung des Schadensersatzes, JURA 2010, 645–659

*Mohr, Randolf*, Die Angemessenheit der Gesamtvergütung des GmbH-Geschäftsführers im Gesellschaftsrecht, GmbHR 2011, 402–407

*Mommsen, Friedrich*, Beiträge zum Obligationenrecht, Zweite Abteilung: Zur Lehre von dem Interesse, Braunschweig 1855

*Müller, Hans-Friedrich*, Geschäftsleiterhaftung und Vertrauen auf fachkundigen Rat, DB 2014, 1301–1307

*Müller, Knut*, Führungskräfte: Haftung und Enthaftung, NZA-Beilage Heft 1/2014, 30–37

*Müller, Welf/Rödder, Thomas* (Hrsg.), Beck'sches Handbuch der AG, Gesellschaftsrecht – Steuerrecht – Börsengang, 2. Aufl., München 2009

*Müller, Welf/Winkeljohann, Norbert* (Hrsg.), Beck'sches Handbuch der GmbH, Gesellschaftsrecht – Steuerrecht, 4. Aufl., München 2009

Münchener Anwaltshandbuch GmbH-Recht, hrsg. von Römermann, V., 3. Aufl., München 2014

Münchener Handbuch des Gesellschaftsrechts, Band 3: Gesellschaft mit beschränkter Haftung, hrsg. von Priester, H.-J./Mayer, D./Wicke, H., 4. Aufl., München 2012

Münchener Handbuch des Gesellschaftsrechts, Band 4: Aktiengesellschaft, hrsg. von Hoffmann-Becking, M., 4. Aufl., München 2015

Münchener Handbuch zum Arbeitsrecht, Band 1: Individualarbeitsrecht, hrsg. von Richardi, R./Wlotzke, O./Wißmann, H./Oetker, H., 3. Aufl., München 2009

Münchener Kommentar zum Aktiengesetz, hrsg. von Goette, W./Habersack, M., Band 3: §§ 76–117, MitbestG, DrittelbG, 4. Aufl., München 2014

Münchener Kommentar zum Bürgerlichen Gesetzbuch, hrsg. von Säcker, F.J./Rixecker, R., Band 2: Schuldrecht Allgemeiner Teil: §§ 241–432, 6. Aufl., München 2012; Band 5: Schuldrecht Besonderer Teil III: §§ 705–853, PartGG, ProdHaftG, 6. Aufl., München 2013

Münchener Kommentar zum Gesetz betreffend die Gesellschaften mit beschränkter Haftung – GmbHG, hrsg. von Fleischer, H./Goette, W., Band 2: §§ 35–52, 2. Aufl., München 2016

Münchener Kommentar zum Handelsgesetzbuch, hrsg. von Schmidt, K., Band 2: §§ 105–160, 3. Aufl., München 2011

*Mutter, Stefan/Frick, Vera*, „Elf Freunde sollt ihr sein" – wider die Belastung der Zusammenarbeit im Vorstand durch überzogene Rechtsprechung, AG 2005, R470–R471

*Nadler, David A./Heilpern, Jeffrey D.*, The CEO in the Context of Discontinuous Change, in: Navigating Change: How CEOs, Tops Teams, and Boards Steer Transformation, hrsg. von Hambrick, D. C./Nadler, D. A./Tushman, M. L., Boston 1998, 3–27

*Nauheim, Markus/Goette, Constantin*, Managerhaftung im Zusammenhang mit Unternehmenskäufen – Anmerkungen zur Business Judgement Rule aus der M&A-Praxis, DStR 2013, 2520–2526

*Nicklisch, Annette C.*, Die Auswirkungen des Sarbanes-Oxley Act auf die deutsche Corporate Governance – ein Beitrag zur Amerikanisierung des deutschen Aktienwesens, Berlin 2007

*Niederländer, Hubert*, Schadensersatz bei hypothetischen Schadensereignissen, AcP 153 (1954), 41–80

*Nietsch, Michael*, Compliance-Risikomanagement als Aufgabe der Unternehmensleitung, ZHR 180 (2016), 733–776

*Nietsch, Michael*, Geschäftsleiterermessen und Unternehmensorganisation bei der AG – Zur haftungsbegrenzenden Wirkung des § 93 Abs. 1 Satz 2 AktG im Bereich gesetzlicher Pflichtaufgaben unter besonderer Berücksichtigung von Compliance, ZGR 2015, 631–666

*Nietsch, Michael*, Überwachungspflichten bei Kollegialorganen – Die Selbstorganisation des Vorstands im Schnittfeld zwischen Corporate Governance und Compliance, ZIP 2013, 1449–1456

*Nikoleyczik, Tobias/Graßl, Bernd*, Überarbeitung des Deutschen Corporate Governance Kodex (DCGK) – Die Änderungsvorschläge der Regierungskommission aus der Plenarsitzung vom 13.10.2016, NZG 2017, 161–169

*Noack, Ulrich*, Haftungsfragen bei Vorstandsdoppelmandaten im Konzern, in: Festschrift für Michael Hoffmann-Becking zum 70. Geburtstag, hrsg. von Krieger, G./ Lutter, M./Schmidt, K., München 2013, 847–859

*Noack, Ulrich*, Haftungsmilderung für ehrenamtliche GmbH-Geschäftsführer?, GmbHR 2010, R81

*Nowak, Raphael M.*, Haftungsvermeidungsstrategien für den Geschäftsführer einer sich in der Krise befindenden GmbH, GmbHR 2012, 1294–1299

*Oberrath, Jörg-Dieter*, Anwendung von Arbeitsrecht auf den GmbH-Geschäftsführer, MDR 1999, 134–139

*Oertmann, Paul*, Die Vorteilsausgleichung beim Schadensersatzanspruch im römischen und deutschen bürgerlichen Recht, Berlin 1901

*Olbricht, Carola/Kassing, Daniel*, Der Selbstbehalt in der D&O Versicherung: Gesetzliche Neuregelung lässt viele Fragen offen, BB 2009, 1659–1662

*Oltmanns, Martin*, Geschäftsleiterhaftung und unternehmerisches Ermessen, Frankfurt a.M. [u. a.] 2001

*Oppenheim, Robert*, Die Pflicht des Vorstands zur Einrichtung einer auf Dauer angelegten Compliance-Organisation – Zugleich Besprechung von LG München I, Urteil vom 10.12.2013, 5 HK 1387/10 (n. rkr.), DStR 2014, 1063–1066

*Ott, Nicolas/Klein, Karen*, Hindsight Bias bei der Vorstandshaftung wegen Compliance-Verstößen – Auswikungen und Methoden des „Debiasing“, AG 2017, 209–221

*Paefgen, Walter G.*, „Compliance“ als gesellschaftsrechtliche Organpflicht?, WM 2016, 433–444

*Paefgen, Walter G.*, Organhaftung: Bestandsaufnahme und Zukunftsperspektiven – Ein kritischer Werkstattbericht vor dem Hintergrund der Beratungen des 70. Deutschen Juristentages 2014, AG 2014, 554–584

*Paefgen, Walter G.*, Anmerkung zu BGH, Urt. v. 23.4.2012 – II ZR 163/10, ZIP 2012, 1296–1299

*Paefgen, Walter G.*, Die Darlegungs- und Beweislast bei der Business Judgement Rule, NZG 2009, 891–896

*Paefgen, Walter G.*, Die Inanspruchnahme pflichtvergessener Vorstandsmitglieder als unternehmerische Ermessensentscheidung des Aufsichtsrats, AG 2008, 761–769

*Paefgen, Walter G.*, Unternehmerische Entscheidungen und Rechtsbindung der Organe in der AG, Köln 2002

Palandt, Otto (Begr.), Bürgerliches Gesetzbuch, Kommentar, 75. Aufl., München 2016

*Pauker, Werner*, Unternehmen – Risiko – Haftung, Die Funktion der Geschäftsleiterhaftung vor dem Hintergrund der Steuerung und Verteilung unternehmerischer Risiken, Baden-Baden 2008

*Patzina, Reinhard/Bank, Stefan/Schimmer, Dieter/Simon-Widmann, Michaele*, Haftung von Unternehmensorganen – Vorstände, Aufsichtsräte, Geschäftsführer, München 2010

*Peltzer, Martin*, Mehr Ausgewogenheit bei der Vorstandshaftung, in: Festschrift für Michael Hoffmann-Becking zum 70. Geburtstag, hrsg. von Krieger, G./Lutter, M./ Schmidt, K., München 2013, 861–870

*Peltzer, Martin*, Das Zulassungsverfahren nach § 148 AktG wird von der Praxis nicht angenommen! Warum? Was nun?, in: in: Festschrift für Uwe H. Schneider zum 70. Geburtstag, hrsg. von Burgard, U./Hadding, W./Mülbert, P.O./Nietsch, M./ Welter, R., Köln 2011, 953–968

*Peltzer, Martin*, Verschärfung der Haftung von Vorstand und Aufsichtsrat und dadurch entstehende Zielkonflikte – Eine Mahnung, die Nebenfolgen zu bedenken, in: Festschrift für Walther Hadding zum 70. Geburtstag am 8. Mai 2004, hrsg. von Häuser, F./Hammen, H./Hennrichs, J./Steinbeck, A./Siebel, U.R./Welter, R., Berlin 2004, 593–605

*Peltzer, Martin*, Corporate Governance aus der Sicht der deutschen Reformdiskussion, in: Max Hachenburg – Dritte Gedächtnisvorlesung 1998, hrsg. von Hommelhoff, P./Rowedder, H./Ulmer, P., Heidelberg 2000, 49–104

*Pelz, Christian*, Aufsichtspflichten im Konzern – Zur Verantwortlichkeit der Konzernobergesellschaft i.S.d. Ordnungswidrigkeitenrechts, DB 2015, 2739–2741

*Perron, Walter*, Geschäftsleiter zwischen Zivil- und Strafrecht: Die strafrechtliche Perspektive unter besonderer Berücksichtigung des Untreuetatbestands, ZGR 2016, 187–200

*Peters, Oliver*, Ressortverteilung zwischen GmbH-Geschäftsführern und ihre Folgen, GmbHR 2008, 682–687

*Peus, Egon A.*, Besitz an Aufsichtsratsprotokollen und deren Beschlagnahme, ZGR 1987, 545–553

*Peus, Egon A.*, Der Aufsichtsratsvorsitzende, Köln [u. a.] 1983

*Philipp, Fritz*, Die Prüfung des Berichts des Vorstandes über Beziehungen zu verbundenen Unternehmen nach dem Aktiengesetz von 1965, in: Hamburger Jahrbuch für Wirtschafts- und Gesellschaftspolitik, hrsg. von Ortlieb, H.-D./Molitor, B., 11. Jahr, Tübingen 1966, 155–166

*Piper, Bernd*, Die Haftung von ehrenamtlich tätigen Organen und § 31a BGB – Anwendungsbereich und Regelungsgehalt der Vorschrift, WM 2011, 2211–2216

*Pitkowitz, Matthias M.*, Praxishandbuch Vorstands- und Aufsichtsratshaftung – Pflichten, Haftung, Ermessen und Versicherung in der Aktiengesellschaft – Deutschland und Österreich, München 2014

*Plagemann, Jörg*, Die Vergütung des Aufsichtsrats in der börsennotierten Aktiengesellschaft unter besonderer Berücksichtigung leistungs- und erfolgsorientierter Vergütungsbestandteile, Hamburg 2008

*Plagemann, Nikolaus,* Die zeitliche Verfügbarkeit von Organmitgliedern von Banken und Finanzdienstleistungsinstituten, WM 2014, 2345–2350

*Plagemann, Nikolaus,* Koordinierung der Aufsichtsratsarbeit bei überschneidenden Aufgabenzuweisungen, NZG 2014, 1404–1410

*Poelzig, Dörte,* Die Verantwortlichkeit des Vorstands für den Abkauf missbräuchlicher Anfechtungsklagen, WM 2008, 1009–1016

*Poelzig, Dörte/Thole, Christoph,* Kollidierende Geschäftsleiterpflichten, ZGR 2010, 836–867

*Pörnbacher, Karl/Mark, Jonas,* Auswirkungen des UK Bribery Act 2010 auf deutsche Unternehmen, NZG 2010, 1372–1375

Potthoff, Erich/Trescher, Karl (Begr.), Das Aufsichtsratsmitglied – Ein Handbuch der Aufgaben, Recht und Pflichten, 6. Aufl. bearb. von *Theiser, Manuel R*, Stuttgart 2003

Praxiskommentar zum GmbH-Recht, hrsg. von Heybrock, H., 2. Aufl., Münster 2010

*Priester, Hans-Joachim/Mayer, Dieter/Wicke, Hartmut* (Hrsg.), Münchener Handbuch des Gesellschaftsrechts, Band 3: Gesellschaft mit beschränkter Haftung, 3. Aufl., München 2009

*Prusko, Wolfram,* Die Gesellschafterstellung in der Insolvenz, München 2013

*Pullen, Heinz-Jürgen,* Anwendbarkeit der Grundsätze gefahrgeneigter Arbeit auf den GmbH-Geschäftsführer? Beispiel eines Kraftfahrzeugunfalles, BB 1984, 989–991

*Raguß, Gerd,* Der Vorstand einer Aktiengesellschaft – Vertrag und Haftung von Vorstandsmitgliedern, 2. Aufl., Berlin [u.a.] 2009

*Rahlmeyer, Niklas,* Vorstandshaftung zwischen traditionellem deutschen Aktienrecht und kapitalmarktorientierter Corporate Governance, Baden-Baden 2010

*Raiser, Thomas/Veil, Rüdiger,* Recht der Kapitalgesellschaften, 6. Aufl., München 2015

*Redeke, Julian,* Institutionelle Investoren und Organhaftung – Die ex Machina oder rational apathische Zuschauer?, AG 2015, 253–261

*Redeke, Julian,* Auswirkungen des UMAG auf die Verfolgung von Organhaftungsansprüchen seitens des Aufsichtsrats?, ZIP 2008, 1549–1557

*Reese, Jürgen,* Die Haftung von „Managern" im Innenverhältnis, DStR 1995, 532–537

*Regelin, Frank P./Fisher, Raymond,* Zum Stand der Umsetzung des Sarbanes-Oxley Act aus deutscher Sicht, IStR 2003, 276–288

*Reichert, Jochem,* „ARAG/Garmenbeck" im Praxistest, ZIP 2016, 1189–1198

*Reichert, Jochem,* Existenzgefährdung bei der Durchsetzung von Organhaftungsansprüchen, ZHR 177 (2013), 756–781

*Reichert, Jochem,* Corporate Compliance und der Grundsatz der Verhältnismäßigkeit, in: Festschrift für Michael Hoffmann-Becking zum 70. Geburtstag, hrsg. von Krieger, G./Lutter, M./Schmidt, K., München 2013, 943–963

*Reichert, Jochem*, Das Prinzip der Regelverfolgung von Schadensersatzansprüchen nach „ARAG/Garmenbeck" – Eine kritische Würdigung, in: Festschrift für Peter Hommelhoff zum 70. Geburtstag, hrsg. von Erle, B./Goette, W./Kleindiek, D./ Krieger, G./ Priester, H.-J./Schubel, C./Schwab, M./Teichmann, C./Witt, C.-H., Köln 2012, S. 907–926

*Reichert, Jochem/Ullrich, Kristin*, Haftung von Aufsichtsrat und Vorstand nach dem VorstAG, in: Festschrift für Uwe H. Schneider zum 70. Geburtstag, hrsg. von Burgard, U./Hadding, W./Mülbert, P.O./Nietsch, M./Welter, R., Köln 2011, 1017–1037

*Reichert, Jochem/Ott, Nicolas*, Non Compliance in der AG – Vorstandspflichten im Zusammenhang mit der Vermeidung, Aufklärung und Sanktionierung von Rechtsverstößen, ZIP 2009, 2173–2180

*Reuter, Alexander*, Wissenzurechnung in Unternehmen – Zugleich Besprechung BGH v. 28.6.2016 – VI ZR 536/15, ZIP 2016, 2023 –, ZIP 2017, 310–317

*Reuter, Alexander*, Unternehmensgeldbußen, Organregress, Grenzen der Versicherbarkeit und Gesellschaft: eine systematische Verletzung der Grundrechte der Anteilseigner?, BB 2016, 1283–1294

*Reuter, Alexander*, Rückbau oder Ausbau der Managerhaftung? Eine Befundung im Licht der neueren Rechtsprechung und der Unternehmerpraxis, ZIP 2016, 597–607

*Reuter, Dieter*, Zur Vereinsreform 2009, NZG 2009, 1368–1373

RGRK – Das Bürgerliche Gesetzbuch mit besonderer Berücksichtigung der Rechtsprechung des Reichgerichts und des Bundesgerichtshofes, Kommentar, hrsg. von den Mitgliedern des Bundesgerichtshofes, Band II., 2. Teil: §§ 414–610, 12. Aufl., Berlin [u.a.] 1978

*Richardi, Reinhard/Wlotzke, Otfried/Wißmann, Hellmut/Oetker, Hartmut* (Hrsg.), Münchener Handbuch zum Arbeitsrecht, Band 1: Individualarbeitsrecht, 3. Aufl., München 2009

*Richter, Rudolf/Furubotn, Eirik G.*, Neue Institutionenökonomik, 4. Aufl., Tübingen 2010

*Rieder, Marcus S./Holzmann, Daniel*, Die Auswirkungen der Finanzkrise auf die Organhaftung, AG 2011, 265–274

*Rieder, Marcus S./Holzmann, Daniel*, Brennpunkte der Aufsichtsratsregulierung in Deutschland und den USA, AG 2010, 570–580

*Rieger, Harald*, Gesetzeswortlaut und Rechtswirklichkeit im Aktiengesetz, in: Festschrift für Martin Peltzer zum 70. Geburtstag, hrsg. von Lutter, M./Scholz, M./ Sigle, W., Köln 2001, 339–357

*Riethmüller, Tobias C.*, Das Restrukturierungsgesetz im ökonomischen und internationalen Kontext, WM 2010, 2295–2304

*Ringleb, Henrik-Michael/Kremer, Thomas/Lutter, Marcus/Werder, Axel von*, Kommentar zum Deutschen Corporate Governance Kodex, 5. Aufl., München 2013

*Ritter, Fritz*, Zur Verantwortung des Vorstandes nach § 76 Abs. 1 AktG 1965, in: Festschrift für Ernst Geßler zum 65. Geburtstag am 5. März 1970, hrsg. von Ballerstedt, K./Hefermehl W., München 1971, 139–158

*Rodewald, Jörg/Unger, Ulrike*, Die Haftung des Geschäftsführers oder Vorstands für die Informationsverteilung im Rahmen von Unternehmensveräußerungen, DB 2007, 1627–1631

*Röckrath, Luidger*, Kausalität, Wahrscheinlichkeit und Haftung, München 2004

*Röhricht, Volker*, Die GmbH im Spannungsfeld zwischen wirtschaftlicher Dispositionsfreiheit ihrer Gesellschafter und Gläubigerschutz, in: Festschrift 50 Jahre Bundesgerichtshof, hrsg. von Geiß, K./Nehm, K./Brandner, H. E./Hagen, H , Köln [u. a.] 2000, 83–122

*Römermann, Volker* (Hrsg.), Münchener Anwaltshandbuch GmbH-Recht, 3. Aufl., München 2014

*Rönnau, Thomas*, Haftung für unterlassene Aufsicht nach § 130 OWiG und strafrechtlicher (Drittempfänger-)Verfall gemäß § 73 Abs. 3 StGB, ZGR 2016, 277–304

*Roth, Günther H./Altmeppen, Holger*, Gesetz betreffend die Gesellschaften mit beschränkter Haftung (GmbHG), 8. Aufl., München 2015

*Roth, Markus*, Wirtschaftsrecht auf dem Deutschen Juristentag 2012 – Möglichkeiten und Grenzen für staatliche und nichtstaatliche Eingriffe in die Unternehmensführung, NZG 2012, 881–887

*Roth, Markus*, Information und Organisation des Aufsichtsrats, ZGR 2012, 343–381

*Roth, Markus*, Unabhängige Aufsichtsratsmitglieder, ZHR 175 (2011), 605–643

*Roth, Markus*, Unternehmerisches Ermessen und Haftung des Vorstands, München 2001

*Rother, Werner*, Haftungsbeschränkung im Schadensrecht, München [u. a.] 1965

*Rowedder, Heinz/Schmidt-Leithoff, Christian*, Gesetz betreffend die Gesellschaften mit beschränkter Haftung (GmbHG), 5. Aufl., München 2013

*Rubner, Daniel/Fischer, Jan-Benedikt*, Erneut: Professionalisierung des Aufsichtsrats – Zu den Änderungen des DCGK 2015, NZG 2015, 782–791

*Rubner, Daniel/Pospiech, Lutz*, Der Vorstandsvorsitzende, NJW-Spezial 2017, 15–16

*Rubner, Daniel/Pospiech, Lutz*, Die EU-Marktmissbrauchsverordnung – verschärfte Anforderungen an die kapitalmarktrechtliche Compliance auch für den Freiverkehr, GWR 2016, 228–230

*Rubner, Daniel/Pospiech, Lutz*, Der Aufsichtsratsvorsitzende in Zeiten moderner Corporate Governance, NJW-Spezial 2015, 463–464

*Ruchatz, Ulrich*, Auskunftspflichten der Aktiengesellschaft bei Organhaftungsverfahren im Verhältnis zum Anspruchsgegner und gegenüber dem D&O-Versicherer, AG 2015, 1–10

*Rudloff, Karl*, Der Vorteilsausgleich als Gewinnabwehr und Glücksteilhabe, in: Festschrift für Fritz von Hippel zum 70. Geburtstag, hrsg. von Esser, J./Thieme, H., Tübingen 1967, 423–461

*Rüthers, Bernd*, Die Wende-Experten – Zur Ideologieanfälligkeit geistiger Berufe am Beispiel der Juristen, 2. Aufl., München 1995

*Säcker, Franz J.*, Gesellschafts- und dienstvertragsrechtliche Fragen bei der Inanspruchnahme der Kronzeugenregelung, WuW 2009, 362–373

*Säcker, Franz J.*, Objektiver Schaden und hypothetische Schadensminderung – Die Erfassung von Reserveursache und rechtmäßigem Alternativverhalten im modernen Schadensrecht, in: Wirtschafts- und Privatrecht im Spannungsfeld von Privatautonomie, Wettbewerb und Regulierung, Festschrift für Ulrich Immenga zum 70. Geburtstag, hrsg. von Fuchs, A./Schwintowski, H.-P./Zimmer, D., München 2004, 679–687

*Säcker, Franz J./Rixecker, Roland* (Hrsg.), Münchener Kommentar zum Bürgerlichen Gesetzbuch, Band 2: Schuldrecht Allgemeiner Teil: §§ 241–432, 6. Aufl., München 2012; Band 5: Schuldrecht Besonderer Teil III: §§ 705–853, PartGG, ProdHaftG, 6. Aufl., München 2013

*Saenger, Ingo*, Gesellschaftsrecht, München 2010

*Saenger, Ingo/Inhester, Michael* (Hrsg.), GmbHG, Handkommentar, Baden-Baden 2011

*Sander, Julian/Schneider, Stefan*, Die Pflicht der Geschäftsleiter zur Einholung von Rat – Dogmatische Grundlagen und praktische Folgerungen, ZGR 2013, 725–759

*Sandmann, Bernd*, Die Haftung von Arbeitnehmern, Geschäftsführern und leitenden Angestellten – Zugleich ein Beitrag zu den Grundprinzipien der Haftung und Haftungsprivilegierung, Tübingen 2001

*Schäfer, Achim/Zeller, Ulrich*, Finanzkrise, Risikomodelle und Organhaftung, BB 2009, 1706–1711

*Schäfer, Carsten*, Gesellschaftsrecht, 4. Aufl., München 2015

*Schäfer, Carsten*, Die Binnenhaftung von Vorstand und Aufsichtsrat nach der Renovierung durch das UMAG, ZIP 2005, 1253–1259

*Schäfer, Carsten*, Zur strafrechtlichen Verantwortlichkeit des GmbH-Geschäftsführers (II), GmbHR 1993, 780–798

*Schäfer, Carsten*, Zur strafrechtlichen Verantwortlichkeit des GmbH-Geschäftsführers (I), GmbHR 1993, 717–728

*Schäfer, Hans-Bernd/Ott, Claus*, Lehrbuch der ökonomischen Analyse des Zivilrechts, 4. Aufl., Berlin [u. a.] 2005

*Schaub, Bernhard*, Die Haftung des Geschäftsführers einer GmbH gegenüber der Gesellschaft und den Gesellschaftern, Teil I: DStR 1992, 985–989; Teil II: DStR 1992, 1021–1024

*Schaub, Günther* (Begr.), Arbeitsrechts-Handbuch, Systematische Darstellung und Nachschlagewerk für die Praxis, bearbeitet von Koch, U./Linck, R./Treber, J./ Vogelsang, H., 14. Aufl., München 2011

*Schenck, Kersten von*, Handlungsbedarf bei der D&O-Versicherung, NZG 2015, 494–501

*Schenck, Kersten von*, Der Aufsichtsrat und sein Vorsitzender – Eine Regelungslücke, AG 2010, 649–657

*Schilling, Wolfgang*, Macht und Verantwortung in der Aktiengesellschaft (oder das Prinzip der Interesseneinheit), in: Festschrift für Ernst Geßler zum 65. Geburtstag am 5. März 1970, hrsg. von Ballerstedt, K./Hefermehl W., München 1971, 159–169

*Schlechtriem, Peter/Schmidt-Kessel, Martin*, Schuldrecht Allgemeiner Teil, 6. Aufl., Tübingen 2005

Schlegelberger, Franz (Begr.), Handelsgesetzbuch, Kommentar von Geßler, E./ Hefermehl, W./Hildebrandt, W./Schröder, G./Martens, K.-P./Schmidt, K., Band III/1. Halbband, §§ 105–160, 5. Aufl., München 1992

*Schlitt, Christian*, Der aktive Aufsichtsratsvorsitzende – Zum Handlungsspielraum des Aufsichtsratsvorsitzenden im aktienrechtlichen Normgefüge, DB 2005, 2007–2013

*Schmidt, Karsten* (Hrsg.), Münchener Kommentar zum Handelsgesetzbuch, Band 2: §§ 105–160, 3. Aufl., München 2011

*Schmidt, Karsten*, GmbH-Reform auf Kosten der Geschäftsführer?, GmbHR 2008, 449–458

*Schmidt, Karsten*, Anspruchskonkurrenz bei der gesetzlichen Organhaftung von Unternehmensleitern (§§ 93 AktG, 43 GmbHG), in: Festschrift für Apostolos Georgiades zum 70. Geburtstag, hrsg. von Stathopoulos, M./Beys, K./Doris, P./ Karakostas, I., München [u. a.] 2006, 689–709

*Schmidt, Karsten*, Gesellschaftsrecht, 4. Aufl., Köln [u. a.] 2002

*Schmidt, Karsten/Lutter, Marcus* (Hrsg.), AktG, Kommentar, Band 1: §§ 1–149, 3. Aufl., Köln 2015

*Schmidt-Bendun, Rüdiger*, Grenzen für die zulässige Übernahme von Geldauflagen für Vorstandsmitglieder durch eine AG – zugleich Besprechung des BGH-Urteils vom 08.07.2014 – II ZR 174/13, DB 2014, S. 2099 – DB 2012014, 22756–2759

*Schmidt-Bendun, Rüdiger/Prusko, Wolfram*, Say on Pay in den USA – Dodd-Frank Act kodifiziert Votum über Managervergütung und Golden Parachutes, NZG 2010, 1128–1131

*Schmidt-Leithoff, Christian*, Die Verantwortung der Unternehmensleitung, Tübingen 1989

*Schmieder, Philipp*, Die gestörte Gesamtschuld – ein Normenkonflikt, JZ 2009, 189–194

*Schmitt-Rolfes, Günter/Bergwitz, Christoph*, Beginn der Verjährung nach § 93 VI AktG, § 43 IV GmbHG und § 34 VI GenG, NZG 2006, 535–536

*Schneider, Sven H.*, (Mit-)Haftung des Geschäftsführers eines wegen Existenzvernichtung haftenden Gesellschafters, in: Festschrift für Uwe H. Schneider zum 70. Geburtstag, hrsg. von Burgard, U./Hadding, W./Mülbert, P. O./Nietsch, M./Welter, R., Köln 2011, 1177–1196

*Schneider, Uwe H.*, Der mühsame Weg der Durchsetzung der Organhaftung durch den besonderen Vertreter nach § 147 AktG, ZIP 2013, 1985–1991

*Schneider, Uwe H.*, Anwaltlicher Rat zu unternehmerischen Entscheidungen bei Rechtsunsicherheit, DB 2011, 99–103

*Schneider, Uwe H.*, Die Haftung von Mitgliedern des Vorstands und der Geschäftsführung bei Vertragsverletzungen der Gesellschaft, in: Festschrift für Uwe Hüffer zum 70. Geburtstag, hrsg. von Kindler, P./Koch, J./Ulmer, P./Winter, M., München 2010, 905–916

*Schneider, Uwe H.*, Die Wahrnehmung öffentlich-rechtlicher Pflichten durch den Geschäftsführer. Zum Grundsatz der Gesamtverantwortung bei mehrköpfiger Geschäftsführung in der konzernfreien GmbH und im Konzern, in: Festschrift 100 Jahre GmbH-Gesetz, hrsg. von Lutter, M./Ulmer, P./Zöllner, W., Köln 1992, 473–499

*Schneider, Uwe H.*, Haftungsmilderungen für Vorstandsmitglieder und Geschäftsführer bei fehlerhafter Unternehmensleitung?, in: Festschrift für Winfried Werner zum 65. Geburtstag am 17. Oktober 1984, hrsg. von Hadding, W./Immenga, U./Mertens, H.-J./Pleyer, K./Schneider, U.H., Berlin [u. a.] 1984, 795–815

*Schneider, Uwe H.*, Unentgeltliche Zuwendungen durch Unternehmen, AG 1983, 205–216

*Schneider, Uwe H./Schneider, Sven H.*, Die zwölf goldenen Regeln des GmbH-Geschäftsführers zur Haftungsvermeidung und Vermögenssicherung, GmbHR 2005, 1229–1235

*Schneider, Uwe H./Schneider, Sven H.*, Vorstandshaftung im Konzern, AG 2005, 57–66

*Schnorbus, York/Ganzer, Felix*, Recht und Praxis der Prüfung und Verfolgung von Vorstandsfehlverhalten durch den Aufsichtsrat, Teil II, WM 2015, 1877–1886

*Schnorbus, York/Ganzer, Felix*, Recht und Praxis der Prüfung und Verfolgung von Vorstandsfehlverhalten durch den Aufsichtsrat, Teil I, WM 2015, 1832–1844

*Schnorbus, York/Klormann, Peter*, Verzicht des Vorstands auf die Einrede der Verjährung nach § 93 VI AktG und die Verfolgungspflicht des Aufsichtsrats nach ARAG/Garmenbeck, NZG 2015, 938–945

*Schockenhoff, Martin*, Haftung und Enthaftung von Geschäftsleitern bei Compliance-Verstößen in Konzernen mit Matrix-Strukturen, ZHR 180 (2016), 197–232

*Schöne, Torsten/Petersen, Sabrina*, Regressansprüche gegen (ehemalige) Vorstandsmitglieder – quo vadis?, AG 2012, 700–706

*Schohe, Gerrit*, Die Haftung juristischer Personen für ihre Organe im internationalen Privatrecht, Berlin 1991

Scholz, Franz (Begr.), Kommentar zum GmbH-Gesetz, Band 2: §§ 35–52, 11. Aufl., Köln 2014

*Scholz, Philipp*, Die Haftung bei Verstößen gegen die Business Judgement Rule, AG 2015, 222–231

*Scholz, Philipp*, Die existenzvernichtende Haftung von Vorstandsmitgliedern in der Aktiengesellschaft, Jena 2014

*Scholz, Philipp/Weiß, Christian*, Schiedsverfahren zur Vermeidung der Vorstandshaftung?, AG 2015, 523–529

*Schulze, Reiner* (Schriftleitung), Bürgerliches Gesetzbuch – Handkommentar, von Dörner, H./Ebert, I./Hoeren, T./Kemper, R./Saenger, I./Schreiber, K./Schulte-Nölke, H./ Schulze, R./Staudinger, A., 6. Aufl., Baden-Baden 2009

*Schürnbrand, Jan*, Organschaft im Recht der privaten Verbände, Tübingen 2007

*Schürrle, Thomas/Fleck, Franziska*, „Whistleblowing Unlimited" – Der U.S. Dodd-Frank Act und die neuen Regeln der SEC zum Whistleblowing, CCZ 2011, 218–221

*Schwab, Martin*, Das Prozeßrecht gesellschaftsinterner Streitigkeiten, Tübingen 2005

*Schwark, Eberhard*, Zum Haftungsmaßstab der Aufsichtsratsmitglieder einer AG, in: Festschrift für Winfried Werner zum 65. Geburtstag am 17. Oktober 1984, hrsg. von Hadding, W./Immenga, U./Mertens, H.-J./Pleyer, K./Schneider, U.H., Berlin [u. a.] 1984, 841–854

*Schwintowski, Hans-Peter*, Die Zurechnung des Wissens von Mitgliedern des Aufsichtsrats in einem oder mehreren Unternehmen, ZIP 2015, 617–623

*Sedemund, Jan*, Zivilrechtliche Regressmöglichkeiten bei Verfallsanordnung aufgrund Schmiergeldzahlungen zwecks Auftragserlangung, DB 2003, 2423–2428

*Segna, Ulrich*, Organhaftung und (gestörte) Gesamtschuld, ZIP 2015, 1561–1567

*Seibert, Ulrich*, Finanzmarktkrise, Corporate Governance, Aufsichtsrat, DB 2009, 1167–1171

*Seibert, Ulrich*, Das „TransPuG", Gesetz zur weiteren Reform des Aktien- und Bilanzrechts, zu Transparenz und Publizität – Diskussion im Gesetzgebungsverfahren und endgültige Fassung, NZG 2002, 608–613

*Seibt, Christoph H.*, 20 Thesen zur Binnenverantwortung im Unternehmen im Lichte des reformierten Kapitalmarktsanktionsrechts, NZG 2015, 1097–1103

*Seibt, Christoph H.*, Pflichten der Geschäftsleitung bei der Eingehung von Finanzierungsgeschäften – in Normal- und Krisenzeiten des Unternehmens, ZIP 2013, 1597–1607

*Seibt, Christoph H./Cziupka, Johannes*, Existenzgefährdende Weisungen im Vertragskonzern: Prognosepflichten und Haftungsgefahren für den Vorstand der abhängigen Gesellschaft, AG 2015, 721–732

*Seibt, Christoph H./Cziupka, Johannes*, Rechtspflichten und Best Practices für Vorstands- und Aufsichtsratshandeln bei der Kapitalmarkt-Compliance, AG 2015, 93–109

*Seibt, Christoph H./Cziupka, Johannes*, 20 Thesen zur Compliance-Verantwortung im System der Organhaftung aus Anlass des Siemens/Neubürger-Urteils, DB 2014, 1598–1602

*Seibt, Christoph H./Wollenschläger, Bernward*, Haftungsrisiken für Manager wegen fehlgeschlagener Post Merger Integration, DB 2009, 1579–1583

*Selb, Walter*, Handbuch des Schuldrechts in Einzeldarstellungen, hrsg. von Gernhuber, J., Band 5, Mehrheit von Gläubigern und Schuldnern, Tübingen 1984

*Selter, Wolfgang*, Übernahme von Geldauflagen durch die Aktiengesellschaft zugunsten ihrer Vorstandsmitglieder, ZIP 2015, 714–721

*Selter, Wolfgang*, Die Pflicht von Aufsichtsratsmitgliedern zur eigenständigen Risikoanalyse, NZG 2012, 660–662

*Selter, Wolfgang*, Haftungsrisiken von Vorstandsmitgliedern bei fehlendem und von Aufsichtsratsmitgliedern bei vorhandenem Fachwissen, AG 2012, 11–20

*Semler, Johannes*, Rechtsvorgabe und Realität der Organzusammenarbeit in der Aktiengesellschaft, in: Festschrift für Marcus Lutter zum 70. Geburtstag, hrsg. von Schneider, U.H./Hommelhoff, P./Schmidt, K./Timm, W./Grunewald, B./Drygala, T., Köln 2000, 721–734

*Semler, Johannes*, Leitung und Überwachung der Aktiengesellschaft, 2. Aufl., Köln [u. a.] 1996

*Semler, Johannes*, Österreichischer OGH: Zur fachlichen Qualifikation von AR-Mitgliedern, AG 1983, 81–84

*Semler, Johannes/Peltzer, Martin* (Hrsg.), Arbeitshandbuch für Vorstandsmitglieder, München 2005

*Semler, Johannes/Schenck, Kersten von* (Hrsg.), Arbeitshandbuch für Aufsichtsratsmitglieder, 3. Aufl., München 2009

*Senge, Lothar* (Hrsg.), Karlsruher Kommentar zum Gesetz über Ordnungswidrigkeiten, 4. Aufl., München 2014

*Servatius, Bernhard*, Ordnungsgemäße Vorstandskontrolle und vorbereitende Personalauswahl durch den Aufsichtsratsvorsitzenden, AG 1995, 223–225

*Servatius, Wolfgang*, Insolvenznahe Geschäftsleiterhaftung bei EU-Auslandsgesellschaften, DB 2015, 1087–1093

*Sethe, Rolf*, Zivilrechtliche Rechtsfolgen der Korruption am Beispiel von Bankgeschäften, WM 1998, 2309–2326

*Simon, Stefan/Merkelbach, Matthias*, Organisationspflichten des Vorstands betreffend das Compliance-System – Der Neubürger-Fall, Kommentar zu LG München I v. 10.12.2013 – 5 HK O 1387/10, AG 2014, 322 – AG 2014, 318–321

*Simons, Cornelius/Hanloser, Marlene*, Vorstandsvorsitzender und Vorstandssprecher, AG 2010, 641–648

*Sobotta, Jan/Cube, Nicolai von*, Die Haftung des Vorstands für das Stiftungsvermögen, DB 2009, 2082–2088

Soergel, Hans T. (Begr.), Bürgerliches Gesetzbuch mit Einführungsgesetz und Nebengesetzen, neu hrsg. von Siebert, W., Band 2, Schuldrecht I (§§ 241–432), 12. Aufl., Stuttgart [u. a.] 1990; Band 5/3, Schuldrecht 3/3, §§ 328–432, 13. Aufl., Stuttgart 2010

*Sonnenberger, Hans J.*, Gesellschaftsrechtliche Verantwortlichkeit geschäftsführender Organe von Kapitalgesellschaften – Rechtsvergleichende Bemerkungen zum deutschen, englischen und französischen Recht, GmbHR 1973, 25–32

*Spindler, Gerald*, Organhaftung in der AG – Reformbedarf aus wissenschaftlicher Perspektive, AG 2013, 889–904

*Spindler, Gerald*, Rechtsfolgen einer unangemessenen Vorstandsvergütung, AG 2011, 725–734

*Spindler, Gerald*, Sonderprüfung und Pflichten eines Bankvorstands in der Finanzmarktkrise – Anmerkung zu OLG Düsseldorf, Beschl. v. 9.12.2009 – 6 W 45/09 – IKB, NZG 2010, 281–285

*Spindler, Gerald*, Die Haftung von Vorstand und Aufsichtsrat für die fehlerhafte Auslegung von Rechtsbegriffen, in: Festschrift für Claus-Wilhelm Canaris zum 70. Geburtstag, hrsg. von Heldrich, A./Prölls, J./Koller, I./u. a., Band II, München 2007, 403–428

*Spindler, Gerald*, Unternehmensorganisationspflichten – Zivilrechtliche und öffentlich-rechtliche Regelungskonzepte, Köln [u. a. ] 2001

*Spindler, Gerald/Stilz, Eberhard* (Hrsg.), Kommentar zum Aktiengesetz, Band 1: §§ 1–178, 3. Aufl., München 2015

*Spörlein, Peter/Tausend, Hermann/Ballreich, Hildebert*, Handbuch für den GmbH-Geschäftsführer, 19. Aufl., Stuttgart [u. a.] 2009

*Stamm, Jürgen*, Die Bewältigung der „gestörten Gesamtschuld" – Ein Beitrag zum Konkurrenzverhältnis zwischen § 426 I BGB und § 426 II BGB, NJW 2004, 811–813

Staudinger, Julius von, Kommentar zum Bürgerlichen Gesetzbuch mit Einführungsgesetz und Nebengesetzen, Buch 2, Recht der Schuldverhältnisse, §§ 249–254 (Schadensersatzrecht), Neubearbeitung 2005, Berlin 2005; §§ 397–432 (Erlass, Abtretung, Schuldübernahme, Mehrheit von Schuldnern und Gläubigern), Neubearbeitung 2012, Berlin 2012; §§ 840–853 (Unerlaubte Handlungen 5), Neubearbeitung 2007, Berlin 2007

Staub, Hermann (Begr.), Handelsgesetzbuch – Großkommentar, hrsg. von Canaris, C.-W./Habersack, M./Schäfer, C., Dritter Band: §§ 105–160, 5. Aufl., Berlin 2009

*Steber, Tobias*, Die Weiterentwicklung der Rechtsprechung zur Enthaftung von Vorstandsmitgliedern bei Einholung von Rechtsrat, DStR 2015, 2391–2395

*Steffek, Felix*, Die Innenhaftung von Vorständen und Geschäftsführern – Ökonomische Zusammenhänge und rechtliche Grundlagen, JuS 2010, 295–300

*Steinhoff, Frederik*, Die Haftung von Vorständen und Geschäftsführern wegen Vermögensschäden bei Kapitalanlagen, Frankfurt a.M. [u. a.] 2012

*Stenslik, Bastian-Peter*, Der Fremd-Geschäftsführer als Arbeitnehmer iSd Unionsrechts, DStR 2015, 2334–2336

*Strate, Gerhard*, BVerfG: Untreuetatbestand verstößt nicht gegen Bestimmtheitsgebot, GWR 2010, 422

*Strauch, Mark*, Der Sarbanes-Oxley Act und die Entwicklungen im US-Aufsichtsrecht, NZG 2003, 952–956

*Strohn, Lutz*, Pflichtenmaßstab und Verschulden bei der Haftung von Organen einer Kapitalgesellschaft, CCZ 2013, 177–184

*Strohn, Lutz*, Aus der neueren Rechtsprechung des BGH zum Gesellschaftsrecht (Teil 2), DB 2012, 1193–1198

*Strohn, Lutz*, Beratung der Geschäftsleitung durch Spezialisten als Ausweg aus der Haftung?, ZHR 176 (2012), 137–143

*Strohn, Lutz*, Organhaftung im Vorfeld der Insolvenz, NZG 2011, 1161–1169

*Strohn, Lutz*, Faktische Organe – Rechte, Pflichten, Haftung, DB 2011, 158–167

*Strohn, Lutz/Simon, Stefan*, Haftungsfallen für Gesellschafter und Geschäftsführer im Recht der GmbH – Aktuelle Rechtsprechung, Beratungs- und Gestaltungspraxis –, GmbHR 2010, 1181–1188

*Sudhoff, Heinrich/Sudhoff, Martin*, Der Gesellschaftsvertrag der GmbH, 8. Aufl., München 1992

*Szalai, Stephan/Marz, Tino*, Die Haftung des Aufsichtsrats – Überlegungen zur kollegialorganschaftlichen Haftung de lege lata und de lege ferenda, DStR 2010, 809–815

*Talaska, Peter*, Übernahme einer Geldsanktion gegen ein Vorstandsmitglied durch die Aktiengesellschaft aus strafrechtlicher Perspektive, AG 2015, 118–121

*Tamm, Marina/Fangerow, Kathleen*, Die Haftung der GmbH-Geschäftsführung gegenüber privaten Gläubigern, BB 2012, 1944–1951

*Theisen, Manuel R.*, Die Rolle des Aufsichtsrats in der Krise – Ergebnisse einer aktuellen Panel-Untersuchung der Aufsichtsratspraxis, DB 2016, 1–8

*Theisen, Manuel R./Probst, Arno*, Vergütungsfragen im und für den Aufsichtsrat – Ergebnisse einer aktuellen Panel-Untersuchung der Aufsichtsratspraxis –, DB 2012, 1553–1559

*Thiele, Wolfgang*, Gedanken zur Vorteilsausgleichung, AcP 167 (1967), 193–240

*Thole, Christoph*, Managerhaftung für Gesetzesverstöße – Die Legalitätspflicht des Vorstands gegenüber seiner Aktiengesellschaft, ZHR 173 (2009), 504–535

*Thomas, Stefan*, Bußgeldregress, Übelszufügung und D&O-Versicherung, NZG 2015, 1409–1419

*Thomas, Stefan*, Die Haftungsfreistellung von Organmitgliedern, Tübingen 2010

*Thümmel, Roderich C.*, Persönliche Haftung von Managern und Aufsichtsräten, 4. Aufl., Stuttgart [u. a.] 2008

*Thümmel, Roderich C.*, Aufsichtsratshaftung vor neuen Herausforderungen – Überwachungsfehler, unternehmerische Fehlentscheidungen, Organisationsmängel und andere Risikofelder, AG 2004, 83–91

*Thüsing, Gregor*, Wertende Schadensberechnung, München 2001

*Tieves, Johannes*, Der Unternehmensgegenstand der Kapitalgesellschaft, Köln 1998

*Timmerbeil, Sven/Sprachmüller, Demid*, UK Bribery Act – Das Damoklesschwert über deutschen Unternehmen?, DB 2013, 2133–2138

*Tröger, Tobias*, Durchsetzung der Vorstandshaftung, ZHR 179 (2015), 453–489

*Turiaux, André/Knigge, Dagmar*, Vorstandshaftung ohne Grenzen? – Rechtssichere Vorstands- und Unternehmensorganisation als Instrument der Risikominimierung, DB 2004, 2199–2207

*Twele, Markus*, Die Haftung des Vorstands für Kartellverstöße, Baden-Baden 2013

*Ulmer, Peter/Habersack, Mathias/Henssler, Martin*, Mitbestimmungsrecht Kommentierung des MitbestG, der DrittelbG und der §§ 34 bis 38 SEBG, 2. Aufl., München 2006

*Ulmer, Peter/Habersack, Mathias/Löbbe*, Marc (Hrsg.), GmbH-Gesetz, Großkommentar, Band 2: §§ 29–52, 2. Aufl., Tübingen 2014

*Umbeck, Elke*, Managerhaftung als Gegenstand schiedsgerichtlicher Verfahren, SchiedsVZ 2009, 143–149

*Unger, Ulrike*, Neue Haftungsbegrenzungen für ehrenamtlich tätige Vereins- und Stiftungsvorstände, NJW 2009, 3269–3273

*Urban, Nele*, Organhaftung begrenzen? Möglichkeiten der Pflichtendelegation, GWR 2013, 106–108

*Veil, Rüdiger*, Krisenbewältigung durch Gesellschaftsrecht – Verlust des halben Kapitals, Pflicht zur ordnungsgemäßen Liquidation und Unterkapitalisierung, ZGR 2006, 374–398

*Venrooy, Gerd J. van*, Anspruch der GmbH auf sachkundige Geschäftsführung, GmbHR 2004, 237–252

*Vetter, Eberhard*, Drittanstellung von Vorstandsmitgliedern, aktienrechtliche Kompetenzverteilung und Exkulpation des Vorstands bei rechtlicher Beratung, NZG 2015, 889–895

*Vetter, Eberhard*, Aktienrechtliche Organhaftung und Satzungsautonomie – Überlegungen de lege ferenda, NZG 2014, 921–926

*Vetter, Eberhard*, Anfechtung der Wahl der Aufsichtsratsmitglieder, Bestandsschutz der AG und die Verantwortung der Verwaltung, ZIP 2012, 701–711

*Vetter, Eberhard*, Kurzkommentar zu BGH, Urt. v. 20.9.2011 – II ZR 234/09, EWiR 2011, 793–794

*Vetter, Eberhard*, Zur Haftung des fakultativen Aufsichtsrats einer GmbH, GmbHR 2012, 181–188

*Vetter, Jochen*, Reformbedarf bei der Aktionärsklage nach § 148 AktG?, in: Festschrift für Michael Hoffmann-Becking zum 70. Geburtstag, hrsg. von Krieger, G./ Lutter, M./Schmidt, K., München 2013, 1317–1340

*Vogel, Arne*, Die Haftung von Gesellschaften, Vorständen und Aufsichtsräten im Zusammenhang mit der Entsprechenserklärung zum Deutschen Corporate Governance Kodex gemäß § 161 AktG, Frankfurt a.M. [u. a.] 2011

*Vogel, C. Wolfgang*, Aktienrecht und Aktienwirklichkeit – Organisation und Aufgabenteilung von Vorstand und Aufsichtsrat – Eine empirische Untersuchung deutscher Aktiengesellschaften, Baden-Baden 1980

*Voß*, Michael, Gesamtschuldnerische Organhaftung, Köln 2008

*Wachter, Thomas* (Hrsg.), AktG – Kommentar zum Aktiengesetz, 1. Aufl., Köln 2012

*Wacke, Andreas*, Der Erlaß oder Vergleich mit einem Gesamtschuldner – Zur Befreiung Mithaftender beim Regreßverlust durch Gläubigerhandeln, AcP 170 (1970), 42–75

*Wackerbarth, Ulrich*, Der GmbHR-Kommentar, Anmerkung zu BGH, Urt. vom 11.12.2006 – II ZR 166/05, GmbHR 2007, 262–263

*Wagner, Gerhard*, Organhaftung im Interesse der Verhaltenssteuerung – Skizze eines Haftungsregimes ZHR 178 (2014), 227–281

*Wagner, Gerhard*, Prävention und Verhaltenssteuerung durch Privatrecht – Anmaßung oder legitime Aufgabe?, AcP 206 (2006), 352–476

*Wagner, Jens*, Die Rolle der Rechtsabteilung bei fehlenden Rechtskenntnissen der Mitglieder von Vorstand und Geschäftsführung, BB 2012, 651–658

*Wagner, Klaus R./Spemann, Thomas F.*, Organhaftungs- und Strafbarkeitsrisiken für Aufsichtsräte, NZG 2015, 945–949

*Wagner, Klaus R./Spemann, Thomas F.*, Organhaftung bei unterlassener Richtigstellung von unvollständigem bzw. unwahrem Prozessvortrag der „eigenen" Prozessanwälte?, NZG 2014, 1328–1334

*Waldenberger, Arthur/Kaufmann, Jörg*, Nachträgliche Herabsetzung der Vorstandsvergütung: Vermeidung von Haftungsrisiken für den Aufsichtsrat, BB 2010, 2257–2264

*Walsmann, Hans*, Compensatio lucri cum damno, Rostock 1900

*Waltermann, Raimund*, Risikozuweisung nach den Grundsätzen der beschränkten Arbeitnehmerhaftung, RdA 2005, 98–109

*Wank, Rolf*, Der Fremdgeschäftsführer der GmbH als Arbeitnehmer, in: Festschrift für Herbert Wiedemann zum 70. Geburtstag, hrsg. von Wank, R./Hirte, H./Frey, K./Fleischer, H./Thüsing, G., München 2002, 587–615

*Weber, Ulrich/Lohr, Martin*, Aktuelle Rechtsprechung zur Innenhaftung von GmbH-Geschäftsführern nach § 43 Abs. 2 GmbHG, GmbHR 2000, 698–704

*Weber-Rey, Daniela*, Festung Unternehmen oder System von Schlüsselfunktionen – ein Diskussionsbeitrag zum Thema Risiko, Haftung und Unternehmensstrafrecht, AG 2012, 365–370

*Weber-Rey, Daniela/Buckel, Jochen*, Best Practice Empfehlungen des Deutschen Corporate Governance Kodex und die Business Judgement Rule, AG 2011, 845–852

*Wedemann, Frauke*, Das neue GmbH-Recht, WM 2008, 1381–1386

*Wehrmeyer, Ulrich*, Die arbeitsrechtliche Einordnung der Organe juristischer Personen, Zugleich ein Beitrag zur Typologie im Arbeitsrecht, Frankfurt [u. a.] 1988

*Weidlich, Dietmar/Foppe, Manuel*, Neues zur Haftung von Stiftungsorganen, ZStV 2014, 100–103

*Wellhöfer, Werner/Peltzer, Martin/Müller, Welf*, Die Haftung von Vorstand, Aufsichtsrat, Wirtschaftsprüfer – mit GmbH-Geschäftsführer, München 2008

*Wellkamp, Ludger*, Haftung und Haftungsbeschränkung im Gesellschaftsrecht, Bonn 1998

*Wendehorst, Christiane*, Anspruch und Ausgleich – Theorie einer Vorteils- und Nachteilsausgleichung im Schuldrecht, Tübingen 1999

*Wendler, Jan-Sebastian*, Die Justiziabilität ökonomischer Entscheidungen im US-amerikanischen und deutschen Recht – Business Judgement Rule und UMAG, Frankfurt a.M. [u. a.] 2007

*Werder, Axel von/Bartz, Jenny*, Die aktuellen Änderungen des Deutschen Corporate Governance Kodex, DB 2017, 769–777

*Werder, Axel von*, Führungsorganisation, Grundlagen der Spitzen- und Leitungsorganisation von Unternehmen, Wiesbaden 2005

*Werder, Axel von*, Organisation der Unternehmensleitung und Haftung des Top-Managements, DB 1987, 2265–2273

*Werner, Rüdiger*, Kein Bußgeldregress einer Kapitalgesellschaft gegenüber Mitgliedern ihrer Organe – das Urteil des LAG Düsseldorf vom 20.1.2015, ZWH 2015, 169–175

*Werner, Rüdiger*, Geschäftsführerhaftung und Schiedsgerichtsbarkeit, ZWH 2015, 129–135

*Werner, Rüdiger*, Möglichkeiten einer privatautonomen Beschränkung der Geschäftsführerhaftung, GmbHR 2014, 792–798

*Werner, Rüdiger*, Die Pflicht der GmbH zur Übernahme von Kosten in Zusammenhang mit Strafverfahren gegen ihre Geschäftsführer, GmbHR 2012, 1107–1112

*Werner, Rüdiger*, Sorgfaltspflichten des Geschäftsführers bei Unternehmensakquisitionen – Due Diligence, Informationspflichten und Haftungsrisiken, GmbHR 2007, 678–682

*Westermann, Harm Peter/Paefgen, Walter G.*, Das Aktienrecht im Spiegel der 4. Auflage des Großkommentars, JZ 2003, 138–143

*Wettich, Carsten*, Vorstandsorganisation in der Aktiengesellschaft – Zugleich ein Beitrag zum Kollegialprinzip und dem Grundsatz der Gesamtverantwortung, Köln/München 2008

*Wicke, Hartmut*, Gesetz betreffend die Gesellschaften mit beschränkter Haftung (GmbHG), Kommentar, 3. Aufl., München 2016

*Wicke, Hartmut*, Gerd Krieger/Uwe H. Schneider (Hrsg.), Handbuch Managerhaftung GmbHR 2010, R270–R271

*Wicke, Hartmut*, Der CEO im Spannungsfeld zum Kollegialprinzip – Gestaltungsüberlegungen zur Leitungsstruktur der AG, NJW 2007, 3755–3758

*Wiedemann, Herbert*, Gesellschaftsrecht. Ein Lehrbuch des Unternehmens- und Verbandsrechts, Band I: Grundlagen, München 1980

*Wilhelm, Jan*, Kapitalgesellschaftsrecht, 3. Aufl., Berlin 2009

*Wilsing, Hans-Ulrich* (Hrsg.), Deutscher Corporate Governance Kodex, München 2012

*Wilsing, Hans-Ulrich/Linden, Klaus von der*, Vorstandsvergütung und ihre Transparenz, DStR 2013, 1291–1295

*Wimmer, Nadine S.*, Haftungsrisiken und Compliance Maßnahmen nach dem ››Foreign Corrupt Practices Act‹‹ der USA, München 2011

*Windbichler, Christine*, Die GmbH in anderen Umständen: Gesellschaftsrechtliche Erwägungen zur EuGH-Entscheidung „Danosa“, in: Festschrift für Michael Hoffmann-Becking zum 70. Geburtstag, hrsg. von Krieger, G./Lutter, M./Schmidt, K., München 2013, 1413–1423

*Windbichler, Christine*, Gesellschaftsrecht, 22. Aufl., München 2009

*Windbichler, Christine*, Schadensersatzansprüche des stillen Gesellschafters – Besprechung der Entscheidung BGH WM 1987, 1193 ff. –, ZGR 1989, 434–444

*Winnen, Armin*, Die Innenhaftung des Vorstands nach dem UMAG – Eine Untersuchung des § 93 Abs. 1 S. 2 AktG und der Durchsetzungsmöglichkeiten von Innenhaftungs-ansprüchen, Baden-Baden 2009

*Wirth, Andreas/Pospiech, Lutz*, Der besondere Vertreter gem. § 147 Abs. 2 Satz 1 AktG als Organ der Aktiengesellschaft?, DB 2008, 2471–2475

*Wirth, Gerhard*, Der „besondere Vertreter" nach § 147 Abs. 2 AktG – Ein neuer Akteur auf der Bühne?, in: Festschrift für Uwe Hüffer zum 70. Geburtstag, hrsg. von Kindler, P./Koch, J./Ulmer, P./Winter, M., München 2010, 1129–1151

*Witte, Jürgen J./Indenhuck, Moritz*, Wege aus der Haftung – die Beauftragung externer Berater durch den Aufsichtsrat, BB 2014, 2563–2569

*Wittig, Arne*, Reform der Corporate Governance von Finanzinstituten als Reaktion auf die Finanzmarktkrise – Ein Überblick zu den aktuellen Überlegungen –, WM 2010, 2337–2343

*Woedtke, Niclas von*, Entwicklung der GmbH-Geschäftsführerhaftung in der neueren Rechtsprechung, NZG 2013, 484–489

*Wöhe, Günter/Döring, Ulrich*, Einführung in die Allgemeine Betriebswirtschaftslehre, 24. Aufl., München 2010

*Wöhrle-Himmel, Christof/Endres, Markus*, Neue gesetzliche Regelungen im Vereinsrecht, DStR 2010, 759–763

*Wolf, Martin*, Wider eine Misstrauenspflicht im Kollegialorgan „Vorstand", VersR 2005, 1042–1047

*Wolff, Nikolai/Jansen, Philipp*, Ausschluss der Haftung der Vorstandsmitglieder durch formlose Billigung des Vorstandshandelns durch die Aktionäre?, NZG 2013, 1165–1169

*Zieglmeier, Christian*, Die Systematik der Haftung von Aufsichtsratsmitgliedern gegenüber der Gesellschaft, ZGR 2007, 144–166

*Zimmer, Daniel*, Das Gesetz zur Kontrolle und Transparenz im Unternehmensbereich – Ein „Omnibus-Gesetz" bringt die Aktienrechtsnovelle 1998 und wichtige Neuerungen für das Handels- und Wirtschaftsrecht, NJW 1998, 3521–3534

*Zimmermann, Martin*, Kartellrechtliche Bußgelder gegen Aktiengesellschaft und Vorstand: Rückgriffsmöglichkeiten, Schadensumfang und Verjährung, WM 2008, 433–442

*Zöllner, Wolfgang/Noack, Ulrich* (Hrsg.), Kölner Kommentar zum Aktienrecht, Band 2/1: §§ 76–94, 3. Aufl., Köln 2010; Band 2/2: §§ 95–117, 3. Aufl. 2013